# Inkubation von Reptilieneiern

Gunther Köhler

# Inkubation von Reptilieneiern

Grundlagen · Anleitungen · Erfahrungen

Mit Beiträgen von:
Bernd Eidenmüller, Marcus Knirr, Jens Krüger,
Walter Sachsse, Robert Seipp und Rudolf Wicker

72 Farbfotos
15 Schwarzweißfotos
66 Zeichnungen und Diagramme

**HERPETON**
**Verlag Elke Köhler**

Titel: Hintergrund: *Cyclura nubila* beim Schlupf  (P. Velenský).
Inserts: Ein Grüner Leguan schlüpft aus dem Ei.
　　　　Erfolgreich gezeitigte Amerikanische Erdschildkröte (R. Wicker).
　　　　Schlüpfender *Caiman crocodilus*  (P. Marhoul).

Foto Innenseite: Geschlüpfte Schildkröte (*Emydoidea blandingii*) (B.O. Butler).
Foto Inhaltsverzeichnis: *Elaphe situla* erkundet die Umgebung (P. Marhoul).

**Köhler, Gunther:**
Inkubation von Reptilieneiern
2., durchgesehene Auflage 2003
Offenbach: Herpeton
ISBN 3-9802892-6-5

Fotos: wenn nicht anders angegeben, vom Verfasser.
Zeichnungen: Elke Köhler, außer Abb. 93-104, 121: Sabine Furtwängler
Layout und Satz: Elke Köhler, Offenbach

© 1997, 2003  Herpeton, Verlag Elke Köhler, Rohrstraße 22, D-63075 Offenbach

# Inhaltsverzeichnis

# 1. Einleitung

Die Entwicklung eines beschalten und somit vor Austrocknung mehr oder weniger geschützten Eies war ein entscheidender Schritt in der Evolution der Wirbeltiere auf dem Weg zum Landleben. Es ermöglichte eine Entwicklung des Embryos in Unabhängigkeit vom aquatischen Lebensraum.

Über 80% der heute lebenden Reptilienarten legen Eier, um sich fortzupflanzen (SHINE 1985, ZUG 1993). Alle Krokodile, Schildkröten und Brückenechsen sind eierlegend (ovipar), während sich die Ovoviviparie („eilebendgebärende Fortpflanzung") innerhalb der Schuppenkriechtiere (Echsen und Schlangen) mehrfach unabhängig voneinander entwickelt hat. Allerdings verläuft die Grenze zwischen ovipar und ovovivipar nicht so scharf wie man zunächst annehmen könnte. Tatsächlich handelt es sich vielmehr um ein Kontinuum von Arten mit einer Inkubationsdauer von über einem Jahr bis hin zu Arten, deren Eier nur wenige Tage zum Schlupf benötigen, die also fast schon ovovivipar sind. Diesen fließenden Übergang belegen insbesondere Arten, bei denen ovipare und ovovivipare Populationen bekannt sind (z.B. *Ablepharus bivittatus, Sceloporus aeneus, Zootoca vivipara*; SMITH & HALL 1974, GUILETTE 1981, SHINE 1985, ARRAYAGO et al. 1996).

Viele Reptilienarten sind heute im Fortbestand bedroht, so daß Zuchtprogramme unter Menschenobhut vielfach die einzige Hoffnung darstellen, das unwiederbringliche Verschwinden dieser Tierarten zu verhindern. Die Zeitigung der abgelegten Eier stellt einen kritischen Abschnitt bei der Zucht von eierlegenden Reptilien dar. Je nach Reptilienart können die Ansprüche der Eier an die Inkubationsbedingungen sehr unterschiedlich sein. Dies verwundert nicht, wenn man bedenkt, daß die über 6000 Reptilienarten die unterschiedlichsten Lebensräume mit oftmals sehr extremen klimatischen Bedingungen erobert haben, und dies oftmals nur durch spezielle Fortpflanzungsstrategien möglich war. Gute Kenntnisse der Lebensräume, Lebensweise und Fortpflanzung in der Natur sind Grundvoraussetzung für eine erfolgreiche Pflege und Zucht und hierbei insbesondere auch für die Eizeitigung der jeweiligen Tierart.

In diesem Buch sollen Grundkenntnisse der Morphologie und Physiologie von Reptilieneiern und -embryonen vermittelt werden, um aufbauend auf dieser Basis die praktische Durchführung der Inkubation von Reptilieneiern besprechen zu können. Im speziellen Teil werden die Besonderheiten hervorgehoben, die bei der Inkubation von Eiern der einzelnen Tiergruppen zu beachten sind. Im Anhang sind tabellarisch grundlegende Daten zur Inkubation von über 1400 Arten und Unterarten zusammengestellt. Diese Auflistung kann gleichzeitig als Bibliographie der Zucht eierlegender Reptilien genutzt werden und erleichtert den Zugang zur Originalliteratur über Fortpflanzungsbiologie und Zucht der betreffenden Arten.

**Abb. 1. Schlüpfender Scheltopusik (*Ophisaurus apodus*).**          Foto: P. Velenský

Der Erfolg bei der Inkubation von Eiern hängt nicht nur von der fachgerechten Durchführung der Inkubation selbst, sondern insbesondere auch von der Qualität der Eier ab. Wenn aufgrund von Mangelerscheinungen des Muttertieres Nährstoffe, Vitamine oder Mineralstoffe im Ei fehlen, oder wenn die Eier aufgrund ungeeigneter Eiablageplätze ausgekühlt, überhitzt, zu trocken oder zu naß und dadurch geschädigt worden sind, kann selbst eine optimale Inkubationstechnik keinen Schlupferfolg bringen. Obwohl sich die Inkubation auf den Zeitraum von der Eiablage bis zum Schlupf der Jungtiere beschränkt, werden in den folgenden Kapiteln auch solche Themen behandelt, die zwar vor diesem Zeitraum liegen, aber unmittelbaren Einfluß auf die Vorgänge während der Inkubation haben. Mit einer Zusammenstellung des vorhandenen Wissens und der Erfahrung vieler auf diesem Gebiet arbeitender Fachleute soll dieses Buch dazu beitragen, daß die erfolgreiche Zucht von Reptilien nicht an der Zeitigung der Eier scheitert.

# 2. Morphologischer Aufbau des Reptilieneies

Verglichen mit anderen Zellen ist die Eizelle von gigantischer Größe, was am enormen Dottergehalt liegt. Reptilieneier zeigen eine außerordentlich große Variation in Bezug auf Größe und Form mit einer etwa 4900fachen Variationsbreite der Masse und einer Form, die von nahezu rund bis hin zu über 15 mal länger als breit reicht. Das Fehlen von runden Eiern bei Schlangen ist auffallend, jedoch nicht unerwartet bei der allgemein sehr länglichen Körperform von Vertretern dieser Gruppe.

Die kleinsten Reptilieneier wiegen weniger als 0,15 g (z.B. bei *Sphaerodactylus*, DUNSON & BRAMHAM 1981). Bei den Schildkröten beträgt die Variationsbreite von 2,2 g bei Eiern von *Sternotherus odoratus* bis hin zu 110 g bei *Geochelone elephantopus* (EWERT 1979, 1985). Die Masse von Krokodileiern reicht von durchschnittlich 52 g bei *Alligator mississippiensis* bis hin zu 113 g bei *Crocodylus siamensis* (FERGUSON 1985). Die Gelegegröße ist ebenfalls je nach Tierart sehr unterschiedlich und reicht von einem Ei bei einigen Echsen bis hin zu über hundert Eiern bei einigen Meeresschildkröten. Eigröße und -form können auch innerhalb von Arten und selbst innerhalb eines Geleges sehr variieren.

Alle Reptilieneier haben eine äußere Schale, die entweder flexibel (weichschalig) oder formstabil (hartschalig) sein kann (vgl. Tab. 1).

| | Vertreter mit hartschaligen Eiern | Vertreter mit weichschaligen Eiern |
|---|---|---|
| **Krokodile** | Alle Arten | - |
| **Schildkröten** | Alle Arten der Carettochelyidae, Chelidae, Dermatemydidae, Kinosternidae, Testudinidae und Trionychidae sowie einige Arten der Emydidae (Emydinae) und Pelomedusidae | Alle Arten der Cheloniidae, Chelydridae und Dermochelyidae sowie die meisten Arten der Emydidae (Batagurinae) und Pelomedusidae |
| **Echsen** | Alle Arten der Gekkonidae | Alle Arten außer den Vertretern der Gekkonidae |
| **Schlangen** | - | Alle Arten |

Tabelle 1 . Ausprägung der Eischale bei den verschiedenen Reptiliengruppen.

Die **Eischale** besteht aus einer inneren proteinhaltigen Faserschicht (Eimembran) und einer äußeren Lage, die überwiegend aus Calciumcarbonat aufgebaut ist. Darstellungen der Ultrastruktur von Reptilieneischalen finden sich bei PACKARD, M.J. et al. (1982), SCHLEICH & KÄSTLE (1988) und GAD (1994) (vgl. Abb. 3-5). Die Eischale hat die Aufgabe, den Inhalt vor mechanischen und mikrobiellen Einflüssen zu schützen sowie dem Ei mechanische Festigkeit zu geben und es somit in Form zu halten. Weiterhin spielt sie eine wichtige Rolle beim Wasser- und Gasaustausch und (vor allem bei hartschaligen Eiern) dient dem heranwachsenden Embryo als Mineralstoffreservoir. In der Eischale sind Poren vorhanden (Abb. 3), durch die vor allem der Flüssigkeits- und Gasaustausch stattfindet.

Bei der **Eimembran** handelt es sich um mehrere Lagen eines netzartigen Fasergeflechts. Die Unterscheidung einer inneren und einer äußeren Eimembran ist beim Reptilienei im Gegensatz zum Vogelei nicht möglich (PACKARD & DeMARCO 1991). Während die Eimembran bei allen Reptilieneiern flexibel ist, bestimmt die Ausbildung und Anordnung der Kalkkristallelemente der äußeren Schicht, ob die Eischale hart oder weich ist. Stehen die Kalkkristallelemente eng aneinander und bilden eine dichte, gut organisierte, kompakte Schicht, so ist die Eischale hart wie bei den Eiern von Krokodilen, vielen Schildkrötenarten und den meisten Geckos (PACKARD & PACKARD 1979, PACKARD 1980, FERGUSON 1982, WOODALL 1984, PACKARD & HIRSCH 1989).

Bei diesen hartschaligen Eiern findet sich eine Lage regelmäßig angeordneter und dicht stehender Kalksäulen, die mit ihrem konisch zulaufenden Ende in die Eimembran hineinreichen (Abb. 2 c. & d.). Im Gegensatz dazu ist die Eimembran bei den weichschaligen Eiern der Schlangen und der meisten Echsen nur mit einer dünnen Kalkkruste überzogen, oder es finden sich isoliert liegende Kalkablagerungen (PACKARD &

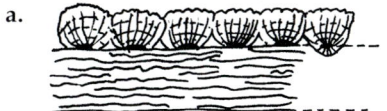

a.

c.

b.

d.

**Abb. 2.** Schematischer Aufbau der Eischale bei verschiedenen Reptilienarten; verändert nach PACKARD & DeMARCO (1991).

a. flexible Eischale der Meeresschildkröte *Lepidochelys olivacea*.

b. flexible Eischale des Gitterschwanzleguans *Callisaurus draconoides*.

c. formstabile Eischale der Weichschildkröte *Apalone spinifera*.

d. formstabile Eischale von *Gekko gecko*.

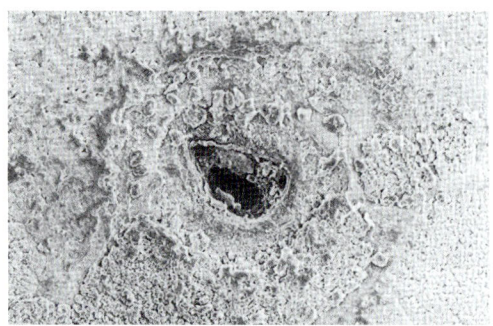

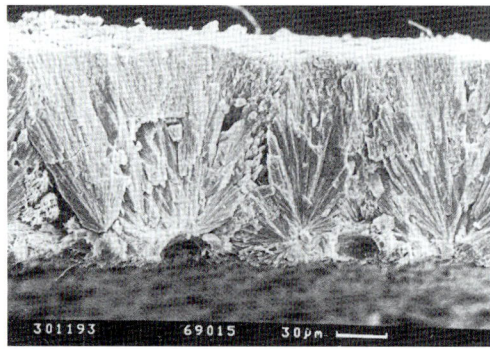

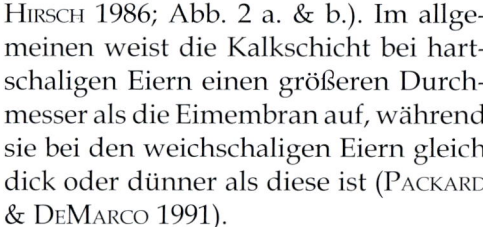

**Ultrastrukturen von Eischalen verschiedener Schildkrötenarten.** Fotos: J. Gad

**Abb. 3 (links oben). Pore in der Eischale von** *Sacalia bealei.*

**Abb. 4 (links unten). Querschnitt durch die Eischale von** *Geoemyda spengleri.*

**Abb. 5 (rechts). Querschnitt mit Schalenmembran (***Indotestudo elongata***).**

Hirsch 1986; Abb. 2 a. & b.). Im allgemeinen weist die Kalkschicht bei hartschaligen Eiern einen größeren Durchmesser als die Eimembran auf, während sie bei den weichschaligen Eiern gleich dick oder dünner als diese ist (Packard & DeMarco 1991).

Reptilieneier beinhalten große **Dottermengen**. Die Werte reichen von 32-55% bei Schildkröten (Ewert 1979) bis hin zu 72-99% bei Echsen und Schlangen (Tracy & Snell 1985). Die Eier enthalten wesentlich mehr Dotter (50-70% Überschuß) als der Embryo für seine Entwicklung bis zum Schlupf benötigt. Die überschüssige Dottermenge dient dem frisch geschlüpften Jungtier als Energiereserve während der ersten Lebenswochen. Der Dotter ist darüber hinaus ein wichtiger Speicher für Vitamine, Mineralstoffe und Spurenelemente.

An der Oberfläche wird die Dotterkugel von Dottermembranen begrenzt. Die Dotterkugel mit Dottermembran wird von **Eiklar (Albumin)** umgeben, das aus einer äußeren und inneren dünnflüssigen und einer mittleren zähflüssigen Schicht besteht. Das Albumin des Reptilieneies weist einen Wassergehalt von etwa 98% auf und dient somit als wichtiges Wasserreservoir vor allem bei den hartschaligen Eiern, die während der Inkubation nur minimal Wasser aufnehmen oder sogar Wasser verlieren (Tracy & Snell 1985; vgl. Anhang II).

Die im Vogelei vorhandenen Hagelschnüre (Chalazen), die den Vogelembryo bei Lageveränderungen des Eies immer wieder in die ursprüngliche Lage bringen, fehlen dem Reptilienei. Nach der Eiablage sinkt der Dotter nach unten und der Embryo treibt an die Oberseite des Eies, wo er festwächst (BELLAIRS 1991). Dies ist einer der Gründe, weshalb Reptilieneier während bestimmter Entwicklungsabschnitte empfindlich gegenüber Drehungen um die Horizontalachse sind (vgl. Kap. 6.5.).

Bei frisch abgelegten Echsen- und Schlangeneiern läßt sich in der Regel leicht erkennen, ob sie befruchtet oder unbefruchtet sind (vgl. Abb. 7 und 122, S. 89). **Befruchtete Eier** der meisten Vertreter dieser Tiergruppen zeigen eine deutlich sichtbare Keimscheibe, die sich farblich (orange bis violett) unter der noch feuchten Eischale abzeichnet. **Unbefruchteten Eiern** fehlt diese Keimscheibe; außerdem sind sie kleiner und nicht so prall wie befruchtete Eier. Oftmals kann man auch eine geringere Mineralisierung der Eischale bei unbefruchteten Eiern im Vergleich zu befruchteten nachweisen. Nachdem die Schale trocken ist, erscheinen unbefruchtete Eier meist gelblich, während befruchtete eine weiße Schale haben.

Bei den Eiern von Krokodilen und Schildkröten lassen sich befruchtete und unbefruchtete Eier nicht auf den ersten Blick unterscheiden. Frisch abgelegt haben befruchtete wie auch unbefruchtete Eier eine glasig-durchscheinende weiße Schale. Innerhalb der ersten 24 Stunden bildet sich bei befruchteten Eiern ein weißer undurchsichtiger Schalenfleck, der von außen erkennbar ist. Der undurchsichtige Fleck vergrößert sich und beginnt sich als zunächst schmales Band um das Ei herumzuziehen (vgl. S. 95). Da die Ausbildung eines undurchsichtigen Fleckes vom sich entwickelndem Embryo induziert wird, bleiben unbefruchtete Eier durchsichtig.

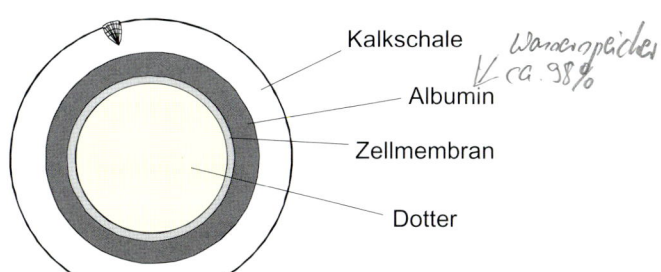

Kalkschale

Albumin

Zellmembran

Dotter

**Abb. 6 (oben). Aufbau eines Reptilieneies. (Schematische Darstellung). Verändert nach** PACKARD & DEMARCO (1991).

**Abb. 7 (Mitte). Befruchtetes (rechts) und unbefruchtetes Ei (links) aus einem Gelege des Grünen Leguans (***Iguana iguana***).**

**Abb. 8 (unten). Ein nach viereinhalb Monaten Inkubationszeit geöffnetes Ei einer Krötenkopfschildkröte (***Phrynops geoffroanus***). Die Allantois mit Blutgefäßen ist deutlich zu erkennen.** Foto: R. WICKER

13

# 3. Bildung der Eier im Muttertier

Die Eibildung (Oogenese) verläuft über mehrere Follikelstadien bis zum Follikelsprung (Ovulation) am Eierstock. Der Follikel besteht aus einer Eizelle (Ovozyte) und der mehrschichtigen Follikelwand. Durch Anreicherung von Dotter nimmt der Follikel enorm an Durchmesser zu und kann so das hundertfache seiner Ausgangsgröße erreichen. Bei der Ovulation reißt die Follikelwand auf, und das Ei tritt in die Leibeshöhle aus. Die trichterförmige Öffnung des Eileiters (Tube) befindet sich zum Zeitpunkt der Ovulation in unmittelbarer Nähe der reifen Follikel und sichert so die Aufnahme der Eier in den Eileiter. Die Reste des Follikels reorganisieren sich zum Gelbkörper (Corpus luteum).

> Im Gegensatz zu den Verhältnissen beim Vogel, bei dem jeweils ein einzelnes Follikel ovuliert, beschalt und abgelegt wird, kommt es beim Reptil in der Regel zur gleichzeitigen Ovulation aller Follikel eines Geleges. Innerhalb kurzer Zeit sind alle ovulierten Follikel in die Eileiter gelangt, wo Albuminschicht, Eimembran und äußere Kalkschale gebildet werden (PACKARD et al. 1982).

Unmittelbar nach dem Eisprung (Ovulation) weist die Oberfläche des Follikels Fältelungen und Einstülpungen auf. Im oberen Bereich des Eileiters wird das Reptilienei von einer Albuminschicht überzogen. Kurz nachdem der Follikel in den Eileiter gelangt ist, beginnt die Bildung der Eimembran, indem von Drüsen im Eileiterepithel Fasern auf die Oberfläche des Follikels abgelagert werden. Obwohl die Hauptmenge an Fasern innerhalb der ersten 24 Stunden gebildet wird, benötigt der gesamte Prozeß der Eimembranbildung mehrere Tage (PACKARD et al. 1982). Die Orientierung und Anordnung der Fasern wird in erster Linie von Rotationsbewegungen des Eies während seiner Wanderung im Eileiter bestimmt.

Mehrere Tage nach der Ovulation sind bereits die ersten **Kalkkristalle** (Calcitkristalle bei Krokodilen und Squamaten, Aragonitkristalle bei Schildkröten) auf der Eimembran vorhanden. Es bilden sich zunächst kleine knopfartige Ausstülpungen, die als Kristallisationskerne für die Kalkelemente dienen (WOODALL 1984, PACKARD & DeMARCO 1991). Von den Drüsen der Eileiterschleimhaut abgesonderte Ionen kristallisieren an diesen Punkten, so daß sich die Kalkelemente zu bilden beginnen. Sie wachsen zunächst etwas in die Eimembran hinein und umschließen die Fasern der Membran. Danach wachsen sie überwiegend nach seitlich und von der Eimembran weg, bis (bei hartschaligen Eiern) die Elemente sich berühren und eine kompakte Schicht bilden (PACKARD & PACKARD 1979, WOODAL 1984).

Bei den weichschaligen Eiern der Schlangen und der meisten Echsen zeigt sich mehrere Tage nach der Ovulation auf der Oberfläche der Eimembran ein charakteristisches Muster aus Gräben und Kämmen. Auf der Eimembran werden nun in ungeordneter Weise kleine Kalkkristalle angelagert, die schließlich die gesamte Oberfläche bedecken (Packard & DeMarco 1991). Alle Eier eines Geleges werden normalerweise als Einheit abgelegt.

# 4. Entwicklung des Embryos im Reptilienei

Unmittelbar nach der Befruchtung, die bei allen Reptilien im oberen Teil des Eileiters stattfindet, beginnt die befruchtete Eizelle (Zygote) sich zu teilen. Da hierbei die Zellgrenzen an der Oberfläche als Furchen erscheinen, hat man diese Entwicklungsphase als Furchung und die entstandenen Zellen als Furchungszellen (Blastomeren) bezeichnet.

Beim Reptilienei erfaßt die Furchung nur das Bildungsplasma, so daß die Dottermassen ungefurcht bleiben und sich am oberen (animalen) Pol eine mehrschichtige Keimscheibe (Discus germinativus) bildet (partiell diskoidale Furchung). Zwischen ihr und dem Dotter ensteht durch Verflüssigung des Dotters die sogenannte Subgerminalhöhle. An der Peripherie setzt sich das Wachstum fort und die Keimscheibe umwächst den Dotter. Allerdings entwickeln sich nur die zentralen Blastomeren der Keimscheibe zum Embryo. Die peripheren, den Dotter umwachsenden Blastomeren werden zu Hüllen und Anhängen des Keimlings. Zur Bildung des dreidimensionalen Embryos setzt sich die Entwicklung nach der Furchung mit der Keimblattbildung (Gastrulation) fort.

Neben dem Dottersack als primärem Anhang werden weitere schützende **Fruchthüllen** (Fetalmembranen) gebildet: das Chorion, das Amnion und die Allantois (vgl. Abb. 9. - 11.). Diese Hüllen schützen vor Austrocknung und mechanischen Einwirkungen und sind für die Atmung des Embryos wichtig. Während Chorion, Amnion und Dottersack aus den Blättern der Keimscheibe hervorgehen, entsteht der Allantoissack sekundär aus einer Ausstülpung des hinteren Verdauungstraktes.

Der **Allantois**höcker vergrößert sich zum bläschenförmigen Anhängsel des Embryos, bei dem schließlich der röhrenförmige Allantoisstiel (Urachus) von dem Allantoissack (Harnsack) unterschieden werden kann. Über die Ureter (Harnleiter) gelangt Flüssigkeit aus den sich entwickelnden Nieren, so daß der Harnsack immer größer wird. Bei Reptilien kann die Allantoisflüssigkeit relativ gelatinös sein (MOFFAT 1985).

Das **Amnion** ist eine Membran, die den Embryo umhüllt und welche die Amnionflüssigkeit (Liquor amnioticus) enthält, in der sich der Embryo befindet. Diese schleimige Flüssigkeit schützt den Embryo und stellt für ihn eine Art Wasserkissen dar.

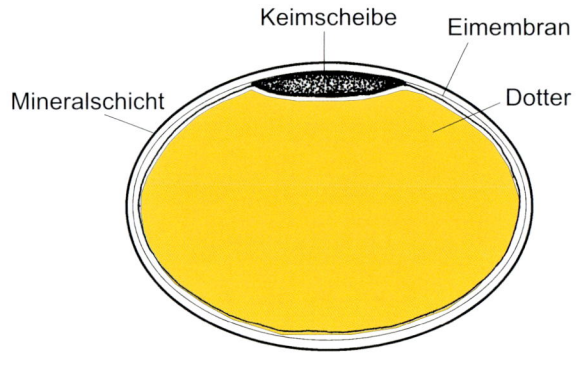

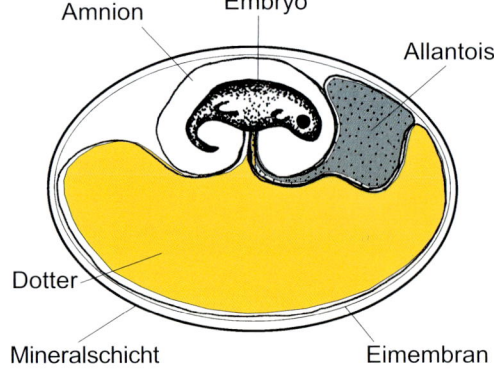

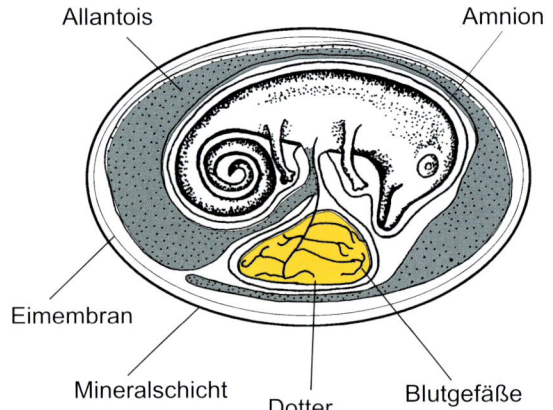

Abb. 9-11. Schematisierte Darstellung des Aufbaus von Reptilieneiern bei verschiedenen Stadien der embryonalen Entwicklung.

Abb. 9 (oben links). Unmittelbar nach der Eiablage.

Abb. 10 (oben rechts). Nach der Bildung der Eihäute.

Abb. 11 (unten). Nach 40 Tagen Inkubationsdauer (Alligator mississippiensis). (verändert nach FERGUSON 1985)

Die Entwicklung der befruchteten Eizelle beginnt auch bei den eierlegenden Reptilienarten schon vor der Eiablage, also im Muttertier. Bei der Eiablage hat der Embryo mindestens das Blastula-Stadium erreicht (BELLAIRS 1991). Insbesondere die Embryonen von Echsen- und Schlangeneiern können bei der Ablage aber schon sehr weit entwickelt sein (EWERT 1991). Embryonen der Sandrasselotter Echis coloratus messen bei der Eiablage bereits 88 mm (VLECK & HOYT 1991). Bei anderen Reptiliengruppen (Krokodilen, Schildkröten und Brückenechsen) kommt die Entwicklung im Eileiter - möglicherweise we-

gen der anaeroben Bedingungen (Sauerstoffmangel) - in einem frühen Stadium (Gastrula) zum Stillstand und setzt erst wieder nach der Eiablage ein (LYNN & VON BRAND 1945, EWERT 1985).

Der Entwicklungszustand des Embryos bei der Eiablage beeinflußt die Inkubationsdauer. Dies ist einer der Gründe dafür, daß bezüglich der Inkubationsdauer je nach Tierart große Unterschiede bestehen. Sie kann von nur 12-14 Tagen bei einigen Echsen (z.B. Sceloporus aeneus) bis hin zu über einem Jahr bei einigen Schildkrötenarten reichen (GOODE & RUSSELL 1968, CONGDON et al. 1983, GUILLETTE & GONGORA 1986).

Die embryonale Entwicklung kann in verschiedene morphologische Stadien eingeteilt werden (DUFAURE & HUBERT 1961, HUBERT & DUFAURE 1968, YNTEMA 1968, EWERT 1985, FERGUSON 1985, HUBERT 1985, MILLER 1985). Diese Einteilung ist eine unverzichtbare Basis für experimentelle Untersuchungen zur Embryologie der verschiedenen Tierarten, da ohne sie ein Vergleich der Ergebnisse nicht möglich ist. Die folgenden Stadienschemata wurden unter standardisierten Bedingungen bei bestimmten Tierarten erarbeitet. Bei Abweichungen von diesen Bedingungen und bei anderen Arten kommt es zu Verschiebungen im zeitlichen Ablauf.

Untersuchungen zur embryonalen Entwicklung bei **Krokodilen** liegen für *Alligator mississippiensis* (CLARKE 1891, REESE 1912, FERGUSON 1985), *Crocodylus palustris* (DERANIYAGALA 1939), *C. niloticus* (VOELTZKOW 1899, 1901, 1903) und *C. porosus* (DERANIYAGALA 1939, BOLTON 1989) vor.

Für folgende **Schildkrötenarten** wurden detaillierte Angaben und Abbildungen zur Embryonalentwicklung veröffentlicht: *Caretta caretta* (MILLER 1985), *Chelonia depressa* (MILLER 1985), *Chelonia mydas* (MILLER 1985), *Chelydra serpentina* (YNTEMA 1968), *Chrysemys picta* (MAHMOUD et al. 1973), *Dermochelys coriacea* (MILLER 1985), *Eretmochelys imbricata* (MILLER 1985) und *Lepidochelys olivacea* (CRASTZ 1982). Bei EWERT (1985) findet sich eine tabellarische Zusammenstellung von Daten zum zeitlichen Ablauf der embryonalen Entwicklung zahlreicher Schildkrötenarten.

Untersuchungen zur embryonalen Entwicklung bei **Echsen** liegen vor für *Calotes versicolor* (MUTHUKKARUPPAN et al.

**Abb. 12 . Embryo eines *Ctenosaura pectinata* nach 24 Tagen Inkubation bei 29,5 °C.**

1970, THAPLIYAL et al. 1973), *Chamaeleo bitaeniatus* (PASTEELS 1956, MILAIRE 1957), *Furcifer lateralis* (LEMUS & DUVAUCHELLE 1966, LEMUS et al. 1981), *Hemidactylus turcicus* (WERNER 1971), *Zootoca vivipara* (DUFAURE & HUBERT 1961), *Liolaemus gravenhorstii* (LEMUS 1967), *Mabuya megalura* (PASTEELS 1970), *Ptyodactylus hasselquistii* (WERNER 1971) und *Sphaerodactylus argus* (WERNER 1971).

Bei **Schlangen** beschränken sich die Veröffentlichungen zur embryonalen Entwicklung auf *Natrix tessellata* (KORNEVA 1969), *Pituophis melanoleucus* (TREADWELL 1962), *Thamnophis sirtalis* (ZEHR 1962) und *Vipera aspis* (HUBERT & DUFAURE 1968).

## Die embryonale Entwicklung bei Krokodilen

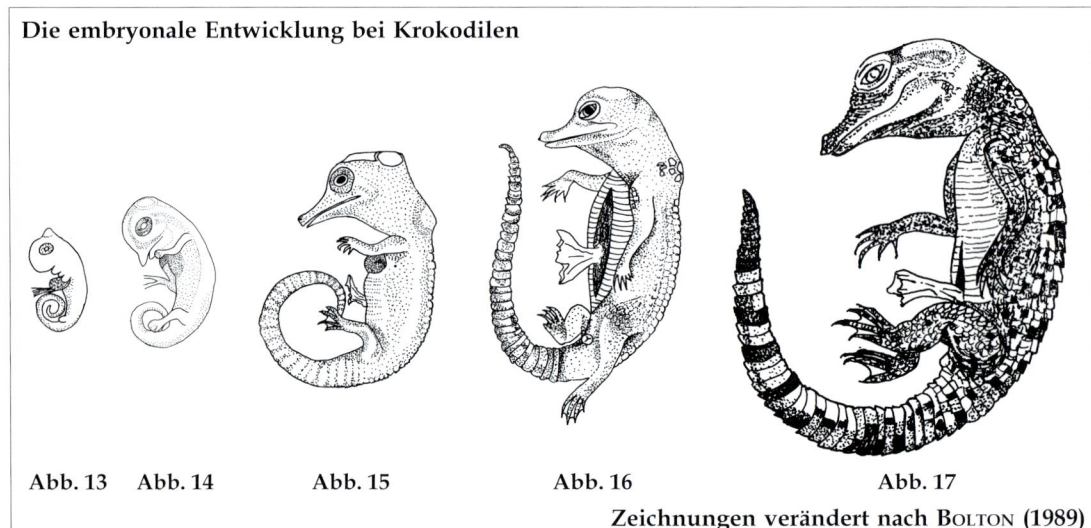

Abb. 13    Abb. 14       Abb. 15          Abb. 16              Abb. 17

Zeichnungen verändert nach BOLTON (1989)

**Das folgende Stadienschema wurde bei *Crocodylus porosus* (Inkubationstemperatur 29 °C, 90-100% relative Luftfeuchtigkeit) erarbeitet (BOLTON 1989).**

**Stadien 1-7 (Tag 0-7):** Der Embryo ist durchsichtig und weniger als 10 mm lang. Um einen Embryo in diesem frühen Stadium zu finden, muß die Eischale vorsichtig weggebrochen werden, ohne die Eimembranen zu beschädigen. Die Position des Embryos wird durch einen kleinen roten Punkt unter der Membran angezeigt.

**Stadium 11 (Tag 14), Abb. 13:** Die Augen des noch weitgehend durchsichtigen Embryos (Größe: 13,5 mm) sind bereits pigmentiert und als schwarze Punkte von etwa 1,5 mm Durchmesser zu erkennen. Die Extremitätenhöcker sind ausgebildet. Ein Blutgefäß von 20 mm Länge zieht vom Embryo weg.

**Stadium 17 (24 Tage), Abb. 14:** Die Extremitäten des 22 mm großen Embryos sind im Bereich von Ellbogen und Knie bereits gebogen. Hände und Füße sind als verbreiterte Scheiben am Ende der Extremitäten zu erkennen. Es ist nun ein Netz von Blutgefäßen vorhanden.

**Stadium 21 (38 Tage), Abb. 15:** Der Embryo ist nun 30 mm lang, rosafarben mit einem Muster von Schuppen und Schilden auf Rücken und Schwanz. Zwischen den Zehen sind Schwimmhäute erkennbar, und die Krallen sind bereits vorhanden, aber noch weich. Die Augen sind sehr groß, die Lider und Nickmembranen sind fast vollständig ausgebildet. Teile des Gehirns sind als undurchsichtige weiße Gebilde zu erkennen.

**Stadium 22 (49 Tage), Abb. 16:** Der Fetus ist jetzt 118 mm lang und von der Gestalt her schon sehr krokodilähnlich mit Schuppen und Schilden auch auf der Oberfläche der Extremitäten und beginnender Pigmentierung. Das Herz ist nun teilweise oder vollständig in der Leibeshöhle verschwunden. Die Eischwiele ist sichtbar. Die Krallen sind noch weich.

**Stadium 23 (61 Tage), Abb. 17:** Die Ausbildung der Beschuppung und Pigmentierung des Fetus (Größe: 160 mm) ist weiter vorangeschritten. Die Augen und Lider erscheinen nun voll entwickelt. Das Gehirn ist teilweise noch durch einen dünnen durchsichtigen Bereich des Schädels zu sehen. Die Krallen sind nun fest. Zähne zeichnen sich ab, sind aber noch nicht fühlbar.

**Stadium 25 (77 Tage):** Der Fetus ist nun gefärbt wie ein normales Jungtier.

**Stadium 26-27 (84 Tage):** Das Schädeldach ist nun fest, die Zähne sind durchgebrochen und fühlbar hart und scharf. Der Fetus beginnt, den Dotter in die Leibeshöhle aufzunehmen.

**Stadium 28 (92 Tage):** Das Jungtier ist voll entwickelt und schlupfreif. Der Dotter ist vollständig in die Leibeshöhle aufgenommen.

18

**Die embryonale Entwicklung bei Schildkröten**

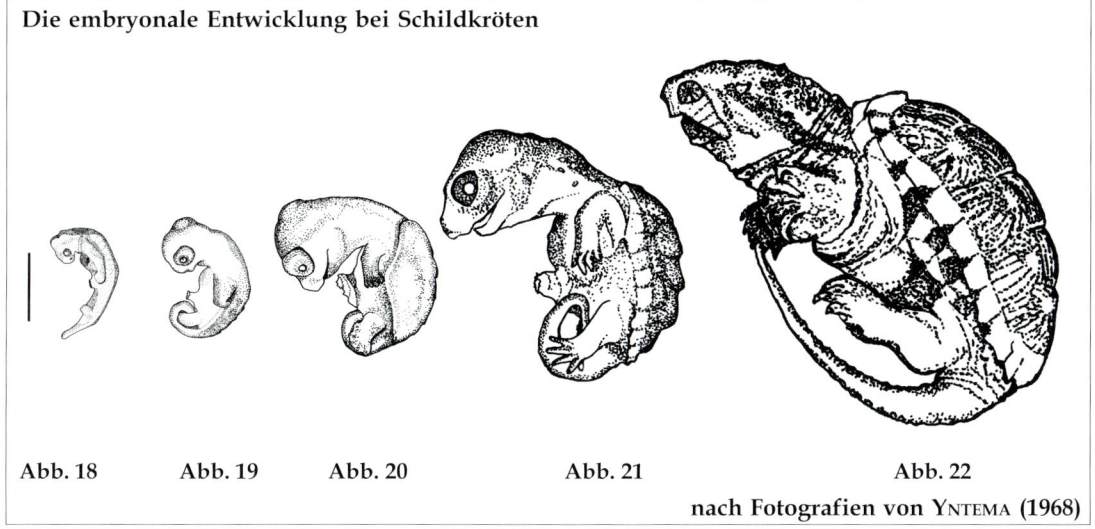

| Abb. 18 | Abb. 19 | Abb. 20 | Abb. 21 | Abb. 22 |

nach Fotografien von YNTEMA (1968)

Das folgende Stadienschema wurde bei *Chelydra serpentina* (Inkubationstemperatur 30 °C) erarbeitet (YNTEMA 1968, EWERT 1985). Balken = 5mm

**Stadium 5 (3-7 Tage):**
Blutinseln sind vorhanden. Die Neuralfalten sind im vorderen Bereich noch offen und beginnen sich in der Rückenregion zu schließen.

**Stadium 12 (11-15 Tage), Abb. 18:**
Der Oberkieferfortsatz reicht genauso weit nach ventral wie der Unterkieferfortsatz. Die Netzhaut ist bereits pigmentiert, die Extremitätenknospen sind vorhanden. Der Allantoissack befindet sich als bläschenförmiges Anhängsel zwischen den hinteren Extremitätenknospen.

**Stadium 15 (o. Zeitangaben), Abb. 19:**
Die Beine weisen große Endplatten auf, bei denen noch keine Fingerstrukturen zu erkennen sind. Der Carapax hat bereits deutliche seitliche Abgrenzungen, während die vordere und hintere Abgrenzung noch nicht ausgebildet sind.

**Stadium 18 (o. Zeitangaben), Abb 20:**
Finger und Zehen sind an den Extremitäten ausgebildet, der Panzer ist ringsherum deutlich abgegrenzt und zeigt bereits den Beginn der Beschildung. Die Eischwiele ist als kleine Erhebung auf der Schnauze zu erkennen. Das untere Augenlid ist angedeutet.

**Stadium 20 (32-37 Tage), Abb. 21:**
Carapax, Vorderextremitäten und Hals sind pigmentiert. An Hals und Vorderbeinen sind Hautvorwölbungen vorhanden. Das untere Augenlid reicht bis auf Höhe der Pupille.

**Stadium 26 (65-86 Tage), Abb. 22:**
Schlupfreifes Jungtier.

## Die embryonale Entwicklung bei Echsen

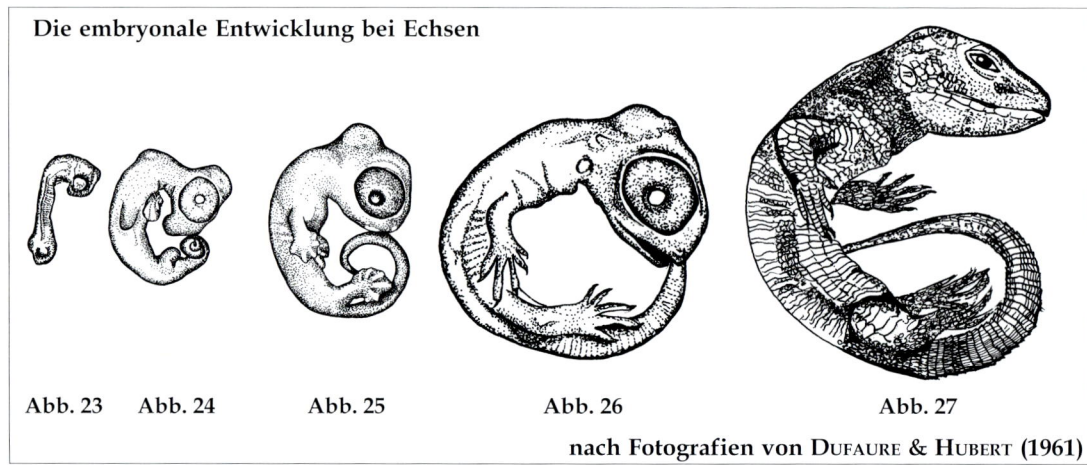

Abb. 23    Abb. 24        Abb. 25            Abb. 26                    Abb. 27

nach Fotografien von DUFAURE & HUBERT (1961)

Das folgende Stadienschema wurde bei *Zootoca vivipara* erarbeitet (DUFAURE & HUBERT 1961, HUBERT 1976).

Die Bergeidechse (*Zootoca vivipara*) setzt dünnhäutige Eier ab, aus denen entweder sofort oder innerhalb von wenigen Stunden (selten einigen Tagen) die Jungtiere schlüpfen. Obwohl diese Art als ovovivipar einzustufen ist, kann das folgende Stadienschema auch für eierlegende Echsen herangezogen werden.

**Stadien 1-6:**
eine bis wenige Zellen.

**Stadien 8-10:**
Gastrulation (Einstülpungsprozeß).

**Stadien 14-17:**
Neurulation: die Neuralplatte bildet sich. Die ersten Blutinseln sind zu erkennen.

**Stadium 23, Abb. 23:**
Die Augenvesikel bilden sich. Das Gehirn ist bereits differenziert. Gesamtlänge des Embryos 3,5 mm.

**Stadium 28:**
Augenanlage und Hirnwulst sind deutlich zu erkennen. Der Embryo ist 7,2 mm lang.

**Stadium 30:** Die Netzhaut ist noch weitgehend unpigmentiert. Die Extremitätenstummel sind bereits vorhanden. Gesamtlänge des Embryos 10 mm.

**Stadium 31, Abb. 24:** Die Extremitätenscheiben sind ausgebildet und die Netzhaut ist pigmentiert. Gesamtlänge des Embryos 16 mm.

**Stadium 34, Abb. 25:** Finger und Zehen sind bereits differenziert, aber noch durch Zwischenzehenhäute verbunden. Gesamtlänge des Embryos 20 mm.

**Stadium 36, Abb. 26:** Das Trommelfell ist zu erkennen und die Beschuppung des Körpers beginnt sich zu bilden. Finger und Zehen sind voll ausgebildet; Zwischenzehenhäute bereits reduziert. Gesamtlänge des Embryos 23 mm.

**Stadium 40, Abb 27:** Schlupfreifes Jungtier. Gesamtlänge 40 mm.

**Die embryonale Entwicklung bei Schlangen**

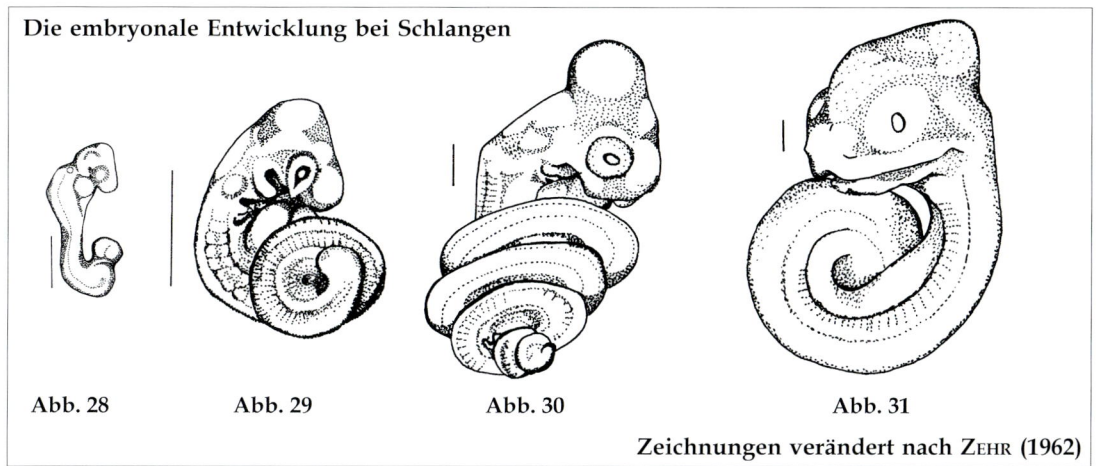

| Abb. 28 | Abb. 29 | Abb. 30 | Abb. 31 |

Zeichnungen verändert nach ZEHR (1962)

**Das folgende Stadienschema wurde bei *Thamnophis sirtalis* erarbeitet (ZEHR 1962). Balken = 1 mm.**

Obwohl die Strumpfbandnatter als ovovivipar einzustufen ist, kann das folgende Stadienschema auch für eierlegende Schlangen herangezogen werden.

**Stadien 1-6:**
Eine bis wenige Zellen.

**Stadium 7:**
Gastrulation (Einstülpungsprozeß) abgeschlossen.

**Stadium 8-10:**
Neurula: die Neuralplatte bildet sich.

**Stadium 11-15:**
Das Amnion umschließt den Embryo, bei dem Kopf- und Rumpfpartien bereits deutlich erkennbar sind.

**Stadium 16, Abb. 28:**
Das Unterkiefersegment ist zu sehen, der vordere Teil des Neuralrohres ist noch offen, die Allantoisblase beginnt sich zu füllen.

**Stadium 20, Abb. 29:**
Das hintere Ende des Rumpfes hat sich bereits in zwei Windungen spiralig aufgerollt. Der Maxillarfortsatz ist sichtbar, das Linsenbläschen hat sich geschlossen.

**Stadium 26, Abb. 30:**
Das Auge wölbt sich deutlich hervor und ist bereits etwas pigmentiert. Das Hinterende des Rumpfes ist in fünf bis sechs Windungen spiralig aufgerollt. Die Hemipenisanlagen sind bei männlichen Tieren sichtbar.

**Stadium 29:**
Die Zunge ist sichtbar; die Hemipenes sind bei den männlichen Individuen als kleine Vorwölbungen zu erkennen; der Körper ist in vier bis fünf Windungen aufgerollt.

**Stadium 32, Abb. 31:**
Die Schuppenbildung am Rumpf hat begonnen; die Augenlider bedecken die Augen vollständig; das Herz ist immer noch durch die dünne Körperwand zu erkennen.

**Stadium 36, Abb. 32:**
Die Schuppenbildung im Kopfbereich hat begonnen; die Körperpigmentierung ist noch nicht vorhanden.

**Stadium 37, Abb. 33:**
Schlupfreifes Jungtier. Schuppen bedecken den gesamten Kopf; die Pigmentierung ist deutlich ausgeprägt.

# 4.1. Embryonale Entwicklungspausen

In die Periode der embryonalen Entwicklung können Phasen eingeschaltet sein, in denen die Entwicklung stark verzögert ist oder sogar nahezu zum Stillstand kommt.

Man kann folgende Formen von embryonalen Entwicklungspausen unterscheiden (EWERT 1991):
1. durch zu niedrige Temperaturen bedingte Ruhephasen (Cold Torpor);
2. Diapause;
3. verzögerter Schlupf und embryonale Ästivation.

Zur ersten Kategorie **(Cold Torpor)** zählen Pausen oder starke Verzögerungen der bereits eingesetzten embryonalen Entwicklung, die dadurch bedingt sind, daß die Inkubationstemperatur zu niedrig ist, um die notwendigen Stoffwechselprozesse zu ermöglichen. Die Empfindlichkeit von Embryonen gegenüber Temperaturen, die deutlich unter den optimalen Inkubationstemperaturen liegen, sind je nach Tierart und Entwicklungszustand der Embryonen sehr unterschiedlich (vgl. Kapitel 6.1.1., S. 32). Cold Torpor ermöglicht den Embryonen, Kälteperioden während der Inkubation im natürlichen Lebensraum zu überstehen.

Diese Anpassung an vorübergehende Kälteperioden erlaubt Arten wie z.B. *Pseudemys floridana* und *Sternotherus minor*, noch im Herbst Eier zu legen. Diese überstehen die Kälteperioden des Winters durch Cold Torpor und vollenden ihre Entwicklung im Frühjahr (COX & MARION 1978, EWERT 1991).

Unter **Diapause** versteht man eine Periode von Entwicklungsstagnation früher Embryonalstadien bei Umweltbedingungen, die eine normale Entwicklung zuließen. Das Ei befindet sich in einer Umgebung mit adäquater Temperatur, Feuchtigkeit und Atmosphäre, und dennoch entwickelt sich der Embryo nicht weiter. In der Regel ist ein klimatischer Auslöser notwendig, um die Diapause zu beenden und die normale weitere Entwicklung einzuleiten. Bei den Auslösern handelt es sich um Parameter wie Temperatur, Feuchtigkeit und Tag-Nacht-Zyklus der Temperatur (Tageslänge). Bei den bisher untersuchten Arten konnte meist entweder eine mehrwöchige Kälteperiode (16-22 °C) oder eine Wärmeperiode (30-32 °C) als Stimulus für die Beendigung der Diapause nachgewiesen werden (vgl. Tab. 2). Wenn der entsprechende Stimulus ausbleibt, verharren die Embryonen in Diapause und sterben schließlich (EWERT 1991). Embryonale Diapause ist bei Schildkröten weit verbreitet, kommt aber auch bei einigen Chamäleonarten vor (vgl. Tab. 2).

Das Vorhandensein einer Diapause kann am eindeutigsten durch die Identifizierung des Stimulus, der die Diapause beendet, nachgewiesen werden. Das Verständnis des Phänomens Diapause wird dadurch erschwert, daß sie offensichtlich auch durch klimatische Bedingungen vor der Eiablage beeinflußt wird und je nach Tierart eine große Plastizität bezüglich Tiefe, Dauer und Stimuli zur Beendigung der Diapause festgestellt werden kann.

Alle frisch abgesetzten Eier von *Staurotypus salvinii* reagieren mit Diapause auf warme Umgebungsbedin-

| Tierart | Stimulus zur Beendigung der Diapause | Quelle |
|---|---|---|
| **Schildkröten** | | |
| *Chelodina parkeri* | 10 Tage bei 30 °C | EWERT 1991 |
| *Chelodina rugosa* | Feuchtigkeitsbed. s. Text | EWERT 1991 |
| *Deirochelys reticularia* | 60 Tage bei 19-20 °C | EWERT 1985, JACKSON 1988 |
| *Kinosternon alamosae* | 60 Tage bei 16,5 °C | EWERT 1991 |
| *Kinosternon baurii* | 10 Tage bei 30 °C | EWERT 1991 |
| *Kinosternon creaserii* | 30 Tage bei 19-22,5 °C | EWERT 1991 |
| *Kinosternon hirtipes* | 60 Tage bei 16,5 °C | EWERT 1991 |
| *Kinosternon scorpioides* | 30 Tage bei 18-22,5 °C | EWERT 1991 |
| *Kinosternon sonoriense* | 60 Tage bei 16,5 °C | EWERT 1991 |
| *Melanochelys trijuga* | 30 Tage bei 18-22,5 °C | EWERT 1985, EWERT 1991 |
| *Phrynops geoffroanus*\* | 10 Tage bei 30 °C | EWERT 1991 |
| *Rhinoclemmys pulcherrima*\* | 30 Tage bei 18-22,5 °C | EWERT 1991 |
| *Staurotypus salvinii* | 30 Tage bei 18-22,5 °C | EWERT 1991 |
| *Staurotypus triporcatus* | 30 Tage bei 18-22,5 °C | EWERT 1991 |
| **Echsen** | | |
| *Furcifer lateralis* | 45-60 Tage bei 12-18 °C | SCHMIDT 1986, SCHMIDT 1992 |
| *Furcifer campani* | 45 Tage bei 12-15 °C | SCHMIDT 1992 |

Tabelle 2. Reptilienarten, bei denen embryonale Diapausen nachgewiesen wurden. Für die mit * gekennzeicheten Arten liegen auch gegenteilige Erfahrungen vor, nach denen bei diesen Arten keine Diapause auftrat (WICKER schriftl. Mitt.).

gungen (28-30 °C), während sich die Embryonen von *Kinosternon baurii* bei diesen Temperaturen aktiv entwickeln. Bei kühleren Inkubationsbedingungen (22,5-24 °C) bleiben die Embryonen von *K. baurii* in Diapause, während diese Temperaturen bei *Staurotypus salvinii* die Diapause beenden und eine langsame, aber aktive Entwicklung einleiten (EWERT 1991).

Wenn die Eier von *Dermatemys mawii* durch Überschwemmungen unter Wasser geraten, gehen die Embryonen in eine Art Diapause (streng genommen ist es keine, da die Umgebungsbedingungen eine normale Entwicklung nicht ermöglichen) und können so mehrere Wochen überleben. Erst trockenere Umgebungsbedingungen beenden die Diapause und leiten die normale weitere Entwicklung ein (POLISAR 1996). Die Weibchen von *Chelodina rugosa* setzen ihre Gelege (grundsätzlich?) unter Wasser ab. Erst wenn der Wasserspiegel sinkt, die Eier abtrocknen und dadurch Sauerstoff in ausreichender Menge zur Verfügung steht, beginnen sich die Embryonen zu entwickeln (EWERT 1991).

23

Unter **verzögertem Schlupf** versteht man, daß das vollentwickelte, schlupfreife Jungtier seinen Aufenthalt im Ei um mehrere Tage bis wenige Wochen verlängert, in der Regel, ohne die Eischale zu öffnen (EWERT 1991). Schlupfverzögerung konnte vor allem bei Krokodilen und Schildkröten nachgewiesen werden (WEBB et al. 1986, AUFFENBERG 1988, THOMPSON 1989).

Bei der **embryonalen Ästivation** handelt es sich ebenfalls um eine Hinauszögerung des Schlupfes, allerdings um einen deutlich längeren Zeitraum (mehrere Wochen bis wenige Monate). Diese Verzögerungsperioden sind begleitet von einer Reduktion des Stoffwechsels des Jungtiers (EWERT 1991).

Schlupfverzögerungen und embryonale Ästivation konnten bei Schildkröten (*Carettochelys insculpta, Kinosternon flavescens, K. scorpioides, Phrynops* spp.) erfolgreich beendet werden, indem die Eier für 3-4 Minuten in Wasser getaucht wurden (WEBB et al. 1986, EWERT 1991, WICKER schriftl. Mitt.). Dies läßt vermuten, daß Sauerstoffmangel (Hypoxie) als Stimulus zum Schlüpfen wirkt.

Es wurde beobachtet, daß die frisch geschlüpften Jungtiere mancher Schildkrötenarten bei ungünstigen Umgebungsbedingungen (zu kalt oder zu trocken) bis zum Einsetzen des Frühlings bzw. der Regenzeit im Nest verharren (GIBBONS & NELSON 1978, BREITENBACH et al. 1984). Innerhalb des Verbreitungsgebietes der Schmuckschildkröte *Chrysemys picta* variiert der Zeitpunkt des Schlupfes beträchtlich. Bei nördlichen Populationen (z.B. im Bundesstaat Michigan) überwintern die im Herbst (Oktober) geschlüpften Schmuckschildkröten im Nest (Abb. 37) und

kommen erst im folgenden Frühjahr (April/Mai) bei Nesttemperaturen um 15 °C an die Erdoberfläche (BREITENBACH et al. 1984). Im Nest der überwinternden Schildkröten herrschen Temperaturen um den Gefrierpunkt (minimal -2 °C), während an der Oberfläche Lufttemperaturen bis -24 °C gemessen wurden (BREITENBACH et al. 1984). Der potentielle Vorteil dieser Überdauerung im Nest ist, daß die Jungtiere zu einem Zeitpunkt an die Erdoberfläche gelangen, wenn die Überlebenschancen deutlich größer sind als im Herbst. Allerdings birgt diese Schlupfverzögerung bei starkem Bodenfrost auch die Gefahr des Erfrierens im Nest, insbesondere während trockener Winter mit geringem Schneefall.

Embryonale Diapause und Überwinterung bzw. Ästivation im Nest verlängern bei für Jungtiere ungünstigem Wetter das verhältnismäßig sichere Eistadium und fördern darüber hinaus eine Synchronisation des Schlupfes aller Tiere eines Geleges zu einem Zeitpunkt, wenn die Umweltbedingungen optimal für das Gedeihen der Jungtiere sind.

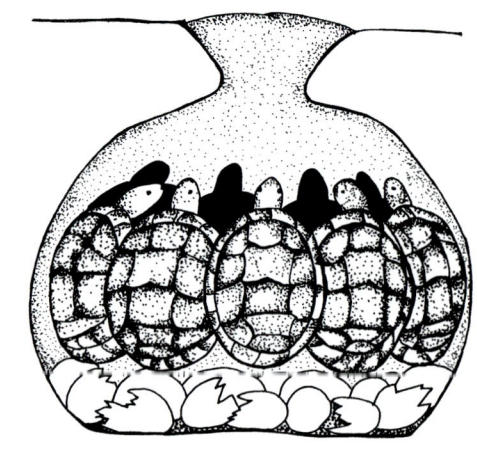

# 5. Der Schlupf

Der Schlupf, also das Verlassen des Eies, ist für das Jungtier ein geradezu dramatischer Vorgang, der mit drastischen Änderungen der Umgebungsbedingungen sowie enormen physiologischen Umstellungen verbunden ist.

Zunächst einmal muß das junge Reptil die Eischale von innen her öffnen. Hierzu haben Reptilien besondere anatomische Strukturen entwickelt: den Eizahn bzw. die Eischwiele. Dies sind von ihrer Anlage und ihrem Aufbau her zwei völlig verschiedene Gebilde. Die **Eischwiele** (Synonym "Eihöcker", engl. "egg caruncle"), die bei Krokodilen, Schildkröten und Brückenechsen vorkommt, ist eine oberflächliche, verhornte, rein epidermale Bildung der Oberhaut ohne jede Beziehung zu den Zahnanlagen. Die Eischwiele befindet sich als eine spitze Vorwölbung zwischen den Nasenlöchern in der Mitte des Oberkiefers. Der **Eizahn** (engl. "egg tooth") hingegen ist ein echter Zahn, der aus sich nach vorne richtenden prämaxillären Zahnanlagen entsteht und bei

**Abb. 34 (rechts oben). Das kleine Krokodil** (*Crocodylus niloticus*) **hat die Eischale mit der Eischwiele aufgebrochen.** Foto: D. ZIEHM

**Abb. 35 (rechts Mitte). Schlüpfender** *Caiman crocodilus.*          Foto: P. MARHOUL

**Abb. 36 (rechts unten). Geschlüpftes Krokodil** (*Crocodylus niloticus*).          Foto: D. ZIEHM

◁ **Abb. 37 (links). Frisch geschlüpfte Schmuckschildkröten verharren im Nest, bis die Umgebungsbedingungen bessere Überlebenschancen bieten (verändert nach** BREITENBACH **et al. 1984).**

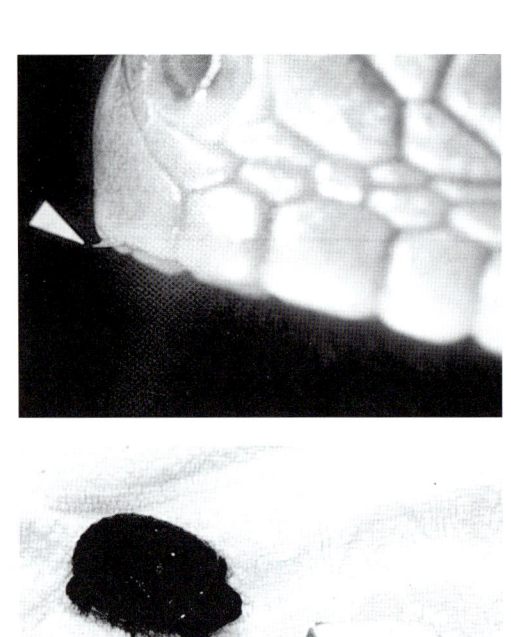
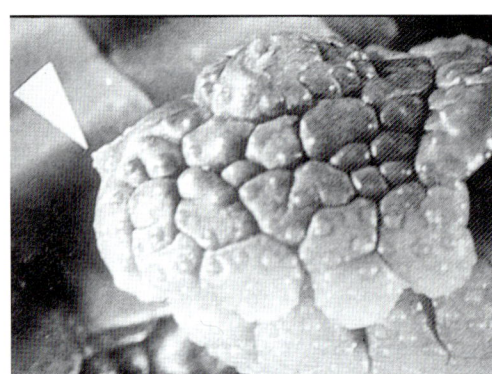

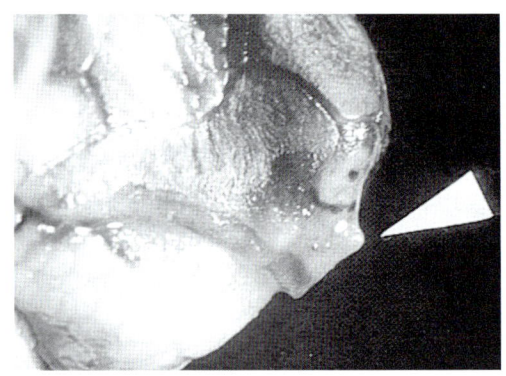

**Abb. 38 (oben links). Eizahn des Grünen Leguans (*Iguana iguana*).** Foto: S. Tränkner

**Abb. 39 (Mitte links). Frisch geschlüpfte Schmuckschildkröte (*Trachemys terrapen*) mit kalottenartig aufgeschlitzter Eischale.**
Foto: U. Fritz

**Abb. 40 (unten links). Schmuckschildkröten (*T. scripta callirostris*) haben die Schalen in Längsrichtung aufgerissen.** Foto: U. Fritz

**Abb. 41 (oben rechts). Eischwiele von *Crocodylus* sp..** Foto: S. Tränkner

**Abb. 42 (Mitte rechts). Eischwiele einer *Testudo hermanni*.** Foto: S. Tränkner

**Abb. 43 (unten rechts). Schildkröten nehmen beim Schlüpfen oft die Vorderbeine zu Hilfe (*Testudo hermanni*).**
Foto: W. Kirsche

den Schlüpflingen von Echsen und Schlangen (Squamata) zu finden ist. Obwohl der histologische Aufbau der Eizähne bei allen bisher untersuchten Squamaten weitgehend gleich ist, bestehen gestaltlich und betreffend der Anlage (paarig oder unpaarig) der Eizähne artspezifisch große Unterschiede. Während Agamen, Chamäleons und Leguane eine unpaare Eizahnanlage aufweisen, ist diese bei allen anderen Echsen und bei den Schlangen paarig. Allerdings bleiben von der paarigen Anlage nur bei den Geckos zwei Eizähne bis zum Schlupf bestehen, während bei den übrigen Arten durch Rückbildung eines Zahnes oder durch Verschmelzung beider Zähne nur ein funktionsfähiger Eizahn zum Zeitpunkt des Schlupfes ausgebildet ist (ANANJEVA & ORLOW 1986). Auch bei den ovoviviparen Arten ist ein Eizahn ausgebildet, der jedoch nur rudimentär, von Bindegewebe bedeckt und somit funktionslos ist (FIORONI 1962, ANANJEVA & ORLOW 1986). Bezüglich der Gestalt können mindestens drei Eizahntypen unterschieden werden (ANANJEVA & ORLOW 1986):
1. pilzförmige Eizähne (Geckos),
2. spitz-konisch geformte Eizähne mit kurzer Schneide an der Spitze (Agamen, Chamäleons und Leguane) sowie
3. große gebogene Eizähne mit mächtigem Körper und dünner Schneide (übrige Echsen und alle Schlangen). Bei den Boiden ist der schneidende Eizahnrand gezackt, so daß er als Miniatursäge fungieren kann (FIORONI 1962).

Nach dem Schlüpfen fällt der Eizahn bzw. die Eischwiele rasch ab, in der Regel innerhalb von ein bis drei Tagen (FIORONI 1962).

VOELTZKOW (1902) vermutet, daß Krokodile die Eischwiele im Sinne eines Bohrers verwenden. Es ist aber möglich, daß bei den hartschaligen Krokodileiern mit der Eischwiele nur die Eihäute geöffnet werden, während die Schale durch Drücken mit dem Kopf zerstört wird (MCILHENNY 1934, DERANIYAGALA 1936).

Echsen und Schlangen bewegen den Kopf bei der Eiöffnung hin und her, wodurch eine Anzahl meist parallel zur Eiachse verlaufender Schnitte entsteht, welche ein Drittel bis die Hälfte der Eilänge erreichen. Diese Eischnitte überkreuzen sich häufig. Zusätzlich setzen Echsen häufig die Krallen ein, was ebenfalls zu parallelen Schnitten in der Eischale führt.

Schildkröten nehmen meist ihre Extremitäten zu Hilfe, um die Eischale zu durchbrechen (Abb. 43). Während die meisten Jungtiere die Eischale in Längsrichtung zerreißen, wurde auch beobachtet, daß Schildkröten die Schale kalottenartig aufgeschlitzt haben (FRITZ 1990; vgl. Abb. 39 & 40).

Nachdem das schlüpfende Reptil seine Schnauze oder den ganzen Kopf ins Freie gebracht hat, verharrt es noch mehrere Stunden, um den verbliebenen Dotter in die Leibeshöhle aufzunehmen und von der embryonalen Atmung (Gasaustausch über die Blutgefäße der Chorio-Allantois-Membran) auf die Lungenatmung überzugehen. Die Hemipenes der männlichen Echsen und Schlangen werden erst kurz vor dem Schlupf zurückgezogen und liegen dann umgestülpt in den Hemipenistaschen der Schwanzbasis.

Abb. 44 (oben links). Schlüpfende *Elaphe quatuorlineata.*                 Foto: P. Velenský

Abb. 45 (oben rechts). Grüner Leguan (*Iguana iguana*) beim Aufschlitzen der Eischale.

Abb. 46 (Mitte links). Eine Grubenotter (*Agkistrodon acutus*) schlüpft aus dem Ei.
Foto: J. Fleck

Abb. 47 (Mitte rechts). Die Jungtiere verharren noch mehrere Stunden im Ei, bevor sie ausschlüpfen (*Basiliscus basiliscus*).

Abb. 48 (Unten links). Schlüpfende Lanzenotter (*Trimeresurus flavomaculatus halieus*) im Terrarium.     Foto: B. Klusmeyer

KIRSCHE (1967) beschreibt detailliert den Schlupf einer Griechischen Landschildkröte (*Testudo hermanni hermanni*):

"In einem Fall gelang es uns, den Schlüpfvorgang genau zu registrieren. Als das Ei zur Kontrolle aus dem Brutschrank genommen wurde, zeigte die Eischale eine geplatzte Stelle, an der die Eihaut mit kleinen Rissen sichtbar wurde, die auf Grund von Größe und Anordnung sehr wahrscheinlich durch die Krallen einer Extremität verursacht worden waren. Nach einer Stunde und 40 Minuten platzte die Eischale an einer anderen Stelle. Das Tier versuchte den Kopf durchzustecken und in die Eischale zu beißen, wodurch sich das Loch vergrößerte. Während einer kurzen Pause blickte die junge Schildkröte erstmalig etwa 45 sec. durch die kleine offene Stelle. Innerhalb der folgenden 60 Minuten drehte sich das Tier mehrfach im Ei, so daß abwechselnd Kopf oder eine Extremität sichtbar wurden. Dabei erweiterte sich die Öffnung und nach insgesamt 2 Stunden und 45 min. war die Öffnung so weit vergrößert, daß die Schildkröte erstmalig Kopf und ein Vorderbein hindurchstecken konnte. Es folgten weitere Drehungen des Tieres im Ei, die von kurzen Pausen unterbrochen wurden. So waren abwechselnd der Kopf bzw. die linke oder rechte Körperseite sichtbar. Nach einer Gesamtdauer von 3 Stunden und 25 min. verließ die Schildkröte das Ei. Unmittelbar danach drehte sie sich zur Eischale um und verharrte etwa 2 Minuten in dieser Haltung. In einem kleinen Löffel vorgehaltenes Wasser wurde gierig aufgenommen."

**Abb. 49-51. Schlupfvorgang einer Landschildkröte** (*Testudo hermanni*).

Fotos: W. KIRSCHE

# 6. Physiologische Grundlagen der Inkubation

Da die Embryonalentwicklung der eierlegenden Reptilien größtenteils außerhalb des Muttertieres stattfindet, ist das abgelegte Ei einer Umwelt ausgesetzt, die von Faktoren wie Temperatur, Feuchtigkeit, Luft- und Substratverhältnissen und Mikroorganismen geprägt ist. Das Weibchen nimmt auf diese Faktoren Einfluß, indem es Zeitpunkt und Ablageort wählt, Nester baut und (bei wenigen Arten) Brutpflege betreibt (vgl. Kapitel 9, S. 62).

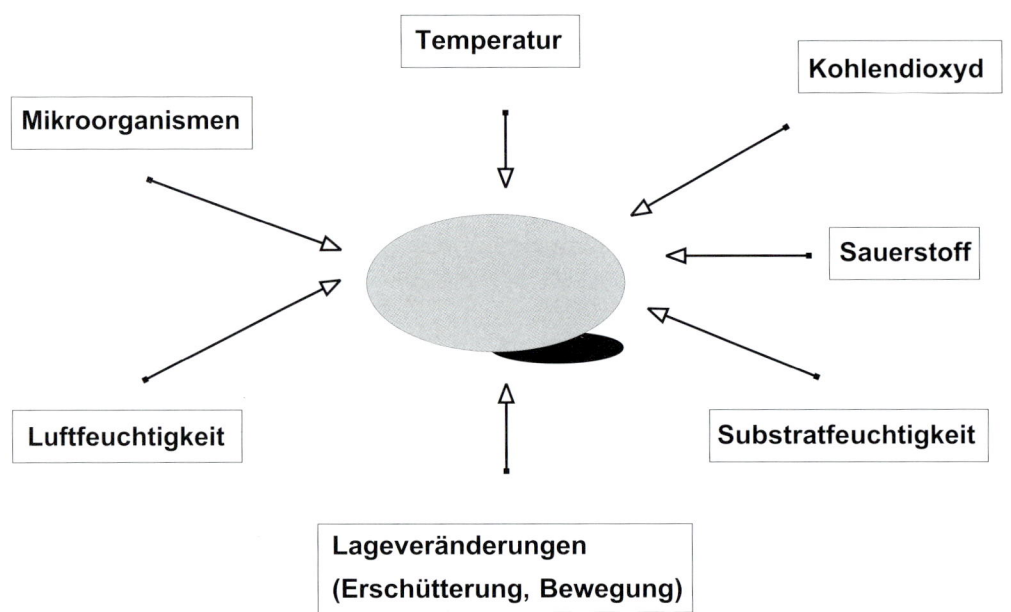

Abb. 52. Faktoren, die Einfluß auf die Entwicklung des Embryos im Ei haben.

## 6.1. Einfluß der Temperatur

Die Inkubationstemperatur bestimmt nicht nur die Entwicklungsgeschwindigkeit und damit die Inkubationsdauer, sondern beeinflußt bei vielen Reptilienarten auch Geschlecht, Pigmentierung sowie postembryonales Wachstum, Häutungszyklen und thermoregulatorisches und sexuelles Verhalten des Jungtieres. Die Temperatur hat einen Effekt auf Zellen und Gewebe des Embryos während der Entwicklung. Da sich der Einfluß der Inkubationstemperatur auch auf postembryonale Prozesse auswirkt, ist anzunehmen, daß sie auch irreversible Effekte auf den sich entwickelnden Embryo ausübt. Ein sehr wahrscheinli-

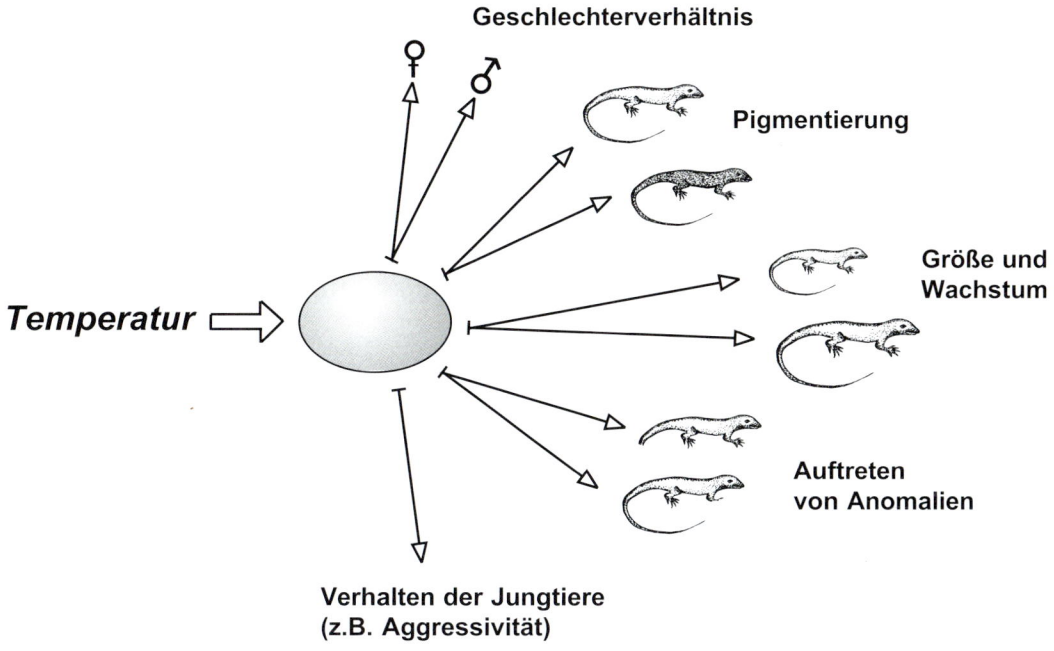

**Geschlechterverhältnis**

**Pigmentierung**

Temperatur

**Größe und Wachstum**

**Auftreten von Anomalien**

**Verhalten der Jungtiere (z.B. Aggressivität)**

Abb. 53. Mögliche Auswirkungen der Inkubationstemperatur.

ches Zielorgan der Temperatur während der Embryogenese ist der Hypothalamus, der über sogenannte Releasing-Hormone die Aktivität der Hypophyse steuert. Die Hypophyse wiederum produziert zahlreiche Hormone, die wichtige Prozesse im Körper regulieren, wie zum Beispiel Wachstum, Häutung, Pigmentierung, Sexualverhalten und Follikelreifung, um nur die wichtigsten zu nennen. Alle im folgenden beschriebenen Effekte der Inkubationstemperatur beziehen sich auf Prozesse, die - direkt oder indirekt - unter der Kontrolle des Hypothalamus stehen. Die Entwicklung des Hypothalamus findet in dem Abschnitt der Inkubation statt, für den auch der Einfluß der Temperatur auf die nachfolgend beschriebenen Prozesse nachgewiesen ist.

Die Temperatur eines Eies hängt im wesentlichen von der Umgebungstemperatur ab. Allerdings produziert der heranwachsende Embryo durch seine Stoffwechselaktivität auch etwas Eigenwärme. Diese Stoffwechselwärme ist bei Eiern direkt nach der Ablage minimal, steigt aber bis zum Schlupf deutlich an. Bei großen Gelegen kann durch diese Stoffwechselwärme die Temperatur im Gelege um einige Grade über der Umgebungstemperatur liegen (CARR & HIRTH 1961, BUSTARD 1972, BURGER 1976). Ein gut isolierendes Substrat (z.B. Vermiculite) kann dazu führen, daß mehr Wärme vom Stoffwechsel der Embryonen produziert wird, als abgeleitet werden kann. In diesen Fällen wird die Eitemperatur über der Umgebungstemperatur liegen.

### 6.1.1. Einfluß der Temperatur auf den Schlupferfolg

Je nach Tierart kann der Bereich der Inkubationstemperatur, in dem sich die Embryonen bis zum Schlupf normal entwickeln, sehr unterschiedlich sein. Innerhalb dieses physiologischen Temperaturbereiches nimmt der Schlupferfolg von den oberen und unteren Grenzbereichen bis zu einem Optimalbereich zu. Für die Eier der Chinesischen Weichschildkröte (*Pelodiscus sinensis*) liegt der physiologische Temperaturbereich für die Inkubation der Eier zwischen 23 und 34 °C, während bei 18 °C und bei 37 °C die Embryonen nach einigen Tagen absterben (CHOO & CHOU 1987; vgl. Abb. 54). Der Optimalbereich liegt nach den Untersuchungen von CHOO & CHOU (1987) bei etwa 28 °C.

Obwohl sich die meisten Reptilieneier erfolgreich in einem Bereich von 26-32 °C entwickeln können, bestehen bezüglich der Temperaturanforderungen je nach Tierart große Unterschiede.

Im allgemeinen sind Eier, die von den Weibchen artspezifisch nur oberflächlich vergraben (die meisten Schlangenarten) oder an festen Gegenständen angeklebt werden (viele Geckoarten), gegenüber Temperaturschwankungen nicht so empfindlich wie Eier, die in speziell angelegten Nestern (viele Krokodilarten), Gangsystemen (großwüchsige Leguanarten) oder Termitenbauten mit ihren relativ stabilen klimatischen Bedingungen (manche Teju- und Waranarten, einige Schlangenarten) abgelegt werden. Verglichen mit anderen Reptilien, weisen Krokodile nur eine geringe Breite der möglichen Inkubationstemperatur von 27-34 °C auf (FERGUSON 1985). Für die Eier des Grü-

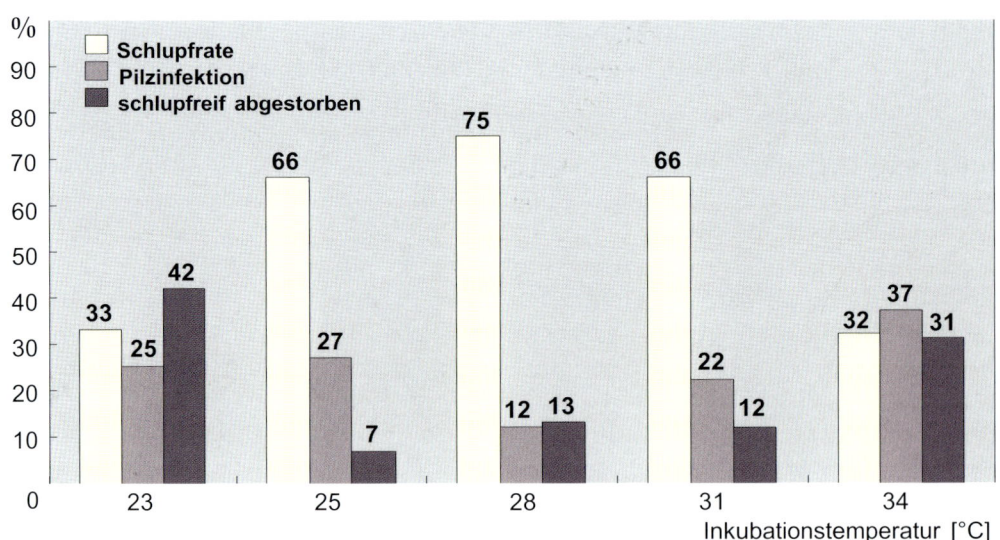

**Abb. 54.** Einfluß der Inkubationstemperatur auf den Schlupferfolg bei der Weichschildkröte *Pelodiscus sinensis* (nach Daten von CHOO & CHOU 1987). Bei 28 °C liegt die Schlupfrate bei 75 %, Pilzinfektionen und abgestorbene Jungtiere treten kaum auf.

nen Leguans wurde nachgewiesen, daß sie für eine erfolgreiche Entwicklung eine weitgehend konstante Temperatur (+/-1 °C) benötigen (LICHT & MORBERLY 1965, KÖHLER 1998b).

Unter natürlichen Bedingungen unterliegen die Inkubationstemperaturen täglichen und saisonalen Schwankungen. Die mittlere Temperatur im Nest von *Crocodylus acutus* beträgt im Juni 30,9 °C und steigt auf einen Mittelwert von 34,3 °C im August, wenn die Jungtiere schlüpfen (LUTZ & DUNBAR-COOPER 1984). Die täglichen Temperaturschwankungen können wie bei *Crocodylus acutus* mit 2-4 °C gering sein, aber auch wie bei *Emydura macquarrii* bis zu 9 °C betragen (PACKARD & PACKARD 1988, THOMPSON 1988). In Gelegen der im Hochland Mexikos lebenden Stachelschuppenleguane *Sceloporus aeneus* konnten tägliche Schwankungen von 25 °C (5 - 30 °C) gemessen werden (GUILETTE & GONGORA 1986).

Auch die Temperaturverteilung im Gelege ist oftmals nicht ausgeglichen. So konnte im Gelege von *Emydura macquarrii* (Südaustralien) zwischen dem obersten und dem untersten Ei ein Temperaturunterschied von 6 °C festgestellt werden (THOMPSON 1988).

Inwieweit Reptilieneier es vertragen, vorübergehend deutlich tieferen Temperaturen ausgesetzt zu sein, ist von der jeweiligen Spezies abhängig. Für den Stachelschuppenleguan *Sceloporus undulatus* wurde nachgewiesen, daß seine Eier eine bis zu viertägige Absenkung der Temperatur von 30 °C auf 15 °C vertragen, ohne daß die Mortalität steigt. Wird die Kälteperiode auf neun Tage verlängert, steigt die Embryonensterblichkeit auf 50 %, während 40 Tage

bei 15 °C alle Eier zum Absterben brachten (CHRISTIAN et al. 1986).

Embryonen von Arten aus den gemäßigten Klimazonen vertragen oftmals Temperaturabsenkungen auf 4-12 °C über einen längeren Zeitraum, sterben aber bei noch tieferen Werten (FITCH 1954, LEGLER 1960, MADERSON & BELLAIRS 1962). Während dieser Perioden tiefer Temperatur kommen der Stoffwechsel und die Entwicklung der Embryonen nahezu zum Stillstand (vgl. auch Kapitel 4.1., S. 22).

## 6.1.2. Einfluß der Temperatur auf die Inkubationsdauer

Da den Stoffwechselprozessen des sich entwickelnden Embryos temperaturabhängige Reaktionen zugrunde liegen, verkürzt sich die Inkubationsdauer mit zunehmender Temperatur (Tab. 3; Abb. 55). Diese Abhängigkeit ist jedoch nicht einfach linear, sondern mit zunehmender Temperatur wird dieser Effekt geringer (SEXTON & MARION 1974, YNTEMA 1978, MILLER & LIMPUS 1981, MILLER 1985, CHOO & CHOU 1987, GUTZKE & PACKARD 1987a, b, PACKARD et al. 1987, BEUCHAT 1988, MROSOVSKY 1988, DAMME et al. 1992). Dies kann am Beispiel der Eier des Wüstenleguans *Dipsosaurus dorsalis* gut demonstriert werden (Abb. 55). Eine Erhöhung der Temperatur von 28 auf 30 °C verkürzt die Inkubationsdauer um 27 Tage, während eine Erhöhung von 32 auf 36 °C eine Verkürzung um 11 Tage bedingt, und eine Erhöhung von 36 auf 40 °C die Inkubationsdauer nur noch um einen Tag verkürzt (MUTH 1980).

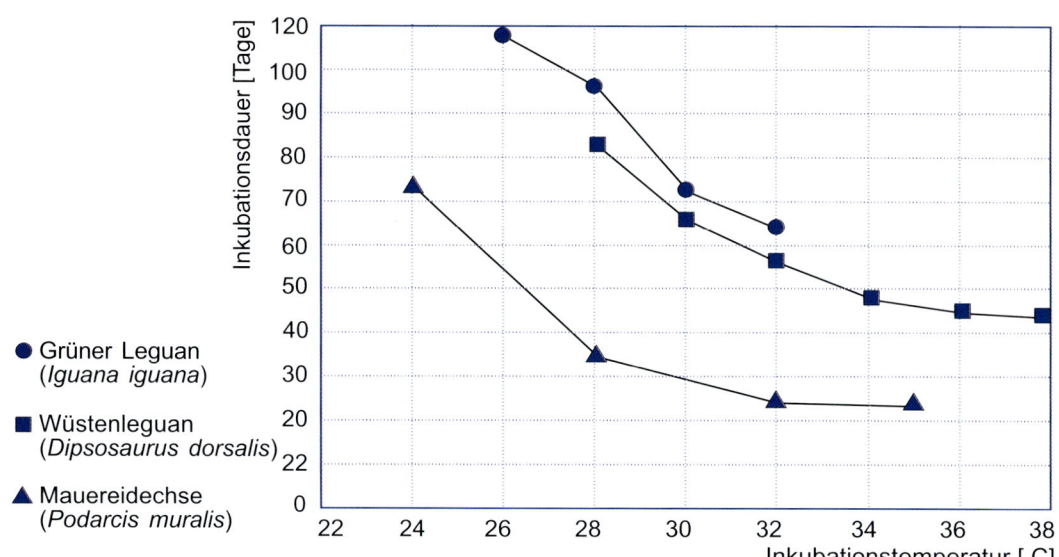

**Abb. 55. Einfluß der Temperatur auf die Inkubationsdauer bei drei Echsenarten. Nach Daten von MUTH (1980), DAMME et al. (1992) und KÖHLER (1993 a).**

| Tierart | Temperatur/ Inkubationsdauer | Temperatur/ Inkubationsdauer | Quelle |
|---------|------------------------------|------------------------------|--------|
| *Chinemys reevesii* | 23 °C / 105-110 Tage | 28 °C / 68-69 Tage | OPHORST 1987 |
| *Gopherus polyphemus* | 26 °C / 106-130 Tage | 32 °C / 80-91 Tage | BURKE et al. 1996 |
| *Testudo hermanni* | 25-26 °C / 82-83 Tage | 29-34 °C / 56-58 Tage | EENDEBAK 1995 |
| *Pelodiscus sinensis* | 23-25 °C / 66-85 Tage | 31-34 °C / 39-45 Tage | CHOO & CHOU 1987 |
| *Basiliscus plumifrons* | 24-25 °C / 90-105 Tage | 29-30 °C / 55-65 Tage | KÖHLER 1993b |
| *Gerrhosaurus validus* | 25-26 °C / 123-124 Tage | 28-32 °C / 103-106 Tage | BOYCOTT & MORGAN 1988, KÖHLER 1990 |
| *Iguana iguana* | 28-30 °C / 75-85 Tage | 30-32 °C / 64-75 Tage | KÖHLER 1993a |
| *Lacerta parva* | 25 °C / 45-52 Tage | 30 °C / 32-34 Tage | IN DEN BOSCH 1990 |
| *Podarcis muralis* | 24 °C / 74 Tage | 28 °C / 36 Tage | DAMME et al. 1992 |
| *Ptyodactylus hasselquistii* | 28 °C / 98-104 Tage | 30 °C / 75-96 Tage | RICKERT 1995 |
| *Sceloporus undulatus* | 25°C / 60 Tage | 35°C / 31 Tage | SEXTON & MARION 1974 |
| *Uromastyx acanthinura* | 28°C / 96-126 Tage | 34°C / 72-84 Tage | WILMS 1995 |
| *Liasis childreni* | 28°C / 54-66 Tage | 30°C / 41-49 Tage | DUNN 1979, VISSER 1985 |

**Tabelle 3. Vergleich der Inkubationsdauer bei unterschiedlichen Temperaturbedingungen.**

Die Inkubationsdauer ist jedoch nicht nur von der Temperatur abhängig, sondern auch genetisch fixiert und somit art- oder sogar populationsspezifisch (LEGLER 1985, DEEMING & FERGUSON 1991a). So konnte für *Chelydra serpentina* nachgewiesen werden, daß bei konstanter Inkubationstemperatur die Inkubationsdauer mit dem geographischen Breitengrad korreliert (EWERT 1985): Schnappschildkröteneier von nördlicheren Populationen (40-45° N) benötigen bei gleicher Temperatur weniger Zeit bis zum Schlupf als solche von südlicheren Populationen (25-30° N).

## 6.1.3. Einfluß der Temperatur auf das Geschlecht der Tiere

Der Phänotyp des Nachwuchses hängt von mütterlichen Einflüssen, von Bedingungen während der Embryonalentwicklung sowie von genetischen Effekten ab. Eines der interessantesten durch die Umwelt gesteuerte Phänomene bei Reptilien ist die temperaturabhängige Geschlechtsfixierung (temperature-dependent sex determination, TSD) (BULL & VOGT 1979, 1981). Die zugrundeliegenden Mechanismen für diese weit verbreiteten Sachverhalt bei Reptilien sind wahrscheinlich mehrfach unabhängig bei den einzelnen Reptiliengruppen entwickelt worden (MORAFKA et al. 2000).

Bei vielen Reptilienarten bestimmt die Inkubationstemperatur, ob sich der Embryo zu einem Weibchen oder zu einem Männchen entwickelt (CHARNIER 1966, BULL 1980, 1983, DEEMING &

FERGUSON 1988, 1989, LANG et al. 1989, VOGT & FLORES-VILLELA 1992; vgl. Anhang I). Die Temperatur, die ein ausgewogenes Geschlechterverhältnis hervorruft, kann sogar innerhalb einer Art variieren (WIBBELS et al. 1998). Bei Schlangen konnte ein Einfluß der Inkubationstemperatur auf das Geschlecht der Jungtiere bisher nicht nachgewiesen werden (GORMAN 1973, BULL 1980, XIANG et al. 2001a, b).

Eine Zusammenstellung der zahlreichen Daten zu diesem Thema findet sich bei PAUKSTIS & JANZEN (1990). Obwohl in den letzten Jahren geradezu eine Flut von Veröffentlichungen zu diesem Thema erschienen ist, sind die diesem Phänomen zugrunde liegenden Mechanismen sowie dessen evolutionsbiologische und ökologische Bedeutung noch weitgehend ungeklärt.

Vier Grundmuster von TSD findet man bei Reptilien.

Bei **Typ 1**, der bei vielen Schildkröten ausgeprägt ist, entwickeln sich bei höheren Temperaturen mehr Weibchen, bei niedrigeren mehr Männchen (BULL & VOGT 1979, 1981, DEEMING & FERGUSON 1988).

Bei **Typ 2**, der bei einigen Krokodilen und Echsen (z.B. *Ctenophorus decresii*, *Eublepharis macularius*, *Phelsuma* spp.) beobachtet wird, verhält es sich umgekehrt wie bei Typ 1, und es schlüpfen bei höheren Temperaturen mehr Männchen und bei niedrigeren mehr Weibchen (WARNER 1980, FERGUSON & JOANEN 1982, 1983, BULL 1987 a, b, HARLOW 2000).

Bei **Typ 3** werden bei hohen und bei tiefen Temperaturen Weibchen produziert, während es bei mittleren Temperaturen zur Ausbildung des männlichen Geschlechts kommt. Letzteres Muster wurde bei einigen Krokodilen (z.B. *Crocodylus johnsoni*), einigen Echsen (*Amphibolurus muricatus*, *Gekko japonicus*, *Chlamydosaurus kingii*) und einigen Schildkröten (z.B. *Chelydra serpentina*) beobachtet (YNTEMA 1976, 1979, 1981, WEBB & SMITH 1984, TOKUNGA 1985, WEBB et al. 1987a, DEEMING & FERGUSON 1988, HARLOW & SHINE 1999, HARLOW & TAYLOR 2000).

Bei **Typ 4** werden bei mittleren Temperaturen Weibchen produziert, während bei niedrigen Temperaturen Männchen schlüpfen; bei hohen Temperaturen kommt es zur Ausbildung beider Geschlechter. Dies wurde bei einigen *Tarentola*-Arten festgestellt (Hielen et al., 1998; Rykena et al., 1998; Báez et al., 1998).

Bei den bisher untersuchten Schlangen, zahlreichen Echsen und einer Schildkröte (*Staurotypus triporcatus*) kann man differenzierte Geschlechtschromosomen nachweisen, bei denen wahrscheinlich ist, daß sie für das Geschlecht des jeweiligen Tieres verantwortlich sind. Daß dies jedoch nicht zwangsläufig der Fall sein muß, zeigt das Vorhandensein von Geschlechtschromosomen bei *Gekko japonicus*, bei dem eine temperaturabhängige Geschlechtsfestlegung nachgewiesen wurde (YOSHIDA & MSAHIRO 1974, TOKUNGA 1985). Schildkröten, bei denen die Inkubationstemperatur offensichtlich keinen Einfluß auf die Geschlechtsdetermination hat, sind, neben dem

oben erwähnten *Staurotypus triporcatus*, *Claudius angustatus*, *Clemmys insculpta*, *Emydura macquarrii*, *E. signata*, *Pelodiscus sinensis* und *Apalone spinifera* (BULL & VOGT 1979, VOGT & BULL 1982, THOMPSON 1983, BULL et al. 1985, CHOO & CHOU 1992, VOGT & FLORES-VILLELA 1992). Bei den Echsenarten *Dipsosaurus dorsalis*, *Podarcis muralis* und *Takydromus septentrionalis* haben Inkubationsstudien keinen Hinweis auf eine temperaturabhängige Geschlechtsfixierung ergeben (MUTH & BULL 1981, DAMME et al. 1992, ZHI-HUA & XIANG 1998).

Die Festlegung des Geschlechts findet in einem bestimmten Zeitabschnitt („*Temperature Sensitive Period*") der Inkubationsperiode statt, der bei den meisten der bisher untersuchten Schildkrötenarten am Übergang vom ersten zum mittleren Drittel der Inkubationsperiode liegt (YNTEMA 1979, BULL & VOGT 1981, PIEAU & DORIZZI 1981, YNTEMA & MROSOVSKY 1982). Bei *Alligator mississippiensis* findet die sexuelle Differenzierung zwischen dem 14. und 21. Tag der Inkubation statt (FERGUSON & JOANEN 1983, DEEMING & FERGUSON 1989).

## 6.1.4. Einfluß der Temperatur auf die Entstehung von Anomalien

Angeborene Anomalien, die möglicherweise mit den Inkubationsbedingungen zusammenhängen, wurden bei Reptilien mehrfach beschrieben (ROMANOFF 1972, EWERT 1979, FERGUSON 1985, MILLER 1985). Insbesondere Temperaturen, die an der oberen oder unteren Grenze des möglichen Bereichs für die jeweilige Tierart liegen, können für einen hohen Prozentsatz von mißgebildeten Jungtieren verantwortlich sein.

Typische Entwicklungsanomalien bei Reptilien sind fehlende oder reduzierte Unterkiefer und Augen, Mißbildungen im Bereich der Extremitäten und des Zentralen Nervensystems sowie Färbungsanomalien (YNTEMA 1960, FERGUSON 1985, BURGER et al. 1987).

Die Ursachen für die Entstehung von Mißbildungen können genetisch fixiert oder aber durch ungünstige Umwelteinflüsse während der Embryonalentwicklung bedingt sein und können in der Regel im Einzelfall nicht eindeutig geklärt werden. Es soll an dieser Stelle jedoch hervorgehoben werden, daß beim Auftreten von Anomalien eine genetische Komponente als Entstehungsursache nicht vorhanden sein muß.

## 6.1.5. Einfluß der Temperatur auf Wachstum und Verhalten der Jungtiere

Bei Krokodilen ist ein Zusammenhang zwischen Inkubationstemperatur und Wachstumsgeschwindigkeit nach dem Schlupf belegt (JOANEN et al. 1987). Tiere, die bei Inkubationstemperaturen an der oberen oder unteren Grenze (29,4 °C bzw. 32,8 °C) gezeitigt worden waren, wuchsen bei gleicher Futteraufnahme und Haltungstemperatur langsamer als solche, deren Inkubationstemperatur im mittleren Bereich (30,6 °C bzw. 31,7 °C) gelegen hatte. Auch DAMME et al. (1992) konnten bei den von ihnen untersuchten Mauereidechsen (*Podarcis muralis*) einen Einfluß der

Inkubationstemperatur auf die Wachstumsgeschwindigkeit nach dem Schlupf aufzeigen. Die bei niedrigeren Temperaturen (24 °C) ausgebrüteten Jungtiere wuchsen rascher als Artgenossen, die während der Embryonalentwicklung höheren Inkubationstemperaturen (28 °C) ausgesetzt waren.

Auch auf das spätere Verhalten der Jungtiere hat die Inkubationstemperatur offensichtlich einen Einfluß. So konnte LANG (1987) nachweisen, daß Jungtiere von *Crocodylus siamensis*, die bei 32,5-33,0 °C gezeitigt worden waren, ihre Körpertemperatur auf einem höheren Niveau hielten als solche, deren Inkubationstemperatur bei nur 27,5-28,0 °C gelegen hatte (LANG 1987). Auch beim Verhalten gegenüber potentiellen Freßfeinden waren Unterschiede festzustellen. Die Tiere aus mittleren Inkubationstemperaturen flohen eher und schneller als diejenigen, die bei extremen Temperaturen gezeitigt worden waren (BURGER 1989).

Bei dem Leopardgecko (*Eublepharis macularius*), einer Echse mit temperaturabhängiger Geschlechtsfestlegung, konnte nachgewiesen werden, daß adulte Weibchen, die bei hohen Temperaturen (32 °C) ihre Embryonalentwicklung vollzogen hatten, deutlich aggressiver gegenüber Artgenossen waren, als Weibchen, die bei 26 oder 29 °C inkubiert worden waren. Auch wurden bei den Weibchen aus hohen Temperaturbedingungen weder Paarungen noch Eiablagen festgestellt (GUTZKE & CREWS 1988). Bei diesen Weibchen konnte ein erhöhter Androgenspiegel im Blut nachgewiesen werden, der allerdings nicht den bei Männchen normalen Wert erreichte (GUTZKE & CREWS 1988).

## 6.2. Einfluß der Feuchtigkeit

Die Substrat- und Luftfeuchtigkeit übt einen entscheidenden Einfluß auf die Entwicklung des Reptilieneies aus. Der Wassergehalt eines Substrates kann in der absoluten Wassermenge pro Gewichts- oder Volumeneinheit Substrat gemessen und angegeben werden (g/g oder g/l). Entscheidender für das Verständnis der Feuchtigkeitsverhältnisse und -bedürfnisse des Eies während der Inkubation ist die Wassermenge im Substrat, die dem Ei auch tatsächlich zur Verfügung steht. Je nachdem, wie fest das Wasser an Partikel im Substrat gebunden ist (Partikelgröße, Art des Substrates) und je nach osmotischem Druck (Salzgehalt des Wassers), ist bei gleicher absoluter Wassermenge im Substrat die Verfügbarkeit des Wassers für das Ei sehr unterschiedlich. Aus diesem Grund ist es sinnvoller, die Saugspannung im Substrat zu messen, was mit Hilfe der Bestimmung des sogenannten Wasserpotentials (Einheit: Pascal [Pa]; Kilopascal [kPa]) geschieht.

Bei völlig trockenem Substrat befindet sich in den Hohlräumen zwischen den festen Partikeln Gas. Wenn Wasser hinzukommt, werden die vorher vom Gas ausgefüllten Hohlräume mehr und mehr mit Wasser gefüllt. Wenn alle Hohlräume mit Wasser gefüllt sind, bezeichnet man das Substrat als mit Wasser gesättigt. Bei diesem Zustand ist der hydraulische Druck des Substratwassers verglichen mit dem atmosphärischen Druck gleich Null. Mit sinkendem Wassergehalt entsteht ein negativer Druck (Saugspannung) im Substratwasser, der in Form des Wasserpotentials angegeben wird. Die Saugspannung entsteht vor allem durch die Kapillarwirkung des Substrates, durch die Bindung des Wassers an die Oberfläche von Partikeln und durch im Wasser gelöste Ionen (Salzgehalt). Die Saugspannung ist abhängig von der Temperatur.

Das Wasserpotential ist ein Maß für die dem Ei zur Verfügung stehende Wassermenge. Dies ist für die Inkubation von Eiern unter künstlichen Bedingungen von besonderer Bedeutung, da durch Angabe des Wasserpotentials als Maß für die Substratfeuchtigkeit die Ergebnisse trotz der Verwendung verschiedener Substrate miteinander verglichen werden können.

Das Wasserpotential kann mit Hilfe eines Tensiometers gemessen werden (Abb. 57). Bei der tensiometrischen Bestimmung des Wasserpotentials wird das Substratwasser hydraulisch durch eine poröse Keramikkappe mit dem Wasser in einem Rohr verbunden, und die resultierende Saugspannung mit Hilfe eines Druckmessers (Manometers) am Ende der Wassersäule angezeigt. Die tensiometrische Wasserpotentialbestimmung ist vor allem für feuchtes Substrat (Wasserpotential 0 bis etwa -800 kPa) geeignet, während diese Methode bei sehr trockenem Substrat kaum verläßliche Ergebnisse liefert. Dies liegt daran, daß die Wassersäule des Manometers bei zu großem Sog bricht und so eine Messung verhindert. Die Vor- und Nachteile verschiedener Methoden zur Bestimmung des Wasserpotentials wurden von PACKARD et al. (1992) diskutiert.

Der Wasseraustausch betrifft weniger Wasser in flüssiger Form, sondern nahezu ausschließlich Wasser in Form

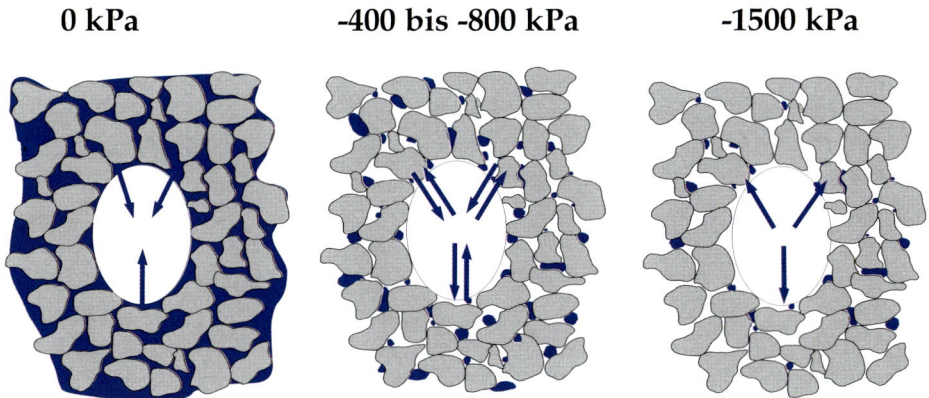

**0 kPa**          **-400 bis -800 kPa**          **-1500 kPa**

**Abb. 56. Richtung des Wasserflusses (Pfeile) bei unterschiedlichem Wasserpotential im Substrat. Das Wasserpotential im Reptilienei beträgt etwa -800 kPa.**

von Wasserdampf, der durch die gas-gefüllten Lücken zwischen den Sub-stratpartikeln zu den Poren der Eischa-le gelangt (ACKERMAN et al. 1985 a, b, PACKARD & PACKARD 1988). Während beim Vogelei der gesamte Wasseraus-tausch in Form von Wasserdampf ab-läuft, ist beim Reptilienei in geringem Maße auch der Austausch von Wasser in flüssiger Phase möglich (THOMPSON 1987).

Mehrere Faktoren beeinflussen den Wasseraustausch des Eies mit seiner Umgebung. Insbesondere die Eigröße (Oberflächengröße) und die Beschaffen-heit seiner Schale sind von großer Be-deutung.

Mit zunehmender Eigröße nimmt das Volumen in stärkerem Ausmaß zu als die Oberfläche, weshalb kleinere Eier empfindlicher gegenüber Änderungen der Umgebungsbedingungen sind. So-wohl die Natter *Coluber constrictor* als auch die kleine Echse *Urosaurus ornatus* legen weichschalige Eier, nur sind die

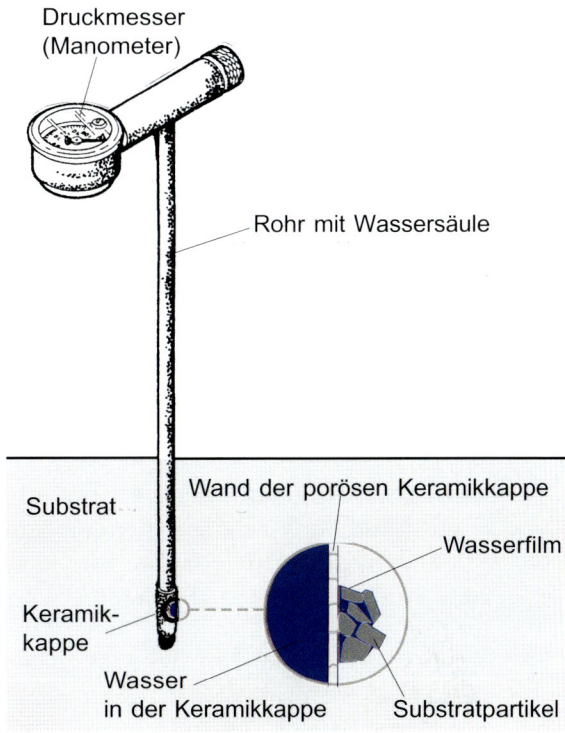

Druckmesser (Manometer)

Rohr mit Wassersäule

Substrat

Wand der porösen Keramikkappe

Wasserfilm

Keramik-kappe

Wasser in der Keramikkappe

Substratpartikel

**Abb. 57. Funktion eines Tensiometers zur Bestimmung des Wasserpotentials.**

der Schlange um einiges größer (ca. 6 g) als die der Echse (ca. 0,2 g). Wenn die Schlangeneier bei einem Wasserpotential von -150 kPa inkubiert werden, nehmen sie innerhalb der ersten 28 Tage 3,6 g zu, was 60% entspricht (PACKARD & PACKARD 1987). Die kleineren Eier von *Urosaurus ornatus* hingegen nehmen sogar bei etwas trockenerem Substrat (-240 kPa) in der gleichen Zeit prozentual deutlich mehr an Masse zu, nämlich 0,27 g oder 135% der Ausgangsmasse (VLECK 1991).

Die Anzahl und Beschaffenheit der Poren in der Eischale bestimmen, inwieweit ein Austausch von Wasserdampf und flüssigem Wasser zwischen dem Eiinneren und dem Umgebungssubstrat stattfinden kann.

Die Richtung des Austausches, also die Frage, ob das Ei Wasser aufnimmt oder abgibt, hängt davon ab, ob innerhalb des Eies oder im Substrat die größere Saugspannung(negativerer Wasserpotentialwert) herrscht (Abb. 56). Das Wasserpotential des Reptilieneies beträgt etwa -800 kPa (ACKERMAN et al. 1985a). Ist das Wasserpotential im Substrat deutlich negativer als -800 kPa (trockener), so wird dem Ei Wasser entzogen. Ist der Wert im Substrat deutlich positiver (z.B. -200 kPa), so nimmt das Ei Wasser auf. Abhängig von der Substratfeuchtigkeit kommt es im Laufe der Inkubation folglich entweder zu einer Dehydratation (Wassermangel) oder zu einer Hyperhydratation (Wasserüberschuß) des Eies. Da der Austausch überwiegend in der Gasphase stattfindet, kommt es nur minimal zu einem Ionenaustausch zwischen Ei und Umgebung (VLECK 1991).

Wenn ein Ei Wasser aufnimmt, vergrößern sich sein Volumen und Gewicht. Dies ist bei weichschaligen Eiern in gewissen Grenzen möglich, während hartschalige Eier nur minimal an Volumen zunehmen können. Deshalb ist die Wasserdurchlässigkeit der hartschaligen Eier der Krokodile, vieler Schildkröten und einiger Echsen auch nur sehr gering. Die weichschaligen Eier der Schlangen, der meisten Echsen und einiger Schildkröten weisen hingegen eine hohe Wasserdurchlässigkeit auf (PACKARD et al. 1979, DUNSON & BRAMHAM 1981, DUNSON 1982, TRACY 1982, LILLYWHITE & ACKERMAN 1984, ACKERMAN et al. 1985a). Die versuchsweise bei 65-80% relativer Luftfeuchtigkeit und 21-26,5 °C substratfrei aufbewahrten weichschaligen Eier von *Iguana iguana* verloren innerhalb von 7 Tagen über 60% ihrer Ausgangsmasse, während hartschalige Krokodileier (*Crocodylus acutus*) bei gleichen Bedingungen nur 15% verloren (RAND 1968).

Embryonen, die sich in einem feuchten Substrat entwickeln, steht folglich ein größeres Wasserreservoir innerhalb ihres Eies zur Verfügung, als Embryonen in einem trockenerem Substrat (MORRIS et al. 1983, PACKARD et al. 1983). Diese Unterschiede sind jedoch bei weichschaligen Eiern wesentlich größer als bei hartschaligen und können zu einem verringerten oder völlig ausbleibenden Schlupferfolg des Geleges führen.

Auch die **Temperatur** hat einen großen Einfluß auf den Wasseraustausch von Reptilieneiern. Dies liegt vor allem daran, daß sich bei steigender Temperatur die Diffusionsrate von Wasserdampf durch die Eischale erhöht

(PACKARD & PACKARD 1988). Deshalb sind bei geringer Substratfeuchtigkeit Eier bei niedriger Inkubationstemperatur in der Regel besser hydriert, als wenn sie einer höheren Umgebungstemperatur ausgesetzt sind (PACKARD 1991).

Ein weiterer wichtiger Faktor, der den Wasseraustausch beeinflußt, ist der Prozentsatz der Eioberfläche, der sich in Kontakt mit dem Substrat befindet. Dies hängt vor allem von der Beschaffenheit des Substrates und davon ab, wie tief das Ei eingegraben ist. Je inniger der Kontakt des Eies mit dem Substrat ist, desto mehr entscheidet das Wasserpotential des Substrates darüber, ob die Wasserbilanz des Eies positiv, ausgeglichen oder negativ ist.

Der **Wassergehalt** des Reptilieneies unmittelbar nach der Eiablage beträgt je nach Tierart zwischen 60 und 75%. Dieser im Vergleich zum Vogelei (75-85%, CAREY et al. 1980) geringe initiale Wassergehalt geht mit einer verhältnismäßig geringeren Masse einher und ermöglicht die Produktion großer Gelege mit vielen Eiern (TRACY 1980, 1982).

Zumindest weichschalige Eier nehmen physiologischerweise während der Inkubation beträchtliche Mengen an Wasser auf, wodurch sich ihr Volumen und ihre Masse erhöhen (KÖHLER 1999; vgl. Anhang II). Bei den hartschaligen Eiern der Krokodile sowie einiger Schildkröten und Echsen kann es je nach Substratfeuchtigkeit durch Wasserabgabe auch zu einer Verringerung der Masse kommen (Anhang II). Das Ausmaß der Änderungen des Wassergehaltes des Eies, wie sie im Laufe der Inkubation auftreten können, ohne daß es zur Schädigung des Embryos führt, könnte ein erwachsenes Wirbeltier nicht

tolerieren. Dies liegt jedoch nicht an einer besonders hohen Toleranz für sehr unterschiedliche Hydratationsgrade des Embryos, sondern an den Regelmechanismen im Ei. Der Allantoissack spielt dabei eine wesentliche Rolle, da in ihm große Flüssigkeitsmengen aufgefangen und gespeichert werden können. Bei Wassermangel bleibt der Wassergehalt im Gewebe von Embryo und Dotter durch Reabsorption von Wasser aus dem Allantoissack und durch Umverteilung des Wassers innerhalb des Eies auf Kosten der übrigen Kompartimente zunächst weitgehend konstant (HOYT 1979, VLECK 1991).

Die **Stoffwechselintensität** des Embryos nimmt im Laufe der Entwicklung deutlich zu. Diese Zunahme ist bei Embryonen, die sich in feuchtem Substrat entwickeln, stärker ausgeprägt als bei solchen in trockener Umgebung (ACKERMAN 1981, BLACK et al. 1984, GETTINGER et al. 1984, VLECK & HOYT 1991). Beim Abbau von Dotterproteinen durch den Embryo entsteht Harnstoff, der in den Allantoissack (Harnsack) abgegeben wird. Die Harnstoffkonzentration in den Flüssigkeitsräumen des Eies steigt im Laufe der Entwicklung an, bei Eiern in trockenen Substraten jedoch stärker als in feuchten. Dies liegt am schwächeren Verdünnungseffekt aufgrund der geringeren Gesamtwassermenge in Eiern in trockener Umgebung. Folglich weisen frisch geschlüpfte Jungtiere, die in relativ trockener Umgebung gezeitigt worden sind, deutlich höhere Blutharnstoffspiegel auf als solche aus feuchteren Substraten (PACKARD & PACKARD 1989a, PACKARD 1991). Der hohe Harnstoffgehalt im Blut kann über eine toxische Schädigung der Leukozyten-

Stammzellen zu einem Absinken der Weißen Blutkörperchen führen (LAWRENCE 1987), so daß die betroffenen Jungtiere gegenüber opportunistischen Infektionen besonders anfällig sind. Zudem steigt mit zunehmendem Blut-Harnstoff-Spiegel die Blutosmolarität, was die Nierenfunktion hemmt. Dies kann dazu führen, daß das neugeborene Jungtier lebensschwach ist und nach kurzer Zeit stirbt.

Das Wasserpotential des Inkubationssubstrates hat auch einen Einfluß auf Entwicklungszustand, Größe und Masse der Jungtiere beim Schlupf. So haben Untersuchungen von WERNER (1988) an *Iguana iguana* ergeben, daß bei mittlerer Substratfeuchtigkeit (-351 kPa) schwerere und größere Jungleguane schlüpfen als bei trockeneren (-1222 kPa) oder feuchteren (-144 kPa) Bedingungen. Hingegen fanden PHILLIPS et al. (1990) heraus, daß bei niedrigeren Temperaturen und feuchterem Substrat (-150 kPa) kräftigere Grüne Leguane mit allerdings geringerem Dottervorrat

schlüpfen als bei höheren Temperaturen und geringerer Feuchte. Offensichtlich verbleiben die schlupfreifen Jungtiere bei größerer Substratfeuchtigkeit länger im Ei als bei trockenerem Substrat, wodurch sie mehr Dotter verbrauchen und noch an Größe zunehmen (MORRIS et al. 1983, PACKARD & PACKARD 1986, 1989a). Die Verstoffwechslung von Dotter ist bei Wassermangel im Ei stark herabgesetzt. Die Dottermenge zum Zeitpunkt des Schlupfes beträgt bei den meisten Reptilienarten 5-30% der Körpermasse des Jungtieres (WILHOFT 1986, GUTZKE & PACKARD 1987a, b, WERNER 1988, DEEMING & FERGUSON 1989, VLECK & HOYT 1991).

Betreffend der Substratfeuchtigkeit sind folgende Grundsätze erkennbar (PACKARD et al. 1980, 1987, 1989, GUTZKE & PACKARD 1985, PACKARD 1991):

Embryonen weichschaliger Echsen- und Schlangeneier haben in feuchterer (nicht nasser!) Umgebung größere Chancen, die Entwicklung bis zum Schlupf erfolgreich zu beenden, als in

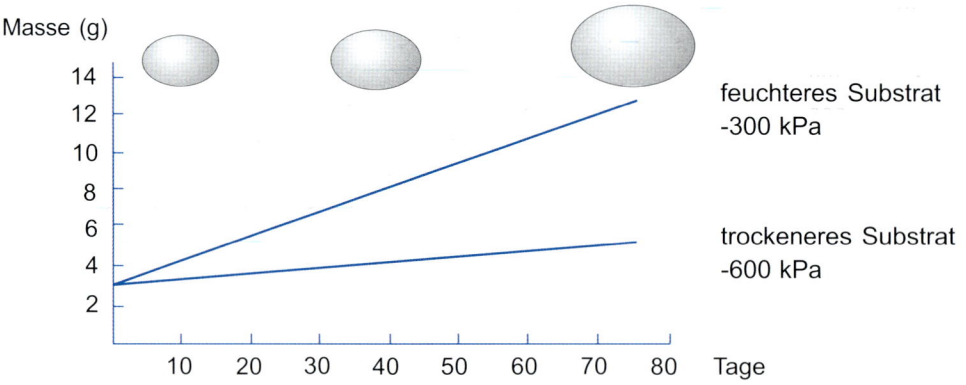

**Abb. 58. Zunahme von Masse und Volumen von Baliskeneiern** (*Basiliscus plumifrons*) **während der Inkubation bei unterschiedlicher Substratfeuchtigkeit. Die Eier (47% natürlicher Größe) zeigen die Größenzunahme bei feuchterem Substrat (-300 kPa).**

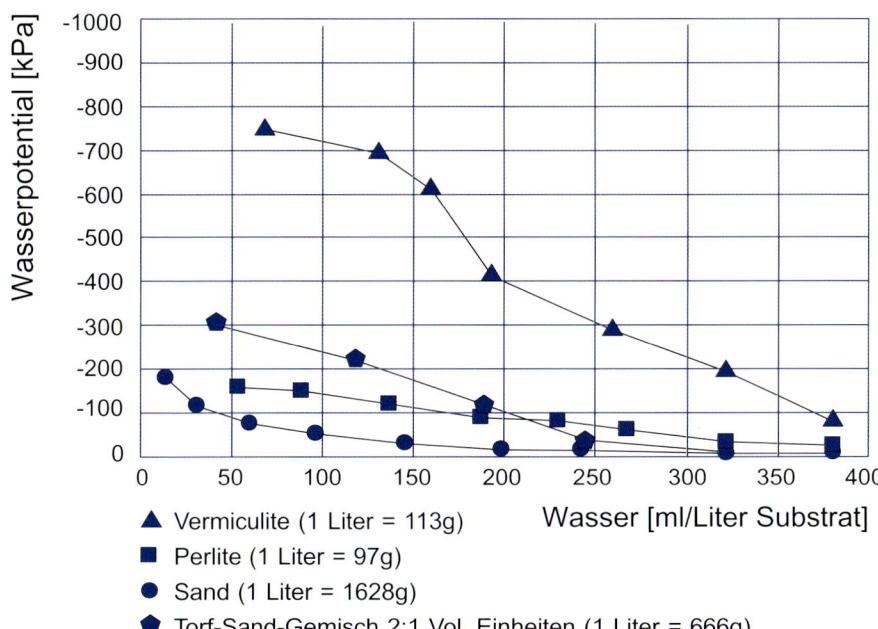

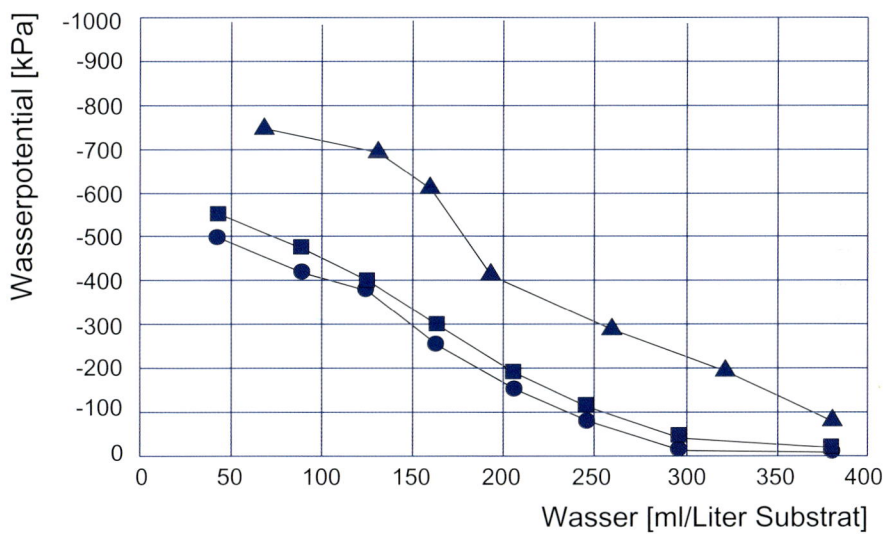

**Abb. 59 & 60.** Abhängigkeit des Wasserpotentials von der zugegebenen Wassermenge [ml/Liter Substrat] bei verschiedenen Substraten (KÖHLER unveröff. Daten).

trockenerem Substrat. Die Embryonen in feuchtem Substrat wachsen schneller und weisen eine längere Inkubationsdauer auf als in trockener Umgebung. Erstere sind deshalb in der Regel vergleichsweise größer und schwerer als die in trockenerem Substrat gezeitigten Artgenossen.

Deshalb ist die Feuchtigkeit einer der wesentlichen Faktoren, die darüber entscheiden, ob die Inkubation erfolgreich bis zum Schlupf abläuft. Eine größere Substratfeuchtigkeit bringt neben dem größeren Schlupferfolg wichtige Selektionsvorteile für die frisch geschlüpften Jungtiere.

Die Empfindlichkeit von Eiern gegenüber Nässe, Tropfwasser und Überflutung ist je nach Tierart sehr unterschiedlich. Während die meisten Reptilieneier bei zu hoher Substratfeuchtigkeit innerhalb weniger Tage unweiterlich absterben, konnte bei verschiedenen Schildkröteneiern eine hohe Nässeresistenz nachgewiesen werden. Die Gelege der Tabascoschildkröte (*Dermatemys mawii*) werden gegen Ende der Regenzeit abgesetzt, wenn die Gefahr von Überschwemmungen am größten ist (POLISAR 1996). Die Eier dieser Süßwasserschildkröte können über 30 Tage unter Wasser überleben. Während sie untergetaucht sind, stagniert zwar wegen des Sauerstoffmangels die Entwicklung, ein Vitalitätsverlust konnte hingegen nicht nachgewiesen werden (POLISAR 1996). Eier von Zaunleguanen (*Sceloporus undulatus*), die sechs Stunden unter Wasser getaucht waren, entwickelten sich danach ohne Ausfälle bis zum Schlupf (HEGER & FOX 1992). GARDNER (1985) sowie BROWN & DUFFY (1992) konnten nachweisen, daß die Eier von verschiedenen Geckoarten (*Phelsuma* spp. und *Lepidodactylus lugubris*) gegenüber Salzwasser sehr widerstandsfähig sind und angeheftet an einem Baumstamm einen passiven Transport mit den Meeresströmungen überleben können.

**Für die praktische Durchführung ergibt sich daraus:**

**1.** Die Substratfeuchtigkeit sollte für weichschalige Eier zwischen -200 und -600 kPa und für hartschalige Eier zwischen -500 und -800 kPa liegen (vgl. Abb. 56). Die Wassermenge, die zum Einstellen des gewünschten Wasserpotentials notwendig ist, kann aus Abb. 59 & 60 abgelesen werden.

**2.** Da die Eier Wasser aufnehmen, führt eine zu große Anzahl von Eiern im Verhältnis zur vorhandenen Wassermenge im Substrat rasch zum Austrocknen des Substrates. Als Faustregel gilt deshalb, daß nur so viele Eier in ein Gefäß gegeben werden, daß das Gesamtgewicht aller Eier die Hälfte der Masse des zugegebenen Wassers nicht übersteigt.

**3.** Die Substratfeuchtigkeit nimmt durch Verdunstung und durch Aufnahme in die Eier mit der Zeit ab. Deshalb ist es notwendig, den Behälter mit Eiern und Substrat regelmäßig (ca. alle 2 Wochen) zu wiegen und den Gewichtsverlust durch Zugabe von temperiertem Wasser auszugleichen.

**4.** Die relative Luftfeuchtigkeit sollte bei der Inkubation generell nicht unter 70% sinken; bei weichschaligen Eiern sollte sie bei 90-95% liegen.

**5.** Es sollte vermieden werden, daß Kondenswasser auf die Eier tropft.

## 6.3. Gasaustausch

Während sich der Embryo von wenigen Zellen bis hin zum schlupfreifen Jungtier entwickelt, werden Energie und Nährstoffe umgesetzt. Bei diesen Prozessen wird Sauerstoff benötigt und Kohlendioxyd freigesetzt. Über die Eischale findet ein Austausch dieser Gase zwischen dem Embryo und seiner Umgebung statt. Wenn die Entwicklung optimal ablaufen soll, muß dieser Austausch in gewissen Grenzen funktionieren.

Die Gelege der meisten Reptilien entwickeln sich vergraben in der Erde oder in sich zersetzendem organischem Material, wo sie von der atmosphärischen Luft weitgehend abgeschlossen sind. Dementsprechend ist der Sauerstoffpartialdruck im Gelege meist gering und der Kohlendioxydpartialdruck hoch (ACKERMAN 1977, SEYMOR & ACKERMAN 1980, FERGUSON 1985, PACKARD & PACKARD 1988). Dieses Mißverhältnis zwischen Sauerstoff und Kohlendioxid verschiebt sich gegen Ende der Inkubation aufgrund des steigenden Sauerstoffbedarfs des wachsenden Embryos immer mehr zugunsten des Kohlendioxyds (BOOTH & THOMPSON 1991).

Das größte Hindernis für den Gasaustausch zwischen dem Eiinnern und der Umgebung stellt die Mineralschicht der Eischale dar (FEDER et al. 1982). Deshalb weisen die weniger mineralisier-

ten, weichschaligen Eier eine wesentlich höhere Durchlässigkeit für Gase auf (DEEMING & THOMPSON 1991).

Unmittelbar nach der Eiablage sind die Poren der Eischale vollständig mit Flüssigkeit gefüllt. Da die Diffusionsrate von Sauerstoff durch das Medium Wasser viel geringer ist als durch das Medium Luft, ist die Gasdurchlässigkeit der Eischale zunächst sehr gering und steigt erst mit Trocknung der Schale (DEEMING & THOMPSON 1991). Im Laufe der Entwicklung steigt der Sauerstoffverbrauch des Embryos exponentiell an. Erst kurz vor dem Schlupf verlangsamt sich diese Zunahme (DMIL'EL 1970; Abb. 61). Ein erhöhter $CO_2$-Gehalt der Umgebungsluft wirkt offensichtlich als Stimulus für das Jungtier, das Ei zu verlassen. Deshalb kann Sauerstoffmangel in Verbindung mit einer erhöhten $CO_2$-Konzentration dazu führen, daß Jungtiere verfrüht schlüpfen oder aber auch schlupfreif im Ei absterben (HIGHFIELD 1993).

**Daraus ergibt sich, daß**
**1.** für eine entsprechende Belüftung der Inkubationsbehälter gesorgt werden muß, entweder durch kleine Lüftungslöcher im Inkubationsbehälter oder durch dessen tägliches kurzfristiges Öffnen (ca. 2 sec.), sowie
**2.** das Inkubationssubstrat nicht zu fein sein darf, damit ausreichend große, luftgefüllte Poren vorhanden sind.

zu 2) => Gasaustausch

Sauerstoffverbrauch [ml/h]

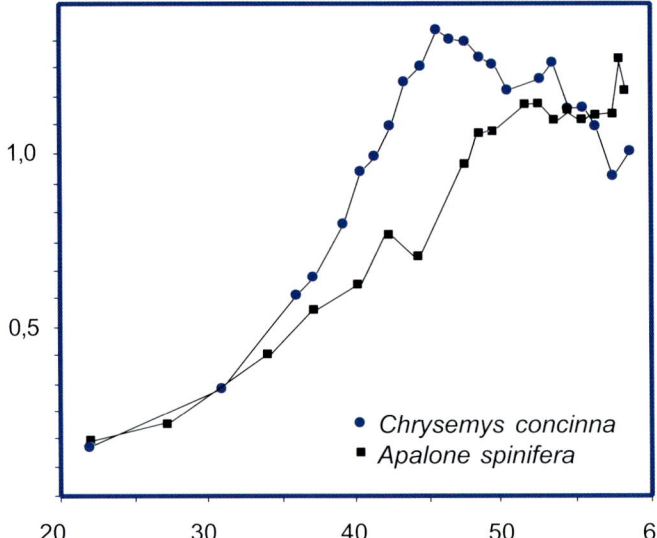

Abb. 61. Sauerstoffverbrauch von Embryonen zweier Schildkrötenarten (verändert nach VLECK & HOYT 1991). Im Laufe der Entwicklung steigt der Sauerstoffbedarf der Embryonen stark an.

● *Chrysemys concinna*
■ *Apalone spinifera*

20    30    40    50    60   Inkubationszeit [Tage]

## 6.4. Abwehrmechanismen des Eies gegen mikrobielle Infektionen

Je nach Tierart weisen die Eiablageplätze und somit die unmittelbare Umgebung der Eier sehr unterschiedliche Keimgehalte auf. Insbesondere Gelege, die in sich zersetzendem organischem Material (z.B. Kompost- und Misthaufen) abgelegt werden, sind einem hohen Keimgehalt im Substrat ausgesetzt. Dagegen ist der Sand, in dem die Gelege von Meeresschildkröten vergraben werden, nahezu keimfrei (BOOTH & THOMPSON 1991). Um sich gegen mikrobielle Infektionen zu schützen, verfügen die Eier über eine Reihe von Abwehrmechanismen (Abb. 62).

Die **Eischale** mit ihrer inneren proteinhaltigen Faserschicht und äußeren Kalkschicht schützt den Eiinhalt vor mechanischen und mikrobiellen Einflüssen. Insbesondere aber die **Albumin-Proteine** haben neben dem mechanischen Schutz durch ihre Viskosität vor allem die Aufgabe, den Embryo vor bakteriellen und mykotischen Infektionen zu schützen (SILVA & BUCKLEY 1962, TRANTER & BOARD 1982). Dies geschieht auf mechanischem und chemischem Wege. Durch seine viskröse Konsistenz (vor allem durch Ovomucin) und fasernetzartige Mikrostruktur bildet das Albumin eine Barriere für Bakterien, welche die Eischale überwunden haben. Zusätzlich beugt Albumin Infektionen vor, indem es ein für Mikroorganismen lebensfeindliches Milieu schafft und auch direkt mikrobizid, also keimabtötend wirkt. Dabei spielen Lysozym, Protease-Inhibitoren und Vitamin- bzw.

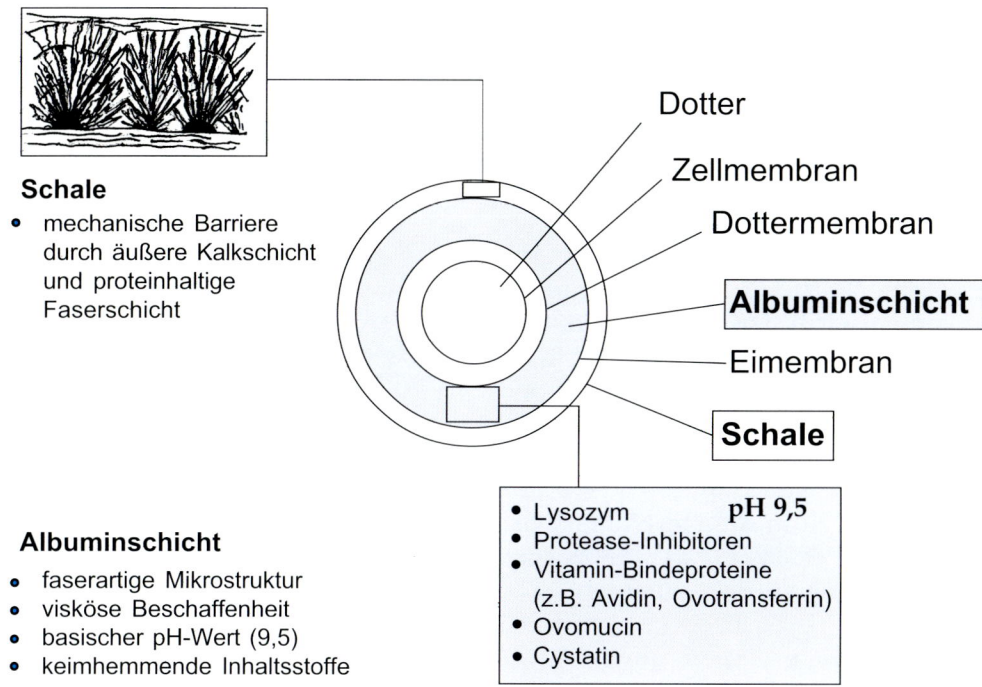

**Schale**

- mechanische Barriere
  durch äußere Kalkschicht
  und proteinhaltige
  Faserschicht

Dotter

Zellmembran

Dottermembran

**Albuminschicht**

Eimembran

**Schale**

- Lysozym      **pH 9,5**
- Protease-Inhibitoren
- Vitamin-Bindeproteine
  (z.B. Avidin, Ovotransferrin)
- Ovomucin
- Cystatin

**Albuminschicht**

- faserartige Mikrostruktur
- visköse Beschaffenheit
- basischer pH-Wert (9,5)
- keimhemmende Inhaltsstoffe

**Abb. 62. Die Abwehrmechanismen des Reptilieneies.**

Spurenelement-Binde-Proteine eine besondere Rolle. Zu letzteren gehört das Biotin-bindende Avidin und das Eisenbindende Ovotransferrin (JELTSCH & CHAMBON 1982). Dadurch, daß diese für Mikroorganismen lebensnotwendigen Stoffe nicht frei verfügbar sind, wird deren Wachstum gehemmt. Auch der basische pH-Wert von Albumin (pH 9,5) ist ungeeignet für das Wachstum vieler Mikroorganismen (HEATH 1977).

**Lysozym** wirkt bakterizid durch Zerstörung der Bakterienzellwände (GEOFFROY & BAILEY 1975). Obwohl die meisten Abwehrkräfte des Eies gegen Bakterien und Pilze gerichtet sind, wird für die Proteine Ovomucin und Cystatin angenommen, daß sie antivirale Eigenschaften haben (BARRETT et al. 1986, PALMER & GUILLETTE 1991).

Bei *Alligator mississippiensis* wurde ein mikrobieller Abbau der äußeren Kalkschicht der Eier während der Inkubation nachgewiesen (FERGUSON 1981, 1982). Diese Veränderungen an der Eischale wurden als bedeutsam für die Entwicklung des Embryos und den Schlupferfolg eingeschätzt (FERGUSON 1985, vgl. S. 96).

## 6.5. Einfluß von Lageveränderungen

Im Gegensatz zum Vogelei wird das Reptilienei während der Inkubation natürlicherweise nicht bewegt oder gar gedreht. Während beim Vogel angenommen wird, daß die regelmäßigen Drehungen der Eier durch die Elterntiere Verwachsungen von Embryo und Eihäuten verhindern sollen (NEW 1957), sind diese beim Reptilienei normal (EWERT 1985, FERGUSON 1985). Werden Reptilieneier um die Horizontalachse gedreht, so ist das für die Embryonen in der Regel tödlich (BUSTARD 1972, LIMPUS et al. 1979, FERGUSON 1985). Allerdings liegen auch gegenteilige Untersuchungsergebnisse vor, nach denen ein Drehen der Eier auf den Kopf keinen Einfluß auf die Schlupfrate hatte (MARCELLINI & DAVIS 1982, FELDMAN 1983). Da Lageveränderungen jedoch unter natürlichen Bedingungen bei Reptilieneiern normalerweise nicht auftreten, sollten diese auch bei der künstlichen Inkubation unterbleiben, um kein Risiko einzugehen.

Deshalb sollten die Eier auf der Oberseite markiert werden. Hierzu kann ein weicher Bleistift verwendet werden, während Filzstifte oftmals giftig sind und zum Absterben des Embryos führen können. Größte Vorsicht ist geboten, damit die Eier beim Markieren nicht punktiert oder aufgeschlitzt werden. Weichschalige Eier sollten erst etwa 24 Stunden nach der Ablage markiert werden, wenn die Eischale abgetrocknet ist und kalkig-weiß erscheint. Vorher ist das Verletzungsrisiko für die Eier zu hoch, und auf der feuchten Schale haftet die Bleistiftmarkierung kaum.

Allerdings ist die Empfindlichkeit des Reptilieneies gegenüber Drehungen nicht während der gesamten Inkubationsdauer gleichermaßen ausgeprägt. Abgesehen von den ersten Stunden nach der Eiablage ist der Effekt von Lageveränderungen im ersten Drittel der Inkubationsperiode am größten (JOANEN & MCNEASE 1977, 1979, EWERT 1979, 1985, LIMPUS et al. 1979, BLANCK & SAWYER 1981, CHAN et al. 1985, FERGUSON 1985, CHAN 1989, DEEMING 1991). Bei Eiern, die nach diesem Zeitraum gedreht werden, führt diese Störung in der Regel lediglich dazu, daß das Jungtier das Ei nicht oben, sondern an der Unterseite öffnet (EWERT 1985).

Da der Dotter ein höheres spezifisches Gewicht aufweist als das Zytoplasma, sinkt der Dotter beim frisch abgelegten Ei nach unten und der Embryo treibt an die Oberseite des Eies (BELLAIRS 1991).

Das Anwachsen des Reptilienembryos stellt einen wichtigen Teil in seiner Entwicklung dar, da es dadurch zu einem Abtrocknen der Eischale unmittelbar über dem Embryo kommt. Dies erhöht wiederum die Sauerstoffdurchlässigkeit der Eischale und beugt damit einer Sauerstoffunterversorgung des Embryos vor (THOMPSON 1985, WHITEHEAD 1987). Bei auf den Kopf gedrehten Reptilieneiern befindet sich der Embryo unter dem Dotter und wird dort aufgrund seiner Verwachsungen mit den Eihäuten festgehalten und an einer Rückkehr an die Eioberfläche gehindert. Die große auf dem Embryo lastende Dottermenge verhindert eine normale Entwicklung und kann zu Mißbildungen oder zum Tod des Embryos führen (EWERT 1985, FERGUSON 1985). Weiterhin kommt durch das Drehen der Eier die Dottermasse in Bewegung, was zum Zerreißen der Eihäute führen kann. Die Allantois ist diesbezüglich besonders empfindlich (FERGUSON 1985, THOMPSON 1985, WEBB et al. 1987a, b). In den ersten Stunden nach der Eiablage, wenn der Embryo noch nicht mit der Eimembran verwachsen ist, kann der Dotter noch frei im Ei rotieren. Nach dem ersten Drittel der Inkubationsdauer haben sich die extraembryonalen Eihäute voll entwickelt und ihre Verwachsungen mit der Eimembran sind so fest, daß sie durch Dotterbewegungen nicht mehr abgelöst werden (DEEMING 1991).

**Daraus folgt, daß**
1. ein Drehen der Eier um die Horizontalachse in jedem Fall zu vermeiden ist,
2. zur Markierung der Eioberseite ein weicher Bleistift geeignet ist, während Filzstifte oftmals giftig sind und zum Absterben des Embryos führen können,
3. ein Transport von Reptilieneiern nur innerhalb der ersten Stunden nach der Ablage oder dann erst wieder nach dem ersten Drittel der Inkubationsperiode zu wagen ist.

# 7. Eiablage und Inkubation im natürlichen Lebensraum

Die wichtigste Brutfürsorge der Reptilienweibchen ist das Auffinden eines Eiablageplatzes, der alle Bedingungen (Temperatur, Feuchtigkeit, Sicherheit) für eine erfolgreiche Inkubation erfüllt. Deshalb legen trächtige Reptilienweibchen ihre Eier nicht wahllos an einem zufälligen Ort ab, sondern verbringen viel Zeit damit, einen optimalen Eiablageplatz zu finden. Dieser kann je nach Tierart und lokalen Gegebenheiten sehr unterschiedlich sein. Die Eier werden entweder im Boden vergraben, in vorgefertigte Höhlen (z.B. verlassene Nagetierbauten) gelegt, an feste Oberflächen geheftet bzw. geklebt (zum Beispiel viele Geckoarten) oder in Termitenbauten (einige Tejus, Warane und Schlangen) versteckt.

Temperatur- und Feuchtigkeitsmessungen in Reptiliengelegen im natürlichen Lebensraum sind im Schrifttum nur vereinzelt zu finden. MÜLLER (1972), RAND (1972) und DRUMMOND & BURGHARDT (1983) haben in den Gelegen von *Iguana iguana* relativ konstante Temperaturen um 30 °C festgestellt. ELBING (1993) berichtet, daß die untersuchten Gelege der Zauneidechse (*Lacerta agilis*) in 8-12 cm Tiefe vergraben waren, wo die Temperatur zwischen 13 und 36 °C (Mittelwert 21,5 °C) schwankte.

An sonnigen Tagen werden die oberen Erdschichten durch die Sonnenstrahlen aufgewärmt, wodurch es zu einem Wärmefluß im Erdreich von oben nach unten kommt. Nachts hingegen emittieren die oberflächlichen Schichten langwellige Strahlung und erzeugen so einen Wärmefluß von unten nach oben.

**Abb. 63. Masseneiablageplatz von *Phelsuma barbouri* unter einem Felsvorsprung. (Madagaskar, 2800 m N.N.).** Foto: R. SEIPP

**Abb. 64. Gelege von *Lacerta agilis* unter einem flachen Stein. Zu beachten ist der Luftraum, den das Weibchen über den Eiern freigelassen hat.** Foto: B. LANGERWERF

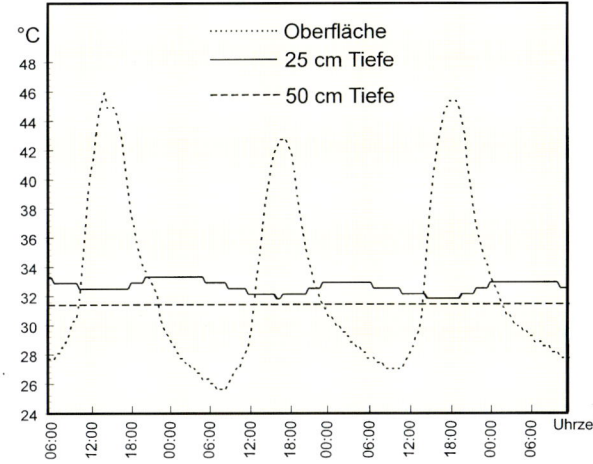

Abb. 65. Temperaturverlauf am Eiablageplatz von *Ctenosaura bakeri* auf der Insel Utila, gemessen in drei verschiedenen Tiefen. Wie die meisten Großleguane setzt *C. bakeri* die Gelege in einer Tiefe von 20-50 cm ab. Man beachte, daß die Temperatur in 50 cm Tiefe konstant ist.

Diese Vorgänge produzieren einen täglichen Temperaturzyklus, dessen Amplitude mit zunehmender Erdtiefe abnimmt.

Messungen am Eiablageplatz des Utila-Schwarzleguans (*Ctenosaura bakeri*) haben ergeben, daß die Temperatur in einer Tiefe von 50 cm Tag und Nacht konstant bei 31,4 °C liegt. Während die Werte an der Oberfläche zwischen 25,6 °C und 45,9 °C schwanken, variiert die Temperatur in 25 cm Tiefe zwischen 32,1 °C und 33,3 °C (KÖHLER 1998a; vgl. Abb. 65).

Die Substratfeuchtigkeit ist normalerweise nicht während der gesamten Inkubationsdauer konstant. Bei anhaltendem Sonnenschein über mehrere Wochen wird das Substrat immer trockener, was möglicherweise zu einer negativen Wasserbilanz der Eier führt. Bei Regenfällen werden die Poren des Substrats wieder mit Wasser aufgefüllt, was den Eiern ermöglicht, Wasser aufzunehmen. Die Regelmechanismen im Ei, bei denen der Allantoissack eine wesentliche Rolle spielt, da in ihm große

Flüssigkeitsmengen aufgefangen und gespeichert werden können, ermöglichen den Embryonen, auch unter schwankenden, zeitweise nicht optimalen Feuchtigkeitsbedingungen zu überleben (vgl. Kapitel 5.2., S. 38).

Die Eiablagesaison der meisten Reptilienarten ist mit dem klimatischen Jahreszyklus korreliert. Trächtige Weibchen tendieren dazu, nach Regenfällen besonders aktiv zu sein, und sind in der Regel nicht bereit, ihre Gelege in trockenem Substrat zu vergraben (STAMPS 1976, EHRENFELD 1979, BURGER & ZAPPALORTI 1986, SCHWARZKOPF & BROOKS 1987, PLUMMER 1990). Um den Feuchtigkeitsgehalt im Nest zu erhöhen, urinieren die Weibchen vieler Reptilienarten (nachgewiesen bei Krokodilen, Schildkröten und Echsen) unmittelbar nach Absetzen der Eier (FERGUSON 1985, SHINE 1988).

Wenn der Grasnatter (*Opheodrys aestivus*) mehrere Eiablagemöglichkeiten mit unterschiedlichem Wasserpotential angeboten werden, so bevorzugen die Tiere deutlich die feuchteren

Plätze (PLUMMER & SNELL 1988). Viele Anolisarten halten die Eier während der Trockenzeiten zurück und verzögern die Eiablage bis feuchte Eiablageplätze zur Verfügung stehen (STAMPS 1976). *Sceloporus virgatus* ist eine Echse aus den ariden Bergen der südwestlichen USA und des nordwestlichen Mexikos. In dieser Region sind die Niederschläge im späten Frühjahr und frühen Sommer minimal, so daß der Boden stark austrocknet. Diese Trockenperiode wird durch die spätsommerlichen Regenfälle beendet. Erst mit Einsetzen dieser Regenfälle, die zu einem Steigen der Bodenfeuchtigkeit führen, beginnen die Weibchen von *Sceloporus virgatus* mit der Eiablage (VLECK 1991).

Nach der Eiablage füllt das Weibchen Nesthöhle und Gang wieder mit Substrat auf. Je nach Tierart bleibt über dem Gelege ein mit Luft gefüllter Hohlraum vorhanden (zum Beispiel bei den meisten Schildkrötenarten, ACKERMAN 1977, BURGER 1976) oder das Weibchen füllt die Gelegehöhle vollständig mit Substrat auf (z.B. bei *Iguana iguana*, RAND & DUGAN 1983, WIEWANDT 1982). Kleinere Lufträume bleiben nach der Eiablage und während der gesamten Inkubation allerdings immer zwischen den Eiern und im Substrat erhalten (ACKERMAN 1977, ALLARD 1935, BURGER 1976, CAGLE 1937, 1950, HENDRICKSON 1958, PACKARD et al. 1981). Gräbt man Gelege aus, so fällt auf, daß die Deckschicht der Erde fest angedrückt ist, daß das Substrat direkt über der Nesthöhle aber nur lose aufgetragen wurde.

Zahlreiche Reptilienarten nutzen Ameisen- und Termitenbauten zur Eiablage (RILEY et al. 1985, PÉREZ-HIGAREDA & SMITH 1989, EHMANN et al. 1991).

**Termitennester** sind für ihre relativ hohen (33-38 °C) und sehr stabilen Temperaturen und eine konstant sehr hohe relative Luftfeuchtigkeit (nicht unter 92%) bekannt (EHMANN et al. 1991). Da Reptilieneier nicht in das Nahrungsspektrum der holzfressenden Termiten gehören, werden sie nicht von diesen Insekten beschädigt.

Schon SCHOMBURGK (1848) berichtet, daß Tejus (*Tupinambis* sp.) ihre Eier in den Nestern von Baumtermiten absetzen. TSCHUDI (1867) erwähnt das Gelege einer Natter (*Chironius bicarinatus*) in einem Ameisennest in Brasilien. RILEY et al. (1985) listen in ihrer Zusammenstellung der Daten zu diesem Thema insgesamt 33 Reptilienarten auf, die Ameisen- und/oder Termitenbauten zur Eiablage nutzen. Unter den Schlangen sind es überwiegend die kleinen grabenden Arten, wie z.B. *Adelphicos quadrivirgatus*, denen der Zugang in die Termitennester gelingt (RILEY et al. 1985, PÉREZ-HIGAREDA & SMITH 1989).

Nicht nur für die eierlegenden Weibchen bedeuten die soliden Termitenbauten ein mechanisches Problem, auch die geschlüpften Jungtiere müssen die festen Wände durchdringen, um ins Freie zu gelangen. Dabei sind die besonders kleinen Arten (z.B. Blindschlangen) und solche, die scharfe Krallen haben (z.B. Warane, Tejus), im Vorteil. COGGER (1967) erwähnt Warane bei Termitenbauten zum Zeitpunkt des Schlupfes der Jungtiere und vermutet, daß das Weibchen einen Tunnel in den Termitenbau gräbt, um den Jungtieren das Entkommen zu erleichtern.

Tejuweibchen wählen in der Natur (ausschließlich?) die kugeligen Nester von Baumtermiten (VOGEL 1962). Sie reißen mit ihren kräftigen Krallen die Wand der Bauten auf, legen ihre Eier hinein und entfernen sich, ohne sich weiter um ihre Nachkommenschaft zu kümmern. Die Termiten mauern bei der Ausbesserung des Nestes die Tejueier mit ein, die geschützt vor Nässe, Temperaturschwankungen und Freßfeinden heranreifen. Zumindest unter Terrarienbedingungen setzen Tejus (*Tupinambis nigropunctatus* und *T. teguixin*) ihre Eier auch ohne das Vorhandensein von Baumtermitennestern ab (KÖHLER 1989, LANGERWERF 1995).

Manche Arten (z.B. *Gehyra pilbara, Leposternon microcephalum, Liophis obtusus, Philodryas aestivus, P. patagoniensis, Tupinambis nigropunctatus*) scheinen obligat auf Termiten- oder Ameisennester zur Eiablage angewiesen zu sein, da deren Gelege zwar häufig in Nestern, bisher aber nicht außerhalb dieser gefunden wurden (MITCHELL 1965, RILEY et al. 1985).

Auch die **Nester von Ameisen** (hier insbesondere die Nester von Blattschneiderameisen) bieten für die Reptilieneier günstige Entwicklungsbedingungen, da in ihnen eine recht konstante Temperatur sowie eine hohe Luftfeuchtigkeit herrschen. VAZ-FERREIRA et al. (1970) haben in den Nestern von Blattschneiderameisen (*Acromyrmex* sp.) Temperaturen von 27-29 °C gemessen, während außen die Temperatur zwischen 21 °C und 32 °C schwankte. Blattschneiderameisen, die bestimmte Pilzarten in Reinkulturen züchten, sorgen für äußerst hygienische Bedingungen in ihren Pilzgärten, indem sie fremde Pilzsporen und andere Keime auflecken und aus dem Nest entfernen (QUINLAN & CHERRETT 1977). Unter-

**Abb. 66 . Baumtermitennester werden von Tejus häufig als Eiablageplatz gewählt.**

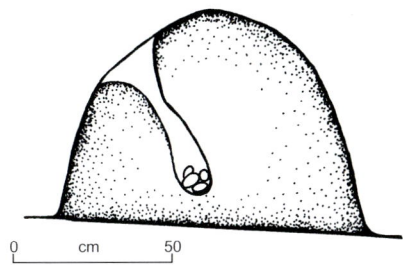

**Abb. 67. Schematische Darstellung eines Termitenbaus mit einem Gelege von *Varanus rosenbergi* (Zeichnung verändert nach EHMANN et al. 1991).**

suchungen von VAZ-FERREIRA et al. (1970, 1973) haben ergeben, daß sich Reptilieneier in von Ameisen gepflegten Pilzkammern bis zum Schlupf erfolgreich entwickelten, während Eier, die sich in Nestern mit verlassenen Pilzkulturen befanden, überwiegend abgestorbene Embryonen enthielten. Über die günstigen klimatischen und hygienischen Bedingungen hinaus bieten Ameisennester einen gewissen Schutz vor Eiräubern, da Ameisen Eindringlinge vehement angreifen. Dies ist insbesondere für Reptilienarten mit langer Inkubationsdauer von Bedeutung.

## 7.1. Krokodile

Alle heute lebenden Krokodilarten legen hartschalige Eier, in der Regel saisonal ein Gelege pro Jahr. Während die meisten Arten einen Nesthügel aus Pflanzenteilen, Erde und Schlamm bauen, graben andere für die Gelege lediglich eine Grube in den Boden.

Folgende Arten graben eine Erdhöhle zur Eiablage: *Alligator mississippiensis, Crocodylus acutus, C. intermedius, C. johnsoni, C. niloticus, C. palustris, C. rhombifer* und *Gavialis gangeticus,*

Arten, die einen Nesthügel anlegen, sind *Alligator sinensis, Caiman crocodilus, C. latirostris, Crocodylus cataphractus, C. mindorensis, C. moreletii, C. novaeguineae, C. porosus, C. siamensis, Melanosuchus niger, Osteolaemus tetraspis, Paleosuchus palpebrosus, P. trigonatus* und *Tomistoma schlegelii.*

Die kegelförmigen Nesthügel bestehen aus abgerissenem und zusammengescharrtem Pflanzenmaterial und können eine Höhe von 50-100 cm bei einem Durchmesser von mehr als zwei Metern erreichen (Staton & Dixon 1977, Webb et al. 1977). Nach der Eiablage verschließt das Weibchen den Nesthügel und kriecht mehrere Male über ihn hinweg, wobei sie das lose Pflanzenmaterial und den Schlamm etwas verdichtet. Lufttaschen bleiben jedoch während der gesamten Inkubationsdauer bestehen

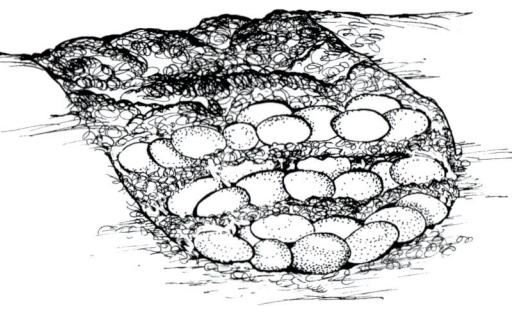

Abb. 68. Manche Arten graben eine Erdhöhle mit einer geräumigen Eikammer.

(McIlhenny 1935). Durch die Sonneneinstrahlung sowie durch die Gärung und Zersetzung des Pflanzenmaterials entsteht im Inneren des Nestes eine gleichmäßige feuchte Wärme (meist 32-34 °C).

Der südamerikanische Glattstirnkaiman *Paleosuchus trigonatus* nistet im Regenwald, wo das geschlossene Blätterdach die Sonneneinstrahlung abschirmt. Die Weibchen bauen dort ihre Nesthügel in engem Kontakt oder auf der Oberfläche von Termitenbauten. Die von den Termiten freigesetzte Stoffwechselwärme bewirkt, daß die

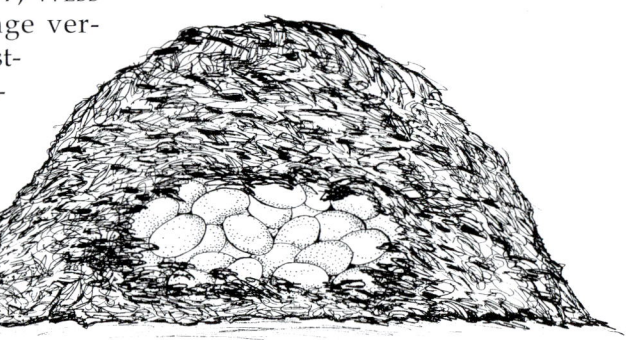

Abb. 69. Die meisten Arten legen einen Nesthügel an.

Nesttemperatur jeweils mehrere Grad Celsius über der Umgebungstemperatur liegt und so eine Entwicklung der Krokodilembryonen begünstigt (MAGNUSSON et al. 1985).

Andere Arten, wie z.B. *Crocodylus johnsoni, C. niloticus* und *Gavialis gangeticus* graben zur Eiablage eine schräg in den Boden reichende Höhle, die in einer geräumigen Eikammer endet (WHITAKER & WHITAKER 1984).

## 7.2. Schildkröten

In der Regel graben trächtige Schildkrötenweibchen zunächst mit allen vier Extremitäten eine flache Grube, die ihnen eine gewisse Deckung verschafft. Zum Ausgraben des eigentlichen Nestes werden nur die Hinterbeine eingesetzt.

Die Hinterbeinlänge bestimmt die Tiefe des Nestes. Wenn das Tier beim Ausheben der Grube mit den Hinterextremitäten auf ein Hindernis stößt (z.B. einen großen Stein), hört es sofort mit dem Graben auf und sucht einen anderen Ort. Für Terrarienbedingungen gilt demnach, daß die Bodengrundhöhe mindestens der Hinterbeinlänge der Schildkröten entsprechen muß, damit die Weibchen die Eier vergraben (WICKER schriftl. Mitt.).

Die Präzision, mit der die Tiere ihre Füße zum Graben einsetzen, ist beeindruckend. Wenn das Loch die gewünschte Tiefe erreicht hat, wird der untere Bereich etwas ausgeweitet. Bei Rotwangen-Schmuckschildkröten wurde beobachtet, daß die austretenden Eier eines nach dem anderen behutsam mit den Hinterbeinen aufgefangen und vorsichtig am Boden der Höhle abgesetzt wurden (BALLASINA & BALLASINA 1984).

**Abb. 70. Meeresschildkröten gehen an Land, um ihre Eier abzulegen (Guanacaste, Costa Rica).**

**Abb. 71. Eiablage einer Maurischen Landschildkröte (*Testudo graeca ibera*).**
Foto: W. KIRSCHE

Wenn alle Eier gelegt sind, füllt das Tier das Loch mit Erde auf, wobei es Kopf und Beine einsetzt. Zum Schluß wird die obere Schicht fest zusammengedrückt. Dazu läßt sich das Tier mit dem ganzen Gewicht über dem Nest auf den Boden fallen.

Einige Arten aus den Familien Kinosternidae und Chelidae legen ihre Eier nur sehr oberflächlich ab. Bei im natürlichen Lebensraum abgesetzten Gelegen von *Sternotherus minor* und *S. odoratus* wurden die Eier vom Weibchen oftmals nur unvollständig mit einer dünnen Laubschicht bedeckt, so daß einige Eier frei lagen (CAGLE 1937, CARR 1952).

Bei Arten, die nur kleine Gelege produzieren, haben alle Eier Kontakt mit dem Erdsubstrat. Bei großen Gelegen (z.B. von Meeresschildkröten) haben nur die äußeren Eier Kontakt mit dem Substrat, während die inneren Eier nur andere Eier berühren. Zwischen den Eiern und über dem Gelege bleiben kleine Lufträume während der gesamten Inkubationsdauer erhalten (ACKERMAN 1977, PACKARD et al. 1981).

## 7.3. Echsen

Bei Echsen sind Verallgemeinerungen betreffend der gewählten Eiablageplätze kaum möglich, da diese bei den über 3000 Echsenarten zu mannigfaltig und unterschiedlich sind. Die Weibchen vieler kleinwüchsiger Arten (z.B. Anolis, Kleinteiiden) vergraben ihre Gelege nur sehr oberflächlich in der Erde oder legen die Eier unter Rindenstücke, Äste oder Steine. Viele mittelgroße Arten, wie z.B. Basilisken, graben einen kurzen Gang, um die Eier in 5-10 cm Tiefe abzusetzen. Viele großwüchsige Echsen, wie zum Beispiel Warane und Leguane, graben Gänge, die in Nestkammern in 20-70 cm Tiefe enden. In dieser Tiefe sind die Tag-Nacht-Schwankungen der Temperatur nur noch minimal, da das Erdreich wie ein Puffer wirkt (vgl. Abb. 65, S. 51). Entsprechend sind Eier dieser Arten oftmals auch empfindlich gegenüber Temperaturschwankungen von mehreren Grad Celsius bei einer künstlichen Inkubation.

Bei einigen Arten, wie zum Beispiel den Großleguanen der Gattungen *Ctenosaura* und *Iguana*, benutzen oftmals mehrere Weibchen gemeinsam komplexe Höhlensysteme zur Eiablage (RAND & DUGAN 1983, MORA 1987, RAND & GRAJAL 1990, KÖHLER 2002). Im Gegensatz zu den Einzelnestern handelt es sich bei den Gruppennestern mehrerer Leguanweibchen um komplizierte

Tunnelsysteme mit einem oder auch mehreren Eingängen und vielen Nisthöhlen (s. Abb. 72). Die relativ geringe Anzahl von Öffnungen zur Außenwelt (Ein- bzw. Ausgänge) im Verhältnis zu der Menge an Gelegen stellt einen guten Schutz vor Eiräubern dar. Jedes Weibchen gräbt seine eigene Nest-kammer, die sich jedoch nicht einfach am Ende eines Tunnels befindet, sondern seitlich oder tiefer als sein Verlauf liegt. Ansonsten wäre die Gefahr zu groß, daß sich das nächste Weibchen, dem Verlauf des Tunnels folgend, durch das vorherige Gelege graben und dieses zerstören würde.

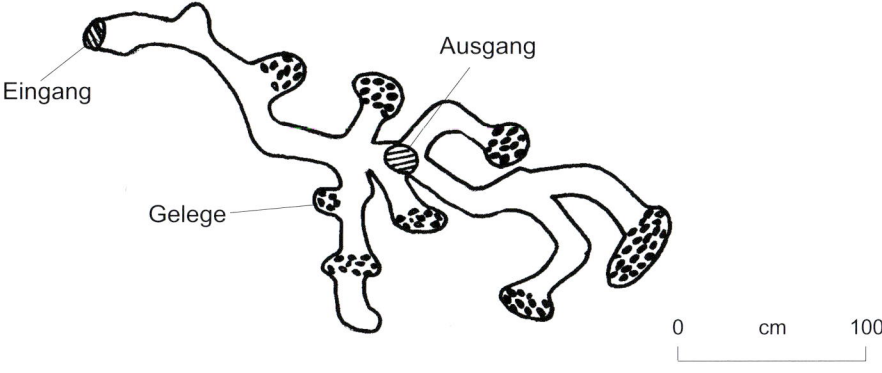

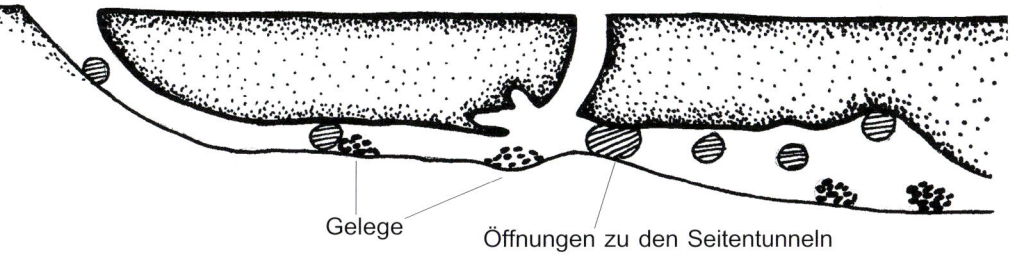

Abb. 72. Schematische Darstellungen von Nestbauten des Grünen Leguans (*Iguana iguana*) (Zeichnungen verändert nach RAND & DUGAN 1983).

a. (oben). Einfaches Nestsystem auf der Insel De Lesseps (Panama). Ansicht von oben.
b. (unten). Querschnitt durch ein Tunnelsystem auf der Insel San Jose (Panama).

Abb. 75 (unten links). Häufig legen die Weibchen ihre Nester in der Nähe von Pflanzen an, da das Wurzelwerk einen gewissen Schutz und Festigkeit bietet.

Abb. 76 (oben rechts). Nach der Eiablage schüttet das Weibchen das Nest wieder mit Sand zu. Frische Nester sind noch am feuchten Sand zu erkennen.

Abb. 73. (oben links). Eiablageplatz von *Ctenosaura bakeri* auf Utila (Honduras).

Abb. 74 (Mitte links). Das Leguanweibchen sucht einen geeigneten Eiablageplatz.

Abb. 77 (unten rechts). Aufgegrabenes Gelege von *Ctenosaura bakeri*.

## 7.4. Schlangen

Da Schlangen keine Extremitäten haben, sind sie offensichtlich nicht in der Lage, spezielle Nester für ihre Gelege zu graben oder zu konstruieren. Sie sind vielmehr auf bereits vorhandene, für die Inkubation ihrer Eier geeignete Ablagemöglichkeiten angewiesen. Kleine Arten (z.B. *Diadophis punctatus*) setzen ihre Gelege meist in Rindenspalten oder unter Baumstämmen und Steinen ab. Die Gelege größerer Nattern (z.B. *Masticophis taeniatus* und *Pituophis melanoleucus*) werden oftmals in Nagetierhöhlen abgesetzt (FITCH 1963, PARKER & BROWN 1972, 1980).

Die Eier mancher Arten werden substratfrei inkubiert. So fanden KOVAC et al. (1995) das Gelege einer Natter in einem Bambusrohr (s. Abb. 78). Die Schlange konnte sich Zugang durch ein Loch verschaffen, welches ein Käfer in den Bambus gefressen hatte, und heftete ihre Eier im oberen Bereich an. Im unteren Drittel sammelte sich Regenwasser, so daß die Eier von gleichmäßiger Luftfeuchte umgeben waren.

Schlangen aus den gemäßigten Klimazonen setzen ihre Gelege oftmals in Kompost- und Misthaufen ab, in denen durch die Gärung und Zersetzung des Pflanzenmaterials eine gleichmäßige feuchte Wärme entsteht. In diesem sehr keimhaltigen Milieu können sich die Reptilieneier nur aufgrund der vorhandenen Abwehrmechanismen entwickeln (vgl. Kapitel 6.4., S. 46). So beschreiben KABISCH (1967) und GOLDER (1985) Massen-Eiablageplätze von einheimischen Nattern (*Natrix natrix* und *Elaphe longissima*) in Misthaufen.

**Abb. 78 (oben). Aufgeschnittenes Bambusrohr mit einem Schlangengelege.** Foto: D. KOVAC

**Abb. 79 (unten). Bambusrohr mit dem Loch, durch das die Schlange in den Hohlraum gelangen konnte.** Foto: D. KOVAC

## 7.5. Brückenechsen

Da Brückenechsen unter den Reptilien als einzige Vertreter der Ordnung Sphenodontida (=Rhynchocephalia) eine Sonderstellung einnehmen, soll deren Fortpflanzungsbiologie im folgenden kurz zusammengefaßt werden.

Brückenechsen sind nachtaktiv, können aber tagsüber beim Sonnen vor ihren Höhlen beobachtet werden. Während die männlichen Brückenechsen jedes Jahr sexuell aktiv sind, pflanzen sich die Weibchen nur alle vier bis fünf Jahre fort. Die Entwicklung bis zu ovulationsreifen Follikeln benötigt mehrere Jahre. Die Paarungszeit der Brückenechsen fällt in die Monate Februar und März (später Sommer in Neuseeland). Ein bis zwei Monate nach der Paarung ovulieren die Follikel und werden nach ihrer Befruchtung im Eileiter während der folgenden sieben Monate (April bis November) beschalt.

Die Eier werden im neuseeländischen Frühling und Frühsommer (Oktober bis Dezember), also 10 bis 12 Monate nach der Paarung, abgesetzt (DENDY 1898, DAWBIN 1962, 1982, ROBB 1977, GANS et al. 1984). Etwa Mitte November beginnen die trächtigen Weibchen, an offenen, sonnigen Plätzen (vor allem auf Schafweiden und auf den Klippen) nach einer geeigneten Stelle zur Eiablage zu suchen. Schattige, bewaldete Gebiete sind für die Entwicklung der Eier aufgrund zu niedriger Bodentemperaturen nicht geeignet. Versuchsweise in Waldgebieten vergrabene Gelege zeigten zwar Anzeichen der Embryonalentwicklung, kamen aber in keinem Fall zum Schlupf (DAUGHERTY & CREE 1990).

Die trächtigen Weibchen verbringen mehrere Nächte mit der Suche nach einem geeigneten Eiablageplatz und machen dabei Probegrabungen. In manchen Fällen sind die Gründe, warum ein Weibchen ein begonnenes Nest nicht vollendet, offensichtlich (z.B. wenn das Tier beim Graben auf Felsen stößt und deshalb nicht weiterkommt), in anderen nicht. Das Graben der endgültigen Ablagehöhle dauert mehrere Nächte. Tagsüber zieht sich das Weibchen jeweils in seine Wohnhöhle, die in beträchtlicher Entfernung zum Eiablageplatz gelegen sein kann, zurück. Die nistenden Weibchen nehmen keine Rücksicht auf bereits vollendete Nester mit Eiern. Mehrfach haben DAUGHERTY und Mitarbeiter beobachtet, wie Weibchen die Gelege anderer Brückenechsen ausgruben (DAUGHERTY & CREE 1990).

Die fertige Nesthöhle weist eine Länge von 10-50 cm auf und reicht 10-15 cm unter den Erdboden. Während einer Nacht setzt das Weibchen schließlich sein Gelege mit 6 bis 19 (im Durchschnitt zehn) weichschaligen Eiern ab und füllt die Eiablagehöhle mit Erde (DAWBIN 1962, 1982b, DAUGHERTY & CREE 1990). In den folgenden Nächten kehrt das Muttertier immer wieder zum Ablageort zurück, um noch mehr Erde und Grasbüschel auf das Nest zu scharren und es vor anderen Weibchen zu verteidigen.

# 8. Eiablage im Terrarium

Die Schaffung geeigneter Eiablageplätze ist nicht nur notwendig, um zu erreichen, daß das trächtige Weibchen sein Gelege überhaupt absetzt und nicht an Legenot erkrankt, sondern auch, um sicherzustellen, daß die Eier nicht an Orten abgesetzt werden, die für sie lebensfeindlich sind. Wenn die Eier aufgrund ungeeigneter Eiablageplätze ausgekühlt, überhitzt, zu trocken oder zu naß, und dadurch geschädigt wurden, kann selbst eine optimale Inkubationstechnik keinen Schlupferfolg bringen. Auch besteht bei Mangel an geeigneten Eiablageplätzen die Gefahr, daß die Eier übertragen werden und absterben.

Bei der Schaffung von Eiablageplätzen sind Kenntnisse über die Fortpflanzung der jeweiligen Tierart in der Natur unverzichtbar. Es würde den Rahmen dieses Buches sprengen, auf die Besonderheiten und Ansprüche der einzelnen Reptilienarten bezüglich der Eiablageplätze eingehen zu wollen. Generell gilt aber, daß in den Eiablageplätzen die gleichen klimatischen Bedingungen vorhanden sein sollen, wie sie für die Ausbrütung der Eier der jeweiligen Tierart günstig sind (vgl. Anhang III). Um eine natürliche Temperaturverteilung zu erreichen, empfiehlt es sich, den Eiablageplatz von oben zu erwärmen.

**Abb. 80 (oben rechts). Ein mit Substrat gefülltes Röhrensystem mit Nestkammer am Ende (Abb. 81) eignet sich für Großleguane zur Eiablage.**

**Abb. 81 (unten rechts). Geöffnete Nestkammer mit Eiern von *Ctenosaura bakeri*.**

**Abb. 82 (unten links). Schildkröten benötigen tiefen Bodengrund zum Graben.**
Foto: R. WICKER

# 9. Brutpflege bei Reptilien

Eier sind in der Natur zahlreichen Gefahren, wie z.B. Eiräubern, übermäßiger Trockenheit, Überschwemmungen und zu großen Temperaturschwankungen, ausgesetzt (vgl. Kapitel 10, S. 65). Durch eine Brutpflege von Seiten des Muttertieres wird bei einigen Reptilienarten die Überlebenschance der Gelege erhöht. Brutpflegeverhalten wurde bisher bei Krokodilen (alle Arten), Echsen (z.B. *Eumeces*) und Schlangen (z.B. *Ophiophagus, Trimeresurus*, alle Pythonarten) dokumentiert (FITCH 1954, EVANS 1959, FERGUSON 1985, VITT & COOPER 1985, SHINE 1988, KOCH 1991). Brutpflege bei Reptilien kann Bewachen des Geleges oder des Eiablageplatzes, Thermoregulation, Hydroregulation, Herauslesen von unbefruchteten und verdorbenen Eiern und Schlupfhilfe beinhalten. Eine Übersicht und eine Bibliographie der Brutpflege bei Reptilien findet sich bei SHINE (1988) und SOMMA (1990).

Soweit bekannt, ist bei allen Krokodilarten Brutpflege ausgeprägt (GREER 1971, KUSHLAN & SIMON 1981). Das Weibchen bleibt während der gesamten Inkubationsdauer in der unmittelbaren Nähe des Nestes und attackiert potentielle Nesträuber (MODHA 1967, COTT 1971). Zum Zeitpunkt des Schlupfes geben die Jungtiere quakende Rufe von sich, die das Weibchen dazu veranlassen, das Nest zu öffnen und die schlupfreifen Eier und frisch geschlüpften Jungtiere zum Wasser zu transportieren (POOLEY 1977).

**Abb. 83. Caiman (*Paleosuchus palpebrosus*) beim Bewachen seines Nesthügels im Terrarium (Kölner Aquarium am Zoo).** Foto: D. ZIEHM

**Abb. 84 (oben links).** Pythons zeigen ein thermoregulatives Verhalten („Brüten"). Hier *Python regius* bei der Eiablage.

Foto: H. HORTENBACH

**Abb. 85 (unten links).** Scheltopusik (*Ophisaurus apodus*) bei der Brutpflege unter einem flachen Stein.

Foto: B. LANGERWERF

**Abb. 86 (oben rechts).** *Gerrhonotus multicarinatus* bei der Verteidigung der Eier. Es befanden sich mehrere Weibchen zusammen unter dem gleichen Stein.

Foto: B. LANGERWERF

**Abb. 87 (unten rechts).** Die Bambusotter (*Trimeresurus flavomaculatus halieus* ) hat ihr aus 19 Eiern bestehendes Gelege während der gesamten Inkubationsdauer nicht verlassen und fraß sogar eine Maus.

Foto: B. KLUSMEYER

Die jungen Krokodile bleiben während der ersten Lebenswochen in einer Gruppe zusammen und werden vom Muttertier aktiv gegen Freßfeinde verteidigt. Selbst ältere Jungtiere geben bei Gefahr "Hilferufe" ab, die ein aggressives Verhalten von adulten Krokodilen gegenüber dem Freßfeind auslösen (HUNT 1975).

Die Weibchen zahlreicher Echsenarten verbleiben nach der Eiablage einige Tage in der Nähe des Ablageplatzes und verteidigen diesen gegen potentielle Freßfeinde. Ein sehr weit entwickeltes Brutpflegesystem findet sich bei Skinken der Gattung *Eumeces* (z.B. *E. septentrionalis*). Diese Echsen graben Höhlen unter Wurzeln, in die sie die Eier legen. Das Weibchen bleibt in der Eiablagehöhle und verschließt diese von innen (Erhöhung der Luftfeuchtigkeit), um die Eier während der gesamten Inkubationsperiode zu bewachen und zu pflegen. Wenn das Nest gestört oder beschädigt wird, bessert das Weibchen den Schaden aus. Sollten Temperatur- oder Feuchtigkeitsverhältnisse im Nest ungünstig werden, baut das Weibchen an geeigneter Stelle ein neues Nest und zieht mit dem Gelege um (FITCH 1954, EVANS 1959, VITT & COOPER 1985, SOMMA & FAWCETT 1989).

Bei der Bambusotter *Trimeresurus flavomaculatus halieus* wurde unter Terrarienbedingungen beobachtet, wie ein Weibchen ihr aus 19 Eiern bestehendes Gelege umringelte und während der gesamten Inkubationsdauer (53 Tage) nicht verließ (KLUSMEYER & FAUSTEN 1994; Abb. 87). Dabei fraß sie sogar eine Maus, ohne sich vom Gelege zu entfernen.

Während bei einigen weiteren Schlangenarten eine Nestbewachung beobachtet worden ist, bei der sich das Weibchen um ihr Gelege ringelt, konnte ein spezielles „**Brüten**", also ein thermoregulatives Verhalten des Weibchens, bisher nur bei Pythons festgestellt werden (HUTCHISON, DOWLING & VINEGAR 1966, VINEGAR et al. 1970, VINEGAR 1973, VAN MIEROP & BARNARD 1976, 1978). Um eine möglichst konstante Inkubationstemperatur zu gewährleisten, produziert das brütende Weibchen während kühlerer Perioden mit Hilfe von rhythmischen Muskelkontraktionen Wärme.

Auch **Hydroregulation**, also Verhaltensweisen des Weibchens, welche die Feuchtigkeitsverhältnisse der Gelege beeinflussen, wurden bei einigen Echsen- und Schlangenarten nachgewiesen (MEHRTENS 1987, YORK & BURGHARDT 1988, SOMMA & FAWCETT 1989, ROSS & MARZEC 1990). Ein brütendes Weibchen der Grubenotter *Calloselasma rhodostoma* regelte die Luftfeuchtigkeit im Gelege, indem es den Grad der Abdeckung der Eier durch ihren Körper variierte (YORK & BURGHARDT 1988). Immer wenn die relative Luftfeuchtigkeit in der Umgebungsluft unter 70% sank, bedeckte das Weibchen das Gelege vollständig, während es bei 100% relativer Luftfeuchte die Körperschlingen lockerte und somit die Eier nur teilweise bedeckt waren. Brütende Pythonweibchen wurden dabei beobachtet, wie sie sich täglich ein- bis zweimal in das Wasserbecken begaben, um mit den am Schuppenkleid haftenden Wassertropfen die Gelege zu befeuchten (ROSS & MARZEC 1990).

# 10. Mortalität der Gelege im Freiland

Die Mortalität von Gelegen, die sich im Freiland entwickeln, ist - abhängig von den jeweiligen Umgebungsbedingungen, den klimatischen Einflüssen und dem Vorhandensein von Prädatoren - sehr unterschiedlich. So konnte RAND (1980) für Gelege des Grünen Leguans (*Iguana iguana*) während einer Saison auf der Insel DeLesseps eine Mortalität von durchschnittlich 47%, auf Slothia von 14% und auf der Isla San José von nur 3% ermitteln.

**Übermäßige Feuchtigkeit** durch starke Regenfälle oder Überschwemmungen kann eine hohe Embryonensterblichkeit (bis 100%) verursachen. So wurden an einem Eiablageplatz in Panama 1981 nahezu alle Gelege des Grünen Leguans durch schwere Regenfälle zerstört. Von 50 Gelegen schlüpften nur aus einem wenige Jungtiere (TROYER 1984). Gelege von Krokodilen und Wasserschildkröten, die sich in Gewässernähe befinden, können durch Überschwemmungen vernichtet werden (RAGOTZKIE 1959, PLUMMER 1976, MAGNUSSON 1982, WEBB et al. 1983). Bei naßem Substrat füllen sich die Poren der Eischale mit Wasser, was zu einer herabgesetzten Sauerstoffdurchlässigkeit und schließlich zum Tod des Embryos durch Ersticken führt. Wenn hartschalige Eier aufgrund hoher Substratfeuchtigkeit zuviel Wasser aufnehmen, kommt es zu Rissen in der Eischale. Solange die darunterliegenden Eimembranen intakt bleiben, muß es jedoch nicht zwangsläufig zum Absterben des Embryos kommen (BOOTH & THOMPSON 1991).

Auch eine zu geringe Substratfeuchtigkeit kann durch **Austrocknen** der Eier zu einer hohen Embryonensterblichkeit führen. So konnte im Freiland ein Zusammenhang zwischen Trockenheit und Eisterblichkeit bei Galapagos-Landleguanen (*Conolophus subcristatus*), bei Brückenechsen (*Sphenodon punctatus*) und bei den hartschaligen Eiern der Weichschildkröte *Trionyx triunguis* nachgewiesen werden (SNELL & TRACY 1985, LESHEM & DMI´EL 1986).

**Überhitzung** wurde ebenfalls als Ursache einer hohen Embryonensterblichkeit im Freiland festgestellt. So führte ein mehrere Tage schwelendes Feuer dazu, daß 1971 an einem Eiablageplatz in Belize keine Grünen Leguane geschlüpft sind (HENDERSON 1974).

**Pilzinfektionen** sind unter natürlichen Bedingungen offensichtlich von untergeordneter Bedeutung als Ursache für eine erhöhte Eisterblichkeit (RAND 1980).

**Nesträuber** tragen oftmals erheblich zur Mortalität von Gelegen im Freiland bei. Hier spielen vor allem verschiedene Säugetierarten, wie Waschbären (*Procyon lotor*), Nasenbären (*Nasua nasua*), Oppossums (*Didelphis marsupialis*) und Pekaris (*Tayassu tajacu*), aber auch Schlangen (z.B. *Loxocemus bicolor*) eine wichtige Rolle (RAND & ROBINSON 1969, RAND & DUGAN 1983, MORA 1987, KÖHLER 1993a).

# 11. Einfluß der Muttertierkondition auf die Qualität der Eier

Das beschalte (cleidoische) Reptilienei muß alle Nährstoffe enthalten, die der Embryo zur Entwicklung bis zum Schlupf benötigt. Insbesondere Proteine, Fette, Vitamine, Mineralstoffe und Spurenelemente müssen während der Dotterbildungsphase der Eientstehung (Oogenese) im Dotter eingelagert werden. Alle eierlegenden Reptilien produzieren beschalte Eier, die große, nährstoffreiche Dotter enthalten. Dotter stellt eine Mischung aus maternalen (mütterlichen Ursprungs) Lipiden und Proteinen dar.

Die **Proteine** im Ei stammen nicht unmittelbar aus der Nahrung des Muttertieres. Vielmehr werden mit der Nahrung aufgenommene Eiweiße zunächst in ihre Bausteine, die freien Aminosäuren, zerlegt und aus dem Darm resorbiert, um dann Vorstufen für artspezifische, mütterliche Proteine darzustellen, die schließlich im Dotter und Albumin des Eies zu finden sind.

Die Proteinzusammensetzung von Dotter und Albumin ist genetisch fixiert und artspezifisch, so daß innerhalb einer Tierart die Proteinzusammensetzung im Ei trotz unterschiedlicher Ernährung des Muttertieres sehr konstant ist (WHITE 1991).

Den Hauptanteil der Dotterproteine stellen die sogenannten Vitellogenine, eine Gruppe großer extrazellulärer Lipo-, Glyko- und Phosphometalloproteine, die in der Leber synthetisiert werden (WAHLI et al. 1981). Die Proteine werden über Blut und Lymphe zu den Eierstöcken transportiert, wobei spezielle Transportproteine spezifisch bestimmte Nährstoffe, wie zum Beispiel Vitamine oder Spurenelemente binden, um diese zu den Eizellen im Eierstock (Ovar) zu befördern. Diese Protein-Nährstoff-Komplexe werden zu Dotterinhaltsstoffen, die dem Embryo später zur Verfügung stehen. Für jedes Vitamin stehen, soweit bisher bekannt, spezifische Transportproteine zur Verfügung (ABRAMS et al. 1988, 1989).

Eine weitere wichtige Gruppe von Proteinen sind Albumine, die vom Eileiter gebildet werden und in einer Schicht von visköser Konsistenz Dotter und Embryo schützend umgeben. Dies ist insbesondere bei Arten, die ihre Eier aus einer gewissen Höhe in die Eiablagegrube fallen lassen (z.B. Meeresschildkröten), von großer Bedeutung.

**Fette** (Lipide) machen etwa ein Drittel der Dottermasse aus und stellen über 90% der vom Embryo benötigten Energie bereit. Aus Lipiden kann etwa doppelt soviel Energie pro Gramm gewonnen werden wie aus Proteinen. Bei der Oxidation der Fette wird darüber hinaus Wasser produziert (1,07 g Wasser/ g Fett, BALDWIN 1948). Die im Dotter enthaltenen Lipide stammen zum Teil in unveränderter Form aus der mütterlichen Nahrung (exogene Lipide), einige (Triglyzeride und Phospholipide) werden aber auch in der Leber des Muttertieres synthetisiert (endogene Lipide).

Im Gegensatz zu den Eiweißen ist der Fettgehalt und die Fettzusammensetzung des Eidotters somit stark von der Ernährung des Muttertieres abhängig (NABER & BIGGERT 1989). Wenn essentielle Fettsäuren in der Nahrung des Muttertieres fehlen, so sind sie auch in den Eiern nicht vorhanden.

Der **Vitamingehalt** im Ei ist stark von der Vitaminversorgung des Muttertieres abhängig. Wenn der Vitaminbedarf des Muttertiers nicht in optimaler Weise gedeckt ist, sinkt auch der Vitamingehalt im Ei, was zu einer Mangelversorgung des Embryos führt. Dies ist häufig der Grund für das Absterben von Embryonen und schlupfreifen Jungtieren (vgl. Kapitel 13.2., S. 90). Um eine optimale Vitaminversorgung des Muttertieres sicherzustellen und die Ressourcen für den Embryo zu steigern, ist es empfehlenswert, die Nahrung des Muttertieres mit Vitamin-Mineralstoff-Präparaten anzureichern.

So konnte LANGERWERF (1981a) bei den von ihm gezüchteten *Gerrhonotus multicarinatus* einen direkten Zusammenhang zwischen der Vitamin- und Mineralstoffversorgung der Elterntiere und der Schlupfrate nachweisen. Die Zugabe von Calcium und Vitamin $D_3$ ausschließlich über das Trinkwasser ist bei dieser Echsenart offensichtlich nicht ausreichend, da die Tiere ihren Trinkbedarf überwiegend durch Auflecken von Kondenswasser deckten. Obwohl jedes Jahr insgesamt 20-40 Eier abgesetzt wurden, nahm die Schlupfrate immer weiter ab, bis 1980 kein Jungtier schlüpfte. Von diesem Zeitpunkt an erhielten die Echsen Calcium und Vitamin $D_3$ zusätzlich über das Futter: zu einem

kg Grillen (*Gryllus bimaculatus*) wurden vor dem Verfüttern jeweils ein Teelöffel Calciumlactat und 10 Tropfen hoch konzentrierte Vitamin-$D_3$-Lösung (1 Million I.E. Vitamin $D_3$ pro ml) gegeben. Im folgenden Jahr stieg die Schlupfrate bei unveränderter Inkubationstechnik auf 93% (vgl. Tab. 4 ). Auch bei der Zucht von Lacerten konnte LANGERWERF die Schlupfrate durch die zusätzliche Gabe von Calcium und Vitamin D deutlich erhöhen (LANGERWERF 1981b).

| Jahr | Anzahl Eier | Anzahl Jungtiere | Schlupf- rate | Zusätze |
|------|------|------|------|------|
| 1976 | 23 | 6 | 26% | TW |
|      | 20 | 0 | 0% | TW |
| 1977 | 24 | 13 | 54% | TW |
| 1978 | ? | 7 | ? | TW |
| 1979 | ? | 3 | ? | TW |
| 1980 | 22 | 0 | 0% | TW |
| 1981 | 20 | 20 | 100% | FT |
|      | 55 | 50 | 91% | FT |

Tabelle 4. Einfluß von Vitamin- und Mineralstoffgaben auf die Schlupfrate bei *Gerrhonotus multicarinatus* (verändert nach LANGERWERF 1981a); Abkürzungen: TW = nur über das Trinkwasser; FT = zusätzlich über die Futtertiere (siehe Text).

Bei einigen Vitaminen (vor allem bei den Vitaminen A und D) sind Überdosierungen jedoch genauso gefährlich wie eine Unterversorgung und können beim Muttertier zu erheblichen gesundheitlichen Schäden führen. Deshalb sollten alle Vitamingaben sorgfältig protokolliert und die Masse der Tiere regelmäßig festgestellt werden. Nur so hat man einen Überblick, wie viele I.E. („Internationale Einheiten" = Maßeinheit

*1) Konsum in ZVT - und die Versorgung der Futtertiere ist wichtig*

für Vitamine) eines betreffenden Vitamins die Tiere erhalten.

Die Vitaminpräparate „Multi-Mulsin" und „D-Mulsin" (1:1 gemischt) enthalten - soweit das für Reptilien bekannt ist - die einzelnen Vitaminkomponenten in günstiger Zusammensetzung und werden von den Tieren meist anstandslos genommen.

Man sollte diese Tropfen jedem Tier gezielt verabreichen, zum Beispiel mit einem Futtertier, einem Stück Obst oder einem Blatt. Weitere geeignete, allerdings oftmals von den Reptilien nicht gern angenommene Vitaminpräparate sind „Multibionta" und „Crescovit".

Nicht zu unterschätzen ist auch der Bedarf des Muttertieres an **Mineralstoffen**, bedenkt man, daß in der Eischale erhebliche Mengen an Calciumverbindungen eingelagert werden. Da man Calcium kaum überdosieren kann, gilt zur Vorbeugung eines Mineralstoffmangels, daß man eher zuviel als zu wenig Mineralstoffe ins Futter geben sollte. Ein für Reptilien sehr geeignetes Mineralstoffpräparat ist „Korvimin ZVT" (enthält auch Vitamine). Geriebene Sepiaschale wird von vielen Echsen und Schildkröten gern gefressen und sollte zusätzlich immer im Terrarium vorhanden sein. Trächtige Reptilienweibchen haben oftmals einen erhöhten Flüssigkeitsbedarf und somit ein verstärktes Trinkbedürfnis. Dies ist eine gute Gelegenheit, um über das Trinkwasser dem Weibchen zusätzlich Calcium (einen Teelöffel Calcium-Lactat pro 250 ml Wasser) zuzuführen.

Die Qualität der Eier wird auch von zahlreichen nicht-ernährungsbedingten Faktoren beeinflußt. So werden mütterliche **Antikörper** (Immunoglobuline) aus dem Blutplasma im Dotter angereichert (WILLIAMS 1962). Diese führen zu einer zeitlich begrenzten Resistenz des neugeborenen Jungtieres gegenüber Infektionen, die das Muttertier bereits durchgemacht hat, und können somit entscheidenden Einfluß auf die Überlebenschance haben (BRAMBELL 1970).

Jüngste Untersuchungen lassen vermuten, daß **Wachstumsfaktoren** vom Muttertier in das Ei abgegeben werden, die das embryonale Wachstum beeinflussen (GUILLETTE 1989).

# 12. Technik der künstlichen Inkubation

Die Eier werden vor der Überführung in den Brutschrank auf der Oberseite mit einem weichen Bleistift markiert, um ein Drehen um die Längsachse zu vermeiden. Es ist wichtig, daß die ursprüngliche Orientierung der Eier während der gesamten Inkubationsdauer beibehalten wird (vgl. Kap. 16.5., S. 48).

## 12.1. Der Brutschrank

Ein Brutschrank ist ein für die Erbrütung von Eiern konstruierter Apparat, in dem Temperatur und Luftfeuchtigkeit so eingestellt werden können, daß eine Entwicklung der Eier möglich ist. Seit den Anfängen der Reptilienzucht wurden in der Literatur zahlreiche verschiedene Brutapparate vorgestellt. Heute finden vor allem drei Grundkonstruktionen von Brutschränken Verwendung: die Aquarienmethode, der Flächenbrüter und der Motorbrüter.

Die Maße des Brutschranks richten sich nach dem Bedarf, das heißt nach der Anzahl der zu bebrütenden Eier. Meine Brutschränke haben Außenmaße von 70x50x50 cm (LBH, für 40-50 Eier) bis 70x50x100 cm (LBH, für 100-120 Eier).

Die Brutschränke sollten aus einem Material hergestellt sein, das dauerhaft beständig gegenüber der für die Erbrütung notwendigen Feuchtigkeit ist. Kunststoffe haben sich dabei am besten

bewährt. Auch Glas und Aluminium können eingesetzt, müssen aber wegen ihrer hohen Wärmeleitfähigkeit entsprechend isoliert werden. Holz ist nur bedingt geeignet und muß mit Epoxydharz sorgfältig abgedichtet werden, da es sonst quillt und sich verzieht. Weiterhin muß bei der Materialwahl und der Konstruktion auf einen möglichst geringen Wärme- und Feuchtigkeitsverlust geachtet werden. Während Styropor, Kunststoffe und Holz gute Wärmeisolatoren sind, leiten Glas und Metalle die Wärme stark ab. Bei Verwendung von Glas und Metall muß der Brutraum gegen den Wärmeverlust gut mit wärmedämmendem Material wie Styropor isoliert werden.

Eine Heizquelle sowie ein verläßlicher Thermostat sind Grundvoraussetzung für einen guten Inkubator. Als **Heizquelle** kommen je nach Modell Heizkabel, Heizplatten, Aquarienheizstäbe, elektrische Widerstände und Wärmestrahler in Frage. Die Wärmeabgabe muß insbesondere bei Brutschränken ohne Luftumwälzung gleichmäßig über die Fläche des Inkubators verteilt sein. Die Wärmequelle kann in einem Hohlraum unter den Eiern, am Deckel und/oder an den Seiten installiert werden.

Der **Thermostat** muß so empfindlich und genau sein, daß die Temperaturschwankungen im Brutraum bei Bedarf weniger als 0,5 °C betragen. Es kann entweder ein Bimetall- oder ein elektronischer Thermostat verwendet werden. Letzterer ist zwar etwas teurer in der

Anschaffung, bietet aber eine größere Empfindlichkeit (oft nur Schwankungen < 0,2 °C). Der Thermostat sollte so gewählt sein, daß der Regelbereich nicht gerade an seiner oberen oder unteren Grenze liegt, da die Regelgenauigkeit in diesen Grenzbereichen meist eingeschränkt ist. Um einem Ausfall der Temperaturregelung vorzubeugen, empfiehlt es sich, zwei gleichartige Thermostate in Reihe zu schalten. Wenn ein Thermostat ausfällt, regelt der zweite weiterhin die Temperatur und verhindert ein Abweichen vom Sollwert. Jeder Inkubator sollte mit mindestens einem Thermometer ausgerüstet sein. Bewährt haben sich elektronische Thermometer (Genauigkeit von ± 0,1 °C) mit digitaler Anzeige und Fernfühler. Der Fernfühler wird direkt bei den Eiern im inneren Brutraum und die Temperaturanzeige zum bequemen Ablesen außen am Brutschrank angebracht.

Der Brutschrank muß so konstruiert sein, daß geschlüpfte Jungtiere weder entweichen noch in nicht zugängliche Bereiche des Inkubators eindringen können. Besondere Gefahrenbereiche für entwichene Jungtiere sind der Ventilator sowie die Heizelemente.

Es ist darauf zu achten, daß der Brutschrank in einem Raum steht, dessen Temperatur nicht über der gewünschten Inkubationstemperatur liegt. Besonders in den Sommermonaten steigt die Lufttemperatur in geschlossenen Räumen schnell über 30 °C, was für die Eier vieler Reptilienarten letal wirkt. Die üblichen Brutschränke bieten keinen Schutz vor Überhitzung durch zu hohe Umgebungstemperaturen. Hierzu wäre der Einbau eines Kühlaggregates notwendig, was aber in der Praxis noch

nicht erprobt worden ist. Ideal sind deshalb Räume mit einer weitgehend konstanten Temperatur zwischen 20 und 23 °C.

Unbedingt muß ein Inkubator vor seinem Einsatz mindestens eine Woche lang probeweise in Betrieb genommen werden, um die klimatischen Bedingungen einstellen und die Verläßlichkeit der Regelung überprüfen zu können. Nichts ist enttäuschender, als ein Gelege zu verlieren, nur weil der Thermostat falsch eingestellt war oder nicht funktioniert hat.

## 12.1.1. Aquarienmethode

Eine der ältesten Methoden zur Inkubation von Reptilieneiern ist die sogenannte Aquarienmethode (BUDDE 1980), von der zahlreiche Varianten entwickelt und veröffentlicht worden sind (JUNGNICKEL 1990, OCHSENBEIN & ZAUGG 1992, HAHNE & FENSKE 1993, NIJS 1994). Dabei wird in ein Aquarium 10-15 cm hoch Wasser eingefüllt und mit einem Aquarien-Regelheizstab oder einer Heizmatte erwärmt. Das warme Wasser sorgt für eine gleichbleibende Temperatur und für eine hohe Luftfeuchtigkeit im Behälter. Oben wird das Aquarium mit einer Platte verschlossen. Damit das Kondenswasser, das sich am Deckel niederschlägt, nicht auf die Eier tropft, wird unterhalb des Deckels eine weitere Glasplatte schräg angebracht. So kann das Kondenswasser abtropfen und abfließen, ohne die Eier zu schädigen. Da Glas die Wärme stark ableitet, ist das Innenmilieu sehr anfällig gegen-

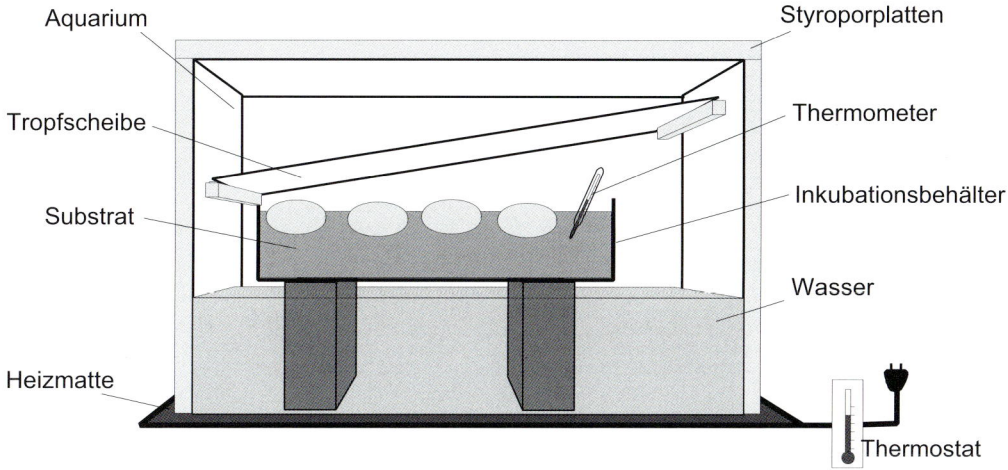

Aquarium

Tropfscheibe

Substrat

Heizmatte

Styroporplatten

Thermometer

Inkubationsbehälter

Wasser

Thermostat

**Abb. 88. Aquarienmethode.**

über Temperaturschwankungen in der Umgebung des Aquariums. Deshalb empfiehlt es sich, den Behälter seitlich und oben mit Styroporplatten (2-4 cm Stärke) zu isolieren. Zur Aufnahme der Eier dienen Schalen, die auf Sockeln oder ähnlichen Vorrichtungen über dem Wasserspiegel stehen (Abb. 88).

Vorteil der Aquarienmethode ist die einfache und kostengünstige Konstruktion. Nachteilig ist die relativ geringe Temperaturgenauigkeit und das starke Absinken der Innentemperatur und der Luftfeuchtigkeit beim Öffnen des Behälters. Da die Luftfeuchtigkeit bei dieser Methode durchweg die Sättigung (100%) erreicht, ist die Aquarienmethode für Eier, die etwas trockener gezeitigt werden müssen (verschiedene hartschalige Schildkröten- und Geckoeier), nur bedingt geeignet. Bei weichschaligen Eiern, die Temperaturschwankungen gut vertragen (die meisten Schlangen- und viele Echseneier), führt die Aquarienmethode hingegen zu guten Schlupfergebnissen.

## 12.1.2. Flächenbrüter

Flächenbrüter sind Brutapparate, bei denen die Eier flächenhaft von oben erwärmt werden, ohne daß ein Ventilator die Luft umwälzt. Dabei wird ein Heizkabel, das innen am Deckel angebracht wird, zur Beheizung verwendet. Da dabei zwangsläufig ein vertikales Temperaturgefälle entsteht, müssen Flächenbrüter relativ niedrig konstruiert werden (vgl. Abb. 89). Die Temperaturregelung erfolgt mit mechanischen (Bimetall) oder elektronischen Thermostaten. Die Luftfeuchtigkeit wird geregelt, indem Wassergefäße in den Brutbehälter eingebracht werden.

Flächenbrüter haben gegenüber der Aquarienmethode den Vorteil, daß Temperatur und Luftfeuchtigkeit genauer geregelt werden können. Insbesondere ist es möglich, die Gelege bei niedriger Luftfeuchtigkeit zu bebrüten, was vor allem bei hartschaligen Eiern

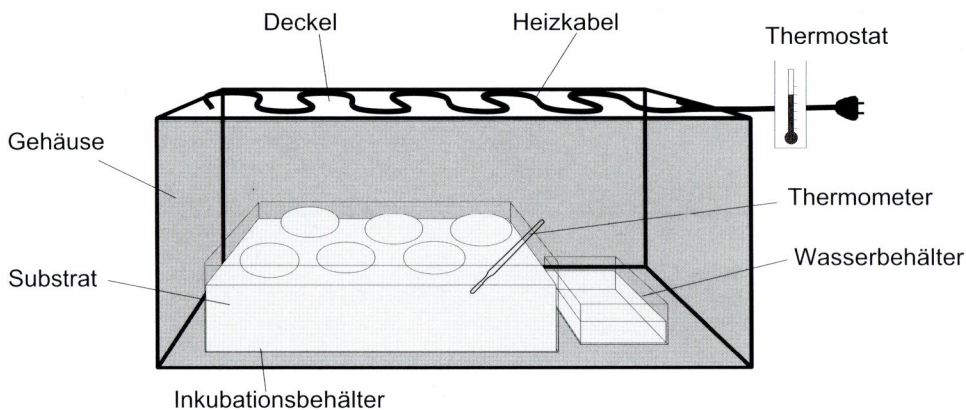

**Abb. 89. Flächenbrüter.**

von Bedeutung ist. Allerdings sinkt bei Flächenbrütern wie bei der Aquarienmethode die Innentemperatur und die Luftfeuchtigkeit beim Öffnen des Behälters, da der Zugang aufgrund der flachen Bauweise von oben erfolgt.

### 12.1.3. Motorbrüter

Brutschränke, bei denen ein Ventilator durch Luftumwälzung eine einheitliche Temperatur im gesamten Brutraum erreicht, werden als Motorbrüter bezeichnet (BROER & HORN 1985). Sie bestehen aus einer inneren und einer äußeren Brutkammer, die miteinander in Kontakt stehen (s. Abb. 93, S. 76). Die Luft wird von einem Ventilator aus der inneren Brutkammer herausgesogen, in der äußeren Kammer über Heizelemente (zum Beispiel Heizkabel, Heizmatte, elektrische Widerstände) geführt und danach über Lüftungsschächte wieder in die innere Brutkammer geleitet. Am Boden der inneren Brutkammer befindet sich eine Wasserschale, deren

Größe und Füllungsgrad die Höhe der Luftfeuchtigkeit bestimmen.

Die Verwendung von Motorbrütern ist mit mehreren Vorteilen verbunden. Die Temperatur kann sehr genau eingestellt und geregelt werden. Durch die Luftumwälzung herrschen im gesamten Brutraum eine einheitliche Temperatur und Luftfeuchtigkeit. Die Bildung von Tropfwasser unterbleibt, da die Temperaturunterschiede aufgrund der Luftumwälzung gering sind und der Inkubator in eine innere und eine äußere Brutkammer unterteilt ist.

**Abb. 90. Motorbrüter.**

## 12.1.4. Modifizierte und kombinierte Methoden

Bei der Konstruktion von Inkubatoren gibt es die Möglichkeit, die Grundmodelle abzuwandeln, weiterzuentwikkeln und miteinander zu kombinieren.

Ein Nachteil der traditionellen Aquarienmethode ist, daß die Luftfeuchtigkeit kaum reguliert werden kann. Eine deutliche Verbesserung bringt hier die **Kombination der Aquarienmethode mit dem Prinzip des Flächenbrüters** (Abb. 91). Während bei der Aquarienmethode die notwendige Bruttemperatur durch Erwärmung des Wassers erreicht wird, was zwangsläufig zu einer sehr hohen Luftfeuchtigkeit führt, kann durch Zuschalten einer flächenhaften Wärmequelle (Heizmatte, Heizkabel) die Luftfeuchtigkeit gesenkt werden. Je nachdem, ob die Erwärmung mehr mit dem Wasserbad (Erhöhung der Luftfeuchtigkeit) oder mit Hilfe der trockenen Wärmequelle (Erniedrigung der Luftfeuchtigkeit) erfolgt, kann die Luftfeuchtigkeit auf den gewünschten Wert eingestellt werden. Die beiden Wärmequellen werden über separate Thermostate geregelt.

Wenn man einen Flächenbrüter (keine Luftumwälzung) konstruiert, der im oberen Bereich (zum Beispiel zwei Drittel der Rückwand) beheizt wird und deutlich höher als breit und tief ist (z.B. 50x50x150 cm LBH), erreicht man, daß die Temperatur von oben nach unten kontinuierlich abnimmt, so daß man einen **Brutschrank mit verschiedenen Temperaturbereichen** (Abb. 92, S. 74) erhält. So kann man verwirklichen, daß zum Beispiel im oberen Drittel 32-33 °C, in der Mitte 28-30 °C und im unteren Drittel 25-26 °C herrschen. Eine ungleiche Temperaturverteilung innerhalb eines Brutschrankes hat den Vorteil, daß man Eier mit unterschiedlichen Temperaturansprüchen in einem Inkubator bebrüten kann und nicht mehrere Inkubatoren parallel einsetzen muß. Auch

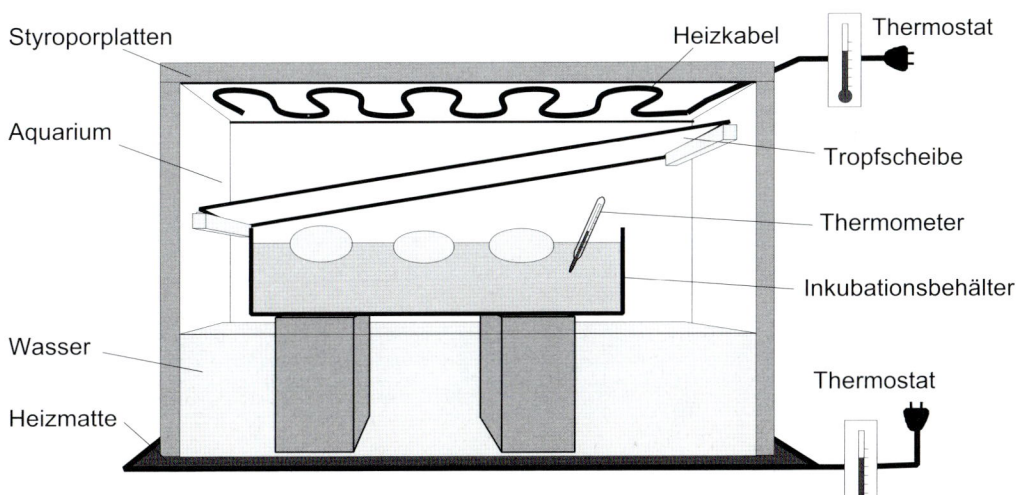

Styroporplatten

Aquarium

Wasser

Heizmatte

Heizkabel

Thermostat

Tropfscheibe

Thermometer

Inkubationsbehälter

Thermostat

**Abb. 91. Kombination der Aquarienmethode mit dem Prinzip des Flächenbrüters.**

hat man so die Möglichkeit, ein Gelege verschiedenen Temperaturbedingungen auszusetzen und so den Einfluß der Temperatur bei ansonsten identischen Inkubationsbedingungen zu untersuchen.

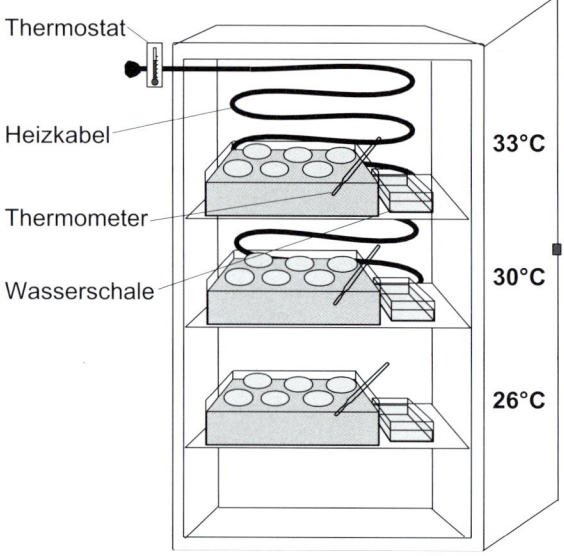

Thermostat

Heizkabel

Thermometer

Wasserschale

33°C

30°C

26°C

**Abb. 92. Brutschrank mit unterschiedlichen Temperaturbereichen.**

## Brutschränke mit Tag/Nacht-Zyklus der Temperatur

Bei Eiern von Arten, die ihre Gelege oberflächlich ablegen, ist es vorteilhaft, die natürlichen täglichen Temperaturschwankungen zu simulieren. Dies kann einfach dadurch erreicht werden, daß ein zweites Heizelement installiert wird (NIJS 1994). Heizelement 1 wird dann über einen Thermostaten so geregelt, daß es eine Mindesttemperatur (z.B. 25 °C = Nachttemperatur) garantiert. Das zusätzliche thermostatgeregelte Heizelement 2 wird auf einen höheren Wert eingestellt (z.B. 29 °C = Tagestemperatur) und tagsüber über eine Zeitschaltuhr hinzugeschaltet. So wird erreicht, daß nachts zum Beispiel 25 °C herrschen (Sollwert von Thermostat 1) und tagsüber durch Heizelement 2 die Inkubationstemperatur zum Beispiel bei 29 °C (Sollwert von Thermostat 2) liegt.

## 12.1.5. Anleitung zum Bau eines Motorbrüters

Für den Bau eines Motorbrüters (BROER & HORN 1985) sind keine übermäßig großen handwerklichen Fähigkeiten notwendig. Die folgende Bauanleitung soll Planung und Konstruktion eines solchen Gerätes erleichtern.

Bevor mit der Materialbeschaffung begonnen wird, muß über Größe und Aufnahmekapazität des Inkubators entschieden werden. So kann ein Brutschrank mit Außenmaßen von 700 x 500 x 500 mm (LBH) etwa 40-50 Eier aufnehmen, während ein Gerät von 700 x 500 x 1000 mm (LBH) für 100-120 Eier ausreicht. Diese Angaben beziehen sich auf mittelgroße (ca. 20-30 mm Durchmesser) Eier. Die Materialien zum Bau eines Motorbrutschranks mit den Maßen 600 x 600 x 780 mm (LBH) sind in nachfolgender Tabelle aufgelistet.

| Position | Bezeichnung | Stück | Maße in mm |
|---|---|---|---|
| 1 | Deckenplatte 10 mm Sperrholz | 1 | 600 x 600 |
| 2 | Bodenplatte 10 mm Sperrholz | 1 | 600 x 600 |
| 3 | Seitenteil 10 mm Sperrholz | 1 | 780 x 580 |
| 4 | Seitenteil 10 mm Sperrholz | 1 | 780 x 580 |
| 5 | Rückwand 10 mm Sperrholz | 1 | 780 x 600 |
| 6 | Vorderseite 10 mm Sperrholz | 1 | 780 x 600 |
| 7 | Tür 10 mm Sperrholz | 1 | 590 x 440 |
| 8 | innere Deckplatte 10 mm Sperrholz | 1 | 580 x 480 |
| 9 | innere Seitenplatte 10 mm Sperrholz | 2 | 620 x 580 |
| 10 | Leisten | 6 | 30 x 10 x 580 |
| 11 | Gitter | 3 | 570 x 440 |
| 12 | Plexiglas | 1 | 505 x 355 |
| 13 | Dichtungsband 1mm stark | 1 | x 2000 |
| 14 | Scharnier/Türband | 1 | x 590 |
| 15 | Verriegelung | 1 | |
| 16 | Heizkabel mit Regler | 1 | |
| 17 | Thermometer mit Überhitzungsschutz | 1 | |
| 18 | Gleichstromventilator mit Netzteil und Regler | 1 | |
| 19 | Beleuchtung (Glühbirne oder Leuchtstoffröhre) | 1 | |
| 20 | Montagezubehör, wie Holzkleber, Spaxschrauben, Silikon, Kabelschellen | | |
| 21 | Ein-Aus-Schalter | 2 | |
| 22 | Epoxidharz | 1-2 l | |

Tabelle 5. Materialliste zum Bau eines Motorbrutschrankes mit den Maßen 600 x 600 x 780 mm (LBH).

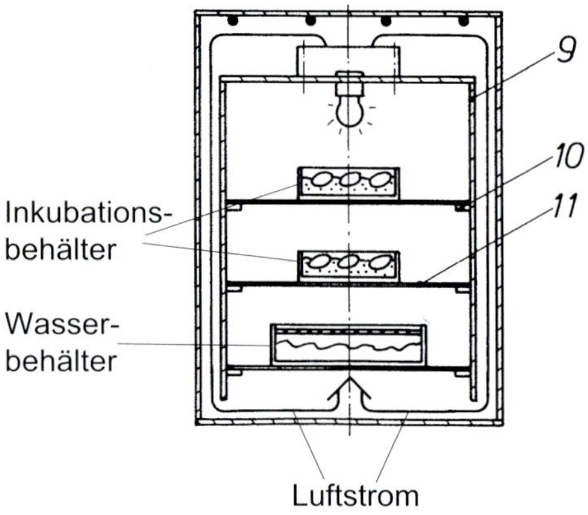

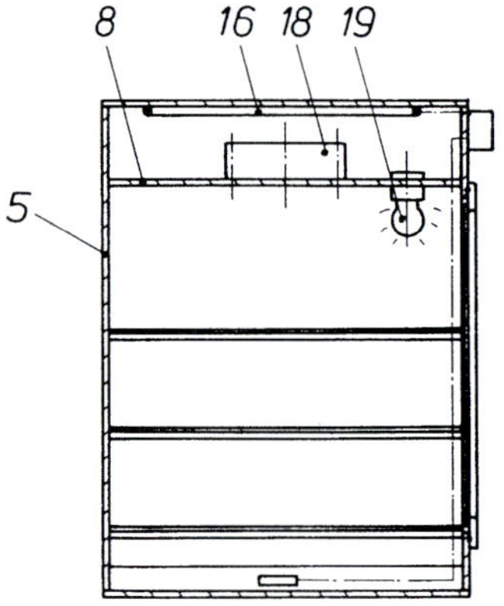

Inkubations-
behälter

Wasser-
behälter

Luftstrom

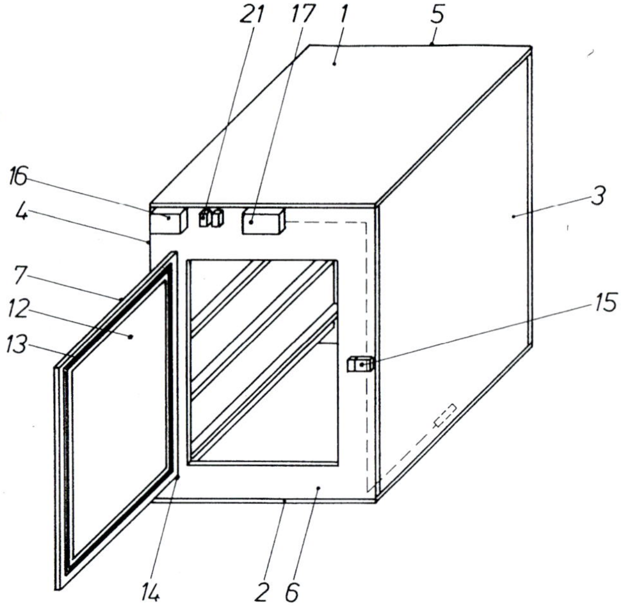

Abb. 93 (links oben). Innenansicht (frontal).
Abb. 94 (links). Innenansicht (seitlich).
Abb. 95 (rechts oben). Außenansicht.

Deckenplatte (1), Bodenplatte (2), Seitenteil (3), Seitenteil (4), Rückwand (5), Vorderseite (6), Tür (7), Innere Deckplatte (8), Innere Seitenplatte (9), Leisten (10), Gitter (11), Plexiglas (12), Dichtungsband (13), Scharnier (14), Verriegelung (15), Heizkabel (16), Thermometer (17), Ventilator (18), Lampe (19), Ein- Aus-Schalter (21)

## Vorbereitung der Teile:

1. Zunächst wird in die Vorderseite (Position 6) eine Öffnung von 400 x 550 mm Größe gesägt (Abb. 96).

2. In die Deckplatte (Position 8) muß ein Loch für den Ventilator gesägt werden. Die Größe richtet sich nach dem Ventilator. Anschließend wird der Ventilator oben aufgeschraubt, so daß der Luftstrom von unten nach oben verläuft (Abb. 97).

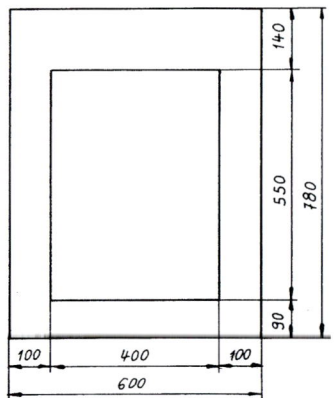

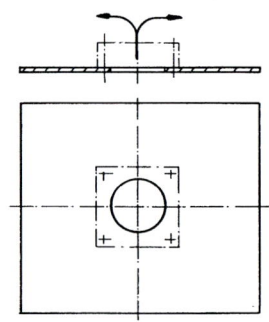

3. Danach wird in die Tür (Position 7) eine Öffnung für die Sichtscheibe ( Position 12) gesägt und das Türband seitlich angeschraubt (Abb. 98).

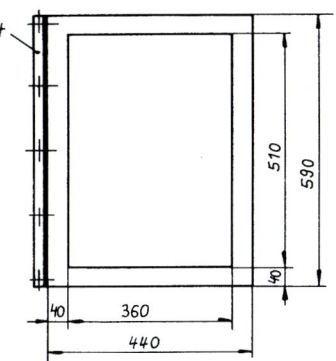

4. In die Sichtscheibe (Position 12) werden dann die Befestigungslöcher mit Senkungen gebohrt (Abb. 99).

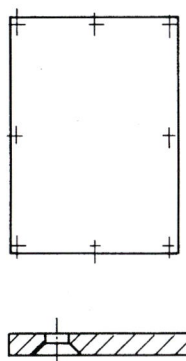

Nachdem die Teile vorbereitet wurden, kann mit der **Montage** begonnen werden.

Alle Holzteile müssen vor der Montage mit Zweikomponenten-Epoxidharz beschichtet werden, damit sie der im Brutschrank herrschenden Feuchtigkeit dauerhaft standhalten.

1. Die Seitenteile (Positionen 3 und 4), die Rückwand (Position 5) und die Vorderseite (Position 6) werden zu einem Rahmen zusammengeklebt und geschraubt. Danach wird die Bodenplatte (Position 2) gegen den Rahmen geklebt und geschraubt (Abb. 100).

2. Nun werden die Leisten (Position 10) auf die inneren Seitenplatten (Position 9) montiert (Abb. 101).

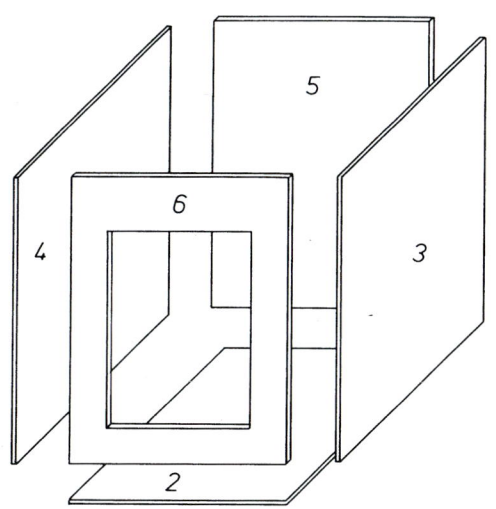

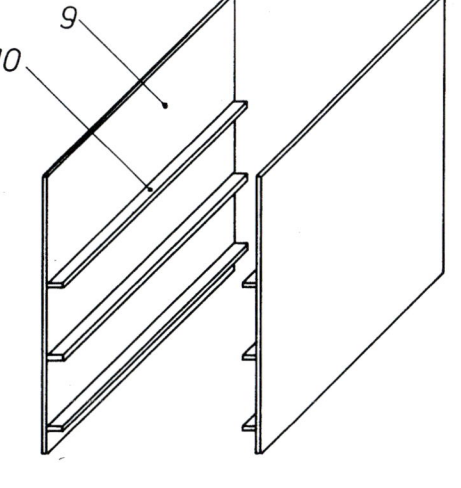

3. Die so vorbereiteten Seitenplatten werden nun in den Kasten mit einem Abstand von 50 mm von der Boden- und Seitenplatte eingeschraubt. Die innere Deckplatte (Position 8) wird auf die Seitenplatten montiert. Eine kleine Lampe wird an der Deckplatte von innen befestigt (Abb. 102).

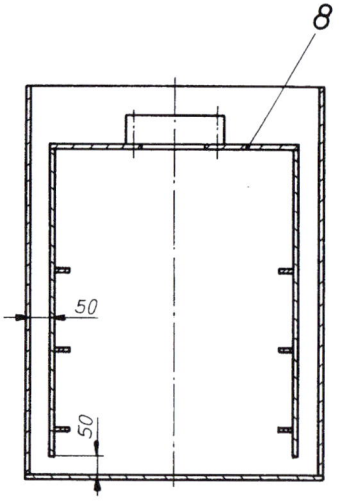

4. Am Rand der Sichtscheibe (Position 12) wird Silikon als Dichtung aufgetragen. Diese wird dann auf die Tür (Position 7) gedrückt und angeschraubt. Das Dichtungsband (Position 13) wird rund um die Tür geklebt. Die fertig montierte Tür kann nun an den Inkubator mit der Sichtscheibe nach innen angeschraubt werden. Danach wird der Verschlußriegel befestigt (Abb. 103).

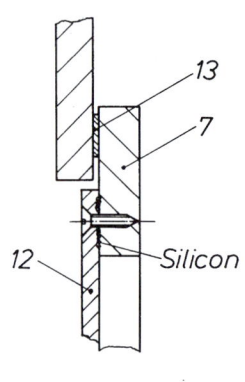

5. Das Heizkabel (Position 16) wird mit Hilfe von Kabelschellen auf der Deckenplatte (Position 1) befestigt. Das Regelgerät wird so montiert, daß es sich von außen bedienen läßt. Nun müssen die einzelnen Geräte (Ein-Aus-Schalter und das Thermometer) angeschlossen werden. Der Inkubatordeckel wird nur aufgeschraubt und nicht geklebt, damit er zur Wartung wieder abgenommen werden kann (Abb. 104).

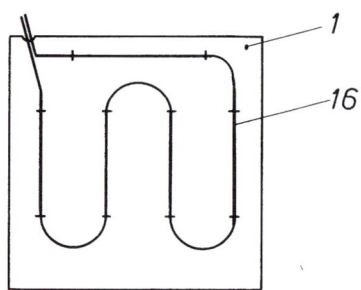

## 12.2. Inkubationsbehälter und Inkubationssubstrat

Innerhalb des Brutschranks liegen die Eier normalerweise nicht frei, sondern kommen in ein dafür vorgesehenes Gefäß, den **Inkubationsbehälter**. Diese sind im Handel erhältlich, jedoch eignen sich Haushaltsdosen o.ä. genauso gut. Der Behälter sollte aus einem durchsichtigen Material sein, damit die Eier ohne Störung von außen kontrolliert werden können. Um eine Belüftung zu gewährleisten, werden mehrere kleine Löcher in den Deckel oder oberen Randbereich der Seitenwände gebohrt oder mit einem heißen Nagel hineingeschmolzen.

DOUGLAS (1993) hat einen Inkubationsbehälter mit Wasserreservoir verwendet, der einen hohen Feuchtigkeitsgehalt des Substrates während der gesamten Inkubationsdauer garantiert. Eine Plastikbox wird an den Seitenwänden 5 mm über dem Boden mit einer Reihe Drainagelöcher (3 mm Durchmesser) versehen, so daß überschüssiges Wasser abfließen kann. Da das Substrat, das sich vor der Verwendung eine halbe Stunde in Wasser vollsaugen konnte, seinen sehr hohen Feuchtigkeitsgehalt (Wasserpotential nahe Null) während der gesamten Inkubationsdauer behält, ist diese Methode nur für Eier geeignet, die ein sehr feuchtes Medium vertragen. DOUGLAS (1993) hatte sehr gute Schlupferfolge (95%) bei verschiedenen Echsen- und Schlangeneiern.

Die künstliche Bebrütung von Reptilieneiern kann entweder in einem Substrat oder substratfrei durchgeführt werden.

Bei der **substratfreien Inkubation** werden die Eier frei auf ein Gitter gelegt, und ein Wasserreservoir im Inkubationsbehälter sorgt für eine mit Wasserdampf gesättigte Atmosphäre (100% relative Luftfeuchtigkeit) (Abb. 106, S. 81). Diese Methode wurde erfolgreich bei verschiedenen Reptilienarten mit weichschaligen Eiern durchgeführt (BROER & HORN 1985). Bei der substratfreien Eizeitigung ist der Gasaustausch von allen Richtungen des Raumes her möglich, was eine optimale Versorgung des heranwachsenden Embryos mit Sauerstoff und eine Abgabe von entstehenden Abfallprodukten ($CO_2$) ermöglicht. Freilanduntersuchungen haben gezeigt, daß die Gelege mancher Arten auch im natürlichen Lebensraum substratfrei inkubieren. So fanden KOVAC et al. (1995) das Gelege einer Natter in einem Bambusinternodium. Ein Käfer hatte ein Loch in den Bambus gefressen und so den Zugang zu dem Hohlraum, in dessen unterem Drittel sich nun auch Regenwasser ansammelte, hergestellt. Das Gelege der Schlange befand sich im oberen Bereich des Internodiums (Abb. 78, S. 59). Viele Geckos kleben ihre Gelege an feste Gegenstände (Abb. 63, S. 50), was einer substratfreien Inkubation entspricht.

Bemerkenswert ist die Beobachtung, daß weichschalige Eier bei gesättigter Atmosphäre (100% relativer Luftfeuchtigkeit) ohne Inkubationssubstrat dennoch Wasser an die Umgebung abgeben, an Masse verlieren und schließlich Einbuchtungen aufweisen können (eigene Erfahrungen mit Eiern von *Iguana iguana* und *Ctenosaura* spp.). Durch die

Stoffwechselprozesse im Ei wird eine nicht zu unterschätzende Eigenwärme produziert (vgl. Kapitel 6.1., S. 31), durch welche die Temperatur im Gelege um einige Grad über der Umgebungstemperatur liegen kann (CARR & HIRTH 1961, BUSTARD 1972, BURGER 1976). Die Wassermenge, die von einem bestimmten Volumen Luft aufgenommen wird, steigt mit der Temperatur. Aus diesem Grund sinkt bei konstanter absoluter Wassermenge die relative Luftfeuchtigkeit mit steigender Temperatur. Wenn nun im Inkubationsbehälter bei z.B. 30 °C eine relative Luftfeuchtigkeit von 100 % herrscht, so entsteht durch die Stoffwechselwärme des Eies ein Luftfilm um das Ei herum, der eine höhere Temperatur und deshalb etwas niedrigere relative Luftfeuchtigkeit aufweist. Wegen der durch die Eigenwärme des Eies herabgesetzten Luftfeuchtigkeit in der unmittelbaren Umgebung des Eies, kann das Ei Wasser abgeben.

In der Regel werden Reptilieneier jedoch in einem **Substrat** ausgebrütet, wobei eine Reihe verschiedener Substrate zur Verfügung steht. Besonders bewährt haben sich Vermiculite, Perlite, Schaumstoffwürfel, poröse Tonkörnchen („Seramis Pflanzboden"), Hobelspäne, Sand und Torf, während Erde, Sägespäne, Rindenmulch und Papierhandtücher seltener verwendet werden. Das Inkubationssubstrat (insbesondere Rindenmulch, Torf und Erde) muß vor der Verwendung auf eventuell vorhandene Insekten untersucht werden, da diese den Eiern schaden können. Grundsätzlich sollte das Inkubationssubstrat nicht zu fein sein, damit die Porengröße des Substrates eine ausreichende Belüftung der Eier sichert. Für

größere Eier sollte ein groberes Substrat verwendet werden als für kleine Eier.

Das wohl am weitesten verbreitete Inkubationssubstrat ist **Vermiculite**. Es handelt sich um ein Mineral aus der Gruppe der Kieselsäureverbindungen, das als Dämmaterial in der Bauindustrie und als Lockerungsmittel in der Gärtnerei Verwendung findet. Zur Inkubation kommt nur reines Vermiculite in Frage. Bei den als Baumaterial angebotenen Sorten ist das Vermiculite zum Teil mit Zusätzen (z.B. Bitumen) versehen, die eine Verwendung in der Reptilienzucht verbieten. Dieses Substrat kann schwammartig große Mengen Wasser aufnehmen und speichern.

Es ist in verschiedenen Partikelgrößen und Formen (granulär oder "flaked") auf dem Markt. Das von mir verwendete granuläre Vermiculite weist eine Partikelgröße von 2-3 mm auf. Je nach Partikelgröße und Art ist die Fähigkeit, Wasser aufzunehmen, unterschiedlich. Aus diesem Grund können zwei unterschiedliche Vermiculite-Sorten bei gleicher Wassermenge pro Gramm Substrat verschiedene Wasserpotential-Werte ergeben (vgl. Abb. 59 und 60, S. 43).

Bei Arten, die sich gleich nach dem Schlupf häuten und ihre Haut verzehren, was insbesondere für Geckos typisch ist, kann Vermiculite zu Gesundheitsproblemen und sogar zu Todesfällen unter den Jungtieren führen (SCHOBER 1996). An der noch feuchten Haut der frisch geschlüpften Jungtiere bleibt das Inkubationssubstrat leicht haften. Beim Fressen der abgestreiften Haut nehmen die Tiere Vermiculite-Teilchen mit auf. Wenn die verschluckten Partikel den Verdauungstrakt der Tiere we-

Abb. 105 (oben links). Behälter mit Vermiculite im Flächenbrüter.

Foto: D. Wimmer

Abb. 106 (unten links). Substratfreie Inkubation. Die Schildkröteneier (*Kinosternon scorpioides*) liegen im Behälter, welcher mit Wasser gefüllt ist, auf einem Gitter.

Foto: R. Wirtensohn

Abb. 107 (oben rechts). Haushaltsdosen eignen sich sehr gut als Inkubationsbehälter.

Foto: P. Velenský

Abb. 108 (Mitte rechts). Teju-Gelege (*Tupinambis nigropunctatus*) auf Sand inkubiert. Oben rechts befindet sich ein Röhrchen für die Wasserzugabe.

Abb. 109 (unten rechts). Natterneier (*Opheodrys aestivus*), die erfolgreich auf porösen Tonkörnchen inkubiert wurden. Foto: T. Holfert

gen ihrer Größe nicht passieren können, sterben die Nachzuchttiere wenige Tage nach dem Schlupf an Verstopfung. Aus diesem Grund sollten die Eier von Echsen, die ihre abgestreifte Haut fressen, nicht in Vermiculite inkubiert werden. Viele der hartschaligen Geckoeier lassen sich auch substratfrei zeitigen (vgl. S.109ff).

**Perlite** ist ein weiteres synthetisches Substrat, das mit Erfolg zur Zeitigung von Eiern zahlreicher Reptilienarten eingesetzt werden kann. Zur Inkubation kommt nur reines Perlite in Frage. Als Baumaterial werden auch Sorten mit Zusätzen (z.B. Bitumen) angebotenen, die nicht für eine Verwendung als Inkubationssubstrat in Frage kommen. Bei gleichem Wasserpotential (= Wasser, das den Eiern zur Verfügung steht) fühlt sich Perlite im Vergleich zu Vermiculite deutlich trockener an. Dennoch hält es die zugegebene Feuchtigkeit länger als Vermiculite (WICKER schriftl. Mitt.).

## 12.3. Pflege und Kontrolle der Eier

Beim Umgang mit Eiern ist Sterilität nicht notwendig, doch aber eine gewisse Hygiene. Man sollte es sich zur Angewohnheit machen, vor und nach dem Kontakt mit Reptilieneiern die Hände mit warmem Wasser und Seife zu waschen. Da Öle, Cremes und Salben die Poren der Eischale verschließen würden, sollten die Hände beim Umgang mit den Eiern frei von diesen Substanzen sein. Eier können ohne weiteres be-

hutsam zur Untersuchung in die Hand genommen werden, ohne daß sie dabei Schaden nehmen. Zu vermeiden sind jedoch starke Erschütterungen, ruckartige Bewegungen, Drehbewegungen oder Fallenlassen der Eier. Auch sollte darauf geachtet werden, daß die Eier nicht zu stark abkühlen.

Die Kontrolle der Gelege erfolgt je nach Erfahrung des Züchters täglich oder auch nur alle paar Tage. Eine übertrieben häufige Begutachtung der Eier kann sich jedoch auch nachteilig auf die Entwicklung der Gelege auswirken (zum Beispiel Temperaturschwankungen durch häufiges Öffnen des Brutschrankes). Bei der Überprüfung des Gelegezustandes wird auf Form, Farbe, Konsistenz und Geruch (!) der Eier geachtet. Weiterhin werden Temperatur, Luftfeuchtigkeit und Substratfeuchtigkeit überprüft.

Die **Feuchtigkeit des Substrates** wird beurteilt, indem man dessen Farbe begutachtet und etwas davon befühlt. Bei den meisten Reptilieneiern gilt, daß sich das Substrat zwar feucht anfühlen soll, aber kein Wasser herausrinnt, wenn man es zwischen den Fingern drückt.

Da die Eier der meisten Reptilienarten den direkten Kontakt mit Wasser schlecht vertragen, sollte die Befeuchtung des Substrates nicht unmittelbar bei den Eiern, sondern soweit wie möglich von ihnen entfernt, erfolgen (zum Beispiel in einer Ecke des Inkubationsbehälters). Besonders günstig hat sich die Verwendung eines Röhrchens erwiesen, das bis auf den Boden des Gefäßes reicht. Das ins Röhrchen gegossene Wasser befeuchtet das Substrat indirekt von unten (Abb. 108, S. 81). Um zu vermeiden, daß man das Substrat zu feucht macht, empfiehlt es sich, mehrmals geringe Mengen an temperiertem (= Inkubationstemperatur) Wasser hinzuzufügen, als einmal zuviel.

Änderungen von **Masse und Größe** der Eier sollten etwa im Abstand von zwei Wochen erfaßt und protokolliert werden. Länge und Durchmesser der Eier können sehr exakt mit Hilfe einer Schieblehre gemessen werden.

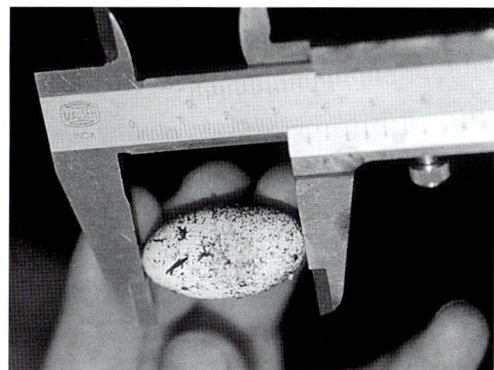

**Abb. 110. Vermessen eines Eies des Utila-Leguans (*C. bakeri*) mit der Schieblehre.**

Frisch abgelegte, befruchtete, lebensfähige Eier sind normalerweise gelblich- bis reinweiß, prall-elastisch (weichschalige Eier) oder fest (hartschalige Eier). Insbesondere Echsen- und Schlangeneier können im Laufe der Inkubation mitunter etwas unansehnlicher werden, sich grau-braun verfärben oder bräunliche Flecken aufweisen, was kein Grund zur Beunruhigung sein muß. Oftmals zeigen diese Veränderungen nur den bevorstehenden Schlupf an.

**Einbuchtungen** sind entweder ein Zeichen von Wassermangel oder des bevorstehenden Schlupfes. Bei derbschaligen Eiern (zum Beispiel von Tejus und Waranen) kommt es vor, daß die Eier bei Wassermangel auf der Unterseite Einbuchtungen bekommen, während sie von oben noch prall aussehen. Gräbt man die betroffenen Eier rechtzeitig vollständig in etwas feuchteres (nicht nasses!) Substrat ein, erholen sie sich meist und werden wieder prall.

Eine nicht mehr prall-elastische Konsistenz von weichschaligen Eiern, aber auch Einbuchtungen können den kurz bevorstehenden Schlupf anzeigen (s. Abb. 111, S. 84). Bei diesen Eiern wirkt die Eischale pergamentartig dünn und der Eiinhalt ist im Gegensatz zu abgestorbenen Eiern nicht verfestigt, sondern fühlt sich an wie eine Wasserblase. Der Verfasser hat bei Eiern des Grünen Leguans beobachtet, daß die Einbuchtungen eines schlupfreifen Eies manchmal augenblicklich verschwinden und das Ei wieder prall wird, wenn man es vorsichtig in die Hand nimmt. Sobald das Ei in das Substrat zurückgelegt wird, "entspannt" es sich wieder und weist erneut Einbuchtungen auf. Der Mechanismus hierfür ist unbekannt, eventuell spielen mechanische Reize sowie der plötzliche Temperaturunterschied, dem das Ei ausgesetzt ist, eine Rolle (KÖHLER 1998B).

Ist die Feuchtigkeit zu groß, nehmen die Eier zu viel Wasser auf. Die Folgen sind bei weichschaligen Eiern zunächst unnormal starke Volumen- und Gewichtszunahmen. Schließlich beginnen diese Eier zu "**schwitzen**", das heißt, man kann **kleine Flüssigkeitstropfen auf der Schale** feststellen. In diesen Fällen sollte das Schwitzwasser mit Fliespapier aufgesogen und die Eier auf trockeneres Substrat gebettet werden,

**Abb. 111. Gelege von** *Python regius* **kurz vor dem Schlupf.**                Foto: H. HORTENBACH

**Abb. 113- 116. Durchleuchtete Eier.** ▷

**Abb. 113 (oben links).** Unbefruchtetes Ei einer Schildkröte (*Terrapene coahuila*) zwei Tage nach der Eiablage. Es hat sich kein weißer Fleck gebildet.

**Abb. 114 (oben rechts).** Befruchtetes Ei von *Terrapene coahuila* nach zwei Tagen. Der weiße Fleck ist deutlich sichtbar und breitet sich in den folgenden Tagen immer weiter aus.

**Abb. 115 (2. von oben, links).** Unbefruchtetes Ei einer Schildkröte (*Claudius angustatus*) nach vier Wochen Inkubationsdauer.

**Abb. 116 (2. von oben, rechts).** Befruchtetes Ei von *Terrapene coahuila* nach drei Wochen Inkubationsdauer. Deutlich sind Blutgefäße zu erkennen.

bis sie nicht mehr unnatürlich prall wirken und wieder elastisch geworden sind. Einbuchtungen oder Flüssigkeitstropfen können aber auch Zeichen des bevorstehenden Schlupfes sein.

Um festzustellen, ob die Eier abgestorben sind oder sich gut entwickeln, kann man sie **durchleuchten** (schieren). Bei befruchteten, sich entwickelnden Eiern stellen sich Blutgefäße und möglicherweise der Embryo dar. Zum Durchleuchten von Eiern benötigt man eine starke Lichtquelle, die aber nur wenig Hitze abgibt, damit der Embryo

nicht durch Erwärmung geschädigt wird. Kaltlicht, also Licht, das über Glasfaserkabel zum Ei geleitet wird, ist deshalb empfehlenswert. Eine Leuchtstoffröhre erfüllt aber den gleichen Zweck. In ein Stück Pappe schneidet man eine Öffnung, die etwas kleiner als das Ei ist. Dann wird das Ei vor diese Öffnung gehalten und von hinten oder unten durchleuchtet (Abb. 112, 113-116).

**Verdorbene Eier** müssen so schnell wie möglich aussortiert werden. Ist man nicht sicher, ob ein Ei abgestorben ist oder nicht, sollte man dieses auf jeden Fall von den Gesunden isolieren und in einen separaten Behälter überführen. Wenn die Eier nicht einzeln im Substrat

**Abb. 112. Einfache Vorrichtung zum Durchleuchten von Eiern.**

**Entfernen eines verdorbenen Eies.** ▷

**Abb. 117 (3. von oben, links).** Miteinander verklebte Eier der Natter *Trimorphodon biscutatus* mit einem abgestorbenen Ei in der Mitte.

**Abb. 118 (3. von oben, rechts).** Der verdorbene Eiinhalt wird abgesaugt.

**Abb. 119 (unten links).** Die Eischale wird vorsichtig weggeschnitten.

**Abb. 120 (unten rechts).** Die gereinigte Eischale kann beim Gelege verbleiben oder vorsichtig abgelöst werden.

liegen, sondern miteinander verklebt sind, ist es manchmal problematisch, ein verdorbenes Ei zu entfernen (Abb. 117). In diesen Fällen, insbesondere, wenn sich das abgestorbene Ei in der Mitte des Geleges befindet, kann erwogen werden, es beim Gelege zu belassen. Allerdings besteht dann die Gefahr, daß pathogene Keime und giftige Stoffe, die bei der Zersetzung entstehen, auf die gesunden Eier übergehen. Außerdem wird die Gasaustauschfläche der vitalen Eier durch den Kontakt mit abgestorbenen Eiern verringert.

Hat man sich für das Entfernen von abgestorbenen Eiern, die mit dem übrigen Gelege verklebt sind, entschieden, sollte zunächst mit einer Spritze der Dotter des verdorbenen Eies abgesaugt werden (Abb. 118). So wird vermieden, daß der verdorbene Eiinhalt bei den folgenden Manipulationen über die gesunden Eier läuft. Wenn das Ei leer ist, präpariert man die Schale mit Hilfe einer Schere und einer Pinzette soweit wie möglich ab (Abb. 119 & 120). Das Schalenfragment, das unmittelbar mit dem gesunden Ei verbunden ist, kann man entweder nur reinigen und dort belassen oder versuchen, es vorsichtig mit einer Pinzette abzuziehen. Um ein Auskühlen des Geleges zu verhindern, sollte der Raum, in dem diese Operation durchgeführt wird, entsprechend temperiert sein, und es sollte zügig gearbeitet werden.

## 12.4. Transport von Eiern

Manchmal kann ein Transport von Reptilieneiern notwendig sein, zum Beispiel vom Eiablageort ins Labor oder zu einem anderen Züchter, der über bessere Inkubationsmöglichkeiten verfügt.

Der Transport von Eiern birgt in erster Linie zwei Gefahren für das Ei: Bewegungen und Erschütterungen auf der einen und Temperaturschwankungen auf der anderen Seite. Dabei ist zu beachten, daß Reptilieneier je nach Tierart und Entwicklungsstadium der Eier unterschiedlich empfindlich gegenüber den genannten potentiellen Schadwirkungen sind. Abgesehen von den ersten Stunden nach der Eiablage ist das Ei gegenüber Bewegungen und Erschütterungen im ersten Drittel der Inkubationsperiode am empfindlichsten (vgl. Kapitel 6.5., S. 48).

ABRAHAM (1978) berichtet von einem Gelege des Schwarzleguans (*Ctenosaura similis*), das nach Ablage im Hotel in Mexiko den Transport im Flugzeug nach Deutschland gut überstand und aus dem nach 98 Tagen Inkubation Jungtiere geschlüpft sind. Vom Verfasser aus Ecuador mitgebrachte, frisch abgelegte Eier eines Mikroteiiden (*Alopoglossus* sp.) überstanden einen mehrwöchigen Transport zu Fuß, mit dem Auto auf Schotterpisten und im Flugzeug bei Temperaturen zwischen 20 und 25 °C problemlos und konnten zum Schlupf gebracht werden. Geckoeier scheinen besonders widerstandsfähig gegenüber negativen Transporteinflüssen zu sein. So haben Eier von *Hemidactylus frenatus* eine sechswöchige Schiffsreise, verbunden mit Temperaturabsenkungen unter 12 °C, sowie starke Erschütterungen während eines fünfstündigen LKW-Transports schadlos überstanden (PETZOLD 1965). Diese Unempfindlichkeit der Geckoeier ist sicherlich mit ein Grund dafür, daß viele der asiatischen Hausgeckos (*Hemidactylus brookii, H. frenatus, H. mabouia*) mittlerweile in die entlegensten Teile der Erde verschleppt worden sind. MOSES & CHABRECK (1990) haben Alligator-Eier verschiedener Entwicklungsstadien unter unterschiedlichen Bedingungen (gepolstert und nicht-gepolstert) transportiert, dabei aber keinen Einfluß auf den Schlupferfolg nachweisen können.

Auch die **Temperaturempfindlichkeit** ist je nach Tierart sehr unterschiedlich ausgeprägt (vgl. Kapitel 6.1.1., S. 32). Die Eier von Schildkröten können bedenkenlos nach der Eiablage für mehrere Tage bei Zimmertemperatur aufbewahrt und transportiert werden. Bei den Eiern von Großleguanen und Tejus führt eine Temperaturabsenkung unter 25 °C hingegen rasch zum Absterben der Embryonen.

> Der Zeitraum zwischen dem Anwachsen der Keimscheibe (innerhalb der ersten ein bis drei Tage nach der Eiablage) und der vollständigen Ausbildung der extraembryonalen Eihäute (etwa nach einem Drittel der gesamten Inkubationsdauer) ist besonders problematisch bezüglich eines Eitransportes mit eventuellen Erschütterungen.

Demnach sollten Reptilieneier entweder innerhalb der ersten Stunden nach der Eiablage oder erst im fortgeschrittenen Entwicklungsstadium diesen Risiken ausgesetzt werden.

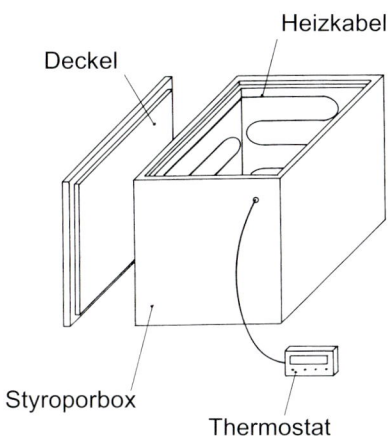

**Abb. 121. Ein Transportbehälter für Eier kann leicht selbst gebaut werden.**

Zum Transport von Eiern eignen sich Styroporbehälter, in die Vermiculite gefüllt wird. Vermiculite ist ein guter Puffer gegen Erschütterungen und Temperaturschwankungen und deshalb günstiger als Substrate wie z.B. Sand, die weniger gut isolieren und Stöße kaum abschwächen. Mit Hilfe einer Wärmeflasche kann die Temperatur im gewünschten Bereich gehalten werden. Beim Transport in einem PKW besteht die Möglichkeit, einen Transportbrutschrank zu verwenden, der zur Stromversorgung am Zigarettenanzünder (12 Volt) angeschlossen werden kann. Dadurch kann eine weitgehend konstante Temperatur während des Transportes gewährleistet werden. Ein solcher Transportbrutschrank kann aus einer Styroporbox, einem Heizkabel und einer Regeleinrichtung mit wenig Aufwand selbst gebaut werden.

Unbedingt ist darauf zu achten, daß es nicht zu einer Überhitzung kommt, da im PKW die Temperatur bei Sonneneinstrahlung rasch auf Werte steigt, die zum Absterben der Eier führt.

# 13. Probleme und Sonderfälle bei der künstlichen Inkubation

Trotz optimal erscheinender Inkubationstechnik kommt es immer wieder zum Verlust von Eiern oder ganzen Gelegen sowie zu Mißbildungen bei den Nachzuchttieren. Die Gründe hierfür sind vielfältig und im Einzelfall oft nicht zu klären. Gerade deshalb sollte jedes abgestorbene Ei geöffnet und untersucht werden.

## 13.1. Verderben von Eiern

In Eiern, die früh absterben, findet man manchmal den Embryo unter dem Dotter auf der Unterseite des Eies (vgl. Kapitel 6.5., S. 48). Eier, in denen man keinen Embryo nachweisen kann, sind entweder unbefruchtet oder sehr früh in der Entwicklung abgestorben.

Kongenitale Schäden, also angeborene **Mißbildungen,** können zum Fruchttod führen. Je nachdem, wie schwerwiegend die Mißbildungen sind, stirbt der Embryo schon früh ab, oder er entwickelt sich bis zum schlupfreifen Jungtier. Schäden während der Eiablage durch mechanische Verletzungen, zu große Temperaturschwankungen, Nässe (zum Beispiel durch Eiablage in das Wasserbecken) können zum Absterben der Eier führen.

Wie in Kapitel 11 beschrieben, hat die Kondition des Muttertieres großen Einfluß auf die Qualität und die inhaltliche Ausstattung der Eier. Bei einem bestehenden Protein-, Vitamin- oder Mineralstoffmangel des Muttertieres werden diese Substanzen auch in den Eiern nicht in ausreichender Menge vorhanden sein. Der Embryo wird sich dann so weit entwickeln, bis ein lebenswichtiger Nährstoff im Ei aufgebraucht ist. Dies kann früh in der Embryonalentwicklung sein, aber möglicherweise auch erst gegen Ende der Inkubationsperiode. In manchen Fällen entwickelt sich das Jungtier bis zur Schlupfreife, ist dann jedoch aufgrund einer Mangelerscheinung zu schwach, den anstrengenden Schlupfakt zu schaffen. Rettet man solche lebensschwachen Jungtiere vor dem Ersticken im Ei durch manuelle Schlupfhilfe, sterben sie meist trotz intensiver Pflegemaßnahmen in den ersten Lebenswochen.

**Abgestorbene Eier** verfärben sich grün-gelblich, weisen eine schmierige Oberfläche, Schimmelpilzbefall und/oder einen unangenehmen Geruch auf. Der Dotter gerinnt und verfestigt sich, was durch Befühlen bei weichschaligen Eiern festzustellen ist. Abgestorbene Eier sind auch oftmals daran zu erkennen, daß das Inkubationssubstrat an der dann meist feucht-schmierigen Schale haftet, was bei gesunden Eiern mit trockener Schale nicht der Fall ist.

Allerdings können auch Eier, die sich normal entwickeln, unansehnlich wirken, eine bräunlich-schmutzige Schale und Einbuchtungen aufweisen. Solange von den Eiern kein unangenehmer Geruch ausgeht, sollten sie weiter bebrütet werden.

**Abb. 122 (oben links).** Eier des Schwarzleguans (*Ctenosaura pectinata*). Das linke
Ei ist unbefruchtet und verfärbte sich
innerhalb von zwei Tagen.

**Abb. 123 (unten links).** Bakterielle
Infektionen bei Eiern von *Ctenosaura
pectinata*.

**Abb. 124 (oben rechts).** Teju-Ei (*Tupinambis nigropunctatus*), das sich aufgrund einer
bakteriellen Infektion verfärbt hat.

**Abb. 125 (unten rechts).** Eier von
*Geckolepis typica*, die durch eine Infektion
mit Dipterenlarven abgestorben sind.

Foto: J. Krüger

Bei hartschaligen Eiern, die nach
bereits eingesetzter Entwicklung absterben, ist der Embryonaltod beim Durchleuchten daran erkennbar, daß sich die
Blutgefäße auflösen (Wicker schriftl.
Mitt.).

Gesunde befruchtete Reptilieneier
sind bei guten Inkubationsbedingungen
relativ unempfindlich gegenüber bakteriellen und mykotischen Infektionen.
Unbefruchtete Eier sehen zwar manchmal eine gewisse Zeit (bis zu mehreren
Wochen) gut aus und nehmen durch
Wasseraufnahme sogar gering an Masse und Volumen zu, beginnen dann aber
doch durch mikrobielle Prozesse zu ver-
derben. Befruchtete Eier, die durch ungünstige Temperatur- und Feuchtigkeitsbedingungen geschädigt oder vom
Muttertier nicht optimal mit Nähr- und
Abwehrstoffen ausgestattet wurden,
sind besonders empfindlich gegenüber
mikrobiellen Infektionen. Selbst bei
größter Sorgfalt und besten Inkubationsbedingungen können solche vor-
geschädigten oder lebensschwachen
Eier meist nicht zum Schlupf gebracht
werden.

Bei **Schimmelpilzbefall** ("Verpilzen") der Eier ist der Schimmelrasen entweder auf eine kleine Stelle beschränkt oder er überzieht die gesamte Eischale. In der Regel betreffen Pilzinfektionen nur geschädigte bzw. abgestorbene Eier, so daß eine Behandlung meist erfolglos ist. Eier, deren Schalen vollständig von einem Schimmelpilzrasen überzogen sind, müssen aussortiert werden, da bei diesen die Embryonen ohnehin längst abgestorben sind und ein Übergreifen der Pilzinfektion auf gesunde Eier zu befürchten ist.

Es kann jedoch vorkommen, daß eine Pilzinfektion auf gesunde Eier übergreift und bei diesen zunächst auf eine kleine Stelle beschränkt ist. In diesen Fällen empfiehlt sich, antimykotische Salben oder Pulver (z.B. Canesten, Exoderil, Mycophag, Miconazol) mit Hilfe eines Wattestäbchens dünn auf die betroffenen Stellen aufzutragen (KÖHLER 1990, RUTSCHKE 1994, FUHRI 1996). Wenn der Embryo noch lebt und durch den Pilz oder dessen Toxine noch nicht geschädigt worden ist, besteht die Chance, daß das Jungtier normal schlüpft. CHOO & CHOU (1987) haben einen Zusammenhang zwischen der Inkubationstemperatur und dem Befall von Weichschildkröteneiern (*Pelodiscus sinensis*) mit Schimmelpilzen nachweisen können (vgl. Abb. 54, S. 32).

**Bakterielle Infektionen** betreffen ebenfalls fast ausschließlich bereits abgestorbene Eier und führen durch Verwesungsprozesse zu Verfärbungen der Eier, wobei ein breites Farbspektrum von Gelbgrün bis Violettrot zu beobachten ist. Der faulige Geruch, der von bakteriell veränderten Eiern ausgeht, ist penetrant unangenehm und ein untrügliches Zeichen für bereits abgestorbene Eier.

Behandlungsversuche von Eiern mit oben genannten Symptomen sind von vornherein zum Scheitern verurteilt. Deshalb ist es unsinnig, gegen bakterielle Infektionen Antibiotika in die Eier zu injizieren oder äußerlich Salben bzw. Desinfektionsmittel aufzutragen. Alkohol wirkt giftig auf den Embryo, und Salben behindern den Gasaustausch.

## 13.2. Absterben von schlupfreifen Jungtieren

In den Eiern abgestorbene vollentwickelte, also schlupfreife Jungtiere sind meist auf eine mangelhafte Vitamin- und Mineralstoffversorgung des Muttertieres zurückzuführen. Eine nichtoptimale Inkubationstechnik kann ebenfalls zum Absterben der schlupfreifen Jungtiere führen. Hierbei wurde insbesondere auch eine zu hohe Substratfeuchtigkeit gegen Ende der Inkubationsperiode diskutiert (BRAUNWALDER 1979, KRABBE-PAULDURO & PAULDURO 1988), die möglicherweise zu einem zu hohen Druck im Ei und zum Ersticken der Jungtiere führen kann. Inwieweit zu dicke Eischalen ein Schlupfhindernis darstellen können, ist bislang nur unbefriedigend untersucht worden. Auch ein Einfluß der Temperatur auf das Auftreten von abgestorbenen vollentwickelten Jungtieren konnte nachgewiesen werden (CHOO & CHOU 1987; vgl. Abb. Kap. 6.1.1., S. 32).

Die Schalen von Eiern, die sich über den physiologischen Ablagezeitpunkt hinaus im Eileiter befinden, erhalten zusätzliche Mineralstoffeinlagerungen und können bei Tieren mit chronischer Legenot massive Kalkverkrustungen aufweisen. Auch Mißbildungen der Jungtiere, welche in manchen Fällen nicht einmal sehr auffällig sein müssen (zum Beispiel die fehlende Anlage des Eizahnes), kommen als Ursache für das Unvermögen zu schlüpfen in Frage. Bei Krokodil- und Schildkröteneiern kann durch mikrobielle Abbauprozesse die Schale gegen Ende der Inkubationsperiode immer dünner und brüchiger werden. Bei Zeitigung der Eier in keimarmen Substraten, wie z.B. Vermiculite oder Perlite, unterbleiben diese Abbauprozesse der Schale weitgehend. Es wird diskutiert, daß die zum Schlupfzeitpunkt noch sehr feste Schale für das Jungtier ein unüberwindbares Schlupfhindernis darstellen kann, so daß es im Ei abstirbt (FERGUSON 1981, LEHMANN 1987, MCCARTNEY 1990).

## 13.3. Künstliches Öffnen von Eiern

Wenn der errechnete Schlupftermin überschritten ist, neigt man dazu, die verbliebenen Eier manuell zu öffnen und somit „Schlupfhilfe" zu leisten. In den meisten Fällen werden die Eier zu früh geöffnet, so daß das betroffene Jungtier noch nicht lebensfähig ist und schließlich stirbt. Diese Art von "Kaiserschnitten" sollte wegen ihres großen Risikos für das Jungtier keinesfalls routinemäßig durchgeführt, sondern als Notfallmaßnahme betrachtet werden. Nur wenn nach ungewöhnlich langer Inkubationsdauer noch kein Jungtier die Eischale angeritzt hat oder wenn die Mehrzahl der Jungtiere bereits geschlüpft ist und in den restlichen Eiern vollentwickelte Exemplare vermutet werden, sollte man ein künstliches Öffnen der Eier erwägen. Wenn beim Durchleuchten von Schildkröteneiern festgestellt wird, daß die Jungtiere bereits ihre Eihäute zerrissen haben, ist dies ein sicheres Zeichen für die Schlupfreife der Jungtiere (WICKER schriftl. Mitt.).

Für eine Schlupfunfähigkeit können auch Entwicklungsdefekte verantwortlich sein. Aus diesem Grund sollten alle nicht geschlüpften Eier sorgfältig untersucht werden. Manchmal findet man in solchen Eiern mißgebildete und deformierte Jungtiere, bei denen die Schlupfunfähigkeit offensichtlich ist. Oftmals ist bei schlupfreif im Ei abgestorbenen Jungtieren jedoch kein augenscheinlicher Grund für das Absterben im Ei ersichtlich. Man sollte diese Exemplare gründlich untersuchen und dabei auch auf unscheinbare, aber bedeutsame Defekte, wie z.B. das Fehlen eines Eizahns bzw. einer Eischwiele (vgl. S. 25ff), achten.

## 13.4. Mißbildungen

Wie in Kapitel 6.1.4. dargestellt, haben die Inkubationsbedingungen und insbesondere die Temperatur einen Einfluß auf das Entstehen von Mißbildungen. Unter optimalen Inkubationsbedingungen ist der Anteil an mißgebildeten Nachzuchttieren gering (0-5%). Mißbildungen sind kaum jemals genetisch fixiert, also von den Elterntieren vererbt (SACHSSE schriftl. Mitt.). Im Einzelfall ist die Ursache für eine bestehende Mißbildung oftmals nicht zu klären. Gerade deshalb sollten die Inkubationsbedingungen detailliert dokumentiert und mißgebildete Jungtiere sorgfältig untersucht werden.

## 13.5. Zwillinge

Über das Auftreten von Zwillingen wurde in der Literatur verschiedentlich berichtet (HILDEBRAND 1938, CROOKS & SMITH 1958, HUNSAKER 1969, YNTEMA 1969, YNTEMA 1971, GROSSE 1977, GROVES 1978, SCHUETTE 1978, BRAUNWALDER 1979, GUDYNAS & GAMBAROTTA 1981, PSENNER 1981, LEHMANN 1984, CHAN 1985, FLÖGEL 1987, KABISCH & ROGNER 1988, HEWAVISENTHI 1989, ECKERT 1990, ANONYMUS 1992, MAYER 1992, HENLEY 1993).

Auch bei Reptilien kann man ein-, zwei- und mehreiige Zwillinge bzw. Mehrlinge unterscheiden. Von Zwillingen spricht man, wenn zwei Jungtiere in einer Eihülle heranwachsen. Dies kann dadurch geschehen, daß zwei oder mehr Follikel und somit mehrere Keimanlagen von einer gemeinsamen Eischale umgeben werden (zwei- bzw. mehreiige Zwillinge bzw. Mehrlinge). Echte eineiige Zwillinge und Mehrlinge hingegen entstehen nur dann, wenn diese aus der frühzeitigen und vollständigen Trennung einer Keimanlage hervorgehen. Während bei zweieiigen Zwillingen jedes Jungtier einen separaten Dottersack hat, kann bei eineiigen Zwillingen nur ein gemeinsamer Dottersack vorhanden sein. Allerdings kommen zwei separate Dottersäcke bei früher Keimanlagenteilung auch bei eineiigen Zwillingen vor (SACHSSE schriftl. Mitt.).

**Abb. 126. Zwillingsschlupf beim Grünen Leguan (*Iguana iguana*).** Foto: M. SCHARDT

**Abb. 127. Zwei *Cyclura nubila* schlüpfen aus einem Ei.** Foto: J. SCHMIDT

# 14. Der Umgang mit neugeborenen Reptilien

Frisch geschlüpfte Reptilien haben oftmals noch einen äußerlich sichtbaren, mehr oder weniger großen **Dottersackrest**. Dies betrifft insbesondere Tiere, die zum Beispiel durch Störungen beim Schlupfvorgang das Ei zu früh verlassen haben. Tiere mit einem Dottersackanhängsel kommen für etwa einen Tag in einer Schüssel, die mit feuchtem Fliespapier ausgelegt und mit Gaze verschlossen ist, in den Brutschrank zurück. Innerhalb von 12-24 Stunden haben diese Tiere normalerweise den Dottersackrest resorbiert oder verloren und können in das Aufzuchtterrarium bzw. -aquarium gesetzt werden. Oftmals kleben noch Eimembranen und Teile der Eischale an den frisch geschlüpften Jungtieren. Damit diese Verunreinigungen trocknen und abfallen können, sollten aquatisch lebende Reptilien während der ersten 24 Lebensstunden außerhalb des Wassers gehalten werden. Auch ist dann die Gefahr einer **Dottersackinfektion** geringer gegenüber einer aquatischen Haltung bereits unmittelbar nach dem Schlupf. Besondere Maßnahmen, wie das Einpudern des Dottersackanhängsels mit antiseptischen oder antibakteriellen Medikamenten, sind nicht nötig. Bei Dottersackentzündungen ist der Nabelbereich des betroffenen Tieres meist stark angeschwollen und gerötet. Der Dotter selbst verkäst bei schweren Nabel-/Dottersackentzündungen und verströmt einen unangenehmen Geruch. Das betroffene Tier ist dann meistens nicht lebensfähig.

Frisch geborene Reptilien sind gegenüber Austrocknung mehr gefährdet als ihre älteren Artgenossen. Deshalb sollten sie zunächst in einer Umgebung mit hoher Luftfeuchtigkeit gehalten werden. Bei frisch geborenen Reptilien muß unbedingt auf deren Temperaturbedürfnisse geachtet werden. Insbesondere eine zu kühle Haltung führt rasch zu ernsthaften Gesundheitsproblemen. In der Regel ist die von Jungtieren bevorzugte Temperatur um 2-4 °C höher als bei den adulten Artgenossen. Die Jungtiere dürfen natürlich auch nicht überhitzt werden. Unterschiedliche Temperaturbereiche im Aufzuchtbehälter sind notwendig, um den Tieren eine Thermoregulation zu ermöglichen.

Frisch geschlüpfte Reptilien verfügen noch über einen großen Dottervor-

**Abb. 128. Normaler Dottersackrest bei einer frisch geschlüpften Schildkröte (*Testudo radiata*).** Foto: D. Wimmer

rat, den sie in den ersten Lebenswochen nach und nach verbrauchen. Um zu gewährleisten, daß die Jungtiere ihren Dottervorrat verbrauchen, sollten sie während der ersten Lebenstage kein Futter, sondern nur Trinkwasser erhalten. Die meisten Schlangen nehmen erst nach der ersten Häutung (in der Regel ein bis drei Wochen nach dem Schlupf) die erste Nahrung an. Für Krokodile wird die erste Fütterung etwa zehn bis vierzehn Tage nach dem Schlupf empfohlen (MARAIS & SMITH 1990, McCARTNEY 1990).

# 15. Spezielle Hinweise zur Inkubation

In den folgenden Abschnitten werden Hinweise zur praktischen Durchführung der künstlichen Inkubation bei verschiedenen Vertretern der Reptilien gegeben. Berücksichtigt wurden vor allem Arten, die häufig in Menschenobhut gepflegt werden und solche, bei denen Besonderheiten bei der Inkubation bekannt sind. Eine einheitliche Behandlung aller Arten oder Gattungen würde den Rahmen dieses Buches bei weitem sprengen. Eine Zusammenstellung ausgewählter Gelege- und Inkubationsdaten von über 1400 Arten und Unterarten sowie eine umfangreiche Bibliographie finden sich im Anhang III.

## 15.1. Krokodile von Gunther Köhler

In der Regel sollten die Eier von Krokodilen unter Terrarienbedingungen in einen Brutschrank überführt und künstlich inkubiert werden. Die von den Eiern tolerierte Inkubationstemperatur liegt in dem engen Bereich von 28-34 °C (optimal: 30-32 °C); schon wenige Grad Abweichung von diesem Bereich nach oben oder unten führen zum Absterben der Embryonen (Bolton 1989). Als Inkubationssubstrat haben sich feuchtes Vermiculite und Perlite bewährt, in das die Eier halb oder ganz eingegraben werden.

Frisch abgelegte Krokodileier haben eine glasig-durchscheinende weiße Schale. Zum Zeitpunkt der Eiablage ist die Keimscheibe bereits ausgebildet, aber noch frei beweglich bzw. schwimmt auf dem Dotter (Wicker schriftl. Mitt.). Innerhalb der ersten 24 Stunden wächst sie an der Eimembran fest, wodurch sich ein weißer undurchsichtiger Fleck auf der Schale bildet. Durch diese partielle Abtrocknung der Eischale, wie sie auch bei Schildkröten-eiern stattfindet (vgl. Kapitel 15.2.), wird die Gasdurchlässigkeit der Schale erhöht, was für den Stoffwechsel des sich entwickelnden Embryos notwendig ist (Thompson 1985; Whitehead 1987).

Der undurchsichtige Fleck wird größer und beginnt, sich als zunächst schmales Band um das Ei herumzuziehen (vgl. Abb. 130). Schließlich wird das Band breiter und nach einem Monat Inkubation sind nur noch die Eipole

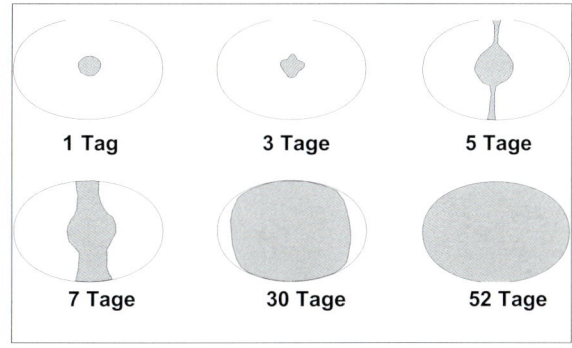

| 1 Tag | 3 Tage | 5 Tage |
| 7 Tage | 30 Tage | 52 Tage |

Abb. 129. Schematische Darstellung der Entwicklung des undurchsichtigen Bandes bei Krokodileiern; Tage = Tage nach der Eiablage (Verändert nach Ferguson 1985).

durchscheinend. Nach etwa 45 Tagen ist die gesamte Eischale kalkweiß und undurchsichtig.

Die Vergrößerung des undurchsichtigen Schalenbereiches ist exakt mit der Ausweitung der embryonalen Membranen, die stark durchblutet sind, korreliert, weshalb dies ein guter Indikator für die Entwicklung des Embryos ist. Da die Ausbildung eines undurchsichtigen Bandes vom sich entwickelnden Embryo induziert wird, bleiben unbefruchtete Eier durchsichtig.

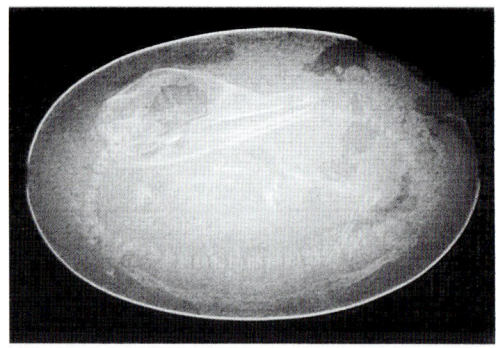

**Abb. 130. Röntgenaufnahme eines schlupfreifen Krokodils.**
Röntgenbild: B. Schildger, Foto: S. Trankner

**Abb. 131. Ein auf Perlite gezeitigtes Krokodil schlüpft aus dem Ei.**
Foto: R. Wicker, Zoo Frankfurt

Bei Gelegen in Nisthügeln führen mikrobielle Abbauprozesse der Schale dazu, daß diese gegen Ende der Inkubationsperiode immer dünner und brüchiger wird. Wenn Krokodileier in einem sterilen oder das Keimwachstum nicht unterstützenden Substrat wie Vermiculite oder Perlite gezeitigt werden, unterbleiben diese Abbauprozesse der Schale weitgehend. Wenn die Eischale durch fehlende mikrobielle Einwirkung dick und fest bleibt, kann dies ein Schlupfhindernis für das Jungtier darstellen (Ferguson 1981, McCartney 1990).

## 15.2. Schildkröten von Marcus Knirr, Walter Sachsse & Rudolf Wicker

Obwohl Schildkröten mit etwa 250 rezenten Arten eine im Vergleich zu den Echsen und Schlangen relativ kleine Gruppe darstellen, haben sie doch aufgrund verschiedener Fortpflanzungsstrategien die unterschiedlichsten Lebensräume besiedelt, so daß je nach Art sehr spezielle Anforderungen an die Inkubationsbedingungen bestehen. Alle rezenten Arten legen Eier, wobei man zwischen hart- und weichschaligen unterscheiden kann (vgl. Tab. 1, S. 10).

**Weichschalige Schildkröteneier** sind für eine erfolgreiche Entwicklung darauf angewiesen, während der Inkubation Wasser aufzunehmen. Dabei vergrößern sich die Masse und das Volumen der Eier oft erheblich. Während weichschalige Eier unmittelbar nach der Ablage weich sind und deren Schale leicht nachgibt, fühlen sich gesunde Eier durch die Wasseraufnahme nach einer gewissen Inkubationsdauer prall-elastisch an. Unter den Arten mit weichschaligen Eiern finden sich auch diejenigen mit der kürzesten Inkubationsdauer.

Bei **hartschaligen Eiern** muß man zwischen solchen unterscheiden, deren Schale völlig starr ist (z.B. *Staurotypus, Claudius, Emys orbiculare, Podocnemis vogli, Phrynops gibbus),* und solchen, die eine gewisse Dehnung zulassen (z.B. *Podocnemis unifilis* und *Chelodina longicollis,* Wicker unveröff. Beob.). Bei letzteren kann es durch Wasseraufnahme zu einer leichten Volumenvergrößerung im Laufe der Inkubation kommen.

**Abb. 132.** *Testudo marginata* **beim Schlupf.**
Foto: P. Velenský

Mehrere Inkubationssubstrate kommen für Schildkröteneier in Frage. Die besten Erfolge haben die Verfasser mit Perlite, Vermiculite, verrotteten Hobelspänen und Sand erzielt, in die die Eier teilweise oder vollständig eingegraben werden. Obwohl der Einfluß des Lichtes erst ungenügend untersucht wurde, ist es zu empfehlen, die Eier dunkel zu stellen. Bezüglich der Feuchtigkeit gilt als Grundsatz, daß hartschalige Eier mit fast trockenem und weichschalige in mäßig feuchtem Substrat am besten gezeitigt werden.

Frisch abgelegte Schildkröteneier sind durchscheinend gelblich- bis rosaweiß. Ausgehend von einem kalkigweißen Fleck (meistens auf der Oberseite des Eies), verändert sich die Farbe im Laufe einer normalen Entwicklung zu einem kalkigen Weiß wie etwa von altem Porzellan (Sachsse 1973). Insbesondere bei Eiern der Gattungen *Claudius,*

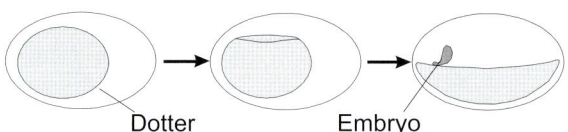

Dotter        Embryo

**Abb. 133. Veränderung der Dotterform während der Embryonalentwicklung. Das erste Ei zeigt die Dotterform unmittelbar nach der Ablage. Bei befruchteten Eiern flacht sich der Dotter dann ab und füllt schließlich nur noch die untere Hälfte aus (nach Vorlagen von R. WICKER).**

*Rhinoclemmys* und *Staurotypus* zeigt sich der weiße Fleck zuerst an der Seite des Eies und vergrößert sich dann bandförmig quer um das Ei ("Chalking"). Schließlich ist nahezu die gesamte Schale kalkweiß; nur an den Eipolen bleibt die Schale meist durchscheinend. Die Ausbildung dieses Fleckes dauert je nach Art unterschiedlich lange, in der Regel ein bis sieben Tage. Bei manchen Arten (z.B. *Chelodina siebenrocki, Podocnemis vogli*) kann es aber auch bis zu zwei Wochen dauern, bis erste Anzeichen einer Fleckbildung zu erkennen sind. Bei unbefruchteten Eiern kommt es nicht zu einer solchen Fleckbildung, und die Eier bleiben durchscheinend. Allerdings kann sich auch bei befruchteten Eiern die Anheftung der Keimscheibe und damit die Fleckbildung verzögern, wenn die Entwicklung aus verschiedenen Gründen (z.B. falsche Inkubationstemperatur, fehlende Auslöser für den Beginn der Entwicklung etc.) nicht in Gang kommt. So wurde beobachtet, daß die Eier von *Podocnemis vogli* erst bei einer Temperatur von 32 °C mit der Entwicklung beginnen, während bei 28 °C keine Anzeichen festzu-

stellen waren (WICKER & KNIRR unveröff. Beob.). Umgekehrt benötigen die Eier von *Staurotypus triporcatus* und *Claudius angustatus* eine anfänglich niedrige Temperatur (nicht über 25 °C), um nicht abzusterben. Die Eier vieler Schildkrötenarten können nach der Eiablage eine Zeitlang kühl (18-21 °C) gelagert werden, ohne daß es zu einem Vitalitätsverlust kommt. In dieser Zeit stagniert die Embryonalentwicklung und setzt erst dann ein, wenn die Inkubationstemperatur auf physiologische Werte erhöht wird (vgl. „Diapause", Kapitel 4.1., S. 22).

Ein Zeichen der beginnenden Entwicklung ist das Absetzen des Dotters, was noch vor dem Erscheinen des weißen Flecks stattfindet. Unmittelbar nach der Eiablage stellt sich der Dotter als kugelförmiges Gebilde im unteren Bereich des Eies dar. Erst später setzt er sich ab und füllt die untere Hälfte vollständig aus, so daß eine deutliche Phasentrennung vorhanden ist (vgl. Abb. 133).

Bei der Beobachtung der Entwicklung der Eier sollte auch auf Luftblasen im Ei geachtet werden, welche bei hartschaligen Eiern auftreten können. Sind die Luftblasen beweglich, so ist das Ei abgestorben; es würde sich dann um Faulgase handeln. Bei Eiern, die zu trocken liegen, wird eine Trennung der Eihäute von der Eischale mit Bildung eines Luftraumes beobachtet (WICKER unveröff. Beob.). Dadurch wird der Bewegungsspielraum der Embryonen eingeengt, und es kann zum Embryonaltod kommen (WICKER unveröff. Beob.).

## 15.2.1. Europäische Landschildkröten von GUNTHER KÖHLER

Die hartschaligen Eier der europäischen Landschildkröten (*Testudo* spp., *Agrionemys horsfieldii*) sind relativ unempfindlich und bereiten hinsichtlich der Inkubation keine besonderen Schwierigkeiten. Die Eier werden in flache Mulden des nur gering feuchten (Wasserpotential -400 bis -600 kPa) Inkubationssubstrates (Sand oder Perlite) gelegt oder zu einem Drittel eingegraben und bei 28-32 °C bebrütet. Da die Luftfeuchtigkeit bei 65-70% liegen sollte, sind Flächenbrüter besonders geeignet, während bei der Aquarienmethode die Luftfeuchtigkeit zu hoch ist.

Die Eier dürfen nicht vollständig in feinen Sand eingegraben werden, da dadurch der Gasaustausch behindert wird. Sauerstoffmangel und erhöhte $CO_2$-Spiegel können zu verfrühtem Schlupf, abgestorbenen vollentwickelten Jungtieren und zu Mißbildungen führen (HIGHFIELD 1993; vgl. Kapitel 6.3., S. 45). Bei Inkubationstemperaturen unter 30 °C schlüpfen fast ausschließlich Männchen, während Werte über 31 °C zur Ausbildung des weiblichen Geschlechts führen (vgl. Kapitel 6.1.3, S. 35). Bei 28-32 °C beträgt die Inkubationsdauer 60-80 Tage.

## 15.2.2. Schmuckschildkröten von GUNTHER KÖHLER

Die aquatil lebenden Schmuckschildkröten (*Pseudemys* spp., *Trachemys* spp., *Chrysemys* spp.) legen Eier, deren Schalen verhältnismäßig weich sind und eine gewisse Dehnung durch Wasseraufnahme zulassen. Unmittelbar nach der Ablage sind die Eier durchschimmernd gelblich. Bei den befruchteten Eiern beginnt die Bildung des kalkweißen Fleckes schon nach einem Tag.

Schmuckschildkröteneier sollten auf feuchtem Vermiculite (je nach Sorte 100-150 ml Wasser auf 1 Liter Vermiculite = -400 bis -600 kPa; vgl. Abb. 59 & 60, S. 43) bei 26-30 °C und gesättigter Atmosphäre inkubiert werden. Sie werden nur in flache Mulden im Substrat gebettet, aber nicht eingegraben. Bei zu geringer Substrat- und/oder Luftfeuchtigkeit fallen die Eier innerhalb weniger Stunden ein. Nach ein bis zwei Wochen Inkubation sind beim Durchleuchten der befruchteten Eier bereits deutlich Blutgefäße erkennbar. Der Schlupf kündigt sich ein bis zwei Tage vorher meist durch das Vorhandensein zahlreicher Flüssigkeitsperlen auf der Eischale an (FRITZ 1990).

### 15.2.3. Amerikanische Erdschildkröten von Rudolf Wicker

**Abb. 134. *Rhinoclemmys pulcherrima* beim Schlupf.** Foto: R. Wicker

Die hartschaligen *Rhinoclemmys*-Eier können erfolgreich in gering feuchtem Perlite bei 28-32 °C inkubiert werden. Gegen Ende der Entwicklung sind die Eier empfindlich gegenüber hoher Luft- und Substratfeuchtigkeit, die zum Absterben der Jungtiere durch „Ertrinken" im Ei führt. Die Inkubationsdauer liegt bei den meisten Arten bei etwa 90 Tagen. Ausnahmen sind *R. areolata* mit 68-75 Tagen und *R. pulcherrima* mit 110-140 Tagen.

### 15.2.4. Langhals-Schmuckschildkröten von Rudolf Wicker

Die Erfahrungen des Verfassers mit *Deirochelys reticularia* haben gezeigt, daß zum Starten der Entwicklung eine Abkühlung auf 18-20 °C für drei bis vier Tage notwendig ist. Eier, die nach dieser Kühlphase keine Anzeichen einer Entwicklung zeigen, sollten drei bis vier Wochen später nochmals abgekühlt werden (vgl. Kapitel 4.1., S. 22). Danach können die Eier bis zum Schlupf bei 27-31 °C inkubiert werden.

### 15.2.5. Coahuila-Dosenschildkröte von Marcus Knirr

Mit ihrer mehr aquatilen Lebensweise nimmt die Coahuila-Dosenschildkröte (*Terrapene coahuila*) eine Sonderstellung innerhalb der Gattung *Terrapene* ein. Die Weibchen von *T. coahuila* sind sehr produktiv und setzen jährlich bis zu fünf Gelege mit je drei bis sechs Eiern ab. Dabei korreliert die Gelegegröße mit der Größe des Weibchens. Die weichschaligen Eier entwickeln sich rasch, so daß sie je nach Inkubationstemperatur (26-31 °C) nur 43-61 Tage bis zum Schlupf benötigen (Schmidt & Knirr unveröff. Beob.).

Allerdings sind die Schlupfergebnisse der ca. 70 in den Jahren 1995 und 1996 bebrüteten Eier von *T. coahuila* bisher nicht zufriedenstellend, da die

Jungtiere zwar meistens die Eischale durchstoßen haben, aber nicht in der Lage waren, die Eier selbständig zu verlassen. Die kleinen Schildkröten ertranken jeweils regelrecht in ihren Eiern. Bei *T. coahuila* benötigen die Eier offensichtlich zum Anfang der Inkubation eine hohe Substratfeuchtigkeit, die gegen Ende hin reduziert werden muß. Allerdings wird diese Annahme von folgender Beobachtung nicht unterstützt: Beim Ausgraben eines Geleges wurde zufällig ein weiteres, schon sehr weit entwickeltes Gelege entdeckt, das sich ca. 12 cm tief in nassem Sand bei ungefähr 27 °C befand. Bereits neun Tage später schlüpften aus allen vier Eiern selbstständig kräftige Jungtiere (KNIRR unveröff. Beob.).

## 15.2.6. Klappschildkröten von WALTER SACHSSE

Die Vermehrungsstrategie in der Gattung *Kinosternon* läßt zwei Typen erkennen, selbstverständlich mit leichten Übergängen; einmal Arten aus tropischen und subtropischen Niederungen mit einem Klima ohne wesentliche jahreszeitliche Unterschiede, die das ganze Jahr über ab und zu ein Gelege von 1 bis 3 Eiern produzieren. Diese sind länglich oval, machen 25 bis 40 % der Panzerlänge des Muttertieres aus, besitzen eine kalkharte Schale und werden meistens in einer Tiefe vergraben, die mindestens 2/3 der Panzerlänge der ausgewachsenen Tiere entspricht. Die Jungtiere schlüpfen nach drei bis vier Monaten und sind verhältnismäßig groß. In diese Gruppe gehören *Kinosternon angustipons* sowie die Artengruppen *K. cruentatum*, *K. leucostomum* und (als Übergang zur zweiten Gruppe) *K. flavescens*.

Die anderen Arten der Gattung *Kinosternon* (*K. baurii palmarum*, *K. hirtipes*, *K. sonoriense*, *K. subrubrum*) stammen nach dieser Einteilung mehr aus nördlichen, also betont jahreszeitlichen Regionen oder aus Gebirgen. Sie legen je nach Größe der Weibchen etwa 3 bis 9 Eier, die ebenfalls kalkhart, in der Form auch oval, aber in der Mitte etwas dicker und nach den Enden etwas spitzer sind. Diese Jungtiere schlüpfen schon nach 2,5 bis 3 Monaten, sind aber im Verhältnis kleiner und weichen in der Färbung viel stärker von den erwachsenen Tieren ab (im Gegensatz zur vorigen Gruppe), indem sie überwiegend dunkelgrau bis schwarz sind. Hierher gehören wohl die kleinsten Schildkrötenjungtiere überhaupt, z.B. diejenigen von *Kinosternon subrubrum*.

Als Inkubationssubstrat für *Kinosternon*-Eier eignet sich neben Vermiculite auch eine sehr lockere, gerade griffigfeuchte Komposterde, die aus verrotteten Hobelspänen hergestellt und immer wieder verwendet werden kann (SACHSSE 1980). Die Temperaturen können zwischen 27 und 31 °C schwanken.

### 15.2.7. Großkopf-Schlammschildkröte und Kreuzbrustschildkröten
von Marcus Knirr

Die Großkopf-Schlammschildkröte (*Claudius angustatus*) und die Kreuzbrustschildkröten (*Staurotypus salvinii, S. triporcatus*) gehören zu der Gruppe von Schildkröten, bei denen die Embryonalentwicklung zwischenzeitlich zum Stillstand kommen kann (Diapause, vgl. Kapitel 4.1., S. 22). Um die Diapause zu beenden, in der sich die Embryonen in der Regel nach der Eiablage befinden, sollte die Inkubationstemperatur in den ersten vier Wochen nicht über 25 °C liegen. Sonst entwickeln sich die Embryonen nicht weiter und sterben schließlich ab. Das Aufbewahren der Eier bei zunächst 18-20 °C über einen Zeitraum von 60 Tagen verkürzt diese Diapause. Danach kann die Temperatur auf 28 °C erhöht werden.

Gegen eine hohe Substratfeuchtigkeit sind die Eier dieser Schildkröten sehr empfindlich, weshalb die Verwendung von nur gering feuchtem Perlite (-400 bis -500 kPa) empfohlen wird.

### 15.2.8. Afrikanische Halswenderschildkröten von Marcus Knirr

Afrikanische Halswenderschildkröten (*Pelomedusa* spp., *Pelusios* spp.) legen weichschalige Eier, die nach der Eiablage zunächst von einem mehr oder weniger dicken Schleim umgeben sind. Dieser Schleim trocknet während der ersten Tage der Inkubation und liegt dem Ei dann als dünne weiße Kruste auf. Obwohl dessen Funktion (Austrocknungs- oder Infektionsschutz?) nicht bekannt ist, darf der Schleim nicht von den Eiern entfernt werden, da sonst die Schlupfrate signifikant sinkt (Knirr unveröff. Beob. an Eiern von *Pelusios niger, sinuatus* und *subniger*). Als Brutsubstrat ist Vermiculite zu empfehlen, in das die Eier zu einem Drittel eingegraben werden. Die Eier der afrikanischen Halswender benötigen eine hohe Substratfeuchtigkeit. Die Embryonalentwicklung verläuft rasch und ist bei *Pelomedusa* spp. bei Temperaturen von

Abb. 135. *Pelusios subniger* **beim Schlupf.**
Foto: M. Knirr

28-32 °C innerhalb von 48-60, bei *Pelusios* spp. innerhalb von 60-75 Tagen abgeschlossen. Schon einige Tage vor dem Schlupf beginnen die Eier einzufallen. Keinesfalls darf dann die Feuchtigkeit erhöht werden, da dies zum Absterben der vollentwickelten Jungtiere im Ei führen würde!

## 15.2.9. Elseya-Schildkröten und Spitzkopf-Schlangenhals-schildkröten von Marcus Knirr

Die Eier von Elseya-Schildkröten (*Elseya novaeguineae, E. latisternum*) und Spitzkopf-Schlangenhalsschildkröten (*Emydura* spp.) benötigen während der ersten Hälfte der Inkubation eine sehr hohe Substratfeuchtigkeit (-150 bis -200 kPa). Danach muß diese jedoch reduziert werden.

Die Weibchen bevorzugen zur Eiablage geradezu nasse Bereiche des Landteils. Die Temperatur kann während der gesamten Inkubationsdauer 28-31 °C betragen. Bei diesen Bedingungen schlüpfen die Jungtiere nach 60-75 Tagen.

## 15.2.10. Krötenkopfschildkröten von Rudolf Wicker

Als Inkubationssubstrat für die hartschaligen Eier der *Phrynops*-Arten empfiehlt sich Perlite, das nicht zu feucht sein darf, da sonst die Eier übermäßig Wasser aufnehmen und die Schalen platzen können. Bei Temperaturen von 28-31 °C entwickeln sich *Phrynops*-Eier problemlos.

Insbesondere bei *Phrynops geoffroanus* schlüpfen die Jungtiere in der Regel nicht spontan, sondern verharren schlupfreif im Ei. Sie warten auf einen **Auslöser**. Der Schlupf läßt sich bei vollentwickelten Jungtieren (nach vier bis viereinhalb Monaten Inkubation; durchleuchten!) erreichen, indem man die Eier mit dem feuchten Substrat auf etwa 22 °C abkühlt. Dadurch steigt die relative Luftfeuchtigkeit stark an, und es bildet sich auf den Eischalen Kondenswasser . Die Jungtiere schlüpfen dann innerhalb von einem Tag selbständig. Die Kondenswasserbildung setzt die Gasdurchlässigkeit der Eischale herab, was zu einem Sauerstoffmangel im Ei führt. Diese Hypoxie ist vermutlich der Auslöser zum Schlupf (vgl. auch S. 24, Kapitel 4.1.).

## 15.3. Echsen von GUNTHER KÖHLER

Die meisten oviparen Echsenarten produzieren weichschalige Eier. Eine Ausnahme bilden die Geckos, deren Eier bei der Mehrzahl der Arten hartschalig sind. Befruchtete Eier der meisten Echsen haben direkt nach der Ablage eine deutlich sichtbare Keimscheibe, die sich farblich (orange bis violett) unter der noch feuchten Eischale abzeichnet. Unbefruchteten Eiern fehlt diese Keimscheibe; außerdem sind sie in der Regel kleiner und nicht so prall wie befruchtete Eier (s. Abb. 7, S. 13). Oftmals kann man auch eine geringere Mineralisierung der Eischale bei unbefruchteten Eiern im Vergleich zu befruchteten nachweisen. Nachdem die Schale trocken ist, erscheinen unbefruchtete Eier meist gelblich, während befruchtete eine rein weiße Schale haben.

Echseneier können in einer Vielzahl von Substraten erfolgreich gezeitigt werden. Besonders geeignet sind Vermiculite und Perlite. Die Eier sollten vollständig oder zumindest zu drei Viertel in das leicht feuchte Substrat eingegraben werden. Eier, die aufgrund von zu geringer Feuchtigkeit Einbuchtungen aufweisen, werden vollständig in das Substrat eingegraben. In der Regel erholen sie sich durch Wasseraufnahme innerhalb von zwei bis drei Tagen.

Das **Feuchtigkeitsbedürfnis** von Echseneiern ist artspezifisch unterschiedlich. Während die meisten Leguan-, Waran-, Krustenechsen- und Agameneier ein nur leicht feuchtes Substrat vertragen (Wasserpotential <-300 kPa; d.h. es darf kein Wasser aus dem Vermiculite tropfen, wenn man es zwischen den Fingern drückt), müssen zum Beispiel Chamäleoneier deutlich feuchter inkubiert werden (Wasserpotential -100 bis -400 kPa).

Abb. 136. Stachelschuppenleguan (*Sceloporus edwardtaylori*) beim Schlupf.

Abb. 137. Schlüpfender Grüner Leguan (*Iguana iguana*).

**Abb. 138. Schlupf eines *Ophisaurus apodus.***
Foto: B. LANGERWERF

**Abb.139. *Cyclura nubila*-Schlüpfling.**
Foto: P. VELENSKÝ

Auch betreffend der **Temperaturansprüche** bestehen große artspezifische Unterschiede. Viele tropische Arten können bei Temperaturen zwischen 28-32 °C gezeitigt werden. Bei Arten, die ihre Gelege in der Natur tief vergraben (z.B. Leguane der Gattungen *Ctenosaura, Cyclura* und *Iguana*) oder in Termitenbauten verstecken (z.B. manche Teju- und Waranarten) sind die Eier oftmals sehr empfindlich gegenüber Temperaturschwankungen und müssen bei einer relativ konstanten Temperatur von 29-31 °C gezeitigt werden. Bei Arten aus gemäßigtem, mediterranem und subtropischem Klima kann es vorteilhaft oder sogar notwendig sein, die Inkubationstemperatur im Tag-/Nacht-Rhythmus schwanken zu lassen (zum Beispiel tagsüber 26-28 °C und nachts 22-23 °C). Eine solche Nachtabsenkung wirkt sich bei vielen Arten positiv auf die Vitalität der Nachzuchttiere aus.

### 15.3.1. Großleguane von Gunther Köhler

Die meisten Arten der Unterfamilie Iguaninae (Echte Leguane) produzieren nur ein Gelege mit relativ vielen weichschaligen Eiern pro Jahr. Die größten Gelege stammen von Grünen Leguanen (bis zu 86 Eier pro Gelege), während Wüstenleguane (*Dipsosaurus dorsalis*) nur 3-8 Eier absetzen.

Die Eier von Großleguanen (*Iguana* spp., *Ctenosaura* spp. und *Cyclura* spp.) können in feuchtem Vermiculite (-200 bis -400 kPa) bei konstanten Temperaturen zwischen 27 °C und 31 °C ausgebrütet werden. Da die Tiere in der Natur ihre Eier in 25-50 cm Tiefe vergraben, wo sehr stabile Temperaturbedingungen herrschen (vgl. Abb. 65, S. 51), vertragen die Eier auch bei der künstlichen Inkubation keine größeren Temperaturschwankungen. Für die Eier des Grünen Leguans wurde nachgewiesen, daß sie sich in einem Bereich von 28-32 °C optimal entwickeln (LICHT & MORBERLY 1965, KÖHLER 1998b). Bereits unmittelbar nach der Ablage enthalten die Eier dieser Leguane Embryonen von 12-15 mm Länge. Die Keimscheibe zeichnet sich beim frisch abgelegten befruchteten Ei deutlich als violett-rote Fläche durch die noch feuchte Schale hindurch ab. Erst nach etwa einem Tag ist die Schale abgetrocknet und erscheint nun kalkig-weiß und undurchsichtig. Wenige Tage vor dem Schlupf weisen die Eier meist Einbuchtungen auf, manchmal in Verbindung mit Flüssigkeitsperlen auf der Schale.

### 15.3.2. Dornschwanzagamen von Gunther Köhler

Die Eier von Dornschwanzagamen (Gattung *Uromastyx*) sind sehr empfindlich gegenüber einer hohen Substratfeuchtigkeit. Aus diesem Grund darf das Substrat (z.B. Vermiculite oder Perlite) nur gering feucht sein (-550 bis -800 kPa; d.h. ca. 25-35 ml Wasser auf 100 g Vermiculite). Es hat sich bewährt, in den Inkubationsbehälter trockenes Vermiculite zu füllen und die abgemessene Wassermenge an den Innenseiten des Inkubationsbehälters herunterrinnen zu lassen (WILMS mündl. Mitt. 1996). In der direkten Umgebung jedes Eies soll es trocken bleiben. Die Deckelinnenseite darf leicht beschlagen; es dürfen sich aber keine Wassertropfen an der Innenseite des Deckels bilden, dann wäre das Substrat zu naß (WILMS 2001). Die Temperatur sollte für *Uromastyx*-Eier 29-34 °C betragen. Alle 3-4 Tage sollte der Inkubationsbehälter geöffnet werden, um einen Gasaustausch zu gewährleisten (WILMS 2001). Wenige Tage vor dem Schlupf kann man oftmals kleine Wassertropfen auf der Eischale feststellen. Gelegentlich schlüpfen die Dornschwanzagamen aber auch ohne diese Vorzeichen.

### 15.3.3. Chamäleons von Gunther Köhler & Robert Seipp

In den letzten zehn Jahren wurden beachtliche Fortschritte in der Haltung und Zucht von Chamäleons gemacht. Dies konnte zum einen durch eine bessere Kenntnis der Lebensräume (Mikroklima, Struktur, Vegetation) und der Biologie (Verhalten, Fortpflanzung, Ernährung) der verschiedenen Arten und zum anderen durch eine verbesserte Versorgung der Terrarientiere mit Vitamin- und Mineralstoffpräparaten erreicht werden.

Unter den Chamäleons gibt es Arten, die weichschalige Eier legen (Oviparie) und solche, die vollentwickelte Jungtiere, die von einer hauchdünnen, durchsichtigen Hülle umschlossen sind, zur Welt bringen (Ovoviviparie). Letztere Fortpflanzungsstrategie ist vor allem bei Arten verbreitet, die in kühleren Bergregionen leben (z.B. *C. hoehnelii, C. jacksonii*). Ausnahmen von dieser Regel sind einige südafrikanische Arten der Gattung *Bradypodion* (z.B. *karroicum, pumilum, thamnobates*), die Bewohner warmer bis heißer Steppenlandschaften und dennoch ovovivipar sind.

Nach einer Trächtigkeitsdauer von mehreren Wochen vergraben die Weibchen der eierlegenden Arten ihre Gelege im feuchten Boden (Ausnahmen siehe unten). Die Eiablage findet meistens abends oder nachts statt. Hierfür graben die Weibchen Gänge in das Substrat, wobei Arten aus ariden Gebieten (z.B. *Furcifer oustaleti*) längere Gänge anlegen als Arten aus feuchten Gebieten (z.B. *Furcifer pardalis*). Dies hängt damit zusammen, daß in den Trockengebieten die notwendige Bodenfeuchtigkeit erst in etwas tieferen Schichten vorhanden ist. Meist entspricht aber die Länge des Ganges der Gesamtlänge des Weibchens. Einige *Brookesia*-Arten (*B. decaryi, B. minima, B. stumpffi*) graben keine Gänge, sondern legen die Eier unter Rindenstücken oder Blättern ab.

Als Inkubationssubstrat für Chamäleongelege hat sich vor allem feuchtes Vermiculite oder Perlite bewährt, in das die Eier halb eingegraben werden. Das Substrat soll locker und luftdurchlässig sein. Substrate wie Sand-Erde-Gemische erlauben nicht genügend Luftzirkulation und sind deshalb nicht zur Inkubation von Chamäleoneiern geeignet. Chamäleoneier, die keine große Substratfeuchtigkeit vertragen und vor allem keinen direkten Kontakt mit Wasser haben dürfen (z.B. *Chamaeleo eisentrauti*), sollten in Perlite gezeitigt werden.

Die Gelege der meisten Chamäleonarten können bei Temperaturen von 24-30 °C gezeitigt werden, wobei tägliche Schwankungen um 2-4 °C sich günstig auf die Vitalität der Jungtiere auswirken. Bei der Wahl der Bruttemperatur sind Kenntnisse des Mikroklimas im Lebensraum der jeweiligen Art sehr hilfreich. Gelege der Erdchamäleons (Gattung *Brookesia*) werden bei Zimmertemperatur (18-23 °C) inkubiert, da diese bei Temperaturen über 28 °C nicht gedeihen. Außerdem wirkt sich eine Absenkung der Temperatur von 21-23 °C tagsüber auf 16-18 °C nachts günstig auf die Vitalität der Jungtiere aus (Pietschmann 1995, Flamme 1996).

**Abb. 140.** *Chamaeleo chamaeleon* **kurz nach dem Schlupf.** Foto: P. VELENSKY

bei höheren Temperaturen bebrütet, so kommt die Entwicklung der Embryonen ab einem bestimmten Stadium zum Stillstand und die Eier sterben schließlich ab. Wichtig ist, daß die Temperaturänderungen jeweils allmählich über einen Zeitraum von mehreren Tagen erfolgen. Angaben, daß auch Gelege von *Furcifer oustaleti* eine kühle Phase benötigen (GRAF 1995), widersprechen bisherigen Zuchterfahrungen (HENKEL & HEINECKE 1992, NECAS 1995, SCHMIDT et al. 1996) und erscheinen auch bei Betrachtung der klimatischen Bedingungen im Lebensraum dieser Art unverständlich. *F. oustaleti* ist ein Bewohner des küstennahen Tieflandregenwaldes, wo die Tagestemperaturen ganzjährig bei 24-30 °C (ausnahmsweise bis 40 °C) liegen (NECAS 1995, SEIPP unveröff. Beob.). Eine kühlere Jahreszeit, wie es sie im Lebensraum z.B. der Arten *Furcifer campani* oder *F. lateralis* gibt, ist dort nicht sehr ausgeprägt.

Die Gelege mancher Chamäleonarten (z.B. *Furcifer campani, F. lateralis,* vgl. Tab. 6) benötigen eine kühlere Ruheperiode während der Inkubation, um sich erfolgreich bis zum Schlupf zu entwickeln (SCHMIDT 1986, SCHMIDT 1992, GRAF 1995). Werden diese Eier konstant

| Art | 1. Warmperiode | kühlere Periode | 2. Warmperiode | Quelle |
|---|---|---|---|---|
| *Furcifer campani* | 45 Tage bei 25 °C | 45 Tage bei 12-15 °C | bis zum Schlupf bei 25 °C | SCHMIDT, W. (1992): Sauria 14 (3): 21-23 |
| *Furcifer lateralis* | 45-60 Tage bei 25-28 °C | 45-60 Tage bei 12-18 °C | bis zum Schlupf bei 26-28 °C | SCHMIDT, W. (1986): Salamandra 22 (2/3): 105-112; SCHMIDT, W. (1992): Sauria 14 (3): 21-23 |

**Tabelle 6. Anleitung zur Inkubation der Eier von Chamäleonarten, die eine kühlere Periode benötigen.**

# 15.3.4. Geckos von Robert Seipp

Die meisten oviparen Geckoarten legen hartschalige Eier. Eine Ausnahme bilden diesbezüglich nur die Lidgeckos (Unterfamilie Eublepharinae) und die Doppelfingergeckos (Unterfamilie Diplodactylinae), die weichschalige Eier produzieren. Die Gelegegröße der meisten Geckoarten beträgt zwei Eier ("Doppeleier"), seltener auch nur ein einzelnes Ei. Besonders am Ende einer Legeperiode produzieren die Weibchen oftmals nur noch ein Ei pro Gelege. Eine Besonderheit sind die Arten der Unterfamilie Sphaerodactylinae (u.a. die Gattungen *Sphaerodactylus* und *Gonatodes*), die prinzipiell immer nur ein einzelnes Ei absetzen. Bezüglich eines einmal angenommenen Eiablageplatzes sind Geckos in der Regel sehr treu, so daß es zu regelrechten Massenansammlungen von Eiern und Eischalen kommen kann (vgl. Abb. 63, S. 50).

Die bevorstehende Eiablage kündigt sich durch eine verstärkte Unruhe und Nervosität der Weibchen an. Selbst bei nachtaktiven Arten sind die Weibchen dann auch am Tage aktiv und suchen nach günstigen Ablageplätzen. Ein verstärktes Aufsuchen der lokalen Wärmequellen kann ebenfalls ein Hinweis auf die kurz bevorstehende Ablage sein. Bei insgesamt trocken gehaltenen Terrarien lassen sich leicht Eiablageplätze schaffen, die bei entsprechender Feuchtigkeit von den Weibchen angenommen werden. Es eignen sich hierzu Plastikdosen, die oben geschlossen sind, um den Weibchen ein Gefühl der Sicherheit zu geben. Lediglich ein Loch im Deckel der Plastikdose mit einem Durchmes-

**Abb. 141. Wüstengeckos** (*Coleonyx elegans*) **mit Gelegen.** Foto: T. Holfert

ser, welcher dem Körperumfang des Weibchens entspricht, sollte vorhanden sein.

Die Bergung der oftmals sehr empfindlichen Geckoeier ist nicht immer einfach. Da gerade bei vergrabenen hartschaligen Eiern die Gefahr sehr groß ist, sie beim Suchen zu verletzen, sollte das Freilegen mit einem weichen Pinsel erfolgen. Die sogenannten "Eikleber" unter den Geckos heften ihre Eier an feste Gegenstände, wie z.B. Steine, Wurzeln, Pflanzen und Terrarienscheiben. Versuche, die Gelege vom Untergrund zu lösen, führen meist zur Beschädigung der Eier, weshalb sie an der ursprünglichen Stelle belassen werden sollten. Falls die Eier gut zugänglich sind und eine relativ große, freie Fläche um die Eier vorhanden ist, können sie vor den Alttieren geschützt werden, indem sie mit einem Tee- oder einem *Tubifex*-Sieb (aus der Aquaristik) abgedeckt werden. Dadurch wird den Bedürfnissen der Eier nach Frischluft Rechnung getragen und eine ständige Beobachtung ermöglicht.

Falls die Eier an Blättern von Pflanzen angeklebt sind, können Teile der Pflanze abgeschnitten und in den Inkubator überführt werden. Falls die Eier an unzugänglichen Orten angeklebt wurden, sollten bei Arten, die möglicherweise ihre Jungtiere fressen, die erwachsenen Tiere aus dem Terrarium entfernt werden. Bei *Phelsuma barbouri*, *P. klemmeri*, *Phyllurus platurus* und *Quedenfeldtia trachyblepharus* sprechen die bisherigen Erfahrungen dafür, daß die Adulten den Jungtieren nicht nachstellen (HENKEL & SCHMIDT 1991, SEIPP unveröff. Beob., WICKER schriftl. Mitt.). Das Terrarium sollte weiterhin die für die Entwicklung der Eier notwendige Feuchtigkeit durch regelmäßiges Sprühen erhalten, wobei die Eier aber nicht direkt mit Wasser benetzt werden sollten.

Die Inkubation von **weichschaligen Geckoeiern** kann in verschiedenen Substraten erfolgen. Bei einigen Arten (z.B. *Oedura castelnaui*) hat sich die Zeitigung in einem Sand-Erde-Gemisch mit einem Mischungsverhältnis von etwa 2:3 bewährt (RÖSLER 1995, SCHRÖDER mündl. Mitt.). Auch Vermiculite hat sich für die Zeitigung einiger Arten (z.B. *Uroplatus ebenaui* und *U. phantasticus*) als geeignet erwiesen (SEIPP unveröff. Beob.). Bei beiden Substraten ist die Luftzirkulation durch die geringe Porengröße nur für einige Arten als ausreichend anzusehen. Die bisher besten Erfahrungen hat der Autor mit Perlite gemacht, das es in verschiedenen Körnungen im Baustoffhandel gibt. Die Durchlüftung scheint bei diesem Material optimal zur Inkubation auch von besonders empfindlichen Eiern, wie von *Nephrurus*-Arten und *Hemitheconyx caudicinctus,* zu sein. Besonders die Feuchtigkeitsregulation, welche bei Substraten wie Erde-Sand-Gemischen Probleme bereitet, kann bei Perlite leicht gesteuert werden. Meist reicht ein einmaliges Anfeuchten des Substrates für mindestens zwei Wochen aus, ohne daß noch einmal nachbefeuchtet werden müßte.

Für die Inkubation von **hartschaligen Geckoeiern** gibt es verschiedene Möglichkeiten. Bewährt hat sich die Inkubation von Geckoeiern in Plastikdosen, die innen mit Schaumstoff ausgekleidet sind. Die Eier werden frei liegend in den Vertiefungen des Schaumstoffs gezeitigt, wobei eine Luftfeuchtigkeit von 90-95% nicht unterschritten werden darf. Diese Methode eignet sich jedoch nicht für alle hartschaligen Eier. Eier von Arten aus besonders ariden Gebieten (z.B. *Chondrodactylus, Heteronotia binoei, Pachydactylus* spp., *Teratolepis fasciata*) sollten in vollständig trockenem Sand gezeitigt werden, da die Eier selbst bei gering feuchtem Substrat absterben. Die notwendige Feuchtigkeit wird dadurch erreicht, daß der Deckel des Inkubationsbehälters einmal pro Woche von innen angesprüht wird.

Eine konstante Inkubationstemperatur ist bei Geckoeiern nicht nötig. Tägliche Temperaturschwankungen um 2-4 °C wirken sich günstig auf die Vitalität der Nachzuchttiere aus.

## 15.3.4.1. Knopfschwanzgeckos von ROBERT SEIPP

Alle Arten der Gattung *Nephrurus* legen weichschalige Eier. Diese extrem dünnschaligen Eier wurden mit Erfolg in Perlite bei einer Inkubationstemperatur von 27-29 °C gezeitigt. Bei Substraten wie Torf-Sand-Gemischen oder Vermiculite ist die Luftzirkulation durch die geringe Porengröße für diese Arten nicht als ausreichend anzusehen. Perlite scheint optimal zur Inkubation von *Nephrurus*-Eiern zu sein, da diese sehr empfindlich gegenüber einer zu hohen Substratfeuchtigkeit sind. Es wurde beobachtet, daß es bei zu großer Feuchtigkeit zum Absterben von voll- entwickelten Jungtieren im Ei gekommen ist. Meist reicht ein einmaliges Anfeuchten des Substrates für mindestens zwei Wochen aus, ohne daß noch einmal nachbefeuchtet werden müßte. Gegen Ende der Inkubation sollte das Substrat austrocknen. Das Ende der Inkubationszeit kündigt sich dadurch an, daß die Eischale an einigen Stellen dünn und pergamentartig wird. Etwa einen Tag vor dem Schlupf sind einige Flüssigkeitstropfen auf der Eischale zu erkennen. Die Jungtiere sind bisher nur nachts geschlüpft.

## 15.3.4.2. Plattschwanzgeckos von ROBERT SEIPP

Obwohl die Eier der *Uroplatus*-Arten hartschalig sind, benötigen sie eine permanent hohe Luftfeuchtigkeit (95-100%), um sich bis zum Schlupf entwickeln zu können. Bei zu niedriger Luftfeuchtigkeit oder bei substratfreier Zeitigung kommt es zum Absterben der Embryonen. Die Eier der meisten Arten dieser Gattung können in feuchtem Vermiculite bei 25-28 °C gezeitigt werden. Eine Ausnahme bilden die Eier von *Uroplatus phantasticus*, die bei etwas niedrigeren Temperaturen (23-25 °C) inkubiert werden sollten.

## 15.3.4.3. Wundergecko und Namibgecko von ROBERT SEIPP

Wundergeckos (*Teratoscincus scincus*) und Namibgeckos (*Palmatogecko rangei*) legen formstabile, aber extrem dünnschalige Eier. Bei der Bergung der Eier aus dem Terrarium ist deshalb besondere Vorsicht geboten. Es empfiehlt sich, die Eier nicht mit den Fingern, sondern mit Hilfe eines Löffels in den Brutbehälter zu überführen. Die Eier können in trockenem Sand, bei einer Temperatur von 28-31 °C (*Teratoscincus scincus*) bzw. 26-29 °C (*Palmatogecko rangei*), gezeitigt werden. Zur Deckung des Feuchtigkeitsbedarfes wird der Deckel des Inkubationsbehälters einmal pro Woche von innen angesprüht.

### 15.3.4.4. Taggeckos von JENS KRÜGER

Abb. 142. *Phelsuma madagas-cariensis*: **Jungtier neben dem verlassenen Gelege.**
Foto: D. ZIEHM

Taggeckos der Gattung *Phelsuma* produzieren pro Legeperiode bis zu sechs Gelege mit jeweils zwei Eiern ("Doppeleier"). Bevorzugte Eiablage-plätze sind Blattachseln von schmalen langblättrigen Pflanzen, Ritzen von Hauswänden, Baumstämme und Telegraphenmasten sowie unter der Rinde größerer Bäume. Im Terrarium sollten immer mehrere mögliche Eiablageplätze angeboten werden.

Für jene Arten, die ihre Eier an das Substrat ankleben, hat es sich bewährt, offene Bambusröhren innen mit Papier auszukleiden. Werden dann die Eier in der Röhre abgelegt, kann das Papier mit den daran klebenden Eiern vorsichtig herausgezogen und in einen Brut-behälter überführt werden. In einem dicht bepflanzten Terrarium empfiehlt sich die Verwendung eines kleinen ge-stielten Zahnarztspiegels, um die oft-mals sehr versteckt deponierten Eier zu entdecken.

Die Eier sollten möglichst bald nach der Aushärtung der Kalkschale aus dem Terrarium entfernt werden. Bei Arten, die ihre Eier in Blattachseln oder am Boden ablegen, ist die vorsichtige Über-führung in einen speziellen Inkuba-tionsbehälter kein Problem. Bei den so-genannten „Eiklebern" dagegen darf niemals versucht werden, die Eier vom Untergrund zu lösen - es würde sie un-weigerlich beschädigen!

Wenn möglich, sollte vielmehr der Blattabschnitt oder die Bambusröhre komplett mit dem Gelege aus dem Ter-rarium entnommen werden. Die Ober-seite der Eier muß bei einer Entnahme markiert werden, denn eine spätere ver-drehte Lagerung führt nahezu zwangs-läufig zur Schädigung oder gar zum Tode des Embryos. Ist die Entnahme der Eier aus dem Terrarium nicht möglich, weil die Eier beispielsweise an eine Terrarienscheibe geklebt wurden, soll-ten sie durch eine Kunststoff- oder Drahtgazekappe geschützt werden.

Als Inkubationsbehälter hat sich für die hartschaligen Eier der Phelsumen ein einfacher Kunststoffklarsicht-behälter mit Deckellüftung bewährt. Die Eier werden darin auf Watte oder

Schaumstoff gebettet. Empfehlenswert ist es hierbei, die Eier durch eingeschnittene Mulden im Untergrund zu fixieren.

Bei jeder Form der Inkubation sollte zumindest in den ersten zehn Tagen möglichst eine tageszeitliche Temperaturschwankung zwischen 24 °C und 32 °C gewährleistet sein, um ein Ungleichgewicht der Geschlechter bei den Nachzuchttieren zu vermeiden.

Eine zusätzliche Befeuchtung des Schaumstoffs ist nicht notwendig; die Eier gedeihen bei mittlerer Luftfeuchtigkeit am besten.

Die Länge der Eizeitigung ist temperatur- und artspezifisch unterschiedlich. Es hat sich bewährt, die Eier nach der Phase der Geschlechtsdetermination, also nach 10 bis 14 Tagen, bei Temperaturen um 28 °C zu zeitigen. Eine nächtliche Absenkung bis auf 22 °C hat keinen negativen Einfluß auf die Entwicklung der Eier. Bei den hochlandbewohnenden Formen *Phelsuma barbouri* und *Phelsuma madagascariensis boehmei* sollte die Zeitigungstemperatur allerdings nicht über 26 °C steigen (SEIPP schriftl. Mitt.).

## 15.3.5. Warane von BERND EIDENMÜLLER

Da Warane (*Varanus* spp.) Eifresser sind, müssen die Eier nach der Ablage so schnell wie möglich aus dem Terrarium in einen Brutschrank überführt werden. Dort bettet man sie in vorbereitete Gefäße, die mit feuchtem Vermiculite oder Perlite (Wasserpotential 0 bis -430 kPa) gefüllt sind (EIDENMÜLLER, im Druck).

Eier von Waranen aus den feuchteren Gebieten (z.B. *V. mertensi, V. mitchelli*) sind nicht so empfindlich gegen höhere Substratfeuchte, wie Eier von Waranen aus trockeneren Gebieten (z.B. *V. acanthurus, V. storri*).

Die Eier bettet man so in das Substrat, daß sie mindestens bis zur Hälfte eingegraben sind; besser ist es jedoch, sie komplett darin zu vergraben. Die Wasseraufnahme erfolgt in diesem Falle über die gesamte Eioberfläche. Die Inkubationstemperatur wird zwischen

26 und 30 °C eingestellt. Schon nach kurzer Zeit können im Inneren von befruchteten Eiern Blutgefäße und eine Zunahme des Volumens festgestellt werden.

Die Inkubationszeit der Eier korreliert mit der Adultgröße der Elterntiere (HORN 1978, EIDENMÜLLER 1989, 1990, EIDENMÜLLER & WICKER 1991, KING & GREEN 1993). So schlüpfen z.B. die Jungtiere von *Varanus storri*, die eine KRL von 12 cm erreichen können, bereits nach etwa 100 Tagen, während bei *Varanus mertensi* mit einer KRL von bis zu 50 cm die Inkubationsdauer bis über 300 Tage betragen kann. Diese Angaben sind aber nur dann auf andere Arten anwendbar, wenn von gleichen Inkubationsparametern (Substrat, Feuchtigkeit und Temperatur) ausgegangen wird. Bei niedrigeren Temperaturen wird die Zeitigungsdauer deutlich länger, desgleichen kann dies bei einem niedrige-

ren Wasserpotentialwert der Fall sein. Grundsätzlich gilt, daß zum Ende der Inkubation der Wassergehalt des Substrates geringer werden kann, ohne daß die Eier Schaden daran nehmen.

Sollten die Jungtiere nicht nach der in der Literatur angegeben Zeit schlüpfen, ist davon abzuraten, die Eier zu öffnen, da die Inkubationsdauer einer Waranart stark schwanken kann. Schon kleine Änderungen bei Temperatur oder Substratfeuchte haben eventuell große Auswirkungen auf die Brutdauer.

**Abb. 143. Ein Waran (*Varanus salvator*) schlüpft aus dem Ei.** Foto: P. MARHOUL

## 15.3.7. Großtejus von GUNTHER KÖHLER

Zuchterfahrungen liegen vor allem für drei Tejuarten (Gattung *Tupinambis*) vor: *Tupinambis nigropuncatus, T. merianae* and *T. rufescens*) (HALL 1978, KÖHLER 1989, LANGERWERF 1995, KÖHLER & LANGERWERF 2000). Tejus produzieren große Eier (*teguixin*: 49-54 mm lang, 28-31 mm breit, 23-24 g; *merianae*: 45-50 mm lang, 20 g), die eine dicke, derb-elastische Schale haben. Auch unmittelbar nach der Ablage ist bei den befruchteten Eiern keine Keimscheibe zu erkennen. Die Inkubation von Tejueiern war unter Verwendung eines Motorbrüters in mäßig feuchtem Sand und Vermi-culite (halb eingegraben) bei 27 31 °C (*merianae* and *rufescens*) bzw.

29-31 °C (*teguixin*) erfolgreich. Da die vom Verfasser inkubierten Tejueier bei Feuchtigkeits-mangel stets zuerst auf der Unterseite Einbuchtungen aufwiesen, sollte bei den Kontrollen auch die Unterseite der Eier inspiziert werden. Auffallend ist die wesentlich längere Inkubationsdauer bei *T. teguixin* (152-171 Tage) im Vergleich zu *T. merianae* (64-76 Tage) und *T. rufescens* (76-91 Tage) (HALL 1978, KÖHLER 1989, LANGERWERF 1995, KÖHLER & LANGERWERF 2000). Erwähnenswert ist die Beobachtung von LANGERWERF (1995), daß seine Tejuweibchen (*T. teguixin*) in die zur Eiablage gegrabenen Nesthöhlen Heu einbringen.

### 15.3.8. Schildechsen von GUNTHER KÖHLER

Schildechsen (*Gerrhosaurus* spp., *Zonosaurus* spp.) produzieren einmal jährlich Gelege mit 2-9 Eiern, deren Schalen derb-elastisch und relativ dick sind (PATTERSON & BANNISTER 1988). Auch unmittelbar nach der Ablage ist bei befruchteten Eiern keine Keimscheibe zu erkennen. Die Eier wurden erfolgreich in mäßig feuchtem Vermiculite oder Sand (-300 bis -500 kPa) bei 28-31 °C gezeitigt (RESE 1986, KÖHLER 1990). Die Inkubationsdauer ist bei den meisten Arten mit 100-150 Tagen recht lang.

## 15.4. Schlangen von GUNTHER KÖHLER

Die Eier der meisten Schlangenarten stellen keine besonderen Ansprüche an die Inkubationsbedingungen und können gemäß den in Anhang III angegebenen Temperaturbedingungen in diversen Substraten (insbesondere Vermiculite, Perlite, Sphagnum, Schaumgummistückchen und Torf-Sand-Gemisch) gezeitigt werden. Für die Eier der meisten Natternarten sind Bruttemperaturen zwischen 26 und 29 °C ideal, während Werte über 30 °C vermieden werden sollten (ZWEIFEL 1980, OSBORNE 1985). Das Substrat wird mä-

**Abb. 144.** *Elaphe q. quatuorlineata* bei der Eiablage. Foto: P. VELENSKÝ

**Abb. 145. Schlüpfende Rotschwanz-Natter** *(Gonyosoma oxycephala).* Foto: B. EICHMANN

ßig feucht (Wasserpotential -400 bis -600 kPa; vgl. Abb. 59 & 60, S. 43) gehalten.

Durch eine Schleimschicht auf der Außenseite der Schale verkleben die Eier eines Geleges traubenförmig miteinander. Innerhalb der ersten Stunde nach der Eiablage kann versucht werden, diese Eier vorsichtig voneinander zu trennen. Das hat den Vorteil, daß später unbefruchtete und abgestorbene Eier problemlos entfernt werden können. Erst später entdeckte Gelege sollten als zusammenhängende "Eitraube" in den Brutschrank überführt werden, da das Ablösen von Eiern leicht zu Beschädigungen führt. Auch bei Nattern

sind befruchtete (rein weiß und prall) und unbefruchtete Eier (weicher und gelblich-bräunlich) in der Regel deutlich voneinander zu unterscheiden. Die Schalenstärke ist je nach Art sehr unterschiedlich und kann selbst innerhalb einer Gattung sehr variieren. So sind die Schalen der Eier von *Elaphe taeniura* und *Gonyosoma oxycephala* verhältnismäßig dick, während *E. dione* sehr empfindliche, dünnschalige Eier legt (SCHULZ 1996). Auf der Eischale können unregelmäßige Kalkauflagerungen, Riefen und feine Rinnen vorhanden sein, ohne daß dies einen negativen Einfluß auf den Schlupferfolg hat.

**Abb. 146 und 47. Die Eier einer Lyra-Schlange** *(Trimorphodon biscutatus)* **konnten erfolgreich gezeitigt werden, nachdem verdorbene Eier aus der „Eitraube" entfernt wurden (vgl. Abb. 117-120, S. 84).**

## 15.4.1. Pythons von Gunther Köhler

Pythons gehören zu den Reptilien, die Brutpflege betreiben. Das Weibchen wickelt sich um das Gelege und sorgt durch Muskelkontraktionen für eine weitgehend konstante Bruttemperatur. Entsprechend ist man vor die Wahl gestellt, das Gelege auch unter Terrarienbedingungen bei dem Weibchen zu belassen oder die Eier künstlich im Brutschrank zu inkubieren. Entscheidet man sich dafür, die Eier vom Weibchen bebrüten zu lassen, müssen einige Vorkehrungen getroffen werden. Die Umgebungstemperatur sollte im Bereich der optimalen Inkubationstemperatur für Pythoneier (30-32 °C) liegen, damit dem Weibchen die Thermoregulation erleichtert wird, und das Tier nicht unnötig Energie dafür aufwenden muß. Die relative Luftfeuchtigkeit in der Umgebung des brütenden Weibchens sollte möglichst hoch sein (über 80 %), da die Eier sonst vertrocknen. Das Weibchen samt Gelege wird täglich mit warmem Wasser übersprüht. Die Eier der meisten Pythonarten nehmen durch direkten Kontakt mit Wasser keinen Schaden (Ross & Marzec 1990). Manche Autoren empfehlen, das Muttertier von den Eiern zu trennen, wenn der Schlupf beginnt, damit die Jungtiere nicht von der Schlange erdrückt werden (Ross 1978, Schouten 1985).

In der Regel ist es günstiger und sicherer, die Pythongelege vom Weibchen zu trennen und künstlich zu inkubieren. Beim Entfernen der Eier vom Weibchen muß behutsam, aber doch entschlossen und zügig vorgegangen werden. Während eine Person mit beiden Händen das Weibchen und das Gelege fixiert, wobei auch der Schlangenkopf festgehalten werden muß, befreit eine zweite Person die Eier aus den Schlingen des Pythons. Die ursprüngliche Position der Eier muß dabei beibehalten werden, weshalb sich eine Markierung mit Hilfe eines Bleistiftes empfiehlt. Meist liegen die Eier nicht flach am Boden, sondern kleben traubenförmig zusammen. Dann werden die Eier nicht voneinander getrennt, sondern gesamt in den Brutschrank überführt.

Als Inkubationssubstrat hat sich vor allem Vermiculite bewährt. Die Eier werden halb oder vollständig in das leicht feuchte Substrat eingegraben und bei 30-32 °C bebrütet. Die Brutdauer beträgt bei den meisten Pythonarten 56-65 Tage.

## 15.5. Brückenechsen  von GUNTHER KÖHLER

**Abb. 148. Schlüpfende Brückenechse.**
Foto: B. ROBERTSON

Brückenechsenweibchen vergraben die Gelege mit jeweils 6 bis 18 weichschaligen Eiern in 10-15 cm Tiefe (DAWBIN 1962, 1982, DAUGHERTY & CREE 1990). Zum Zeitpunkt der Eiablage sind die Eier etwa 30 mm lang, 20 mm im Durchmesser und weisen eine Masse von 3-6 g auf (DENDY 1899, DAWBIN 1962). Bei einer für Reptilien ungewöhnlich niedrigen Inkubationstemperatur von 16-22 °C (THOMPSON 1990) schlüpfen die jungen Brückenechsen in der Natur nach einer Inkubationsdauer von 13 bis 15 Monaten (DENDY 1899, DAWBIN 1962, 1982).

Die künstliche Inkubation war erfolgreich mit Vermiculite oder mit Sand als Inkubationssubstrat, in das die Eier halb oder ganz eingegraben wurden (TINTINGER 1987, THOMPSON 1990). Die beste Schlupfrate wurde bei Temperaturen zwischen 18-22 °C erzielt, während bei 15 °C kein Jungtier schlüpfte und bei 25 °C die Schlupfrate nur gering war (THOMPSON 1990). Während der Inkubation nehmen die Eier deutlich an Gewicht und Volumen zu, so daß das Eigewicht kurz vor dem Schlupf 132-398% des Ausgangswertes beträgt (THOMPSON 1990). Bei einer konstanten Inkubationstemperatur von 18 °C betrug die Zeitigungsdauer 295-366 Tage (im Durchschnitt 328 Tage), während sie sich bei 22 °C auf 160-188 Tage (im Durchschnitt 169 Tage) verringerte (THOMPSON 1990).

Die Substratfeuchtigkeit sollte auf ein Wasserpotential zwischen -100 und -300 kPa eingestellt werden. Zur erfolgreichen Entwicklung müssen die Eier während der Inkubation Wasser aufnehmen. Allerdings ist auch darauf zu achten, daß die Eier nicht zuviel Wasser aufnehmen. Wenn Eier im Laufe der Inkubation eine Masse von 18 g und mehr erreichen, ist ein Schlupferfolg unwahrscheinlich (THOMPSON et al. 1988). Eier, deren Masse sich 18 g nähert, sollten deshalb in eine trockenere Umgebung überführt werden, die es ihnen erlaubt, Wasser abzugeben.

Die frisch geschlüpften *Sphenodon punctatus* weisen eine Kopf-Rumpf-Länge von 44,2-55,0 mm bei einer Gesamtlänge von 95-104 mm und einer Masse von 3,5-6,6 g auf (DAWBIN 1962, 1982, TINTINGER 1987, THOMPSON 1990).

# 16. Danksagung

Zahlreiche Personen haben zu diesem Buch durch anregende Diskussionen und/oder durch Bereitstellen von Daten und Fotomaterial beigetragen. Diesbezüglich gilt mein Dank insbesondere den Damen und Herren BERTRAND BAUR, Seeberg, Schweiz; Dipl. Biol. WOLFGANG BISCHOFF, Bonn; Prof. Dr. WOLFGANG BÖHME, Bonn; SABINE BROSCHELL, Berlin; Dr. B.O. BUTLER, Lunenburg, Massachasetts, U.S.A.; ANNEMARIE CALGUA, Edenkoben; ERIKA ECKES, Bensheim; BERND EICHMANN, Ahlen; BERND EIDENMÜLLER, Frankfurt; Dr. SUSANNE FLECK, Hanau; Dr. UWE FRITZ, Dresden; SABINE FURTWÄNGLER, Singen; Dr. JÜRGEN GAD, Wolfsheim; FRIEDRICH-WILHELM HENKEL, Bergkamen; TINO HOLFERT, Sebnitz; HOLGER HORTENBACH, Deutzen; Prof. Dr. WALTER KIRSCHE, Pätz; BORIS KLUSMEYER, Bremen; Dr. D. KOVAC, Frankfurt; ROLF KREUTZ, Herxheim; CHRISTA KREY, Wellington, New Zealand; Dipl. Biol. JENS KRÜGER, Kiel; ULRICH KUCH, Kelkheim; BERT LANGERWERF, Montevallo, Alabama, U.S.A.; Dipl. Biol. EDGAR LEHR, Kelsterbach; EDWARD V. TH. LOK, Ludwigshafen; PAVEL MARHOUL, Prag, Tschechische Republik; Dr. DAVID MODRY, Brno, Tschechische Republik; Dr. JOHANNES PICHLER, Neustadt; RUTH und PETRA PSCHERA, Alsbach; BRETT ROBERTSON, Wellington, New Zealand; MICHAEL SCHARDT, Pohlheim; Dr. BERND SCHILDGER, Frankfurt; JÜRGEN SCHMIDT, Oftering, Österreich; WOLFGANG SCHMIDT, Soest; Dipl. Biol. ROBERT SEIPP, Frankfurt; SVEN TRÄNKNER, Frankfurt; PETR VELENSKÝ, Prag, Tschechische Republik; Dipl. Biol. RUDOLF WICKER, Frankfurt; DIETER WIMMER, Stuttgart; RALF WIRTENSOHN, Gailingen; Dipl. Biol. DIETER ZIEHM, Köln.

Für die kritische und sorgfältige Durchsicht des Manuskriptes sowie den zahlreichen wertvollen Anmerkungen danke ich den Damen und Herren GÖTZ BURRÉ, Thansau; MARCUS KNIRR, Nidda; MONIKA LAUDAHN, Hasselroth; Prof. Dr. WALTER SACHSSE, Mainz; ALFRED A. SCHMIDT, Frankfurt; Dipl. Biol. RUDOLF WICKER, Frankfurt.

Bei SABINE und CHRISTIAN FURWÄNGLER, Singen, bedanke ich mich ganz besonders für die Unterstützung bei dem Anfertigen des Kapitels über den Bau eines Motorbrutschrankes.

Meiner Frau Elke danke ich für das Anfertigen der Zeichnungen, der geduldigen und kompetenten Betreuung des Buches als Verlegerin und ihrer vielseitigen Unterstützung bei meiner herpetologischen Arbeit.

# 17. Literaturverzeichnis

ABRAHAM, G. (1978): Schwarze Leguane aus dem Brutkasten. - Aquarien Mag. 12 (10): 484-486.

ABRAMS, V.A.M., T.J. McGAHAN, J.S. ROHRER, A.S. BERO & H.B. WHITE (1988): Riboflavin-binding proteins from reptiles: a comparison with avian riboflavin-binding proteins. - Comp. Biochem. Physiol. 90B: 243-247.

ABRAMS, V.A.M., L.BUSH, T. KENNEDY, T.A. SHERWOOD & H.B. WHITE (1989): Vitamin transport proteins in alligator eggs. - Comp. Biochem. Physiol. 90B: 241-247.

ACKERMAN, R.A. (1977): The respiratory gas exchange of sea turtle nests (*Chelonia, Caretta*). - Respiration Physiol. 31: 19-38.

ACKERMAN, R.A. (1981): Oxygen consumption by sea turtle (*Chelonia, Caretta*) eggs during development. - Physiol. Zool. 54: 316-324.

ACKERMAN, R.A. (1991): Physical factors affecting the water exchange of buried reptile eggs. - S. 193-211 in DEEMING, D.C. & M.W.J. FERGUSON (Hrsg.): Egg incubation: its effects on embryonic development in birds and rep-tiles. - Cambridge (Cambridge Univ. Press).

ACKERMAN, R.A., R. DMI'EL, & A. AR (1985 b): Energy and water vapor exchange by parchment-shelled reptile eggs. - Physiol. Zool. 58: 129-137.

ACKERMAN, R.A., R.C. SEAGRAVE, R. DMI'EL & A. AR (1985 a): Water and heat exchange between parchment-shelled reptile eggs and their surroundings. - Copeia 1985: 703-711.

ALLARD, H.A. (1935): The natural history of the box turtle. - Scient. Mon., New York 41: 325-338.

ANANJEVA, N.B. & N.L. ORLOW (1986): The Anlage and development of egg teeth in Squamata. - S. 319-322 in ROCEK, Z. (Hrsg.): Proc. 3. Meeting Soc. Europaea Herpetol. - Prag (Charles University).

ANONYMUS (1992): Eeneiig. - De Schildpad 18 (1): 33.

ARRAYAGO, M.-J., A. BEA & B. HEULIN (1996): Hybriduzation experiment between oviparous and viviparous strains of *Lacerta vivipara*: a new insight into the evolution of viviparity in reptiles. - Herpetologica 52 (3): 333-342.

AUFFENBERG, W. (1988): Gray's Monitor Lizard. - Gainesville (Univ. Florida Press).

BÁEZ, M., B. HIELEN & S. RYKENA (1998): *Tarentola delalandii* (DUMÉRIL & BIBRON, 1836 – Kanaren-gecko. – S. 161–175 in BISCHOFF (ed.): Handbuch der Reptilien und Amphibien Europas. Band 6. Die Reptilien der Kanarischen Inseln, der Selvagens-Inseln und des Madeira-Archipels. – Wiesbaden (Aula-Verlag).

BALDWIN, E. (1948): An introduction to comparative biochemistry. 3. Aufl., Cambridge (Cambridge Univ. Press).

BALLASINA, D. & R. BALLASINA (1984): Haltung und Zucht von Rotwangen-Schmuck-schildkröten. 2. Teil. - Aquarien Terrarien 1984 (7): 246-248.

BARRETT, A.J., N.D. RAWLINGS, M.E. DAVIES, W. MACHLEIDT, G. SALVESEN & V. TURK (1986): Cysteine proteinase inhibitors of the cystatin superfamily. - S. 515-569 in BARRETT, A.J. & G. SALVESEN (Hrsg.): Proteinase Inhibitors. - Amsterdam (Elsevier Sci. Publ. Co.).

BELLAIRS, R (1991): Overview of early stages of avian and reptilian development. - S. 371-383 in DEEMING, D.C. & M.W.J. FERGUSON (Hrsg.): Egg incubation: its effects on embryonic development in birds and reptiles. - Cambridge (Cambridge Univ. Press).

BEUCHAT, C.A. (1988): Temperature effects during gestation in a viviparous lizard. - J. Thermal Biol. 13: 135-142.

BLACK, C.P., G.F. BIRCHARD, G.W. SCHUETT & V.D. BLACK (1984): Influence of incubation water content on oxygen uptake in embryos of the Burmese python (*Python molurus bioittatus* [sic.]). - S. 137-145 in SEYMOUR, R.S. (Hrsg.): Respiration and Metabolism of Embryonic Vertebrates. - Dordrecht, The Netherlands (Dr. W. Junk).

BLANCK, C.E. & R.H. SAWYER (1981): Hatchery practices in relation to early embryology of the loggerhead sea turtle, *Caretta caretta* (LINNÉ). - J. Exp. Marine Biol. Ecol. 49: 163-177.

BOLTON, M. (1989): The management of crocodiles in captivity. - FAO Conservation Guide, Rom, 22: 1-52 + 1-62.

BOOTH, D.T. & M.B. THOMPSON (1991): A comparison of reptilian eggs with those of megapode birds. - S. 325-344 in DEEMING, D.C. & M.W.J. FERGUSON (Hrsg.): Egg incubation: its effects on embryonic development in birds and reptiles. - Cambridge (Cambridge Univ. Press).

BOYCOTT, R.C. & D.R. MORGAN (1988): Reproductive and growth data of some South African lizards. - J. Herpetol. Assoc. Afr. 35: 15-18.

BRAUNWALDER, M.E. (1979): Über eine erfolgreiche Zeitigung von Eiern des Grünen Leguans, Iguana iguana, und die damit verbundene Problematik. - Salamandra 15 (4): 185-210.

BREITENBACH, G.L., J.D. CONGDON & R.C. VAN LOBEN SELS (1984): Winter temperature of Chrysemys picta nests in Michigan: effects on hatchling survival. - Herpetologica 40 (1): 76-81.

BROER, W. & H.G. HORN (1985): Erfahrung bei der Verwendung eines Motorbrüters zur Zeitigung von Reptilieneiern. - Salamandra 21 (4): 304-310.

BROWN, S.G. & P.K. DUFFY (1992): The effects of egg-laying site, temperature, and salt water on incubation time and hatching success in the gecko Lepidodactylus lugubris. - J. Herpetol. 26 (4): 510-513.

BUDDE, H. (1980): Verbesserter Brutbehälter zur Zeitigung von Schildkrötengelegen. - Salamandra 16 (3): 177-180.

BULL, J.J. (1980): Sex determination in reptiles. - Quart. Rev. Biol. 55: 3-21.

BULL, J.J. (1983): Evolution of sex determination mechanisms. - Menlo Park, California: (Benjamin Cummings).

BULL, J.J. (1987a): Temperature-sensitive periods of sex determination in a lizard: similarities with turtles and crocodilians. - J. Exp. Zool. 241: 143-148.

BULL, J.J. (1987b): Temperature-dependent sex determination in reptiles: validity of sex diagnosis in hatchling lizards. - Canadian J. Zool. 65: 1421-1424.

BULL, J.J., W.H.N. GUTZKE & D. CREWS (1988): Sex reversal by estradiol in three reptilian orders. - Gen. Comp. Endocrinol. 70: 425-428.

BULL, J.J., J.M. LEGLER & C.J. MCCOY (1982): Sex determining temperatures in turtles: a geographic comparison. - Evolution 36: 326-332.

BULL, J.J., J.M. LEGLER & R.C. VOGT (1985): Non-temperature dependent sex determination in two suborders of turtles. - Copeia 1985 (3): 784-786.

BULL, J.J. & R.C. VOGT (1979): Temperature-dependent sex determination in turtles. - Science 206: 1186-1188.

BULL, J.J. & R.C. VOGT (1981): Temperature-sensitive periods of sex determination in emydid turtles. - J. Exp. Zool. 218: 435-440.

BURGER, J. (1976): Temperature relationships in nests of the northern diamondback terrapin, Malaclemys terrapin terrapin. - Herpetologica 32: 412-418.

BURGER, J. (1989): Incubation temperature has long term effects on behavior of young pine snakes (Pituophis melanoleucus). - Behav. Ecol. Sociobiol. 24: 201-207.

BURGER, J. & R.T ZAPPALORTI (1986): Nest site selection by Pine snakes, Pituophis melanoleucus, in the New Jersey Pine Barrens. - Copei 1986: 116-121.

BURGER, J., R.T ZAPPALORTI & M. GOCHFELD (1987): Developmental effects of incubation temperature on hatchling pine snakes Pituophis melanoleucus. - Comp. Biochem. Physiol. 87A: 727-732.

BURKE, R.L., M.A. EWERT, J.B. MCLEMORE & D.R. JACKSON (1996): Temperature-dependent sex determination and hatching success in the Gopher tortoise (Gopherus polyphemus). - Chelonian Conserv. Biol. 2 (1): 86-88.

BUSTARD, H.R. (1971): Temperature and water tolerances of incubating crocodile eggs. - British J. Herpetol. 4: 121-123.

BUSTARD, H.R. (1972): Sea Turtles. Natural History and Conservation. - London (W. Collins Sons & Co Ltd.).

CAGLE, F.R. (1937): Egg laying habits of the slider turtle (Pseudemys troostii), the painted turtle (Chrysemys picta), and the musk turtle (Sternotherus odoratus). - J. Tenn. Acad. Sci. 12: 87-95.

CAGLE, F.R. (1950): The life history of the slider turtle, Pseudemys scripta troostii (HOLBROOK). - Ecol. Monogr. 20: 31-54.

CAREY, C., H. RAHN & P. PARISI (1980): Calories, water, lipid and yolk in avian eggs. - Condor 82: 335-343.

CARR, A. (1952): Handbook of Turtles. - Ithaca, New York (Comstock Publ. Assoc.).

CARR, A. & H. HIRTH (1961): Social facilitation in green turtle siblings. - Anim. Behav. 9: 68-70.

CHAN, E.H. (1985): Twin embryos in unhatched egg of *Dermochelys coriacea*. - Marine Turtle Newsl. 32: 2-3.

CHAN, E.H. (1989): White spot development, incubation and hatching success of leatherback turtle (*Dermochelys coriacea*) eggs from Rantau Abang, Malaysia. - Copeia 1989 (1): 42-47

CHAN, E.H., H.U. SALLEH & H.C. LIEW (1985): Effects of handling on hatchability of eggs of the leatherback turtle, *Dermochelys coriacea* (L.). - Pertanika 8: 265-271.

CHARNIER, M. (1966): Action de la température sur la sex-ratio chez l'embryon d'*Agama agama* (Agamidae, Lacertilia). - Soc. Biol. Quest Afrika 160: 620-622.

CHOO, B.L. & L.M. CHOU (1987): Effect of temperature on the incubation period and hatchability of *Trionyx sinensis* WIEGMANN eggs. - J. Herpetol. 21: 230-232.

CHOO, B.L. & L.M. CHOU (1992): Does incuba-tion temperature influence the sex in *Trionyx sinensis*? - J. Herpetol. 26 (3): 341-342.

CHRISTIAN, K.A., C.R. TRACY & W.P. PORTER (1986): The effect of cold exposure during incubation of *Sceloporus undulatus* eggs. - Copeia 1986 (4): 1012-1014.

CLARKE, S.F. (1891): The habits and embryology of the American alligator. - J. Morph. 5 (2): 181-205.

COGGER, H.G. (1967): Australian Reptiles in Colour. - Sydney, Wellington & Auckland.

CONGDON, J.D., J.W. GIBBONS & J.L. GREENE (1983): Parental investment in the chicken turtle (*Deirochelys reticularia*). - Ecology 64: 419-425.

COTT, H.B. (1971): Parental care in the Crocodilia, with special reference to *Crocodylus niloticus*. - IUCN Publ. New Series, Suppl. Paper 32: 166-180.

COX, W.A. & K.R. MARION (1978): Observations on the female reproductive cycle and associated phenomena in spring-dwelling populations of *Sternotherus odoratus* in north Florida (Reptilia: Testudines). - Herpetologica 34: 20-33.

CRASTZ, F. (1982): Embryological stages of the marine turtle *Lepidochelys olivacea* (ESCHSCHOLTZ). - Rev. Biol. Trop. 30: 113-120.

CROOKS, F.D. & P.W. SMITH (1958): An instance of twinning in the box turtle. - Herpetologica 14: 170-171.

DAMME, R. VAN, D. BAUWENS, F. BRAҪA & R.F. VERHEYEN (1992): Incubation temperature differentially affects hatching time, egg survival, and hatchling performance in the lizard *Podarcis muralis*. - Herpetologica 48 (2): 220-228.

DAUGHERTY, C. & A. CREE (1990): Tuatara - A survivor from the dinosaur age. - New Zealand Geographic 1990 (6): 66-86.

DAUGHERTY, C., A. CREE, J.M. HAY & M.B. THOMPSON (1990): Neglected taxonomy and continuing extinctions of tuatara (*Sphenodon*). - Nature 347 (6289): 177-179.

DAWBIN, W.H. (1962): The tuatara in its natural habitat. - Endeavour 21: 16-24.

DAWBIN, W.H. (1982): The tuatara: aspects of life history, growth and longevity. - S. 237-250 in NEWMAN, D.G. (Hrsg.): New Zealand Herpetology. - Wellington (New Zealand Wildlife Service).

DEEMING, D.C. (1991): Reasons for the dichotomy in egg turning in birds and reptiles. - S. 307-323 in DEEMING, D.C. & M.W.J. FERGUSON (Hrsg.): Egg incubation: its effects on embryonic development in birds and reptiles. - Cambridge (Cambridge Univ. Press).

DEEMING, D.C. & M.W.J. FERGUSON (1988): Environmental regulation of sex determination in reptiles. - Philosophical Trans. Royal Soc. London 322B: 19-39.

DEEMING, D.C. & M.W.J. FERGUSON (1989): The mechanism of temperature dependent sex determination in crocodilians: a hypothesis. - American Zool. 29: 973-985.

DEEMING, D.C & M.W.J. FERGUSON (1991a): Physiological effects of incubation temperature on embryonic development in reptiles and birds. - S. 147-171 in DEEMING, D.C. & M.W.J. FERGUSON (Hrsg.): Egg incubation: its effects on embryonic development in birds and reptiles. - Cam-bridge (Cambridge Univ. Press).

DEEMING, D.C. & M.W.J. FERGUSON (1991b): Reduction in eggshell conductance to respiratory gases has no effect on sex determination in *Alligator mississippiensis*. - Copeia 228: 228-231.

DEEMING D.C. & M.B. THOMPSON (1991): Gas exchange across reptilian eggshells. - S. 277-284 in DEEMING, D.C. & M.W.J. FERGUSON (Hrsg.): Egg incubation: its effects on embryonic development in birds and reptiles. - Cambridge (Cambridge Univ. Press).

DENDY, A. (1898): Summary of the principal results obtained in a study of the development of the tuatara (*Spenodon punctatum*). - Proc. Royal Soc. London 63: 440-443.

DENDY, A. (1899): The hatching of tuatara eggs. - Nature, London, 59: 340.

DERANIYAGALA, P.E.P. (1934): Neoteny in *Crocodylus porosus*. - Ceylon J. Sci. 19: 97-100.

DERANIYAGALA, P.E.P. (1936): Reproduction of the Estuarine crocodile of Ceylon. - Ceylon J. Sci. Section B. 19 (3): 253-277.

DERANIYAGALA, P.E.P. (1939): The Tetrapod Reptiles of Ceylon, Vol. 1, Testudinates and Crocodilians. - London (Colombo Museum, Sri Lanka. Dubau & Co).

DMIL'EL, R. (1970): Growth and metabolism in snake embryos. - J. Embryol exp. Morphol. 23: 761-772.

DOUGLAS, R.M. (1993): High water potential vermiculite as an incubation medium for reptile eggs. - Brit. Herpetol. Soc. Bull. 45: 5-13

DRUMMOND, H. & G.M. BURGHARDT (1983): Nocturnal and diurnal nest emergence in green iguanas. - J. Herpetol. 17 (2): 290-292.

DUFAURE, J.P. & J. HUBERT (1961): Table de développement du lézard vivipare: *Lacerta (Zootoca) vivipara* JACQUIN. - Arch. Anat. micr. Morph. exp. 50: 309-328.

DUNN, R.W. (1979): Breeding Children's pythons *Liasis childreni* at Melbourne Zoo. - Int. Zoo Yb. 19: 89-90.

DUNSON, W.A. (1982): Low water vapor conductance of hard-shelled eggs of the gecko lizards *Hemidactylus* and *Lepidodactylus*. - J. Exp. Zool. 219: 377-379.

DUNSON, W.A. & C.R. BRAMHAM (1981): Evaporative waterloss and oxygen consumption of three small lizards from the Florida Keys, *Sphaerodactylus cinereus, S. notatus* and *Anolis sagrei*. - Physiol. Zool. 54: 253-259.

ECKERT, K.L. (1990): Twinning in the Leatherback sea turtle (*Dermochelys coriacea*) embryos. - J. Herpetol. 24 (3): 317-320.

EENDEBAK, B.T. (1995): Incubation period and sex ratio of Hermann's tortoise, *Testudo hermanni boettgeri*. - Chelonian Conserv. Biol. 1 (3): 227-231.

EHMANN, H., G. SWAN, G. SWAN & B. SMITH (1991): Nesting, egg incubation and hatching by the Heath monitor *Varanus rosenbergi* in a termite mound. - Herpetofauna, Sydney, 21 (1): 17-24.

EHRENFELD, D.W. (1979): Behavior associated with nesting. - S. 417-434 in HARLESS, M. & H. MORLOCK (Hrsg.): Turtles: Perspectives and Research. - New York (John Wiley & Sons).

EIDENMÜLLER, B. (1989): Beobachtungen bei der Haltung und Nachzucht von *Varanus (Odatria) tristis orientalis* FRY, 1913. - Salamandra 25 (3/4): 265-271.

EIDENMÜLLER, B. (1990): Beobachtungen bei der Haltung und Nachzucht von *Varanus (Varanus) mertensi* GLAUERT, 1951. - Salamandra 26 (2/3): 132-139.

EIDENMÜLLER, B. & WICKER, R. (1991): Einige Beobachtungen bei der Pflege und Nachzucht von *Varanus (Odatria) timorensis similis* MERTENS, 1958. - Salamandra 27 (3): 187-193.

EIDENMÜLLER, B. (im Druck): Warane - Lebensweise, Pflege und Zucht. - Offenbach (Herpeton Verlag).

ELBING, K. (1993): Freilanduntersuchungen zur Eizeitigung bei *Lacerta agilis*. - Salamandra 29 (3/4): 173-183.

EVANS, L.T. (1959): A motion picture study of maternal behavior of the lizard, *Eumeces fasciatus* BAIRD and GIRARD. - Copeia 1959: 103-110.

EWERT, M.A. (1979): The embryo and its Egg: development and natural history. - S. 333-413 in HARLESS, M. & H. MORLOCK (Hrsg.): Turtles: Perspectives and Research. - New York (Wiley-Interscience).

EWERT, M.A. (1985): Embryology of turtles. - S. 75-267 in GANS, C., F. BILLET & P.F.A. MADERSON (Hrsg.): Biology of the Reptilia, vol. 14, Development A. - New York (Wiley).

EWERT, M.A. (1991): Cold torpor, diapause, delayed hatching and aestivation in reptiles and birds. - S. 173-191 in DEEMING, D.C. &

M.W.J. FERGUSON (Hrsg.): Egg incubation: its effects on embryonic development in birds and reptiles. - Cambridge (Cambridge Univ. Press).

EWERT, M.A. & C.E. NELSON (1991): Sex determination in turtles: diverse patterns and some possible adaptive values. - Copeia 1991 (1): 50-69.

FEDER, M.E., S.L. SATEL & A.G. GIBBS (1982): Resistance of the shell membrane and mineral layer to diffusion of oxygen and water in flexible-shelled eggs of the snapping turtle (*Chelydra serpentina*). - Respiration Physiol. 49: 279-291.

FELDMAN, M.L. (1983): Effects of rotation on the viability of turtle eggs. - Herpetol. Review 14: 76-77.

FERGUSON, M.W.J. (1981): Extrinsic microbial degradation of the Alligator eggshell. - Science 214 (4525): 1134-1137.

FERGUSON, M.W.J. (1982): The structure and composition of the eggshell and embryonic membranes of *Alligator mississippiensis*. - Trans. Zool. Soc. London 36: 99-152.

FERGUSON, M.W.J. (1985): The reproductive biology and embryology of crocodilians. - S. 329-491 in GANS, C., F. BILLET & P.F.A. MADERSON (Hrsg.): Biology of the Reptilia, vol. 14, Development A. - New York (Wiley).

FERGUSON, M.W.J. & T. JOANEN (1982): Temperature of egg incubation determines sex in *Alligator mississippiensis*. - Nature, London, 296 (5860): 850-853.

FERGUSON, M.W.J. & T. JOANEN (1983): Temperature dependent sex determination in *Alligator mississippiensis*. - J. Zool., London, 200: 143-177.

FIORINI, P. (1962): Der Eizahn und die Eischwiele der Reptilien. - Acta Anat. 49: 328-366.

FITCH, H.S. (1954): Life history and ecology of the five-lined skink, *Eumeces fasciatus*. - Univ. Kans. Publ. Mus. Nat. Hist. 8: 1-156.

FITCH, H.S. (1963): Natural history of the racer *Coluber constrictor*. - Univ. Kans Publ. Mus. Nat. Hist. 15: 351-468.

FITCH, H.S. (1970): Reproductive cycles in lizards and snakes. - Misc. Publ. Univ. Kansas Mus. Nat. Hist. 52: 1-247.

FLÖGEL, G.E. (1987): Twee in een Ei. - De Schildpad 13 (2): 28-30.

FRITZ, U. (1990): Haltung und Nachzucht der Jamaika-Schmuckschildkröte *Trachemys terrapen* (LACÉPÈDE, 1788) und Bemerkungen zur Fortpflanzungsstrategie von neotropischen Schmuckschildkrötend der Gattung *Trachemys*. - Salamandra 26 (1): 1-18.

FRITZ, U. (1993): Perlite - das ideale Standard-Brutsubstrat? - Salamandra 28 (3/4): 279-281.

FUHRI, C. (1996): Successful treatment of fungal-infected iguana eggs. - Iguana Times 5 (1): 21.

GAD, J. (1994): Die Ultrastruktur der Eischalen von *Geoemyda spengleri, Indotestudo elongata* und *Sacalia bealei*. - Salamandra 30 (4): 277-280.

GANS, C., J.C. GILLINGHAM & D.L. CLARK (1984): Courtship, mating and male combat in tuatara, *Sphenodon punctatus*. - J. Herpetol. 18: 194-197.

GARDNER, A.S. (1985): Viability of the eggs of the day-gecko *Phelsuma sundbergi* exposed to sea water (short note).- Brit. Jour. Herpet. 6: 435-436.

GEOFFROY, P. & C.J. BAILEY (1977): The action of hen and goose lysozyme on the cell-wall peptidoglycan of *Micrococcus lysodeikticus*. - Biochem. Soc. Trans. 3: 1212-1214.

GETTINGER, R.D., G.L. PAUKSTIS & W.H.N. GUTZKE (1984): Influence of hydric environment on oxygen consumption by embryonic turtles *Chelydra serpentina* and *Trionyx spiniferus*. - Physiol. Zool. 57: 468-473.

GIBBONS, J.W. & D.H. NELSON (1978): The evolutionary significance of delayed emergence from the nest by hatchling turtles. - Evolution 32: 297-303.

GOLDER, F. (1985): Ein gemeinsamer Massen-Eiablageplatz von *Natrix natrix helvetica* (LACEPEDE, 1789) und *Elaphe longissima longissima* (LAURENTI, 1768) mit Daten über Eizeitung und Schlapf. - Salamandra 21 (1): 10-16.

GOODE, J. & J. RUSSELL (1968): Incubation of Eggs of three species of chelid tortoises, and notes on their embryological development. - Australian J. Zool. 16: 749-761.

GORMAN, G.C. (1973): The chromosomes of the Reptilia, a cytotaxonomic interpretation. - S. 349-424 in CHIARELLI, A.B. & E. CAPANNA (Hrsg.): Cytotaxonomy and Vertebrate Evolution. - London (Academic Press).

GRECKHAMMER, A. (1995): Bemerkungen zur Haltung und Zucht sowie zum Verhalten von *Phelsuma comorensis* BOETTGER, 1913 im Terrarium. - Herpetofauna, Weinstadt, 17 (95): 6-16.

GREER, A.E. (1971): Crocodilian nesting habits and evolution. - Fauna 2: 20-28.

GROß E, W.-R. (1977): Zeitigung von Landschildkröteneiern. - Aquarien Terrarien 1977 (5): 152-153.

GROVES, F. (1978): A case of twinning in the Ringneck snake. - Bull. Maryland Herp. Soc. 14 (1): 48-49.

GUDYNAS, E. & J. C. GAMBAROTTA (1981): Two *Philodryas patagoniensis* from one egg. - Herpetol. Review 12 (2): 54.

GUILETTE, L.J. (1981): On the occurence of oviparous and ovoviviparous forms of the Mexican lizard *Sceloporus aeneus*. - Herpetologica 37: 11-15.

GUILETTE, L.J. (1989): The evolution of vertebrate viviparity; morphological modifications and endocrine control. - In: WAKE, D.B. & G. ROTH (Hrsg.): Complex organismal functions: integration and evolution in vertebrates. - New York (John Wiley & Sons): 219-233.

GUILLETTE, L.J. & G.L. GONGORA (1986): Notes on oviposition and nesting in the high elevation lizard, *Sceloporus aeneus*. - Copeia 1986 (1): 232-233.

GUTZKE, W.H.N. & J.J. BULL (1986): Steroid hormones reverse sex in turtles. - Gen. Comp. Endocrinol. 64: 368-372.

GUTZKE, W.H.N. & D. CREWS (1988): Embryonic temperature determines adult sexuality in a reptile. - Nature, London, 332: 832-834.

GUTZKE, W.H.N. & G.C. PACKARD (1985): Hatching success in relation to egg size in painted turtles (*Chrysemys picta*). - Canadian J. Zool. 63: 67-70.

GUTZKE, W.H.N. & G.C. PACKARD (1987a): Influence of the hydric and thermal environments on eggs and hatchlings of bull snakes *Pituophis melanoleucus*. - Physiol. Zool. 60: 9-17.

GUTZKE, W.H.N. & G.C. PACKARD (1987b): The influence of temperature on eggs and hatchlings of Blanding's turtles, *Emydoidea blandingii*. - J. Herpetol. 21: 161-163.

HAHNE, A. & R. FENSKE (1993): Haltung und Zucht von *Lacert l. lepida* DAUDIN, 1802 -

Erfahrungen aus Terrarien- und Freilandhaltung. - Herpetofauna, Weinstadt, 15 (82): 9-14.

HALL, B.A. (1978): Notes on the husbandry, behavior and breeding of captive Tegu lizards, *Tupinambis teguixin*. - Int. Zoo Yb. 18: 91-95.

HARLOW, P.S. (2000): Incubation temperature determines hatchling sex in Australian rock dragons (Agamidae: genus *Ctenophorus*). – Copeia 2000 (4): 958–964.

HARLOW, P.S. & J.E. TAYLOR (2000): Reproductive ecology of the jacky dragon (*Amphibolurus muricatus*): an agamid lizard with temperature-dependend sex determination. – Austral. Ecology 25: 640–652.

HARLOW, P.S. & R. SHINE (1999): Temperature–dependent sex determination in the frillneck lizard, *Chlamydosaurus kingii* (Agamidae). – Herpetologica 55 (2): 205–212.

HEATH, J.L. (1977): Chemical and related osmotic changes in egg albumen during storage. - Poultry Sci. 56: 822-828.

HEGER, N.A. & S.F. FOX (1992): Viability of lizard (*Sceloporus undulatus*) eggs exposed to simulated flood conditions. - J. Herpetol. 26 (3): 338-341.

HENDERSON, R.W. (1974): Aspects of the ecology of the juvenile common iguana (*Iguana iguana*) - Herpetologica 30 (4): 327-332.

HENDRICKSON, J.R. (1958): The green sea turtle, *Chelonia mydas* (LINN.) in Malaya and Sarawak. - Proc. Zool. Soc. Lond. 130: 455-535.

HENKEL, F.W. & S. HEINECKE (1993): Chamäleons im Terrarium. - Hannover (Landbuch Verlag).

HENKEL, F.W. & W. SCHMIDT (1991): Geckos: Biologie, Haltung und Zucht. - Stuttgart (Verlag Eugen Ulmer).

HENLEY, G.B. (1993): Morelt's crocodile egg with triple embryos. - Croc. Spez. Group Newsl. 12 (2): 11-12.

HEWAVISENTHI, S. (1989): Twin green sea turtle hatchlings in Sri Lanka. - Marine Turtle Newsl. 46: 9.

HIELEN, B., S. RYKENA & H.-K. NETTMANN (1998): *Tarentola angustimentalis* STEINDACHNER, 1891 – Kanarischer Mauergecko. – S. 109–130 in BISCHOFF (ed.): Handbuch der Reptilien und Amphibien Europas. Band 6. Die Reptilien der Kanarischen Inseln, der Selvagens-Inseln und des Madeira-Archipels. – Wiesbaden (Aula-Verlag).

HIGHFIELD, A.C. (1993): An effective method of artificial incubation for Mediterranean tortoise eggs. - The Vivarium 5 (1): 15-17.

HILDEBRAND, S.F. (1938): Twinning in turtles. - J. Hered. 29: 243-253.

HNIZDO, J (1995): Bemerkungen zur Fortpflanzungsbiologie der Braunen Hausschlange, *Lamprophis* (früher *Boaedon*) fuliginosus (BOIE,1827). - Herpetofauna, Weinstadt, 17 (96): 6-10.

HORN, H.-G. (1978): Nachzucht von *Varanus gilleni*. - Salamandra 14 (1): 29-32.

HOYT, D.F. (1979): Osmoregulation by avian embryos: the allantois functions like a toads bladder. - Physiol. Zool. 52: 354-362.

HUBERT, J. (1976): Développement à 27 °C d'embryons de *Lacerta vivipara* JACQUIN dans des oeufs placés in vitro et ayant séjournés in utero ou in vitro à basse température. - Bull. Soc. zool. France 101: 315-324.

HUBERT, J. (1985): Embryology of the Squamata. - S. 1-34 in GANS, C. & F. BILLETT (Hrsg.): Biology of the Reptilia, vol. 15. - New York (Wiley).

HUBERT, J. & J.P. DUFAURE (1961): Table de développement du lézard vivipare: *Lacerta (Zootoca) vivipara* JACQUIN. - Arch. Anatomie Microscop. Morph. Exp. 50 (3): 309-328.

HUBERT, J. & J.P. DUFAURE (1968): Table de développement de la vipère aspic, *Vipera aspis* L. Bull. Soc. zool. France 93: 135-148.

HUNSAKER, D. (1969): Twinning in tortoises. - Int. Turtle Tort. Soc. J. 2: 38.

HUNT, R.H. (1975): Maternal behavior in the Morelet's crocodile (*Crocodylus moreleti*). - Copeia 1975 (4): 763-764.

HUTCHINSON, V.H., H.G. DOWLING & A. VINEGAR (1966): Thermoregulation in a brooding female Indian python, *Python molurus bivittatus*. - Science 151: 694-696.

IN DEN BOSCH, H. (1990): *Lacerta parva*. Courtship and reproduction. - Herpetol. Review: 21 (1): 20.

JACKSON, D.R. (1988): Reproductive stragedies of sympatric freshwater emydid turtles in northern peninsular Florida. - Bull. Florida State Mus., Biol. Sci. 33: 115-158.

JELTSCH, J.-M. & P. CHAMBON (1982): The complete nucleotide sequence of the chicken ovotransferrin mRNA. - European J. Biochem. 122: 291-295.

JOANEN, T. & L. MCNEASE (1977): Artificial incubation of alligator eggs and post hatching culture in controlled environmental chambers. - In: J.W. AVAULT Jr. (Hrsg.): Proc. 8th Annual Meeting of the World Mariculture Society, Louisiana (Louisiana State University): 483-490.

JOANEN, T. & L. MCNEASE (1979): Culture of the American alligator *Alligator mississippiensis*. - Int. Zoo Yb. 19: 61-66.

JOANEN, T., L. MCNEASE & M.W.J. FERGUSON (1987): The effects of egg incubation temperature on post-hatching growth of American Alligators. In: WEBB, G.J.W., S.C. MANOLIS & P.J. WHITEHEAD (Hrsg.) - Wildlife management: Crocodiles and Alligators, Sydney (Surrey Beatty Pty. Ltd): 533-537.

JUNGNICKEL, J. (1990): Daten zur Fortpflanzung der Rotbauch-Spitzkopfschildkröte, *Emydura australis subglobosa,* in Gefangenschaft. - Herpetofauna, Weinstadt, 12 (68): 11-14.

KABISCH, K. (1967): Massen-Eiablageplätze der Ringelnatter, *Natrix natrix* (L.), in Mecklenburg. - Salamandra 3 (1/2): 9-15.

KABISCH, K. & M. ROGNER (1988): Eineiige Zwillinge bei der Europäischen Sumpfschildkröte, *Emys orbicularis* (L.). - Aquarien Terrarien 1988 (12): 416-417.

KING, D. & B. GREEN (1993): Goanna - The biology of varanid lizards. - Aust. Nat. Hist. Series, NSW Univ. Press, 102 S.

KIRSCHE, W. (1967): Zur Haltung, Zucht und Ethologie der Griechischen Landschildkröte (*Testudo hermanni hermanni*). - Salamandra 3 (1/2): 36-66.

KLUSMEYER, B. & B. FAUSTEN (1994): Haltung und Nachzucht der Bambusotter *Trimeresurus flavomaculatus halieus*. - Salamandra 30 (3): 174-184.

KOCH, F. (1991): Erfahrungen bei der Haltung und Zucht der Malayen-Mokassinotter *Calloselasma rhodostoma*. - Sauria 13 (3): 17-21.

KÖHLER, G. (1989): Lebensweise, Haltung und Nachzucht von *Tupinambis teguixin* (LINNAEUS, 1758). - Salamandra 25 (1): 25-38

KÖHLER, G. (1990): Pflege und Nachzucht der Felsenschildechse *Gerrhosaurus validus* (SMITH 1849). - Sauria 12 (4): 27-29

KÖHLER, G. (1994): Freilandbeobachtungen an einigen Leguanen der Gattung *Sceloporus* in der Umgebung von Tehuantepec, Mexiko, sowie Bemerkungen zu deren Pflege und Zucht. - Herpetofauna, Weinstadt, 16 (93): 21-27.

KÖHLER, G. (1996): Pflege und Vermehrung der Lyraschlange *Trimorphodon b. biscutatus.* - Elaphe (N.F.) 4 (3): 2-5.

KÖHLER, G. (1998a): *Ctenosaura bakeri* STEJNEGER. - Amph.-Rept.-Kartei, Beilage in Sauria, Berlin, 20 (3). 417-420.

KÖHLER, G. (1998b): Der Grüne Leguan - Biologie, Pflege, Zucht, Erkrankungen. 3. Aufl. - Offenbach (Herpeton Verlag): 158 S.

KÖHLER, G. (1999): Basilisken, Helmleguane, Kronenbasilisken. - Offenbach (Herpeton Verlag): 94 S.

KÖHLER, G. (2002): Schwarzleguane - Lebens- weise, Pflege, Zucht. - Offenbach (Herpeton Verlag): 142 S.

KÖHLER, G. & B. LANGERWERF (2000): Tejus - Lebensweise, Pflege, Zucht. - Offenbach (Herpeton Verlag): 78 S.

KORNEVA, L.G. (1969): Embryonic development of the water snake - *Natrix tessellata.* - Zool. Zhour. 98 (1): 110-120.

KOVAC, D., C.M. YANG & A. SEBASTIAN (1995). Snakes in Bamboo. - Malayan Nat. 49: 14-15.

KRABBE-PAULDURO, U. & E, PAULDURO (1988): Pflege und Nachzucht der Afrikanischen Dornschwanzagame *Uromastyx acanthinurus* BELL, 1825 (Sauria: Agamidae). - Salamandra 24 (1): 27-40.

KUSHLAN, J.A. & J.C. SIMON (1981): Egg manipu- lation by the American alligator. - J. Herpetol. 15: 451-454.

LANG, J.W. (1987): Crocodilian thermal selection. S. 301-317 in WEBB, G.J.W., S.C. MANOLIS & P.J. WHITEHEAD (Hrsg.): Wildlife management: Crocodiles and Alligators. - Sydney (Surrey Beatty Pty. Ltd).

LANG, J.W., H. ANDREWS & R. WITHAKER (1989): Sex determination and sex ratios in *Croco- dylus palustris.* - American Zool. 29: 935-952.

LANGERWERF, B. (1981a):The Southern Alligator lizard, *Gerrhonotus multicarinatus* BLAINVILLE 1935: its care and breeding in captivity. - Brit. Herpetol. Soc. Bull. 4: 21-25.

LANGERWERF, B. (1981b): Nigrinos bei der Nach- zucht von *Lacerta lepida pater.* - Herpeto- fauna, Weinstadt, 12: 21-22.

LANGERWERF, B. (1995): Keeping and breeding the Argentine Bleack and White tegu, *Tupinambis*

*teguixin.* - The Vivarium 7 (3): 24-29.

LAWRENCE, K. (1987): Post hibernational anorexia in captive Mediterranean tortoises (*T. graeca* and *T. hermanni*). - Vet. Rec. 120: 87-90.

LEGLER, J.M. (1960): Natural history of the ornate box turtle, *Terrapene ornata ornata* AGASSIZ. - Univ. Kans. Publ. Mus. Nat. Hist. 11: 527- 669.

LEGLER, J.M. (1985): Australian chelid turtles: Reproductive patterns in wide-ranging taxa. - S. 117-123 in GRIGG, G., R. SHINE & H. EHMANN (Hrsg.): Biology of Australasian Frogs and Reptiles. - Sydney (Surrey Beatty Pty Ltd.).

LEHMANN, H. (1984): Ein Zwillingsschlupf bei *Sternotherus minor minor* (AGASSIZ, 1857) (Testudines: Kinosternidae). - Salamandra 20 (4): 192-196.

LEHMANN, H. (1987): Hypothetische Überlegun- gen zur Schlupfproblematik von künstlich inkubierten Gelegen südamerikanischer Schildkrötenarten der Familie Chelidae. - Salamandra 23 (2-3): 73-77.

LEMUS, A.D. (1967): Contribucion al estudio de la embriologia de reptiles chilenos. II. Tabla de desarollo de la lagartija vivipara *Liolaemus gravenhorsti.* - Biol. Chili 40: 39-61.

LEMUS, A.D. & DUVAUCHELLE, C.R. (1966): Desarollo intrauiterino de *Liolaemus tenuis tenuis* (DUMÉRIL y BIBRON). Contribucion al estudio del desarollo embriologico de reptiles chilenos. - Biol. Chili 39: 80-98.

LEMUS, D., J. ILLANES, M. FUENZALIDA, Y. PAZ DE LA VEGA & M. GARCIA (1981): Comparative analysis of the development of the lizard, *Liolemus tenuis tenuis.* II. A series of normal postlaying stages in embryonic development. - J. Morph. 169: 337-349.

LESHEM, A. & DMI'EL, R. (1986): Water loss from *Trionyx triunguis* eggs incubating in natural nests. - Herpetol. Journ. 1: 115-117.

LICHT (1984): Reptiles - S. 206-282 in LEMMING, G.E. (Hrsg.): Marshall's physiology of reproduction, Vol. 1: Reproductive cycles of vertebrates.- (Churchill Livingstone).

LICHT, P. & W.R. MORBERLY (1965): Thermal requirements for embryonic development in the tropical lizard *Iguana iguana.* - Copeia 1965 (4): 515-517.

LILLYWHITE, H.B. & R.A. ACKERMANN (1984): Hydrostatic pressure, shell compliance and permeability to water vapor in flexible-shelled eggs of the colubrid snake *Elaphe obsoleta*. - S. 121-135 in SEYMOUR, R.S. (Hrsg.): Respiration and Metabolism of Embryonic Vertebrates. - Dordrecht, The Netherlands (Dr. W. Junk).

LIMPUS, C.J., V. BAKER & J.D. MILLER (1979): Movement induced mortality of loggerhead eggs. - Herpetologica 35: 335-338

LUTZ, P.L. & A. DUNBAR-COOPER (1984): The nest environment of the American crocodile (*Crocodylus acutus*). - Copeia 1984: 153-161.

LYNN, W.G. & T. VON BRAND (1945): Studies on the oxygen consumption and water metabolism of turtle embryos. - Biol. Bull. 88: 112-125.

MADERSON, P.F.A. & A.d'A. BELLAIRS (1962): Culture methods as an aid to experiment on reptile embryos. - Nature 195: 401-402.

MAGNUSSON, W.E. (1982): Mortality of eggs of the crocodile *Crocodylus porosus* in northern Australia. - J. Herpetol. 16 (2): 121-130.

MAGNUSSON, W.E., A.P. LIMA & R.M. SAMPAIO (1985): Sources of heat for nests of *Paleosuchus trigonatus* and review of crocodilian nest temperatures. - J. Herpetol. 19: 199-207.

MAHMOUD, I.Y., G.L. HESS & J. KLICKA (1973): Normal embryonic stages of the western painted turtle, *Crysemys picta bellii*. - J. Morph. 141: 269-279.

MARAIS, J. & G.A. SMITH (1990): The care of *Crocodilus niloticus* eggs and hatchlings. - J. Herpetol. Assoc. Afr. 38: 49-50.

MARCELLINI, D.L. & S.W. DAVIES (1982): Effects of handling on reptile egg hatching. - Herpetol. Review 13: 43-44.

MARION, K.R. (1980): One-egg twins in a snake, *Elaphe guttata guttata*. - Trans. Kansas Acad. Sci., Lawrence, 83: 98-100.

MAY, R.M. (1990): Taxonomy as destiny. - Nature 347 (6289): 129-130.

MAYER, R. (1992): Zwillinge bei einer Griechischen Landschildkröte. - DATZ 45 (9): 568.

McCARTNEY, C. (1990): Breeding of West African Dwarf crocodiles (*Osteolaemus tetraspis tetraspis*) at the Port Elisabeth Snake Park. - J. Herpetol. Assoc. Afr. 38: 44-48.

McILHENNY, E.A. (1934): Notes on incubation and growth of Alligators. - Copeia 1934: 80-88.

McILHENNY, E.A. (1935): The Alligator's Life History. - Boston (Christopher Publ. House).

MEHRTENS, J.M. (1987): Living snakes of the world in color. - New York (Sterling Publ. Comp.).

MILAIRE, J. (1957): Contribution à la connaissance morphologique et cytologique des bourgeons de membres chez quelques reptiles. - Arch. Biol. Liège 68: 429-512.

MILLER, J.D. (1985): Embryology of marine turtles. - S. 269-328 in GANS, C., F. BILLET & P.F.A. MADERSON (Hrsg.): Biology of the reptilia, vol. 14., Development A. - New York (John Wiley & Sons).

MILLER, J.D. & C.J. LIMPUS (1981): Incubation period and sexual differentiation in the green turtle *Chelonia mydas* L. - S. 66-73 in Proc. Melbourne Herpetol. Symp.. - Melbourne (Zoological Board of Victoria).

MITCHELL, F.J. (1965): Australian Geckos assigned to the genus *Gehyra* GRAY (Reptilia: Gekkonidae). - Senckenbergiana biol. 46: 287-319.

MODHA, M.L. (1967): The ecology of the Nile crocodile (*Crocodylus niloticus* LAURENTI) on Central Island, Lake Rudolf. - E. Afr. Wildlife J. 5: 74-95.

MOFFAT, L.A. (1985): Embryonic development and aspects of reproductive biology in the tuatara, *Spenodon punctatus*. S. 494-521 in GANS, C., F. BILLETT & F.A. MADERSON (Hrsg.): Biology of the Reptilia vol. 14A. - New York (John Wiley & Sons).

MORA, J.M. (1987): Predation by *Loxocemus bicolor* on the eggs of *Ctenosaura similis* and *Iguana iguana*. - J. Herpetol. 21 (4): 334-335.

MORAFKA, D.J., E.K. SPANGENBERG & V.A. LANCE (2000): Neonatology of reptiles. – Herpetol. Monogr. **14**: 353–370.

MORRIS, K.A., G.C. PACKARD, T.J. BOARDMAN, G.L. PAUKSTIS,. & M.J. PACKARD (1983): Effect of the hydric environment on growth of embryonic snapping turtles (*Chelydra serpentina*) - Herpetologica 39: 272-285.

MOSES, R.D. & R.H. CHABRECK (1990): Transportation and artificial incubation of American alligator eggs. - S. 81-90 in Proc. 10th Working Meet. Croc. Spez. Group, Gainesville, Vol. 2.

MROSOVSKY, N. (1988): Pivotal temperatures for loggerhead turtles (*Caretta caretta*) from northern and southern nesting beaches. - Canadian J. Zool. 66: 661-669.

MÜLLER, V.H. (1972): Ökologische und ethologische Studien an *Iguana iguana* in Kolumbien. - Zool. Beitr. 18: 109-131.

MUTH, A. (1980): Physiological ecology of desert iguana (*Dipsosaurus dorsalis*) eggs: Temperature and water relations - Ecology 61: 1335-1343.

MUTH, A. & J.J. BULL (1981): Sex determination in desert iguanas: does incubation temperature make a difference? - Copeia 1981 (4): 869-870.

MUTHUKKARUPPAN, VR., P. KANAKAMBIKA, V. MANICKAVEL & K. VEERARAGHAVAN (1970): Analysis of the development of the lizard, *Calotes versicolor*. I.A series of normal stages in the embryonic development. - J. Morph. 130: 479-490.

NABER, , E.C. & M.D. BIGGERT (1989): Patterns of lipogenesis in laying hens fed a high fat diet containing safflower oil. - J. Nutr. 119: 690-695.

NECAS, P. (1995): Chamäleons - Bunte Juwelen der Natur. - Frankfurt/M. (Edition Chimaira).

NEW, D.A.T. (1957): A critical period for the turning of hens' eggs. - J. Embryol exp. Morphol. 5: 293-299.

NIJS, J. (1994): Een eenvoudige incubator met een dagelijkse temperatuurcyclus. - Lacerta 52 (5): 114-119.

OCHSENBEIN, A. & M. ZAUGG (1992): Haltung und Aufzucht des Pantherchamäleons *Furcifer pardalis* (CUVIER, 1829). - Herpetofauna, Weinstadt, 14 (79): 6-12.

OGDEN, J.C. (1978): Status and nesting biology of the American crocodile, *Crocodylus acutus*, (Reptilia, Crocodilidae) in Florida. - J. Herpetol. 12: 183-196.

OPHORST, G. (1987): Kweken met *Chinemys reevesi*. - De Schildpad 13 (6): 17-22.

OSBORNE, S. (1985): The captive breeding of colubrid snakes. - Litt. Serp. 5 (2): 42-57.

PACKARD, G.C. (1991): Physiological and ecological importance of water to embryos of oviparous reptiles. - S. 213-228 in DEEMING, D.C. & M.W.J. FERGUSON (Hrsg.): Egg incubation: its effects on embryonic development in birds and reptiles. - Cambridge (Cambridge Univ. Press).

PACKARD, G.C. & M.J. PACKARD (1987): Water relations and nitrogen excretion in embryos of the oviparous snake *Coluber constrictor*. - Copeia 1987: 395-406.

PACKARD, G.C. & M.J. PACKARD (1988): The physiological ecology of reptilian eggs and embryos. - S. 523-605 in GANS, C. & R.B. HUEY (Hrsg.): Biology of the Reptilia, vol. 16, Ecology B. - New York (Alan R. Liss Inc.).

PACKARD, G.C. & M.J PACKARD (1989a): Control of metabolism and growth in embryonic turtles: a test of the urea hypothesis. - J. Exp. Biol. 147: 203-216.

PACKARD, G.C., M.J. PACKARD & G.F. BIRCHARD (1989): Sexual differentiation and hatching success by painted turtles incubating in different thermal and hydric environments. - Herpetologica 45: 385-392.

PACKARD, G.C., M.J. PACKARD, T.J. BOARDMAN, K.A. MORRIS & R.D. SHUMAN (1983): Influence of water exchanges by flexible-shelled eggs of painted turtles *Chrysemys picta* on metabolism and growth of embryos. - Physiol. Zool. 56: 217-230.

PACKARD, G.C., M.J. PACKARD, K. MILLER & T.J. BOARDMAN (1987): Influence of moisture, temperature and substrate on snapping turtle eggs and embryos. - Ecology 68: 983-993.

PACKARD, G.C., T.L. TAIGEN, M.J. PACKARD (1981): Changes in mass of eggs of softshell turtles (*Trionyx spiniferus*) incubated under hydric conditions simulating those of natural nests. - J. Zool., London, 193: 81-90.

PACKARD, G.C., T.L. TAIGEN, M.J. PACKARD & BOARDMAN, T.J. (1980): Water relations of pilable-shelled eggs of common snapping turtles (*Chelydra serpentina*). - Can. J. Zool. 58: 1404-1411.

PACKARD, G.C., T.L. TAIGEN, M.J. PACKARD & R.D. SHUMAN (1979): Water-vapor conductance of testudinian and crocodilian eggs (class Reptilia). - Respiration Physiol. 38: 1-10.

PACKARD, M.J. (1980): Ultrastructural morphology of the shell and shell membrane of eggs of common snapping turtles (*Chelydra serpentina*). - J. Morphol. 165: 187-204.

PACKARD, M.J. & V.G. DEMARCO (1991): Eggshell structure and formation in eggs of oviparous reptiles. - S. 53-69 in DEEMING, D.C. & M.W.J.

FERGUSON (Hrsg.): Egg incubation: its effects on embryonic development in birds and reptiles. - Cambridge (Cambridge Univ. Press).

PACKARD, M.J. & K.F. HIRSCH (1986): Scanning electron microscopy of eggshells of contemporary reptiles. - Scanning Electron Microscopy 1986: 1581-1590.

PACKARD, M.J. & K.F. HIRSCH (1989): Structure of shells from rigid-shelled eggs of the geckos *Gekko gecko* and *Phelsuma madagascarensis*. - Canadian J. Zool. 67: 746-758.

PACKARD, M.J. & G.C. PACKARD (1979): Structure of the shell and tertiary membranes of eggs of softshell turtles (*Trionyx spiniferus*). - J. Morphol. 159: 131-143.

PACKARD, M.J. & G.C. PACKARD (1986): Effect of water balance on growth and calcium mobilization of embryonic painted turtles (*Chrysemys picta*). - Physiol. Zoology 59: 398-405.

PACKARD, M.J. & G.C. PACKARD (1989b): Environmental modulation of calcium and phosphorus metabolism in embryonic snapping turtles (*Chelydra serpentina*). - J. Comp. Physiol. 159B: 501-508.

PACKARD, M.J., G.C. PACKARD & T.J. BOARDMAN (1982): Structure of eggshells and water relations of reptilian eggs. - Herpetologica 38: 136-155.

PACKARD, M.J., J.A. PHILLIPS & G.C. PACKARD (1992): Sources of mineral for green iguanas (*Iguana iguana*) developing in eggs exposed to different hydric environments. - Copeia 1992 (3): 851-858

PALMER, B.D & L.J. GUILLETTE JR (1991): Oviductal proteins and their influence on embryonic development in birds and reptiles. - S. 29-46 in DEEMING, D.C. & M.W.J. FERGUSON (Hrsg.): Egg incubation: its effects on embryonic development in birds and rep-tiles. - Cambridge (Cambridge Univ. Press).

PARKER, W.S. & W.S. BROWN (1972): Telemetric study of movements and oviposition of two female *Masticophis t. taeniatus*. - Copeia 1972: 892-895.

PARKER, W.S. & W.S. BROWN (1980): Comparative ecology of two colubrid snakes, *Masticophis t. taeniatus* and *Pituophis mela-*

*noleucus deserticola*, in nothern Utah. - Publ. Biol. Geol. Milwaukee Publ. Mus. 7: 1-104.

PASTEELS, J. (1956): Une table analytique du développement des reptiles. I. Stades de gastrulation chez chéloniens et lacertiliens. - Ann. Soc. Roy. Zool. Belgique 87: 217-241.

PASTEELS, J. (1970): Développement embryonnaire. - S. 893-968 in GRASSÉ, P.P.(Hrsg.): Traité de Zoologie. Vol.14. - Paris (Masson & Co.).

PATTERSON, R. & A. BANNISTER (1988): Reptilien Südafrikas. - Hannover (Landbuch-Verlag).

PAUKSTIS, G.L. & F.J. JANZEN (1990): Sex determination in Reptiles: summary of effects of constant temperatures of incubation on sex ratios of offspring. - Smithsonian Herpetol. Inform. Service 83: 1-28

PÉREZ-HIGAREDA, G. & H.M. SMITH (1989): Termite nest incubation of the eggs of the Mexican snake *Adelphicos quadrivirgatus*. - Herpetol. Review 20 (1): 5-6.

PETCH, S. (1990): A case of twins from a single egg in the Chinese Rat snake, *Elaphe bimaculata*. - Herptile, Dudley, 15 (1): 13-16.

PETZOLD, H.-G. (1965): Über die Widerstandsfä-higkeit von Geckonen-Eiern und einige andere Beobachtungen an *Hemidactylus frenatus* DUM. & BIBR. 1836. - Zool. Garten (N.F.) 31 (5): 262-265.

PHILLIPS, J.A., A. GAREL, G.C. PACKARD & M.J. PACKARD (1990): Influence of moisture and temperature on eggs and embryos of green iguanas (*Iguana iguana*). - Herpetologica 46 (2): 238-245.

PHILLIPS, J.A. & G.C. PACKARD (1994): Influence of temperature and moisture on egg and embryos of the White-Throated Savannah Monitor *Varanus albigularis*: Implications for conservation. - Biol. Conserv. 69:131-136.

PIEAU, C. & M. DORIZZI (1981): Determination of temperature sensitive stages for sexual differentiation of the gonads in embryos of the turtle, *Emys orbicularis*. - J. Morphol. 170: 373-382.

PLUMMER, M.V. (1976): Some aspects of nesting success in the turtle, *Trionyx muticus*. - Herpetologica 32: 353-359.

PLUMMER, M.V. (1990): Nesting movements, nesting behavior, and nest sites of green snakes (*Opheodrys aestivus*) revealed by radiotelemetry. - Herpetologica 46: 190-195.

PLUMMER, M.V. & H.L. SNELL (1988): Nest site selection and water relations of eggs in the snake, *Opheodrys aestivus*. - Copeia 1988: 58-64.

POLISAR, J. (1996): Reproductive biology of a flood-season nesting freshwater turtle of the northern neotropics: *Dermatemys mawii* in Belize. - Chelonian Conserv. Biol. 2 (1): 13-25.

POOLEY, A.C. (1977): Nest opening responses of the Nile crocodile *Crocodylus niloticus*. - J. Zool. Lond. 182: 17-26.

POOLEY, A.C. & C. GANS (1976): The Nile Crocodile. - Sci. Amer. 234 (4): 114-124.

PSENNER, H. (1981): Eineiige Zwillinge bei *Vipera berus* L. - Zool. Garten (N.F.): 51: 150.

QUINLAN, R.J. & J.M. CHERRETT (1977): The role of substrate preparation in the symbiosis between leaf-cutting ant *Acromyrmex octospinosus* (REICH) and its food fungus. - Ecol. Ent. 2: 161-170.

RAGOTZKIE, R.A. (1959): Mortality of loggerhead turtle eggs from excessive rainfall. - Ecology 40: 03-305.

RAJ, U. (1976): Incubation and hatching success in artificially incubated eggs of the hawksbill turtle, *Eretmochelys imbricata* (L.). - J. Exp. Mar. Biol. Ecol. 22: 91-99.

RAND, A.S. (1968): Desiccation rates in crocodile and iguana eggs. - Herpetologica 24: 178-180.

RAND, A.S. (1972): The Temperature of iguana nests and their relation to incubation optima and to nesting sites and season. - Herpetologica 28: 252-253.

RAND, A.S. (1980): Iguana egg mortality within the nest. - Copeia 1980 (3): 531-534.

RAND, A.S. & B.A. DUGAN (1983): Structure of complex iguana nests. - Copeia 1983 (3): 705-711.

RAND, A.S. & M.H. ROBINSON (1969): Predation on iguana nests. - Herpetologica 25 (3): 172-174.

REESE, A.M. (1912): The embryology of the Florida alligator (*A. mississippiensis*). - S. 535-537 in Proc. 7th Internat. Zool. Cong. Boston, 19-24 August 1907.

RESE, R. (1986): *Gerrhosaurus major* DUMÉRIL. - Sauria Suppl. 8 (4): 61-62.

RICKERT, M. (1995): Die Fächerfingergeckos der Gattung Ptyodactylus. Teil 1: Haltung und Zucht von *Ptyodactylus hasselquistii hasselquistii* (DONNDORFF, 1798) - Vergleichsmerkmale der nordafrikanischen und arabischen Form. - Sauria 17 (4): 19-28.

RILEY, C., A.F. STIMSON & J.M. WINCH (1985): A review of Squamata ovipositing in ant and termite nests. - Herpetol. Review 16 (2): 38-43.

ROBB, J. (1977): The Tuatara. - Durham, England (Meadowfield Press).

RÖSLER, H. (1994): Die Fortpflanzung von Geckos im Terrarium, Teil 2. - Das Aquarium 300: 35-39.

ROMANOFF, A.L. (1972): Pathogenesis of the Avian Embryo. - New York (John Wiley & Sons).

ROSS, R.A. (1978): The Python Breeding Manual. - Stanford (Inst. Herpetol. Res.).

ROSS, R.A. & G. MARZEC (1990): The reproductive husbandry of pythons and boas. - Stanford (Inst. Herpetol. Res.).

RUTSCHKE, J. (1994): Haltung und Zucht der Äskulapnatter *Elaphe longissima* (LAURENTI, 1768). - Herpetofauna, Weinstadt, 16 (89): 14-24.

RYKENA, S., B. HIELEN & H.-K. NETTMANN (1998): *Tarentola boettgeri* STEINDACHNER, 1891 – Gestreifter Kanarengecko. – S. 137–160 in BISCHOFF (ed.): Handbuch der Reptilien und Amphibien Europas. Band 6. Die Reptilien der Kanarischen Inseln, der Selvagens-Inseln und des Madeira-Archipels. – Wiesbaden (Aula-Verlag).

SACHSSE, W. (1973): Diagnostische Möglichkeiten zum Nachweis der Entwicklung bei inkubierten Schildkröteneiern. - Salamandra 9 (2): 81-84.

SACHSSE, W. (1980): Zur Biologie von *Kinosternon leucostomum* in Gefangenschaft. I. Eine rationelle Haltungsmethode, Fortpflanzung und Entwicklung. - Salamandra 16 (4): 185-194:

SCHLEICH, H.H. & W. KÄSTLE (1988): Reptile Egg-Shells. - Stuttgart & New York (Gustav Fischer): 123 S.

SCHMIDT, W. (1986): Über die Haltung und Zucht von *Chamaeleo lateralis*. - Salamandra 22 (2/3): 105-112.

SCHMIDT, W. (1992): Über die erstmalig gelungene Nachzucht von *Furcifer campani* (GRANDIDIER 1872), sowie eine Zusammenstellung einiger Ei-Zeitigungsdaten von verschiedenen Chamäleon-Arten in Tabellenform. - Sauria 14 (3): 21-23.

SCHMIDT, W., K. TAMM & E. WALLIKEWITZ (1996): Chamäleons - Drachen unserer Zeit. - Münster (Natur und Tier - Verlag): 160 S.

SCHOBER, I. (1996): Warnung vor Vermiculite. - DATZ 49 (4): 267.

SCHOMBURGK, M.R. (1848): Reisen in Britisch-Guiana in den Jahren 1840-1844. Vol. 3, Leipzig: xiv + 530 S.

SCHOUTEN, J.R. (1985): Experiences in keeping and breeding of the Green Tree python, *Chondropython viridis* (SCHLEGEL, 1872), negative and positive results. - Litt. Serp. 5 (4): 122-156.

SCHUETTE, B. (1978): Two Black Rat snakes from one egg. - Herpetol. Review 9 (2): 92

SCHULZ, K.-D. (1987): Die hinterasiatischen Kletternattern der Gattung *Elaphe* Teil 8: *Elaphe taeniura* (COPE, 1861). - Sauria, Berlin 9 (1): 21-30.

SCHULZ, K.-D. (1996): A monograph of the Colubrid snakes of the genus *Elaphe* FITZINGER. - Königsstein (Koeltz).

SCHWARZKOPF, L. & R.J. BROOKS (1987): Nest-site selection and offspring sex ratio in painted turtles, *Chrysemys picta*. Copeia 1987 (1): 53-61.

SEXTON, O.J. & K.R. MARION (1974): Duration of incubation of *Sceloporus undulatus* eggs at constant temperature. - Physiol. Zool. 47: 91-98.

SEYMOR, R.S. & R.A. ACKERMAN (1980): Adaptations to underground nesting in birds and Reptiles. - American Zool. 20: 437-447.

SHINE, R. (1985): The evolution of viviparity in reptiles: an ecological analysis. - S. 605-694 in GANS, C. & F. BILLETT (Hrsg.): Biology of the Reptilia, Vol. 15. - New York (Wiley).

SHINE, R. (1988): Parental care in reptiles. - S. 275-329 in GANS, C. & R.B. HUEY (Hrsg.): Biology of the Reptilia Vol. 16 B. Defense and life history. - New York (Alan R. Liss).

SILVA, M. & H.R. BUCKLEY (1962): Activity of egg white against fungi pathogenic to man. - S. 277-291 in DALLDORF, G. (Hrsg.): Fungi and Fungus disease. - Springfield (C.C. Thomas Publ.).

SMITH, H.M. & W.P. HALL (1974): Contributions to the concepts of reproductive cycles and the systematics of the *scalaris* group of the lizard genus *Sceloporus*. - Great Basin Nat. 34: 97-104.

SNELL, H.L. & C.R. TRACY (1985): Behavioral and morphological adaptations by Galapagos land iguanas (*Conolophus subcristatus*) to water and energy requirements of eggs and neonates. - American Zool. 25: 1009-1018.

SOMMA, L.A. (1990): A categorization and bibliographic survey of parental behavior in Lepidosauran reptiles. - Smithsonian Herpetol. Inform. Service 81: 1-53.

SOMMA, L.A. & J.D. FAWCETT (1989): Brooding behavior of the prairie skink, *Eumeces septentrionalis*, and its relationship to the hydric environment of the nest. - J. Linn. Soc. 95: 245-256.

STAMPS, J.A. (1976): Egg retention, rainfall and egg laying in a tropical *Anolis aeneus*. - Copeia 1976: 759-764.

STATON, M.A. & J.R. DIXON (1977): Breeding biology of the spectacled caiman, *Caiman crocodilus crocodilus*, in the Venezuelan Llanos. - U.S. Dept. Int. Fish Wildl. Serv. Wildl. Res. Rep. no. 5.

THAPLIYAL, J.P., K.S. SINGH & A. CHANDOLA (1973): Prelaying stages in the development of Indian garden lizards *Calotes versicolor*. - Ann. Embr. Morph. 6: 253-259.

THOMPSON, M.B. (1983): The physiology and ecology of the eggs of the pleurodiran tortoise *Emydura macquarrii* (Gray, 1831). - Aust. Wildl. Res. 10: 363-372.

THOMPSON, M.B. (1985): Functional significance of the opaque white patch in eggs of *Emydura macquarrii*. - S. 387-395 in GRIGG, G., R. SHINE & H. EHMANN (Hrsg.): Biology of Australasian Frogs and Reptiles. - Chipping Norton, Australia (Surrey Beatty & Sons ).

THOMPSON, M.B. (1987): Water exchange in reptile Eggs. - Physiol. Zool. 60: 1-8.

THOMPSON, M.B. (1988): Nest temperatures in the pleurodiran turtle, *Emydura macquarrii*. - Copeia 1988: 996-1000.

THOMPSON, M.B. (1989): Patterns of metabolism in embryonic reptiles. - Repiration Physiol. 76: 243-256.

THOMPSON, M.B. (1990): Incubation of eggs of tuatars, *Sphenodon punctatus*. - J. Zool., London 222 (2): 303-318.

THOMPSON, M.B., A. CREE & C. DAUGHERTY (1988): Guidelines for maintenance and breeding of Tuatara in captivity. - unveröff. Manuskript.

TINTINGER, V. (1987): Breeding the Tuatara *Sphenodon punctatus*. - Int. Zoo Yb. 26: 183-186.

TOKUNGA, S. (1985): Temperature-dependent sex determination in *Gekko japonicus* (Gekkonidae, Reptilia). - Development, Growth and Differentiation 27: 117-120.

TRACY, C.R. (1980): Water relations of parchment-shelled lizard (*Sceloporus undulatus*) eggs. - Copeia, 1980: 478-482.

TRACY, C.R. (1982): Biophysical modeling in reptilian physiology and ecology. - S. 275-321 in GANS, C. & F.H. POUGH (Hrsg.): Biology of the Reptilia, vol. 12. - New York (Academic Press).

TRACY, C.R. & H.L. SNELL (1985): Interrelations among water and energy relations of reptilian eggs, embryos, and hatchlings. - American Zool. 25: 999-1008.

TRANTER, H.S. & R.G. BOARD (1982): The antimicrobial defense of avian eggs: Biological perspective and chemical basis. - J. applied Biochem. 4: 295-338.

TREADWELL, R.W. (1962): Time and sequence of appearance of certain gross structures in *Pituophis melanoleucus sayi* embryos. - Herpetologica 18(2): 120-124.

TROYER, K. (1984): Behavioral acquisition of the hindgut fermentation system by hatchling *Iguana iguana*. - Behav. Ecol. Sociobiol. 14: 189-193.

TSCHUDI, J.J. (1867): Reisen durch Südamerika. Vol. III, Leipzig: 82-336.

VAN MIEROP, L.H.S. & S.M. BARNARD (1976): Thermoregulation in a brooding female *Python molurus bivittatus* (Serpentes, Boidae). - Copeia 1976: 198-401.

VAN MIEROP, L.H.S. & S.M. BARNARD (1978): Further observations on thermoregulation in the brooding female *Python molurus bivittatus* (Serpentes, Boidae). - Copeia 1978: 615-621.

VAZ-FERREIRA, R., L.C. ZOLESSI & F. ACHAVAL (1970): Oviposicion y desarollo de ofidios y lacertilios en hormigueros de *Acromyrmex*. - Physis, Buenos Aires, 29: 431-459.

VAZ-FERREIRA, R., L.C. ZOLESSI & F. ACHAVAL (1973): Oviposicion y desarollo de ofidios y lacertilios en hormigueros de *Acromyrmex* II. - Trab. V. Congr. Latinoam. Zool. 1: 232-244.

VINEGAR, A. (1973): The effects of temperature on the growth and development of embryos of the Indian python, *Python molurus* (Reptilia: Serpentes, Boidae). - Copeia 1973: 171-173.

VINEGAR, A., V.H. HUTCHINSON & H.G. DOWLING (1970): Metabolism, energetics, and thermoregulation during brooding of snakes of the genus *Python* (Reptilia: Boidae). - Zoologica 55: 19-48.

VINSON, J. & J.M. VINSON (1969): The saurian fauna of the Mascarene Islands.- Mauritius Inst. Bull., Port Louis, 6: 203-320.

VINSON, J.M. (1975): Notes on the reptiles of Round island.- Mauritius Inst. Bull., Port Louis, 8 (1): 49-67.

VISSER, G. (1985): The breeding results of snakes at the Rotterdam Zoo Blijdorp. - Litt. Serp. 5 (1): 4-27.

VITT, L.J. & W.E. COOPER (1985): The relationship between reproduction and lipid cycling in the skink *Eumeces laticeps* with comments on brooding ecology. - Herpetologica 41: 419-432.

VLECK, D. (1991): Water economy and solute regulations of reptilian and avian embryos. - S. 245-259 in DEEMING, D.C. & M.W.J. FERGUSON (Hrsg.): Egg incubation: its effects on embryonic development in birds and reptiles. - Cambridge (Cambridge Univ. Press).

VLECK, C.M. & D.F. HOYT (1991): Metabolism and energetics of reptilian and avian embryos. - S. 285-306 in DEEMING, D.C. & M.W.J. FERGUSON (Hrsg.): Egg incubation: its effects on embryonic development in birds and reptiles. - Cambridge (Cambridge Univ. Press).

VOELTZKOW, A. (1899): Beiträge zur Entwicklungsgeschichte der Reptilien. I. Biologie und Entwicklung der äusseren Körperform von *Crocodilus madagascariensis* GRAND. - Abhandl. Senckenb. naturf. Ges. 26(1): 1-150.

VOELTZKOW, A. (1901): Beiträge zur Entwicklungsgeschichte der Reptilien. IV. Keimblätter, Dottersack und erste Anlage des Blutes und der Gefässe bei *Crocodilus madagascariensis*

GRAND. - Abhandl. Senckenb. naturf. Ges. 26(3): 337-418.

VOELTZKOW, A. (1902): Beiträge zur Entwicklungsgeschichte der Reptilien. I. Biologie und Entwicklung der äußeren Körperform von *Crocodilus madagascariensis* GRAND. - Abh. Senckenb. Naturforsch. Ges. 26: 1-150.

VOELTZKOW, A. (1903): Beiträge zur Entwicklungsgeschichte der Reptilien. V. Epiphyse und Paraphyse bei Krokodilen und Schildkröten. - Abhandl. Senckenb. naturf. Ges. 27(2): 165-177.

VOGEL, Z. (1962): Die Raubechsen Südamerikas. - DATZ, Stuttgart, 15: 372-376.

VOGT, R.C. & J.J. BULL (1982): Genetic sex determination in the Spiny Softshell *Trionyx spiniferus* (Testudines: Trionychidae). - Copeia 1982: 699-700.

VOGT, R.C., J.J. BULL, C.J. McCOY & T.W. HOUSEAL (1982): Incubation temperature influences sex determination in kinosternid turtles. - Copeia 1982: 480-482.

VOGT, R.C. & O. FLORES-VILLELA (1992): Effects of incubation temperature on sex determination in a community of neotropical freshwater turtles in southern Mexico. - Herpetologica 48 (3): 265-270.

WAGNER, E. (1980): Gecko husbandry and reproduction. - SSAR Contrib. Herpetol. 1: 115-117.

WAHLI, W., I.B. DAWID, G.U. RYFFEL & R. WEBER (1981): Vitellogenesis and the Vitellogenin family. - Science 212: 298-304.

WARNER, E. (1980): Temperature-dependent sex determination in a gekko lizard. - Quart. Rev. Biol. 55: 21.

WEBB, G.J.W., A.M. BEAL, S.C. MANOLIS & K.E. MANOLIS (1987a): The effects of incubation temperature on sex determination and embryonic development rate in *Crocodylus johnsoni* and *C. porosus*. S. 507-531 in WEBB, G.J.W., S.C. MANOLIS & P.J. WHITEHEAD (Hrsg.): Wildlife management: Crocodiles and Alligators. - Sydney (Surrey Beatty Pty. Ltd).

WEBB, G.J.W., D. CHOQUENOT & P.J. WHITEHEAD (1986): Nests, eggs, and embryonic development of *Carettochelys insculpta* (Chelonia: Carettochelidae) from Nothern Australia. - J. Zool., B1: 521-550.

WEBB, G.J.W., S.C. MANOLIS, K.E. DEMPSEY & P.J. WHITEHEAD (1987b): Crocodilian eggs: A functional overview. - S. 417-422 in WEBB, G.J.W, S.C. MANOLIS & P.J. WHITEHEAD (Hrsg.): Wildlife Management: Crocodiles and Alligators, Sydney (Surrey Beatty Pty Ltd.).

WEBB, G.J.W., S.C. MANOLIS, P.J. WHITEHEAD & K.E. DEMPSEY (1987c): The possible relationship between embryo orientation, opaque banding and the dehydration of albumen in crocodile eggs. - Copeia 1987: 252-257.

WEBB, G.J.W., H. MESSEL & W. MAGNUSSON (1977): The nesting of *Crocodylus porosus* in Arnhem Land, nothern Australia. - Copeia 1977: 238-249.

WEBB, G.J.W., G.C. SACK, R. BUCKWORTH & S.C. MANOLIS (1983): An examination of *Crocodylus porosus* nests in two northern Australian freshwater swamps, with an analysis of embryo mortality. - Australian Wildl. Res. 10: 571-605.

WEBB, G.J.W. & A.M.A. SMITH (1984): Sex ratio and survivorship in the Australian freshwater crocodile *Crocodylus johnstoni*. In: FERGUSON, M.W.J. (Hrsg.): The Structure, Development and Evolution of Reptiles, London (Academic Press): 319-355.

WERNER, D.I. (1988): The effect of varying water potential on body weight, yolk and fat bodies in neonate green iguanas. - Copeia 1988 (2): 406-411.

WERNER, Y.L. (1971): The ontogenetic development of the vertebrae in some gekkonoid lizards. - J. Morph. 133: 41-92.

WHITAKER, R. & Z. WHITAKER (1984): Reproductive biology of the mugger (*Crocodylus palustris*). - J. Bombay Nat. Hist. Soc. 81: 297-317.

WHITE, H.B., III (1991): Maternal diet, maternal proteins and egg quality. - S. 1-15 in DEEMING, D.C. & M.W.J. FERGUSON (Hrsg.): Egg incubation: its effects on embryonic development in birds and reptiles. - Cambridge (Cambridge Univ. Press).

WHITEHEAD, P. (1987): Respiration by *Crocodylus johnstoni* embryos. - S. 473-497 in WEBB, G.J.W, S.C. MANOLIS & P.J. WHITEHEAD (Hrsg.): Wildlife Management: Crocodiles and Alligators. - Sydney (Surrey Beatty Pty Ltd.).

WIBBELS, T, D. ROSTAL & R. BYLES (1998): High pivotal temperature in the sex determination of the olive ridley sea turtle, *Lepidochelys olivacea*, from Playa Nancite, Costa Rica. – Copeia 1998 (4): 1086–1088.

WIEWANDT, T.A. (1982): Evolution of nesting patterns in iguanid lizards. - In: BURGHARDT & RAND (Hrsg.): Iguanas of the world: 119-141.

WILHOFT, D.C. (1986): Eggs and hatchling components of the snapping turtle (*Chelydra serpentina*). - Comp. Biochem. Physiol. 84 A: 483-486.

WILLIAMS, J. (1962): Serum proteins and the livetins of hen´s-egg yolk. - Biochem. J. 83: 346-355.

WILMS, T. (2001): Dornschwanzagamen Lebensweise, Pflege und Zucht 2. Aufl. - Offenbach (Herpeton-Verlag): 142 S.

WOODALL, P.F. (1984): The structure and some functional aspects of the eggshell of the broad-shelled river tortoise *Chelodina expansa* (Testudinata: Chelidae). - Australian J. Zool. 32: 7-14.

XIANG, J. & D. WEI-GUO (2001a): The effects of thermal and hydric environments on hatching success, embryonic use of energy and hatchling traits in a colubrid snake, *Elaphe carinata*. –Comp. Biochem. Physiol, Part A **129** (2-3): 461–471.

XIANG, J., D. WEI-GUO & X. XUE-FENG (2001b): Influences of thermal and hydric environments on incubating eggs and resultant hatchlings in a colubrid snake (*Xenochrophis piscator*). – Acta Zool. Sinica 47 (1): 45–52.

YNTEMA, C.L. (1960): Effects of various temperatures on the embryonic development of *Chelydra serpentina*. - Anat. Rec. 136: 305-306.

YNTEMA, C.L. (1968): A series of stages in the embryonic development of *Chelydra serpentina*. - J. Morphol. 125: 219-252.

YNTEMA, C.L. (1969): Twinning in the common snapping turtle, *Chelydra serpentina*. - Anat. Rec. 166.: 491-498.

YNTEMA, C.L. (1971): Incidence and survival of twin embryos of the Common Snapping turtle, *Chelydra serpentina*. - Copeia 1971 (4): 755-758.

YNTEMA, C.L. (1976): Effects of incubation temperatures on sexual differentiation in the turtle, *Chelydra serpentina*. - J. Morphol. 150: 453-462.

YNTEMA, C.L. (1978): Incubation times for eggs of the turtle *Chelydra serpentina* (Testudines; Chelydridae) at various temperatures. - Herpetologica 34: 274-277.

YNTEMA, C.L. (1979): Temperature levels and periods of sex determination during incubation of *Chelydra serpentina*. - J. Morphol. 159: 17-28.

YNTEMA, C.L. (1981): Characteristics of gonads and oviducts in hatchlings and young of *Chelydra serpentina* resulting from three incubation temperatures. - J. Morphol. 167: 297-304.

YNTEMA, C.L. & N. MROSOVSKY (1982): Critical periods and pivotal temperatures for sexual differentiation in loggerhead sea turtles. - Can. J. Zool. 60: 1012-1016.

YORK & BURGHARDT (1988): Brooding in the Malayan Pit viper, *Calloselasma rhodostoma*: temperature, relative humidity, and defensive behaviour. - Herpetol. Journal 1 (6): 210-214.

YOSHIDA, M.C. & I. MSAHIRO (1974): Heteromorphic sex chromosomes in gecko lizards. - Chromosome Information Service 17: 29-31.

ZABORSKI, P. M. DORIZZI & C. PIEAU (1988): Temperature-dependent gonadal differentiation in the turtle *Emys orbicularis*: concordance between sexual phenotype and serological H-Y antigen expression at threshold temperature. - Differentiation 38: 17-20.

ZEHR, D.R. (1962): Stages in the development of the common garter snake *Thamnophis sirtalis sirtalis*. - Copeia 1962(2): 322-329.

ZHI-HUA, L. & J. XIANG (1998): The effects of thermal and hydric environments on incubating eggs and hatchlings of the grass lizard, *Takydromus septentrionalis*. – Zoological Research 19 (6): 439–445.

ZUG, G.R. (1993): Herpetology. - San Diego (Academic Press): 527 S.

ZWEIFEL, R.G. (1980): Aspects of the biology of a laboratory population of Kingsnakes. - SSAR Contrib. Herpetol. 1: 141-152.

# 18. Anhänge

## Anhang I. Einfluß der Inkubationstemperatur auf das Geschlechterverhältnis

### Krokodile

| Tierart | Inkubationstemperatur (Männchen) | Inkubationstemperatur (Weibchen) | Quelle |
|---|---|---|---|
| *Alligator mississipiensis* | 34-36 °C | 26-30 °C | 441, 442 |
| *Caiman crocodilus* | 31,9-33,5 °C | 28,5-30,9 °C | 869 |
| *Paleosuchus trigonatus* | < 31 °C | 32 °C | 1729 |
| *Crocodylus niloticus* | 32,5-34 °C | 28-31 °C | 721 |
| *Crocodylus palustris* | 32-33 °C | 28-31 °C | 869 |
| *Crocodylus porosus* | 32-33 °C | 28-30 °C | 1665 |
| *Crocodylus siamensis* | 32,5-33 °C | 28 °C | 867, 868 |

### Echsen

| Tierart | Inkubationstemperatur (Männchen) | Inkubationstemperatur (Weibchen) | Quelle |
|---|---|---|---|
| *Agama agama* | 29 °C | 26,5 °C | 274 |
| *Eublepharis macularius* | 31,5-32,7 °C | 24-26,7 °C | 217, 218, 219, 1649, 1027 |
| *Hemitheconyx caudicinctus* | 31,7-32,2 °C | 26,7-28,6 °C | 15, 1027 |

### Schildkröten

| Tierart | Inkubationstemperatur (Männchen) | Inkubationstemperatur (Weibchen) | Quelle |
|---|---|---|---|
| *Caretta caretta* | 25-28 °C | 30,5-32 °C | 625, 930, 931 |
| *Carettochelys insculpta* | 28-30 °C | 32 °C | 1664 |
| *Chelonia mydas* | 26 °C | 29-33 °C | 1024, 1047, 1719 |
| *Chelydra serpentina* | 24-26 °C | 20 °C und 29-31 °C | 313, 357, 568, 753, 1123, 1733, 1734 |
| *Chinemys reevesii* | 25 °C | 32 °C | 709 |
| *Clemmys guttata* | 23-27 °C | 30 °C | 432 |
| *Chrysemys picta* | 22-27,5 °C | 29-32 °C | 221, 356, 357, 432, 568, 572, 573, 1125, 1440 |
| *Deirochelys reticularia* | 25 °C | 30 °C | 432 |
| *Dermatemys mawii* | 25 °C | 29 °C | 1641 |
| *Dermochelys coriacea* | 27-29 °C | 30-32 °C | 386, 919, 1263, 1264 |
| *Emydoidea blandingii* | 22,5-26,5 °C | 30-31 °C | 432, 569 |
| *Emys orbiculare* | 25-28 °C | 29,5-30 °C | 1170, 1171, 1172, 1737 |

| Tierart | Inkubationstemperatur (Männchen) | Inkubationstemperatur (Weibchen) | Quelle |
|---|---|---|---|
| *Gopherus agassizii* | 26-30,5°C | 32,5-35,5°C | 1489 |
| *Gopherus polyphemus* | 26°C | 32°C | 227 |
| *Graptemys barbouri* | 25°C | 30°C | 432 |
| *Graptemys geographica* | 22,5-28°C | 30-33°C | 221, 357, 432 |
| *Graptemys kohnii* | 22,5-28°C | 30-33°C | 221, 357, 432 |
| *Graptemys nigrinoda* | 25°C | 30°C | 432 |
| *Graptemys ouachitensis* | 25-28°C | 30-31°C | 221, 357, 432 |
| *Graptemys pseudogeographica* | 25-28°C | 30-35°C | 221, 357, 432 |
| *Graptemys pulchra* | 28°C | 29-30°C | 357 |
| *Kinosternon flavescens* | 27-30°C | 31-32°C | 216, 432, 1640 |
| *Kinosternon leucostomum* | 24-25°C | 27-30°C | 432 |
| *Kinosternon scorpioides* | 24-27°C (70-80%) | 30°C | 432 |
| *Lepidochelys olivacea* | 25-28°C | 30-32°C | 358, 994, 1039 |
| *Macroclemys temmincki* | 25-27°C (70%) | 22,5°C und 30-31°C | 216 |
| *Malaclemys terrapin* | 24-27°C | 30-34°C | 1340, 432, 1283 |
| *Mauremys mutica* | 25°C (75%) | 30°C | 432 |
| *Melanochelys trijuga* | 27°C (56%) | 23-24°C und 30°C | 432 |
| *Pelomedusa subrufa* | 30°C (71%) | 24-27°C und 33°C | 432 |
| *Pelusios castaneus* | 30°C (82%) | 25-27°C und 33°C | 432 |
| *Podocnemys unifilis* | 28°C | 33-34°C | 342 |
| *Pseudemys concinna* | 22,5-25°C | 30°C | 432 |
| *Pseudemys floridana* | 25°C | 30°C | 432 |
| *Rhinoclemmys areolata* | 25°C | 30°C | 432 |
| *Rhinoclemmys pulcherrima* | 25°C | 30°C | 432 |
| *Sternotherus carinatus* | 27°C | 22,5°C und 30°C | 432 |
| *Sternotherus minor* | 25°C (76%) | 22,5-24°C und 30-32°C | 432 |
| *Sternotherus odoratus* | 25°C | 21,5-22,5°C und 28-30°C | 342, 1640 |
| *Terrapene carolina* | 21,5-25°C | 30-31°C | 357, 342 |
| *Terrapene ornata* | 21,5-25°C | 29°C | 342, 1126 |
| *Testudo graeca* | 26-30°C | 31-33°C | 1170, 1171, 1172 |
| *Testudo hermanni* | 25-30°C | 33-34°C | 388 |
| *Trachemys scripta* | 21-27°C | 29-30°C | 357, 432, 1641 |

# Anhang II. Veränderung der Masse von Eiern während der Inkubation

| Tierart | Änderung der Initialmasse in % | | Quelle |
| | minimal | maximal | |
|---|---|---|---|
| **Krokodile** | | | |
| *Alligator mississippiensis* | -8 | -2 | 1552 |
| *Crocodylus acutus* | -30 | -7,4 | 946 |
| *Crocodylus novaeguineae* | -25 | +25 | 246 |
| **Schildkröten** | | | |
| *Caretta caretta* | -19 | -8 | 1552 |
| *Chrysemys picta* | -16 | +4 | 1124 |
| *Chrysemys picta* | -22 | +73 | 1216 |
| *Chelydra serpentina* | -19 | +19 | 1128 |
| *Chelydra serpentina* | -12 | +43 | 1130 |
| *Emydoidea blandingii* | -15 | -3 | 1122 |
| *Terrapene ornata* | -17 | +17 | 1126 |
| *Trionyx triunguis* | -14,2 | 0 | 920 |
| *Trionyx spiniferus* | -7 | 0 | 1127 |
| **Echsen** | | | |
| *Amphibolurus barbatus* | | +37 | 1131 |
| *Basiliscus plumifrons* | +200 | +433 | 818 |
| *Callisaurus draconoides* | +55 | +115 | 1129 |
| *Conolophus subcristatus* | -21 | +47 | 1552 |
| *Crotaphytus collaris* | | +80 | 1552 |
| *Eublepharis macularius* | | +82 | 1770 |
| *Iguana iguana* | +140 | +213 | 819 |
| *Quedenfeldtia trachyblepharus* | -5,4 | -5,7 | 1302 |
| *Sceloporus undulatus* | +100 | +175 | 1551 |
| *Sceloporus virgatus* | +11 | +349 | 1634 |
| *Tarentola annularis* | -6,1 | -9,9 | 1302 |
| *Tarentola darwini* | -18,4 | -21,1 | 1302 |
| *Urosaurus ornatus* | +27 | +366 | 1634 |
| **Schlangen** | | | |
| *Coluber constrictor* | 0 | +50 | 1120 |
| *Elaphe obsoletus* | +51 | +111 | 1770 |
| *Pituophis melanoleucus* | -12 | +49 | 570 |

# Anhang III. Zusammenstellung ausgewählter Gelege- und Inkubationsparameter

Für die folgende tabellarische Zusammenstellung wurden etwa 70 herpetologische und terrarienkundliche Zeitschriften sowie zahlreiche Bücher durchgesehen, wobei deutsch-, englisch-, französisch-, italienisch- und spanischsprachige Literatur berücksichtigt wurde (vgl. Quellenverzeichnis S. 185). Darüber hinaus haben zahlreiche auf diesem Gebiet arbeitende Fachleute unveröffentlichte Gelege- und Inkubationsdaten zur Verfügung gestellt.

Diese Tabelle reflektiert somit den heutigen Kenntnisstand der Zucht von eierlegenden Reptilien und kann als Bibliographie zu dieser Thematik genutzt werden, wodurch dem Leser der Einstieg in die Primärliteratur erleichtert wird. Da eine solche Zusammenstellung trotz aller Bemühungen nicht Anspruch auf Vollständigkeit erheben kann, ist der Verfasser sehr dankbar für ergänzende Daten und Literaturhinweise, die bei einer Neuauflage Berücksichtigung finden werden.

Obwohl die Feuchtigkeit bei der Inkubation von Reptilieneiern eine wesentliche Rolle spielt, wurde dieser Parameter in der Zusammenstellung nicht aufgenommen. Die meisten veröffentlichten Angaben über die Feuchtigkeit sind nämlich wenig aussagekräftig, da sie sich in der Regel nicht auf die Substratfeuchtigkeit (gemessen in kPa), sondern auf die relative Luftfeuchtigkeit beziehen (meistens werden Werte von 80-100 % angegeben). In jedem geschlossenem Behälter mit mehr oder weniger feuchtem Substrat erreicht die Luft innerhalb kurzer Zeit die Sättigung (= 100%) mit Wasserdampf .

Verwendete Abkürzungen: t = tagsüber; n = nachtsüber

Die in Klammern () angegebenen Werte sind Extremwerte.

# Krokodile (Crocodylia)

## Alligatoren (Alligatoridae)

| Spezies | Gelegegröße | Temperatur [°C] | Dauer [Tage] | Quelle |
|---|---|---|---|---|
| Alligator mississippiensis | 2-88 | 28-33 | 55-76 | 267, 268, 269, 417, 529, 534, 761, 1726 |
| Alligator sinensis | 9-40 | 29-32 | 70-80 | 102, 286, 534 |
| Caiman crocodilus | 10-41 | 30-34 | 70-102 | 11, 159, 289, 446, 717, 1493 |
| Caiman c. crocodilus | 17-38 | | | 446 |
| Caiman c. apaporiensis | 10-21 | | | 446 |
| Caiman c. fuscus | 10-23 | 28-32 | 88-104 | 446, 692, 1515 |
| Caiman c. yacare | 23-41 | 30-32 | 82 | 446, 967, 1605 |
| Caiman latirostris | 17-60 | 30-32 | 20-90 | 1011, 1045, 1071, 1697 |
| Melanosuchus niger | 18-75 | 29-32 | 40-90 | 670, 1006, 1119 |
| Paleosuchus palpebrosus | 9-24 | 29-31 | 90-114 | 534, 943, 944, 1010 |
| Paleosuchus trigonatus | 10-30 | 29-32 | 90-130 | 360, 611 |

## Echte Krokodile (Crocodylidae)

| Spezies | Gelegegröße | Temperatur [°C] | Dauer [Tage] | Quelle |
|---|---|---|---|---|
| *Crocodylus acutus* | 15-105 | 29-30 | 85-111 | 534, 535, 1010, 1097, 1215 |
| *Crocodylus cataphractus* | 9-28 | 29-33 | 80-100 | 1095, 1653 |
| *Crocodylus intermedius* | 15-70 | 29-33 | 60 | 135, 1009, 1572 |
| *Crocodylus johnsoni* | 5-24 | 29-34 | 63-108 | 53, 380, 382, 384, 1661, 1696 |
| *Crocodylus mindorensis* | 7-25 | 28-33 | 77-85 | 6, 7, 352, 602 |
| *Crocodylus moreletii* | 20-45 | 30-32 | 78-98 | 12, 718, 719 |
| *Crocodylus niloticus* | 9-100 | 29-34 | 77-108 | 296, 534, 759, 965, 1195, 1196, 1500 |
| *Crocodylus novaegunieae* | 10-48 | 30-34 | 83-87 | 245, 246, 534, 756 |
| *Crocodylus palustris* | 6-41 | 29-34 | 60-90 | 18, 19, 335, 501, 534, 1473, 1691, 1727, 1728 |
| *Crocodylus porosus* | 16-150 | 28-33 | 70-98 | 19, 383, 534, 953, 1569, 1662, 1663 |
| *Crocodylus rhombifer* | 10-60 | 29-32 | 68-100 | 440, 534, 893, 1071, 1095 |
| *Crocodylus siamensis* | 15-60 | 30-34 | 67-83 | 534, 864, 951, 1546, 1569, 1736 |
| *Osteolaemus tetraspis* | 6-21 | 28-33 | 82-126 | 95, 616, 646, 988, 1248, 1472, 1532, 1578, 1690 |
| *Tomistoma schlegelii* | 20-60 | 30-32 | 72-108 | 440, 929 |

## Gaviale (Gavialidae)

| Spezies | Gelegegröße | Temperatur [°C] | Dauer [Tage] | Quelle |
|---|---|---|---|---|
| *Gavialis gangeticus* | 6-95 | 31-33 | 57-94 | 20, 247, 279, 1474, 1572 |

# Schildkröten

## Carettochelyidae

| Spezies | Gelegegröße | Temperatur [°C] | Dauer [Tage] | Quelle |
|---|---|---|---|---|
| *Carettochelys insculpta* | 15-30 | | | 422 |

## Schlangenhalsschildkröten (Chelidae)

| Spezies | Gelegegröße | Temperatur [°C] | Dauer [Tage] | Quelle |
|---|---|---|---|---|
| *Chelodina expansa* | 5-28 | 27-30 | 88-135 (-324) | 54, 490, 635 |
| *Chelodina longicollis* | 4-24 | 27-31 | 60-78 (48-168) | 29, 54, 209, 211, 806, 1074 |
| *Chelodina mccordi* | 3-10 | 28-31 | 85-114 | 540, 806, 1514 |
| *Chelodina novaeguineae* | 9-21 | | 63 | 422 |
| *Chelodina oblonga* | 3-12 | | 183-222 | 422, 1696 |

| Spezies | Gelegegröße | Temperatur [°C] | Dauer [Tage] | Quelle |
|---|---|---|---|---|
| Chelodina parkeri | 7-11 | 27-33 | 90-100 | 467, 1696 |
| Chelodina reimanni | 5-15 | 28-30 | 65-93 | 37, 542 |
| Chelodina rugosa | 8-16 | 29-33 | 130-150 | 806 |
| Chelodina siebenrocki | 4-19 | 28-31 | 120-180 | 806, 889, 1244 |
| Chelus fimbriatus | 7-28 | 28-30 | 120-200 | 422, 634, 1250, 1362, 1363, 1537 |
| Elseya dentata | 3-5 | 30 | 160 | 422, 490 |
| Elseya latisternum | 9-22 | 28-31 | 60-78 | 422, 490, 806, 1563 |
| Elseya novaeguineae | 6-15 | 28-31 | 70-90 | 806 |
| Emydura australis | 3-19 | 28-31 | 44-56 | 38, 165, 556, 693, 768, 806, 941, 1050, 1189 |
| Emydura krefftii | 4-18 | 27-31 | 60-90 | 54, 1002 |
| Emydura macquarrii | 6-28 | 25-30 | 44-85 | 54, 514 |
| Emydura signata | 9-12 | 28-31 | 50-65 | 806 |
| Hydromedusa tectifera | 4 | 25-30 | 105-110 | 106 |
| Phrynops dahli | 1-6 | | | 1007 |
| Phrynops geoffroanus | 5-20 | 28-32 | 103-156 | 562, 779, 806, 1694, 1696 |
| Phrynops gibbus | 2-7 | 28-32 | 140-180 (-248) | 516, 541, 806, 1008 |
| Phrynops hilarii | 8-23 | 28-30 | 62-64 (-137) | 265, 469, 539 |
| Phrynops nasutus | 3-8 | 28-32 | 120-150 | 1004, 1696 |
| Phrynops rufipes | 3-12 | | | 422 |
| Phrynops tuberculatus | 4-9 | 28-32 | 180-190 (-254) | 545, 806, 1696 |
| Phrynops vanderhaegei | 3 | | | 265 |
| Phrynops williamsi | 9 | | | 422 |
| Phrynops zuliae | 7 | | | 1205 |
| Platemys pallidipectoris | 2-5 | | | 704 |
| Platemys platycephala | 1-2 | 28 | 148 | 1539 |
| Platemys spixii | 4-5 | 29-30 | 152-159 | 907 |
| Pseudemydura umbrina | 3-5 | 24-30 | 180 | 861, 863, 1487, 1757 |
| Rheodytes leucops | | 30 | 44-50 | 902 |

## Meeresschildkröten (Cheloniidae)

| Spezies | Gelegegröße | Temperatur [°C] | Dauer [Tage] | Quelle |
|---|---|---|---|---|
| Caretta caretta | 44-172 | 28-33 | 49-72 | 422, 446, 997 |
| Chelonia mydas | 100-150 (3-238) | 28-33 | 45-60 (30-90) | 132, 422, 446 |
| Chelonia depressa | 7-78 | 28-33 | ca. 42 | 422 |
| Eretmochelys imbricata | 53-206 | 28-33 | 52-74 | 33, 260, 446 |

| Spezies | Gelegegröße | Temperatur [°C] | Dauer [Tage] | Quelle |
|---|---|---|---|---|
| *Lepidochelys kempi* | 80-140 (51-185) | 28-33 | 53-70 | 422, 1021, 1720, 1760 |
| *Lepidochelys olivacea* | 50-147 (30-168) | 28-33 | 49-62 | 1758 |

## Alligatorschildkröten (Chelydridae)

| Spezies | Gelegegröße | Temperatur [°C] | Dauer [Tage] | Quelle |
|---|---|---|---|---|
| *Chelydra serpentina* | 10-30 (-109) | 28-30 | 54-69 (-120) | 300, 446, 682, 905, 1026, 1044, 1075, 1121, 1397 |
| *Macroclemys temminckii* | 9-61 | 21-27 | 84-92 (-142) | 365, 371, 1183, 1199 |

## Tabascoschildkröten (Dermatemydidae)

| Spezies | Gelegegröße | Temperatur [°C] | Dauer [Tage] | Quelle |
|---|---|---|---|---|
| *Dermatemys mawii* | 2-20 | | | 1191 |

## Lederschildkröten (Dermochelydidae)

| Spezies | Gelegegröße | Temperatur [°C] | Dauer [Tage] | Quelle |
|---|---|---|---|---|
| *Dermochelys coriacea* | 50-150 (17-179) | | 53-72 | 287, 446, 1583, 1755 |

## Sumpfschildkröten (Emydidae)

| Spezies | Gelegegröße | Temperatur [°C] | Dauer [Tage] | Quelle |
|---|---|---|---|---|
| *Batagur baska* | 13-34 | | 70-112 | 422 |
| *Callagur borneoensis* | 12 | | | 422 |
| *Chinemys kwangtungensis* | 2 | | | 422 |
| *Chinemys megalocephala* | 3-4 | | 55 | 1670 |
| *Chinemys reevesi* | 2-6 | 23-28 | 47-79 | 45, 555, 938, 1022, 1099, 1237, 1335, 1361 |
| *Chrysemys picta picta* | 2-14 | 24-29 | 65-80 | 420, 446, 567, 1243, 1644 |
| *Chrysemys p. dorsalis* | 4-6 | 25-30 | 41-67 | 377, 597, 1513 |
| *Chrysemys p. marginata* | 8-11 | 25-31 | 54-57 | 281, 1084 |
| *Clemmys guttata* | 1-8 | 27-30 | 50-80 (-112) | 97, 349, 419, 422, 1100, 1364, 1707 |
| *Clemmys insculpta* | 4-18 | 25-29 | 42-71 | 98, 435, 618, 1564 |
| *Clemmys marmorata* | 4-9 | 30 | 73-80 | 437 |
| *Clemmys muhlenbergi* | 1-6 | 25-29 | 42-60 | 69, 664, 665, 1329, 1334, 1580 |
| *Cuora amboinensis* | 1-3 | 23-29 | 48-98 | 319, 557, 558, 740, 1048, 1201; 1769 |
| *Cuora aurocapitata* | 3 | 28 | 66-67 | 338 |
| *Cuora flavomarginata* | 1-2 | 28-30 | 70-101 | 99, 1022, 1751 |
| *Cuora galbinifrons* | 2 | 30 | 70 | 206, 238 |
| *Cuora trifasciata* | 2 | | | 422 |

| Spezies | Gelegegröße | Temperatur [°C] | Dauer [Tage] | Quelle |
|---------|-------------|-----------------|--------------|--------|
| Cyclemys dentata | 2-3 | | | 422 |
| Cyclemys tcheponensis | 10-15 | | | 422 |
| Deirochelys reticularia | 5-15 | | 70-116 | 422, 496, 1696 |
| Emydoidea blandingii | 3-18 | 26-27 31 | 62-80 49 | 422, 446, 569 |
| Emys orbicularis | 3-16 | 23 26-29 | 90-111 51-88 | 280, 647, 679, 771, 780, 781, 1262, 1378, 1602, 1605 |
| Geoclemys hamiltonii | 9-22 | 30 | 75-76 | 1313, 1314 |
| Geoemyda spengleri | 1-3 | 27-30 | 65-110 | 239, 942, 967, 1053, 1323 |
| Graptemys barbouri | 8-9 | | | 1651 |
| Graptemys flavimaculata | 3-6 | 24-26 | 60 | 414, 698 |
| Graptemys geographica | 10-16 | | 75 | 422 |
| Graptemys nigrinoda | 1-3 | 25-30 | 65 | 1696 |
| Graptemys o. ouachitensis | 5-17 | 25-30 | 60-75 | 446 |
| Graptemys p. pseudogeographica | 4-15 | 28-32 | 90 | 1022, 1073, 1692 |
| Graptemys p. kohnii | 2-7 | 28-31 | 53-60 | 1022 |
| Graptemys pulchra | 7 | | 76 | 422 |
| Heosemys grandis | 4-6 | 27-28 | 198 | 890 |
| Heosemys yuwonoi | 1 | | | 806 |
| Kachuga dhongoka | 30-35 | | | 422 |
| Kachuga smithii | 5-8 | 28 | 140-156 | 422, 1060 |
| Kachuga tecta | 3-12 | 26-29 | 69-71 | 707, 932,1612 |
| Kachuga tentoria | 4-8 | | | 1612 |
| Kachuga trivittata | 25 | | | 422 |
| Malaclemys terrapin | 4-18 | | 90 | 34, 422, 446 |
| Mauremys c. caspica | 12 | 28 | 90 | 781 |
| Mauremys japonica | 5-8 | | 70 | 422 |
| Mauremys leprosa | 3-13 | 26-30 | 77-97 | 299, 316, 346, 1646 |
| Mauremys mutica | 1-2 | 30 | 60 | 685 |
| Mauremys nigricans | 5 | 25-26 28-30 | 94 49-65 | 422, 686 |
| Melanochelys tricarinata | 3 | | | 422 |
| Melanochelys trijuga trijuga | 5-6 | 29-32 | 125-180 | 1613 |
| Melanochelys t. coronata | 4 | 28-32 | 105-155 | 1576, 1613 |
| Melanochelys t. thermalis | 4-6 | 28-32 | 120 | 1696 |
| Ocadia sinensis | 3 | | | 422 |
| Pseudemys alabamensis | 3-6 | | | 422 |

| Spezies | Gelegegröße | Temperatur [°C] | Dauer [Tage] | Quelle |
|---|---|---|---|---|
| *Pseudemys floridana* | 8-29 | | 70-100 | 422 |
| *Pseudemys nelsoni* | | | 60-75 | 422 |
| *Pseudemys rubriventris* | 10-17 | 25 | 75 | 524 |
| *Pyxidea mouhotii* | 1-4 | 28 | 97-108 | 111, 155, 422 |
| *Rhinoclemmys annulata* | 1-2 | | | 422 |
| *Rhinoclemmys areolata* | 1-2 | 28-32 | 61-83 | 1696 |
| *Rhinoclemmys diademata* | 1-2 | 28-32 | 80-100 | 1696 |
| *Rhinoclemmys funerea* | 3 | | | 422 |
| *Rhinoclemmys melanosterna* | 1-4 | 28-32 | 70-93 (-141) | 422, 1005, 1696 |
| *Rhinoclemmys nasuta* | 1-2 | | | 1005 |
| *Rhinoclemmys pulcherrima* | 1-5 | 28-32 | 100-147 | 422, 1042, 1139 |
| *Rhinoclemmys punctularia* | 1-2 | 28-32 | 80-100 | 422, 1696 |
| *Rhinoclemmys rubida perixantha* | 1-2 | 28-32 | 78-90 | 1696 |
| *Sacalia bealei* | 2-6 | | | 1281 |
| *Siebenrockiella crassicollis* | 1-2 | 30 | 72 | 696 |
| *Terrapene carolina carolina* | 2-7 | 28 | 58 | 446, 479, 1272 |
| *Terrapene c. bauri* | 2-5 | 28-32 | 46-60 | 1753, 1696 |
| *Terrapene c. mexicana* | 3-4 | 26-29 | 49-50 | 86 |
| *Terrapene c. triunguis* | 2-6 | 28-30 | 49-70 | 45, 79, 477, 478, 1018 |
| *Terrapene coahuila* | 3-6 | 29-31 | 48-56 | 806, 1062 |
| *Terrapene nelsoni* | 1-4 | | | 1030 |
| *Terrapene ornata* | 2-8 | 28 | 61-70 | 422, 1022, 1202 |
| *Trachemys decorata* | 6-18 | 30 | 61-80 | 422 |
| *Trachemys ornata callirostris* | 4-11 | 28-31 | 53-60 | 774, 806 |
| *Trachemys o. chichiriviche* | 9-21 | 27-30 | 56-72 | 301, 775 |
| *Trachemys o. venusta* | 8-30 | | 70-90 | 1040 |
| *Trachemys scripta elegans* | 1-22 | 28-30 | 60-90 | 48, 156, 446, 353, 909, 1061, 1084, 1177 |
| *Trachemys stejnegeri* | 3-14 | | 57-79 | 422 |
| *Trachemys terrapen* | 4 | 26 | 91 | 468 |

## Schlammschildkröten (Kinosternidae)

| Spezies | Gelegegröße | Temperatur [°C] | Dauer [Tage] | Quelle |
|---|---|---|---|---|
| Claudius angustatus | 1-8 | 25<br>27-30 | 130-150<br>94-116 | 459, 560, 561, 806, 899, 1140, 1422 |
| Kinosternon acutum | 2-3 | | 95-140 | 1321 |
| Kinosternon bauri | 1-5 | 25-30 | 103-119 | 46, 446, 892, 1089, 1337 |
| Kinosternon flavescens | 1-7 | | 94-110 | 283, 446, 892, 1089, 1584 |
| Kinosternon hirtipes | 1-9 | 29 | 196-201 | 422, 446, 743, 1321 |
| Kinosternon integrum | 4 | 28 | 102 | 559 |
| Kinosternon leucostomum | 1-6 | 24-30 | 100-180 (-236) | 1149, 1267, 1321, 1339, 1438, 1576 |
| Kinosternon scorpioides | 3-7 | 30-31 | 112 | 1713 |
| Kinosternon scorpioides cruentatum | 10 | 25-30 | 130-163 | 1089, 1321 |
| Kinosternon subrubrum | 1-8 | 28-30 | 92-119 | 157, 495, 496, 742, 892, 1379, 1713 |
| Kinosternon subrubrum steindachneri | 3-4 | 29-31 | 64-82 | 786 |
| Staurotypus salvinii | 4-10 | 24-25 | 120-207 | 806, 1386, 1387 |
| Staurotypus triporcatus | 3-10 | 24-25 | 120 | 806, 1182 |
| Sternotherus carinatus | 2-5 | 28-30 | 109-120 | 96, 1204 |
| Sternotherus depressus | 2-6 | | | 446, 1204 |
| Sternotherus minor | 1-5 | 25-30 | 100-130 | 428, 446, 906, 1143, 1320, 1322, 1336 |
| Sternotherus odoratus | 1-6 | 25-30 | 61-77 (-132) | 210, 485, 785, 1003, 1098, 1190, 1234, 1747 |

## Pelomedusenschildkröten (Pelomedusidae)

| Spezies | Gelegegröße | Temperatur [°C] | Dauer [Tage] | Quelle |
|---|---|---|---|---|
| Erymnochelys madagascariensis | 22-29 | 30-31 | 66 | 862, 1696 |
| Pelomedusa subrufa | 12-16 (-42) | 30 | 38-40 | 684, 687 |
| Pelomedusa s. olivacea | 14-15 | 30 | 51 | 805 |
| Peltocephalus dumerilianus | 3-25 | | 90-144 | 1642 |
| Pelusios adansonii | 7 | | | 422 |
| Pelusios bechuanicus | 21-48 | | | 193 |
| Pelusios castaneus | 6-18 | | | 422 |
| Pelusios castanoides | 12-25 | | | 422, 862 |
| Pelusios nanus | 5 | | 67 | 581 |
| Pelusios niger | 4-18 | 28-31 | 60-70 | 422, 806, 1696 |
| Pelusios rhodesianus | 11-14 | | | 193 |
| Pelusios sinuatus | 15-26 | 28-33 | 48-65 | 806, 1696 |

| Spezies | Gelegegröße | Temperatur [°C] | Dauer [Tage] | Quelle |
|---|---|---|---|---|
| Pelusios subniger | 6-18 | 28-31 | 55-65 | 806, 1696 |
| Pelusios w. williamsi | 9 | 23-32 | 76-84 | 1268 |
| Podocnemis erythrocephala | 5-14 (-40) | | | 422 |
| Podocnemis expansa | 63-136 | | | 422, 446 |
| Podocnemis lewyana | 15-30 | | | 422 |
| Podocnemis sextuberculata | 8-19 | | | 422 |
| Podocnemis unifilis | 15-25 | 28-34 | 70-82 | 28, 1696 |
| Podocnemis vogli | 5-20 | 28-34 | 120-130 | 422, 806, 1696 |

## Großkopfschildkröten (Platysternidae)

| Spezies | Gelegegröße | Temperatur [°C] | Dauer [Tage] | Quelle |
|---|---|---|---|---|
| Platysternon megacephalum | 1-4 | | | 237, 422, 1671 |

## Landschildkröten (Testudinidae)

| Spezies | Gelegegröße | Temperatur [°C] | Dauer [Tage] | Quelle |
|---|---|---|---|---|
| Agrionemys horsfieldii | 1-4 | 27-31 | 60-83 | 470, 471, 497, 648, 678, 722, 947, 1605 |
| Chersina angulata | 1 | 25-28 | 117-122 | 520, 856, 1498 |
| Geochelone carbonaria | 2-15 | 25-30 | 116-185 | 337, 710, 1076, 1380, 1615 |
| Geochelone chilensis | 2-15 | | 125-365 | 1316 |
| Geochelone denticulata | 1-12 | 25-28 | 120-180 (-270) | 284, 1046 |
| Geochelone elegans | 1-10 | 26-30 | 109-147 | 1528, 1686 |
| Geochelone elephantopus | 5-21 | 28-32 | 85-161 (-250) | 261, 603, 1087, 1456, 1545 |
| Geochelone emys | 39-42 | 28 | 66-71 | 940 |
| Geochelone gigantea | 4-28 | 28-30 | 97-162 | 637, 1159, 1160, 1161, 1390, 1452, 1494 |
| Geochelone pardalis | 3-19 (-30) | 28-30 | 120-200 (98-85) | 175, 294, 443, 829, 1001, 1136, 1622, 1718, 1738 |
| Geochelone radiata | 1-12 | 27-33 | 120-200 (-291) | 223, 225, 697, 791, 1442, 1709 |
| Geochelone sulcata | 1-17 (-34) | 27-31 | 81-170 | 148, 314, 801, 1495 |
| Geochelone yniphora | 3-6 | | | 1000 |
| Gopherus agassizii | 3-15 | 26-28 30-33 | 89-125 68-73 | 65, 162, 1488 |
| Gopherus berlandieri | 1-5 | 29-32 | 88-118 | 765, 766 |
| Gopherus flavomarginatus | 3-9 | 29-32 | 75-100 | 422 |
| Gopherus polyphemus | 2-12 | 29-32 | 80-102 | 226, 446, 866, 975, 1585 |
| Homopus areolatus | 1-5 | 26-28 29 | 94-160 92-105 | 72, 200 |

| Spezies | Gelegegröße | Temperatur [°C] | Dauer [Tage] | Quelle |
|---|---|---|---|---|
| *Homopus boulengeri* | 1 | | | 422 |
| *Homopus femoralis* | 2 | | | 422 |
| *Indotestudo elongata* | 2-5 | 28-30 | 100-153 | 379, 480, 1207, 1208 |
| *Kinixys belliana* | 2-4 | 25-30 | 123 | 422, 1338 |
| *Kinixys erosa* | 1-4 | | | 422 |
| *Kinixys homeana* | 2-4 | 28-30 | 89-102 | 1696 |
| *Malacochersus tornieri* | 1-2 | 27-30 | 99-188 (-340) | 326, 694, 792, 1141, 1384, 1702 |
| *Manouria emys* | 5-8 | | | 1712 |
| *Manouria impressa* | 17 | | | 1712 |
| *Psammobates geometricus* | 2-4 | | | 1324 |
| *Psammobates tentorius* | 1-3 | | | 422 |
| *Pyxis arachnoides* | 1 | | 220-250 | 1709 |
| *Testudo graeca* | 3-10 | 27-31 | 60-78 (-90) | 109, 110, 431, 643, 933 |
| *Testudo graeca ibera* | 5-10 | 27-31 | 67-80 | 393, 770, 1203, 1509 |
| *Testudo hermanni hermanni* | 4-5 | 28-31 | 60-66 | 393, 1509 |
| *Testudo hermanni boettgeri* | 1-17 | 28-31 | 54-79 | 80, 374, 388, 393, 536, 615, 642, 644, 776, 793, 983, 984, 1022, 1319, 1333, 1509, 1638 |
| *Testudo kleinmanni* | 1-3 | 28-32 | 70-119 | 204, 488 |
| *Testudo marginata* | 3-14 | 28-31 | 59-77 (bis 99) | 359, 393, 640, 641, 680, 758, 800, 1509, 1605 |

## Weichschildkröten (Trionychidae)

| Spezies | Gelegegröße | Temperatur [°C] | Dauer [Tage] | Quelle |
|---|---|---|---|---|
| *Amyda cartilaginea* | 4-30 | | 135-140 | 422 |
| *Apalone ferox* | 13-28 | 27-30 | 39-68 (-116) | 515, 746 |
| *Apalone mutica* | 3-33 | 27-33 | 50-75 | 446, 1186, 1188 |
| *Apalone spinifera* | 3-39 | 28-30 | 60 | 446, 1025, 1696 |
| *Chitra indica* | 60-110 | | | 1712 |
| *Cycloderma frenatum* | 15-22 | | | 422 |
| *Lissemys punctata* | 2-14 | | | 422, 1034, 1611 |
| *Palea steindachneri* | 3-28 | | | 999 |
| *Pelochelys bibroni* | 24-28 | | | 422 |
| *Pelodiscus sinensis* | 6-28 | 25-30 | 54-75 | 93, 422, 1536, 1538 |
| *Trionyx triunguis* | 25-100 | | | 422 |

# Echsen (Sauria)

## Agamen (Agamidae)

| Spezies | Gelegegröße | Temperatur [°C] | Dauer [Tage] | Quelle |
|---|---|---|---|---|
| *Acanthocercus adramitanus* | 6-12 | 26-30 t; 18-22 n | 58-75 | 1069 |
| *Acanthocercus atricollis* | 6-10 | 25-30 | 74-75 | 164, 1742 |
| *Acanthosaura armata* | 9-15 | 21-25 / 27 | 191-193 / 126 | 1506, 1605 |
| *Acanthosaura crucigera* | 10 | 24,4 | 156-176 | 1717 |
| *Agama aculeata aculeata* | 8-18 | 30,8 | 46-61 | 76, 589, 638 |
| *Agama aculeata distani* | 13-14 | 27-29 | 46-47 | 167 |
| *Agama agama* | 9-13 | 25-31 | 52-91 | 257, 295, 1708 |
| *Agama atra atra* | 8-14 | 26 | 71-77 | 174, 291 |
| *Agama hispida* | 9 | | | 589 |
| *Agama impalearis* | 7-9 | 30 | 46-54 | 1623 |
| *Agama planiceps* | 5 | 30,4 | 46 | 638 |
| *Amphibolurus muricatus* | 3-8 | | | 1762 |
| *Amphibolurus nobbi* | 6 | | | 1762 |
| *Calotes cristatellus* | 2 | 25-32 | 56-65 | 1742 |
| *Calotes nemoricola* | 8-16 | | | 1517 |
| *Calotes versicolor* | 1-25 | 25-30 | 37-45 (-79) | 960, 1134, 1218, 1453 |
| *Ceratophora stoddartii* | 2-5 | 25 | 81-90 | 63 |
| *Chelosania brunnea* | 4-9 | | 59-61 | 1762 |
| *Chlamydosaurus kingii* | 12-15 | 28-30 | 67-90 | 1227, 1229, 1762 |
| *Ctenophorus caudicinctus* | 4-8 | | | 1762 |
| *Ctenophorus clayi* | 2-4 | | | 1762 |
| *Ctenophorus cristatus* | 2-9 | | | 1762 |
| *Ctenophorus decresii* | 3-7 | | | 1762 |
| *Ctenophorus femoralis* | 2 | | | 1762 |
| *Ctenophorus fordi* | 2-3 | | | 1762 |
| *Ctenophorus isolepis* | 1-6 | | | 1762 |
| *Ctenophorus maculatus* | 2-4 | | | 1762 |
| *Ctenophorus maculosus* | 2-4 | | 70 | 1762 |
| *Ctenophorus nuchalis* | 2-6 | 27 | 75-79 | 798, 1762 |
| *Ctenophorus ornatus* | 2-5 | | | 1762 |
| *Ctenophorus pictus* | 2-6 | 27 | 109 | 1762 |
| *Ctenophorus reticulatus* | 2-8 | | | 1762 |
| *Ctenophorus salinarum* | 3 | | | 1762 |

| Spezies | Gelegegröße | Temperatur [°C] | Dauer [Tage] | Quelle |
|---|---|---|---|---|
| Ctenophorus scutulatus | 4-10 | | | 1762 |
| Diporiphora albilabris | 1-8 | | | 1762 |
| Diporiphora bennetti | 4-5 | | | 1762 |
| Diporiphora bilineata | 4-8 | | | 1762 |
| Diporiphora superba | 5 | 28 | 48 | 1667, 1668 |
| Diporiphora winneckei | 1-3 | | | 1762 |
| Draco spilopterus | 3-5 | 28-29 | 28-36 | 948, 950 |
| Draco volans | 5 | | 32 | 255 |
| Gonocephalus chamaeleontinus | 3-7 | 23-25 | 81-97 | 962 |
| Gonocephalus grandis | 1-5 | 19-22 | 75-90 | 961 |
| Hydrosaurus amboinensis | 3-8 | 30 | 70-87 | 1620 |
| Hydrosaurus pustulatus | 4-10 | 28,5-31 | 69 | 838 |
| Hypsilurus boydii | 2-5 | | | 1672, 1756 |
| Hypsilurus godeffroyi | 2-3 | | 56 | 995 |
| Hypsilurus spinipes | 3-8 | | 73-75 | 956, 1459 |
| Laudakia caucasia | 4-14 | 25-30 | 55-72 | 880, 926, 927, 1105, 1666 |
| Laudakia chernovi | 3-6 | 25-30 | 54-57 | 925, 927 |
| Laudakia lehmanni | 11-12 | 28 | 53-57 | 880 |
| Laudakia stellio | 5-15 | 25-30 | 50-75 | 112, 464, 872, 877, 927 |
| Laudakia stellio picea | 4-13 | 28-30 | 54-60 | 275, 1696 |
| Laudakia stoliczkana | | | 55-57 | 927 |
| Lophognathus gilberti | 4-8 | | | 1762 |
| Lophognathus longirostris | 4-6 | | | 1762 |
| Lophognathus norrisi | 3-7 | | | 1762 |
| Lophognathus temporalis | 4-6 | | | 1762 |
| Lyriocephalus scutatus | 14 | 23-26 | 141-146 | 1742 |
| Moloch horridus | 3-10 | | | 235, 712, 1762 |
| Otocryptis wiegmanni | 3-5 | 24 | 57-70 | 212, 959, 1548 |
| Phrynocephalus guttatus | 1-3 | | | 14 |
| Phrynocephalus helioscopus | 2-7 | 29 | 37-40 | 14, 1605 |
| Phrynocephalus mystaceus | 1-3 | 27-30 | 60-61 | 14, 1605 |
| Phrynocephalus versicolor | 3-4 | 29 | 33-37 | 1605 |
| Physignathus cocincinus | 5-16 | 27-30 | 65-101 | 131, 481, 675, 812, 1391, 1593, 1605, 1682 |
| Physignathus lesueuri | 8-20 | 28-30 | 90-100 | 1479, 1759, 1762 |
| Pogona barbata | 6-35 | 27-31 | 59-109 | 10, 30, 461, 1512, 1741, 1743 |

| Spezies | Gelegegröße | Temperatur [°C] | Dauer [Tage] | Quelle |
|---|---|---|---|---|
| Pogona minor | 2-19 | 25<br>28-30 | 72-82<br>45-54 | 203, 235, 1762 |
| Pogona nullabor | 14 | | | 1762 |
| Pogona vitticeps | 4-35 | 27-31 | 55-86 | 198, 481, 764, 1058, 1168, 1330 |
| Pseudotrapelus sinaitus | 5-6 | | | 464 |
| Sitana ponticeriana | 8-13 | | 40-45 | 1517, 1518 |
| Trapelus mutabilis | 8-12 | 28-30 | 46-61 | 967, 1722 |
| Trapelus pallidus | 1-12 | | | 464 |
| Trapelus ruderatus | 11 | 28 | 38 | 845 |
| Trapelus savignii | 3-5 | | | 464 |
| Trapelus sanguinolentus | 7-17 | 27-31 | 50-55 | 873, 1106, 1605 |
| Uromastyx acanthinura | 6-28 | 29,5-33 | 72-99 (-116) | 183, 1108, 1109, 1110, 1111, 1704, 1705, 1752 |
| Uromastyx aegyptia | 17-41 | | 82-92 | 285, 1704 |
| Uromastyx benti | 6-9 | 28-30 | 155 | 1704 |
| Uromastyx hardwickii | 5-18 | 31-32 | 90-95 | 854, 855, 1704 |
| Uromastyx ocellata | 7-17 | 28-33 | 74-77 | 1704 |

## Doppelschleichen (Amphisbaenidae)

| Spezies | Gelegegröße | Temperatur [°C] | Dauer [Tage] | Quelle |
|---|---|---|---|---|
| Blanus cinereus | 1 | | | 1507 |

## Schleichen (Anguidae)

| Spezies | Gelegegröße | Temperatur [°C] | Dauer [Tage] | Quelle |
|---|---|---|---|---|
| Diploglossus bilobatus | 6 | | | 1530 |
| Diploglossus delasagra | 2-5 | | | 57, 532 |
| Gerrhonotus liocephalus infernalis | 5-31 | | 33 | 228, 1679, 1680 |
| Gerrhonotus multicarinatus | 9-24 | 27 | 40-52 | 230, 502, 874, 878, |
| Gerrhonotus multicarinatus nanus | 1-18 | 27 | 40-47 | 231 |
| Gerrhonotus multicarinatus webbi | 5-41 | 27 | 42-57 | 231 |
| Gerrhonotus ophiurus | 10 | | | 1015 |
| Ophisaurus apodus | 6-12 | 27-30 | 45-52 | 119, 1092, 1605 |
| Ophisaurus attenuatus | 5-17 | | | 446 |
| Ophisaurus compressus | 8-18 | 34 t; 20,5 n | 39 | 67 |
| Ophisaurus ventralis | 6 | | | 1439 |

# Chamäleons (Chamaeleonidae)

| Spezies | Gelegegröße | Temperatur [°C] | Dauer [Tage] | Quelle |
|---|---|---|---|---|
| *Bradypodion fischeri* | 10-21 | 23 t; 17 n; nach 210 Tagen 25 | 300-315 | 1406, 1407, 1764 |
| *Brookesia minima* | 2 | 23-26 t; 18-20 n | | 1406, 1407, 1413, 1414 |
| *Brookesia stumpffi* | 2-5 | 18-22 | 29-68 | 500, 1409, 1414, 1764 |
| *Brookesia superciliaris* | 2-5 | 27 t; 18-20 n | 60-68 | 934, 1406, 1407, 1764 |
| *Brookesia thieli* | 3-4 | 22 t; 15 n 23 t; 18 n | 103-118 51-60 | 451 |
| *Calumma boettgeri* | 2-4 | 22-24 | 90-158 | 1406, 1407, 1764 |
| *Calumma brevicornis* | 10-30 | | | 1764 |
| *Calumma nasuta* | 2-4 | 23-25 t; 16-18 n | 94-147 | 1400, 1406, 1407, 1764 |
| *Calumma parsonii* | 16-38 | 15-29 | 437-600 | 1408, 1560, 1764 |
| *Chamaeleo africanus* | 23 | 26-30 | 169-183 | 1455 |
| *Chamaeleo calyptratus* | 11-74 | 27-31 | 166-209 | 526, 1067, 1220, 1406, 1407 |
| *Chamaeleo chamaeleon* | 12-66 | 25-29 | 167-240 (-411) | 151, 799, 1406, 1407, 1605 |
| *Chamaeleo cristatus* | 16-37 | 20-24 | 270 | 1764 |
| *Chamaeleo dilepis* (KENIA) | - | 28-30 t; 20-22 n | ca. 120 | 1406, 1407 |
| *Chamaeleo dilepis* (SÜDAFRIKA) | 22-50 | 28 | 300-339 | 78, 1406,1407 |
| *Chamaeleo gracilis* | 20-30 | 28 | ca. 300 | 1406, 1407, 1764 |
| *Chamaeleo johnstoni* | 10-20 | 21-23 | 85-100 | 605, 1406, 1407 |
| *Chamaeleo laevigatus* | 50 | 28-31 | 139-160 | 1589 |
| *Chamaeleo melleri* | 18-74 | 25-28 | 80-90 | 750, 1559 |
| *Chamaeleo montium* | 5-8 | 25-28 t; 16 n | 113-115 | 1406, 1407, 1656 |
| *Chamaeleo quadricornis* | 11 | 17-25 | 131-160 | 1117 |
| *Chamaeleo senegalensis* | 20-60 | 30 t; 20 n | 103-210 | 1406, 1407, 1764 |
| *Chamaeleo wiedersheimi perreti* | 7-9 | 21-23 t; 16-18 n | 150-160 | 1178 |
| *Furcifer antimena* | | 27-30 | ca. 360 | 1406, 1407 |
| *Furcifer campani* | 6-16 | 26 (45 Tage), 10-15 (45 Tage), danach 26 | 228-236 | 1406, 1407, 1764 |
| *Furcifer cephalolepis* | 5-7 | 26-28 | 244-310 | 1526 |
| *Furcifer labordi* | 8 | 28 | 300 | 1764 |
| *Furcifer lateralis* | 4-23 | 26-28 (45 Tage), 12-18 (45 Tage), danach 26-28. | 154-378 | 803, 1144, 1402, 1406, 1407 |
| *Furcifer oustaleti* | 42-66 | 27-28 | 210-510 | 523, 1406, 1407 |
| *Furcifer pardalis* | 10-38 | 25-28 | 159-290 (-319) | 632, 633, 1068, 1093, 1194, 1404, 1405, 1406, 1407, 1415, 1444 |

| Spezies | Gelegegröße | Temperatur [°C] | Dauer [Tage] | Quelle |
|---|---|---|---|---|
| *Furcifer polleni* | 6-12 | 28-31 | 260-280 | 1406, 1407, 1764 |
| *Rhampholeon kerstenii* | 5-9 | 28 | 52 | 1406, 1407, 1764 |
| *Rhampholeon marshalli* | 10-18 | | ca. 35 | 1701, 1764 |
| *Rhampholeon spectrum* | 2-5 | | | 1701, 1764 |

## Gürtel- und Schildechsen (Cordylidae)

| Spezies | Gelegegröße | Temperatur [°C] | Dauer [Tage] | Quelle |
|---|---|---|---|---|
| *Gerrhosaurus flavigularis* | 3-8 | 22-28 | 70-153 | 366, 808 |
| *Gerrhosaurus haraldmeieri* | 4-6 | 26-30 | 88-112 | 1274 |
| *Gerrhosaurus major* | 2-3 | 29-30 | 69-77 (-145) | 167, 429, 1236, 1535 |
| *Gerrhosaurus nigrolineatus* | 9 | 27-30 | | 591 |
| *Gerrhosaurus validus* | 4-6 | 28-32 | 95-106 | 167, 787, 816 |
| *Platysaurus capensis* | 2 | | | 192 |
| *Platysaurus guttatus* | 2 | | | 192 |
| *Platysaurus imperator* | 2 | | | 192 |
| *Platysaurus intermedius* | 1-2 | | | 192, 367, 390 |
| *Platysaurus maculatus* | 2 | | | 192 |
| *Platysaurus ocellatus* | 2 | | | 192 |
| *Platysaurus pungweensis* | 2 | | | 192 |
| *Platysaurus torquatus* | 2 | | | 192 |
| *Pseudocordylus melanotus* | 1-6 | | | 456 |
| *Zonosaurus haraldmeieri* | 4-6 | 26-29 | 88-112 | 1273, 1276 |
| *Zonosaurus karsteni* | 4 | 28-29 | 97 | 190 |

## Geckos (Gekkonidae)

| Spezies | Gelegegröße | Temperatur [°C] | Dauer [Tage] | Quelle |
|---|---|---|---|---|
| *Afroedura transvaalica* | 2 | 25-28 | 42-84 | 436, 1305 |
| *Ailuronyx seychellensis* | 1-2 | 28 | 90 | 659 |
| *Alsophylax laevis* | 1-2 | 26-28 | 50-62 | 1297, 1445 |
| *Alsophylax pipiens* | 1-2 | 20-28 | 44-93 | 1448 |
| *Asaccus elisae* | 1 | 25-30 t; 25 n | 45-48 | 913 |
| *Asaccus gallagheri* | 1 | 25-40 | 60 | 916, 917 |
| *Bavayia cyclura* | 2 | 26-27 | 68-70 | 1297, 1445 |
| *Bavayia montana* | 2 | 26-27 | 65 | 1445 |
| *Bavayia sauvagei* | 2 | 27-28 | 60-65 | 1445 |

| Spezies | Gelegegröße | Temperatur [°C] | Dauer [Tage] | Quelle |
|---|---|---|---|---|
| *Bunopus spatalurus hajarensis* | 2 | 28-30 | 72 | 918 |
| *Chondrodactylus angulifer* | 1-2 | 28-30 | 55-85 | 68, 653, 1266, 1288, 1297, 1445 |
| *Chondrodactylus namabiensis* | 2 | 29 | 60-80 | 1445 |
| *Christinus guentheri* | 2 | 25 | 91 | 1762 |
| *Christinus marmoratus* | 2 | 25-26 | 50-60 (-92) | 1303, 1762 |
| *Cnemaspis kandiana* | 1-2 | - | - | 1275 |
| *Coleonyx brevis* | 1-4 | 26-30 | 30-70 | 423, 1206, 1294, 1680, 1761 |
| *Coleonyx elegans* | 2 | 28-30 | 62-68 | 773, 1445 |
| *Coleonyx mitratus* | 1-2 | 29 | 46-65 | 423, 1588 |
| *Coleonyx variegatus* | 2 | 28-30 | 42-63 (-81) | 105, 772, 1393, 1637 |
| *Cosymbotus platyurus* | 2 | 26-29 | 54-75 | 186, 278, 288, 802, 1185, 1592 |
| *Crenadactylus ocellatus* | 2 | | | 235 |
| *Crossobamon e. eversmanni* | 1-2 | 27-28 | 45.53 | 1285, 1297, 1298, 1445 |
| *Cyrtodactylus caspius* | 2 | 28 | 55-70 | 1275 |
| *Cyrtodactylus intermedius* | 2 | 20-25 | 150 | 1367 |
| *Cyrtodactylus kotschyi* | 2 | 28 | 78-83 | 1445, 1447 |
| *Cyrtodactylus louisiadensis* | 1-2 | 20-26 | 153-160 | 1645 |
| *Cyrtodactylus papilionoides* | 1-2 | 20-25 | 130 | 1365 |
| *Cyrtodactylus pequensis* | 2 | 26-28 | 70-80 | 1297, 1303, 1590 |
| *Cyrtodactylus pulchellus* | 2 | 20-28 | 100-209 | 970, 971, 1091, 1445 |
| *Cyrtopodion russowii* | 1-2 | 27-28 | 60 | 1303 |
| *Cyrtupodion fedtschenkoi* | 1-2 | 28 | 49-55 | 1303 |
| *Diplodactylus* | 1-2 | 26-30 | 48-56 | 894 |
| *Diplodactylus assimilis* | 2 | | | 235 |
| *Diplodactylus conspicillatus* | 2 | 28 | 65 | 1445 |
| *Diplodactylus elderi* | 2 | 27-30 | 43-60 | 1445 |
| *Diplodactylus pulcher* | 2 | 28-30 | 39-50 | 235, 1445 |
| *Diplodactylus steindachneri* | 2 | 28 | 60-75 | 1445 |
| *Diplodactylus vittatus* | 2 | 28 | 45-52 | 1445 |
| *Ebenavia inunguis* | 1 | 25-26 | 65 | 1445 |
| *Eublepharis macularius* | 2 | 26-31 | 45-65 (37-79) | 3, 481, 491, 1278, 1445, 1544, 1605, 1647, 1703 |
| *Eublepharis turcmenicus* | 2 | 27 | 57 | 783, 1304, 1445 |
| *Eurydactylodes symmetricus* | 2 | 25-28 | 60-70 | 1352, 1445 |
| *Eurydactylodes vieillardi* | 2 | 25-28 | 60-70 | 1352,1445 |
| *Garthia gaudichaudi* | 1 | | | 973 |
| *Gecko teratolepis fasciata* | 2 | 28-30 | 61 | 1052 |

| Spezies | Gelegegröße | Temperatur [°C] | Dauer [Tage] | Quelle |
|---|---|---|---|---|
| Geckolepis maculata | 1-2 | 28 | 50-55 | 1445 |
| Geckolepis typica | 2 | 26-30 | 40-45 | 1445 |
| Geckonia chazaliae | 2 | 28-29 | 45-50 | 1428, 1445, 1450 |
| Gehyra australis | 2 | 29 | 70 | 1290, 1297, 1303 |
| Gehyra dubia | 2 | 25<br>28 | 75-101<br>55 | 1445, 1762 |
| Gehyra mutilata | 2 | 29 | 54-60 | 278, 288, 1297, 1303, 1332 |
| Gehyra oceanica | 1-2 | | | 1332 |
| Gehyra variegata | 2 | 25-29 | 60-79 | 1297, 1303, 1445, 1762 |
| Gekko gecko | 2 | 25-30 | 100-120 (-158) | 10, 163, 195, 1217, 1445 |
| Gekko monarchus | 2 | 25-29 | 100-120 | 658, 1289, 1297, 1366 |
| Gekko petricolus | 1-2 | 27-29 | 86-144 | 546, 622, 1714 |
| Gekko smithii | 2 | 20-25 | 136 | 543 |
| Gekko tuberkulosus | 1-2 | 28 | 85-90 | 1303 |
| Gekko vittatus | 2 | 24-28 | 70-80 | 1445 |
| Gonatodes albogularis fuscus | 1 | 26-30 | 58-72 | 674, 1624 |
| Gonatodes concinnatus | 1 | | | 1631 |
| Gonatodes humeralis | 1 | 20-25<br>26-28 | 110<br>70-83 | 43, 1631 |
| Goniurosaurus kuroiwae | 2 | 27 | 65-70 | 658 |
| Hemidactylus brooki | 2 | 28-30 | 42-55 | 1275, 1742 |
| Hemidactylus frenatus | 2 | 24-26<br>28 | 77-88<br>46-62 | 278, 288, 408, 1332, 1445, 1762 |
| Hemidactylus leschenaultii | 1-2 | 25-29 | 53-75 | 1297, 1303, 1375, 1445, 1503 |
| Hemidactylus mabouia | 2 | 26-30 | 36-60 | 1391, 1445 |
| Hemidactylus maculatus | 2 | | | 1275 |
| Hemidactylus turcicus | 2 | 25<br>25-27<br>32 | 90-100<br>50-55<br>45 | 293, 1445, |
| Hemitheconyx caudicinctus | 2 | 27-30 | 60-84 | 630, 1287, 1291, 1445, 1761 |
| Heteronotia binoei | 1-2 | 25-29 | 47-55 | 1297, 1445, 1754, 1762 |
| Holodactylus africanus | 2 | 27-28 | 80-85 | 423 |
| Homonota borellii | 1 | | | 264 |
| Homopholis antongilensis | 2 | 28-29 | 60-80 | 658 |
| Homopholis boivini | 2 | 28-30 | 70-80 (-211?) | 350, 500, 658 |
| Homopholis wahlbergii | 1-2 | 21-23 t; 14-16 n | 139-299 | 167, 12971368 |
| Lepidodactylus lugubris | 1-2 | 25-30 | 60-100 | 897, 980, 1332, 1762 |
| Lygodactylus picturatus | 2 | 25-30 | 45-78 | 1279, 1445, 1744 |

| Spezies | Gelegegröße | Temperatur [°C] | Dauer [Tage] | Quelle |
|---|---|---|---|---|
| *Nactus arnouxii* | 2 | 26-28 | | 658 |
| *Nephrurus asper* | 2 | 28-29 | 90-120 | 23, 1198, 1351, 1445 |
| *Nephrurus deleani* | 2 | 29-30 | 55-56 | 345 |
| *Nephrurus laevissimus* | 2 | 27-29 | 60-62 | 1445 |
| *Nephrurus laevis laevis* | 2 | 27-29 | 61-72 | 1198, 1351, 1445 |
| *Nephrurus l. occidentalis* | 2 | 28 | 62-65 | 1445 |
| *Nephrurus milii* | 2 | 26-28 | 65-70 | 1445 |
| *Nephrurus vertebralis* | 2 | 27-29 | 60-70 | 1445 |
| *Nephrurus w. wheeleri* | 2 | 27-28 | 65-70 | 1445 |
| *Nephrurus wheeleri cinctus* | 2 | 28-29 | 56-68 | 1445 |
| *Oedura castelnaui* | 1-2 | 26-29 | 58-82 | 244, 690, 895, 1297, 1445, 1696 |
| *Oedura lesueurii* | 27 | 28 | 58-65 | 244, 1297, 1445, 1696 |
| *Oedura marmorata* | 2 | 28 | 88-100 | 244, 1445 |
| *Oedura monilis* | 2 | 26-30 | 52-69 (44-110) | 244, 690, 1297, 1445, 1696, 1761 |
| *Oedura ocellata* | 2 | 28 | 39-55 | 244, 1445 |
| *Oedura rhombifer* | 2 | 28-29 | 60 | 1297, 1445, 1696 |
| *Oedura tryoni* | 2 | 28-29 | 49-51 | 244 |
| *Pachydactylus b. bibronii* | 1-2 | 28-30 | 52-80 | 387, 1297, 1445, 1591 |
| *Pachydactylus c. capensis* | 1-2 | 26-28 | 49-55 (-96) | 74, 1299, 1445 |
| *Pachydactylus c. tigrinus* | 1-2 | 28 | 40-55 | 1284 |
| *Pachydactylus geitje* | 2 | | 122 | 241 |
| *Pachydactylus laevigatus* | 1-2 | 28 | 42 | 1297, 1445 |
| *Pachydactylus oculatus* | 2 | 28 | 60 | 1275 |
| *Pachydactylus vasoni* | 1-2 | 24-32 | 41-61 | 1300 |
| *Palmatogecko rangei* | 2 | 26-29 | 54-72 | 755, 1297, 1445, 1740 |
| *Paroedura bastardi* | 2 | 28 | 60-70 | 1445 |
| *Paroedura pictus* | 1-2 | 26-28 | 45-73 | 47, 963, 1295, 1297, 1425 |
| *Paroedura stumpfii* | 2 | 26 | 60 | 1445 |
| *Perochirus articulatus* | 2-3 | | | 1332 |
| *Phelsuma abotti* | 1-2 | 27-29 | 45-60 | 608, 672, 1445, 1606 |
| *Phelsuma andamanensis* | 2 | 25 | 62-65 | 1275 |
| *Phelsuma astriata* | 2 | 28 | 35-40 | 1275 |
| *Phelsuma barbouri* | 1-2 | 25-28 t; 20 n | 45-84 | 500, 1445 |
| *Phelsuma borbonica* | 2 | 27-30 | 45-64 | 498, 1445 |
| *Phelsuma breviceps* | 2 | 25-30 | 60 | 208 |
| *Phelsuma cepediana* | 1-2 | 27-29 | 40-70 (-82) | 527, 1445, 1606, 1699, 1721 |
| *Phelsuma comorensis* | 2 | 28 | 40-48 | 528 |

| Spezies | Gelegegröße | Temperatur [°C] | Dauer [Tage] | Quelle |
|---|---|---|---|---|
| Phelsuma dubia | 1-2 | 25-28 | 40-50 | 1275, 1445, 1606 |
| Phelsuma guimbeaui | 1-2 | 27-29 | 40-56 (-90) | 683, 998, 1554 |
| Phelsuma guttata | 1-2 | 27-28 | 40-45 | 658, 1445 |
| Phelsuma klemmeri | 1-2 | 25-29 | 45-68 | 1445 |
| Phelsuma laticauda | 1-2 | 28-30 | 40-48 (28-75) | 599, 621, 671, 711, 1445, 1606 |
| Phelsuma lineata bifasciata | 1-2 | 26-28 | 40-65 | 500, 1445 |
| Phelsuma lineata leiogaster | 1-2 | 28 | 45-50 | 1445 |
| Phelsuma madagascariensis | 1-2 | 30 | 47-90 | 347, 458, 782, 1605 |
| Phelsuma m. boehmei | 1-2 | 27-28 t; 20 n | 45-55 | 1445 |
| Phelsuma m. grandis | 1-2 | 27-29 | 50-70 | 198, 807, 809, 1297, 1382, 1445, 1534, 1606 |
| Phelsuma m. kochi | 1-2 | 28 | 50-55 | 1445 |
| Phelsuma m. madagascariensis | 1-2 | 27-29 | 50-65 | 1445 |
| Phelsuma mutabilis | 1-2 | 28-30 | 39-60 | 1445, 1555 |
| Phelsuma o. ornata | 1-2 | 26-28 | 42-55 | 462, 1445, 1606 |
| Phelsuma o. inexpectata | 1-2 | | 54 | 1292, 1297, 1303 |
| Phelsuma q. quadriocellata | 2 | 28 | 40-50 | 500, 599, 1297, 1445, 1606 |
| Phelsuma robertmertensii | 1-2 | 28 | 42 | 1445 |
| Phelsuma seippi | 1-2 | 27-28 | 45-50 | 1176, 1445 |
| Phelsuma serraticauda | 2 | 28 | 53-58 | 658 |
| Phelsuma standingi | 2 | 28-30 | 57-77 | 706, 1184, 1445, 1543 |
| Phelsuma s. sundbergi | 1-2 | 28 | 65-70 | 1445, 1606 |
| Phelsuma s. ladiguensis | 2 | 28 | 80-90 | 673 |
| Phelsuma v-nigra | 1-2 | 28 | 45-50 | 673 |
| Phyllodactylus europaeus | 2 | 25-28 | 65-118 | 1041, 1445 |
| Phyllodactylus muralis | 1-2 | 21-32 | 91-100 | 1680 |
| Phyllodactylus siamensis | 2 | 20-26 | 70-100 | 544 |
| Phyllodactylus unctus | 2 | 31 t; 24 n | 80 | 1251 |
| Platypholis mulleri | 1-2 | 27 | 45 | 1303 |
| Pseudogonatodes guianensis | 1 | | | 1631 |
| Ptychozoon kuhli | 1-2 | 24-26 | 90 | 1036, 1037, 1275 |
| Ptychozoon lionotum | 1-2 | 26-29 | 36-70 | 1038, 1226, 1297 |
| Ptyodactylus h. hasselquistii | 1 2 | 28 30 | 98-106 75-96 | 426, 1252 |
| Ptyodactylus h. ragazzi | 2 | 28-36 t; 24-26 n | 80-119 | 1449 |

| Spezies | Gelegegröße | Temperatur [°C] | Dauer [Tage] | Quelle |
|---|---|---|---|---|
| *Quedenfeldtia trachyblepharus* | 1-2 | 25-28 | 42-54 | 1297, 1696 |
| *Rhacodactylus auriculatus* | 2 | 27-29 | 42-85 | 651, 656, 1296, 1297, 1350, 1586, 1761 |
| *Rhacodactylus chahoua* | 2 | 26-28 | 69-81 | 650, 651, 652, 656, 1445, 1586 |
| *Rhacodactylus ciliatus* | 2 | 26-29 | 63-71 | 1445 |
| *Rhacodactylus laechianus* | 2 | 27-28 | 65-85 | 656, 1445 |
| *Rhacodactylus sarasinorum* | 2 | 28 | 65-80 | 654, 655, 656, 1445 |
| *Saltuarius cornutus* | 2 | | | 1303 |
| *Saltuarius platurus* | 2 | 25-27 t; 19-20 n | 85-108 | 1445 |
| *Saurodactylus fasciatus* | 1 | 28-29 | 50 | 1445 |
| *Saurodactylus mauritanicus* | 1 | 26-30 | 55-60 | 1445 |
| *Sphaerodactylus festus* | 1 | | 65-95 | 1401 |
| *Sphaerodactylus glaucus* | 1 | | 60-70 | 1280 |
| *Stenodactylus petrii* | 2 | 28 | 70-75 | 1445 |
| *Stenodactylus stenodactylus* | 1-2 | 28-30 | 71-80 | 1232, 1445 |
| *Strophurus ciliaris* | 2 | 26-29 | 60-65 | 1297, 1445 |
| *Strophurus spinigerus* | 2 | 27-29 | 55-67 | 896 |
| *Strophurus williamsi* | 2 | 27-29 | 43-48 | 896, 1293, 1445, 1761 |
| *Tarentola angustimentalis* | 2 | 28-30 | 56-87 | 126, 677 |
| *Tarentola annularis annularis* | 1-2 | 28-30 | 72-112 | 677, 1301, 1302 |
| *Tarentola boehmei* | 1-2 | 29-32 | 70-80 | 714 |
| *Tarentola boettgeri boettgeri* | 1 | 28-30 | 55-88 | 677, 1714 |
| *Tarentola b. hierrensis* | 1-2 | 28-30 | 65-90 | 677 |
| *Tarentola darwini* | 1 | 28-30 | 62-63 | 1302 |
| *Tarentola delalandii* | 1-2 | 28-30 | 70-85 (-138) | 677, 1745 |
| *Tarentola deserti* | 2 | 28-30 | 100-115 | 70 |
| *Tarentola gomerensis* | 1 | 28-30 | | 677 |
| *Tarentola mauritanica* | 1-2 | 26-30 | 50-90 | 626, 677, 1077, 1275, 1445 |
| *Tarentola n. neglecta* | 1 | 18-26 | 125 | 1302 |
| *Teratolepis fasciata* | 1-2 | 26-28 | 50-60 | 1056, 1445 |
| *Teratoscincus microlepis* | 1-2 | 28-30 | 51-75 (-146) | 1055, 1445, 1446 |
| *Teratoscincus przewalskii* | 1-2 | 28-30 | | 1275 |
| *Teratoscincus s. scincus* | 1-2 | 28-31 | 46-93 | 2, 8, 499, 1286, 1391, 1445, 1502, 1587 |
| *Teratoscincus s. keyserlingii* | 1-2 | 28-29 | 55-79 | 1445 |
| *Teratoscincus s. roborowskii* | 1-2 | 30 | 53 | 1652 |
| *Tropicolotes steudneri* | 1 | 25-28 | 58-64 | 1445 |

| Spezies | Gelegegröße | Temperatur [°C] | Dauer [Tage] | Quelle |
|---|---|---|---|---|
| Tropicolotes tripolitanus | 1 | 25-29 | 58-64 | 1445 |
| Uroplatus ebenaui | 2 | 28 | 60-70 | 500, 1445 |
| Uroplatus fimbriatus | 2 | 28 | 90-100 | 657, 1014, 1411, 1445 |
| Uroplatus guentheri | 2 | 28 | 60 | 1445 |
| Uroplatus henkeli | 2 | 25-28 | 85-90 | 1411, 1412, 1445 |
| Uroplatus phantasticus | 2 | 23-25 | 78-90 | 32, 1445 |

## Flossenfüße (Pygopodidae)

| Spezies | Gelegegröße | Temperatur [°C] | Dauer [Tage] | Quelle |
|---|---|---|---|---|
| Aclys concinna | 2 | | | 1762 |
| Aprasia parapulchella | 2 | | | 1762 |
| Aprasia repens | 2 | | | 1762 |
| Aprasiastriolata | 2 | | | 1762 |
| Delma australis | 2 | 28 | 66 | 232 |
| Delma borea | 1 | | | 1762 |
| Delma butleri | 2 | | | 235 |
| Delma fraseri | 2 | 28 | 74-77 | 232, 1762 |
| Delma grayii | 2 | | | 1762 |
| Delma inornata | 2 | | | 1762 |
| Delma molleri | 2 | | | 1762 |
| Delma nasuta | 2 | | | 1762 |
| Delma tincta | 1-2 | | | 1762 |
| Lialis burtonis | 1-2 | | | 1762 |
| Pletholax gracilis | 2 | | | 1762 |
| Pygopus lepidopodus | 1-2 | 22-32 | 71-110 | 235, 317, 449, 1674 |
| Pygopus n. nigriceps | 2 | 30 | 73-74 | 235 |

## Leguane (Iguanidae)

| Spezies | Gelegegröße | Temperatur [°C] | Dauer [Tage] | Quelle |
|---|---|---|---|---|
| Amblyrhynchus cristatus | 2-3 | | | 1700 |
| Anisolepis grilli | 7 | 17-26 | 234 | 493 |
| Anolis argenteolus | 1 | 25-28 | 62-68 | 44, 1610 |
| Anolis bartschi | 1-2 | 24-28 | 47-70 | 44, 452, 967, 1610 |
| Anolis bimaculatus | 2 | 29-30 | 43 | 1742 |
| Anolis biporcatus | 1 | | | 993 |
| Anolis carolinensis | 1-2 | 27-30 | 45-66 (35-72) | 91, 369, 463, 620, 901, 1070 |

| Spezies | Gelegegröße | Temperatur [°C] | Dauer [Tage] | Quelle |
|---|---|---|---|---|
| *Anolis christophei* | 1 | 22-26 | 40-45 | 1381 |
| *Anolis chrysolepis* | 1 | 24-26 | ca. 120 | 1685 |
| *Anolis cristatellus* | 2-3 | - | | 331 |
| *Anolis cybotes* | 1 | 24-26 | 60 | 596 |
| *Anolis equestris* | 1 | 25-30 | 50-70 (-100) | 92, 138, 694, 967, 1451 |
| *Anolis fuscoauratus* | 1 | | | 1631 |
| *Anolis garmani* | 1-2 | 20-26 | 60-74 | 847, 848, 1696 |
| *Anolis limifrons* | 1 | 22-27 | 45 | 454 |
| *Anolis lineatopus* | 1 | 25 | 55-60 | 194 |
| *Anolis lucius* | 1 | 25-28 | 52-68 | 44, 1610 |
| *Anolis marmoratus* | 2 | 28 | 50 | 1742 |
| *Anolis meridionalis* | 1 | | | 1628 |
| *Anolis nitens* | 1 | | | 1631 |
| *Anolis oculatus montanus* | 1 | 28 | 37 | 1485, 1676, 1677 |
| *Anolis opalinus* | 1-2 | | | 757 |
| *Anolis ortonii* | 1 | | | 1631 |
| *Anolis oxylophus* | 1 | 24-28 | 52 | 453 |
| *Anolis porcatus* | 2 | 27-28 | 54-73 | 967, 1426 |
| *Anolis punctatus* | 1 | | | 1631 |
| *Anolis roquet* | 2 | 28 | 45-55 | 1742 |
| *Anolis trachyderma* | 1 | | | 1631 |
| *Anolis transversalis* | 1 | | | 1631 |
| *Anolis trinitatis* | 2 | 28 | 45-55 | 1742 |
| *Anolis vermiculatus* | 1 | 27 | 5-60 | 967, 1610 |
| *Basiliscus basiliscus* | 3-18 | 27<br>30 | 110-113<br>60-76 | 10, 446, 818, 923, 945, 1096, 1152 |
| *Basiliscus galeritus* | 10 | 28 | 90 | 818 |
| *Basiliscus plumifrons* | 4-17 | 24-25<br>27-28<br>29-30 | 90-105<br>65-75<br>55-65 | 137, 481, 818, 1057, 1142, 1152, 1193, 1238, 1557 |
| *Basiliscus vittatus* | 2-18 | 28-30 | 50-70 | 446, 481, 818, 1680 |
| *Brachylophus fasciatus* | 2-4 | 27-30 | 126-210 | 36, 494, 1228 |
| *Brachylophus vitiensis* | 2-5 | 27-30 | 137-245 | 171, 494 |
| *Callisaurus draconoides* | 1-8 | - | - | 446 |
| *Chamaeleolis barbatus* | 1 | 27-29<br>28-30 | 49-64<br>40-53 | 708, 967, 1605 |
| *Chamaeleolis chamaeleonides* | 1 | 27 | 64 | 967 |
| *Conolophus subcristatus* | 8-22 | 28-32 | 100-110 | 1767 |

| Spezies | Gelegegröße | Temperatur [°C] | Dauer [Tage] | Quelle |
|---|---|---|---|---|
| Cophosaurus texanus | 2-7 | | | 444 |
| Corytophanes cristatus | 4-11 | 28-30 | 115-146 | 139, 826, 1219 |
| Corytophanes hernandezi | 3-7 | 22-30 | 67-70 | 1143 |
| Crotaphytus bicinctores | 3-8 | | | 446 |
| Crotaphytus collaris | 2-13 | 28-30 | 45-86 | 446, 481, 987, 1118, 1253, 1435, 1477 |
| Crotaphytus reticulatus | 4 | 28-30 | | 1680 |
| Ctenosaura bakeri | 5-15 | 28-31 | | 822, 827 |
| Ctenosaura clarki | 7 | 28-31 | | 820 |
| Ctenosaura defensor | 2-3 | 28-31 | | 825 |
| Ctenosaura flavidorsalis | 6-13 | 28-31 | | 411, 827 |
| Ctenosaura palearis | 11-33 | 28-31 | 77-98 | 185, 820, 823, 1374 |
| Ctenosaura pectinata | 28-49 | 28-31 | | 154, 430 |
| Ctenosaura quinquecarinata | 5-9 | 28-31 | | 481, 820, 1680 |
| Ctenosaura similis | 12-88 | 28-31 | 80-98 | 1, 445, 447, 817, 820 |
| Cyclura carinata | 2-9 | | | 1700 |
| Cyclura collei | 17 | 28-31 | 85 | 1768 |
| Cyclura cornuta | 11-20 | 28-31 | 81-111 (-127) | 170, 595, 1457, 1468 |
| Cyclura m. macleayi | 17 | 28-31 | 119-123 | 1454 |
| Cyclura n. nubila | 5-13 | 26-30<br>31<br>31-33 | 77-86<br>76-78<br>71 | 394, 1398, 1399, 1605 |
| Cyclura ricordi | 4-18 | | | 1700 |
| Cyclura stejnegeri | 5-19 | | | 1700 |
| Diplolaemus bibronii | bis 7 | | | 264 |
| Dipsosaurus dorsalis | 3-8 | 32-33 | 43-45 | 444, 986, 1065, 1524, 1696 |
| Enyalioides latieeps | 5-7 | | | 1631 |
| Enyalius leechii | 12 | | | 43 |
| Gambelia sila | 3-6 | | | 492 |
| Gambelia wislizenii | 5-9 | | | 446 |
| Holbrookia lacerata | 4-12 | | 36-42 | 444 |
| Holbrookia maculata | 2-10 | | | 370, 444 |
| Holbrookia propinqua | 2-7 | | | 767 |
| Holbrookia texana | 3-9 | | | 763 |
| Iguana delicatissima | 17-25 | | | 446 |
| Iguana iguana | 10-86 | 26<br>27-28<br>29-30<br>31-32 | 118-139<br>89-113<br>73-85<br>64-75 | 249, 715, 813, 819, 837, 849, 850, 1371, 1372, 1373 |

| Spezies | Gelegegröße | Temperatur [°C] | Dauer [Tage] | Quelle |
|---|---|---|---|---|
| *Laemanctus longipes* | 2-4 | 28-30 | 50-64 | 434, 481 |
| *Laemanctus serratus* | 5 | 28-30 | 49 | 1635, 1696 |
| *Leiocephalus carinatus* | 5-11 | 27 | 51-74 (-101) | 327, 1164 |
| *Liolaemus bitaeniatus* | 4-7 | | | 1214 |
| *Liolaemus lutzae* | 1-4 | | | 372 |
| *Liolaemus anomalus* | 7-8 | | | 264 |
| *Liolaemus bibronii* | 1 | | | 264 |
| *Liolaemus darwini* | 5-6 | | | 264 |
| *Liolaemus lemniscatus* | 3-4 | | | 264 |
| *Liolaemus melanops xanthoviridis* | 7 | | | 264 |
| *Liolaemus sanjuanensis* | 5 | | | 264 |
| *Liolaemus scapularis* | 3-5 | | | 1213 |
| *Liolaemus tenuis* | 3-4 | 28 | 57-63 | 466 |
| *Morunasaurus annularis* | 2-4 | | | 827, 1445 |
| *Petrosaurus t. thalassinus* | 9-20 | 28-32 | 52-60 | 1696 |
| *Phrynosoma asio* | 11-21 | 25-27 30 | 97-107 77-84 | 83, 85 |
| *Phrynosoma cornutum* | 10-34 | 28-30 | 51-60 | 49, 85 |
| *Phrynosoma coronatum* | 11-15 | 28-30 | 52-58 | 85 |
| *Phrynosoma modestum* | 8-14 | 28-30 | 52-62 | 82, 85 |
| *Phrynosoma platyrhinos* | 2-10 | 27-30 | 39-57 | 81, 84, 446 |
| *Phrynosoma solare* | 14 | - | 64 | 85, 784 |
| *Plica plica* | 2-5 | 30 t; 25 n | 84 | 43, 636 |
| *Plica umbra* | 2-4 | | | 955 |
| *Polychrus acutirostris* | 5-31 | | | 43, 265 |
| *Polychrus liogaster* | 10 | | | 43 |
| *Polychrus marmoratus* | 4-16 | 27-30 | 70 | 43, 1631 |
| *Pristidactylus scapulatus* | 5-7 | | | 264 |
| *Pristidactylus achalensis* | 3 | | | 264 |
| *Sauromalus hispidus* | 14-29 | 32 | 94-99 | 24, 1525, 1700 |
| *Sauromalus obesus* | 4-14 | 28-31 | 72-93 | 4, 1376, 1681, 1750 |
| *Sauromalus varius* | 16-32 | | | 1525, 1700 |
| *Sceloporus aeneus* | 5-6 | 28-30 | 12-14 | 446, 565 |
| *Sceloporus chaneyi* | 5 | | | 1031 |
| *Sceloporus clarki boulengeri* | 1-10 | | | 446 |
| *Sceloporus clarki clarki* | 8-24 | | | 446 |
| *Sceloporus edwardtaylori* | 8-9 | 28-30 | 76-79 | 821, 1680 |

| Spezies | Gelegegröße | Temperatur [°C] | Dauer [Tage] | Quelle |
|---|---|---|---|---|
| Sceloporus graciosus | 1-8 | 27-28 | 44-52 | 229, 446 |
| Sceloporus hunsackeri | 5-8 | 26-31 | 54-65 | 1696 |
| Sceloporus magister | 2-18 | 25-32 | 56-77 | 446, 1632, 1742 |
| Sceloporus merriami | 3-7 | | | 446 |
| Sceloporus occidentalis | 4-15 | 25-32 | 54-84 | 446, 503, 1527, 1742 |
| Sceloporus orcutti | 8-15 | | | 985 |
| Sceloporus s. slevini | 3-14 | - | 49 | 16, 446 |
| Sceloporus squamosus | 4-5 | 29 | 50-53 | 410 |
| Sceloporus undulatus | 3-17 | 27-30 | 33-50 | 10, 258, 439, 446, 1556 |
| Sceloporus v. variabilis | 3-7 | | | 104 |
| Sceloporus v. smithi | 4 | | | 821, 1680 |
| Sceloporus virgatus | 3-18 | | | 1478 |
| Sceloporus woodi | 2-8 | | | 747 |
| Stenocercus dumerilii | 2-6 | | | 43 |
| Stenocercus roseiventris | 1 | | | 1012 |
| Tropidurus albemarlensis | 2-4 | | | 446 |
| Tropidurus delanonis | 3-6 | | | 446 |
| Tropidurus etheridgei | 3-7 | | | 1628 |
| Tropidurus hispidus | 3-8 | | | 1383 |
| Tropidurus itambere | 1-8 | | | 1600 |
| Tropidurus melanopleurus pictus | 2 | 26-28 | 150 | 1436 |
| Tropidurus spinulosus | 3-6 | | | 1628 |
| Uma inornata | 2-4 | | | 446 |
| Uma notata | 2-3 | | | 446 |
| Uma scoparia | 2-3 | | | 446 |
| Uracentron azureum | 2 | | | 43 |
| Uracentron flaviceps | 2 | | | 1631 |
| Uranoscodon superciliosa | 10-16 | 28 | 76-105 | 43, 107 |
| Urosaurus graciosus | 2-10 | | | 446, 1633 |
| Urosaurus ornatus | 3-4 | 22-32 | 40-41 | 1680, 1749 |
| Uta stansburiana | 1-6 | 28-30 | 45-47 | 438, 446, 506 |

# Echte Eidechsen (Lacertidae)

| Spezies | Gelegegröße | Temperatur [°C] | Dauer [Tage] | Quelle |
|---|---|---|---|---|
| Acanthodactylus boskianus | 2-7 | 28 | 89-100 | 464, 1746 |
| Acanthodactylus e. erythrurus | 3-7 | 27-29 | 70-75 | 152, 1151, 1343 |
| Acanthodactylus e. belli | 4 | 29 | 43 | 737 |
| Acanthodactylus pardalis | 3-7 | | | 464 |
| Acanthodactylus schreiberi | 1-4 | | | 464 |
| Adolfus jacksoni | 2-4 | 25<br>29 | 89-98<br>66-68 | 736, 1247 |
| Algyroides fitzingeri | 2-4 | 21-25 | 51-92 | 727, 1424 |
| Algyroides marchi | 1-4 | 25<br>29 | 48-52<br>32-36 | 409, 732, 733, 1132 |
| Algyroides moreoticus | 1-4 | 29 | 36 | 723 |
| Algyroides nigropunctatus | 2-6 | 25<br>29 | 43-45<br>35-37 | 123, 124, 725, 1072 |
| Eremias arguta | 3-5 | 25-28 | 47-56 | 1309, 1311 |
| Eremias guttulata | 3-5 | 28-30 | 55 | 464, 1604 |
| Eremias pleskei | 2-3 | 25-32 | 44-47 | 924 |
| Eremias s. strauchi | 2-4 | 20-30 | 49 | 122 |
| Eremias velox | 2-6 | | 35-45 | 1359 |
| Eremias velox caucasia | 2-4 | 25-32 | 50 | 924 |
| Gallotia galloti | 5-6 | 28-30 | 83-90 | 118, 1745 |
| Gallotia simonyi | 4-12 | 29 | 60-70 | 735 |
| Gallotia stehlini | 7-11 | 22-32 | 63-72 | 120, 1271 |
| Lacerta agilis | 8-14 | 21-24<br>21-29<br>27-28<br>28-31 | 62-63<br>55-56<br>41-43<br>32-36 | 125, 412, 873, 889, 1429, 1605, 1710 |
| Lacerta anatolica | 5 | 27<br>30<br>28-32 | 52<br>43<br>34-39 | 873, 1356 |
| Lacerta armeniaca | 2-5 | 28-30 | 40-55 | 876 |
| Lacerta bedriagae | 3-6 | 30 | 40 | 1418 |
| Lacerta caucasica | 2-6 | | | 321 |
| Lacerta chlorogaster | 3-6 | 25<br>29 | 55,5<br>42 | 738 |
| Lacerta derjugini | 1-6 | 22-26,5 | 52-56 | 1107 |
| Lacerta kulzeri | 3 | 26 | | 739 |
| Lacerta laevis | 2-7 | 23-28 | 51-53 | 427, 464 |
| Lacerta media | 10-15 | 28 | 81-101 | 114 |

| Spezies | Gelegegröße | Temperatur [°C] | Dauer [Tage] | Quelle |
|---|---|---|---|---|
| *Lacerta monticola* | 2-9 | 19-25 | 35-59 | 1346 |
| *Lacerta mosorensis* | 2-8 | 23-25<br>27-30 | 25-31<br>17-19 | 729, 879, 981 |
| *Lacerta oxycephala* | 2-4 | 27-30 | 31-49 | 1605, 1698 |
| *Lacerta pamphylica* | 5-7 | 27,5-28,5 | 122-133 | 1723 |
| *Lacerta parva* | 4-5 | 25<br>30 | 45-52<br>32-34 | 731 |
| *Lacerta praticola* | 4-6 | | 38-50 | 729, 1516 |
| *Lacerta rudis* | 2-8 | | | 147 |
| *Lacerta saxicola* | 2-6 | 28 | 37-40 | 322 |
| *Lacerta schreiberi* | 7-24 | 28-30 | 41-56 | 921, 966, 1345 |
| *Lacerta strigata* | 4-17 | -<br>27-30 | 98-100<br>40-54 | 117, 323, 875 |
| *Lacerta trilineata* | 3-30 | 26-30 | 79-97 | 473, 1078, 1605 |
| *Lacerta unisexualis* | 1-5 | 25<br>29 | 51<br>40 | 730 |
| *Lacerta viridis* | 5-22 | 25<br>28-30 | 68<br>43-55 | 395, 1079, 1598 |
| *Nucras lalandii* | 7-9 | 10-26 | 165 | 166, 1732 |
| *Omanosaura cyanura* | 3 | 28 | 59-61 | 914, 915 |
| *Omanosaura jayakari* | 2-10 | 27-30 | 75-94 (-119) | 124, 129, 882 |
| *Ophisops elegans* | 2-8 | 29 | 50 | 324, 464, 958 |
| *Ophisops elegans schlueteri* | | 16-25 | 42-56 | 424 |
| *Pedioplanes lineoocellata pulchella* | 4-8 | 25-35 t; 18-22 n | 70-95 | 982 |
| *Pedioplanes namaquensis* | 3-5 | 25-35 t; 18-22 n | 65-87 | 982 |
| *Pedioplanes rubens* | 3-6 | 25-35 t; 18-22 n | 62-91 | 982 |
| *Pedioplanis burchelli* | 5 | 26 | 64 | 174 |
| *Podarcis bocagei* | 1-5 | | | 1147 |
| *Podarcis erhardii* | 2-4 | | | 553 |
| *Podarcis graeca* | 2-5 | 27-29 | 37-53 | 144, 881 |
| *Podarcis hispanica* | 1-4 | 23,5-26,5 | 44-69 | 262, 1347 |
| *Podarcis lilfordi* | 2-4 | 24-27 | 40-57 | 1090, 1348 |
| *Podarcis melisellensis* | 2-6 | 27-28 | 38-40 | 836, 1547 |
| *Podarcis milensis* | 1-3 | | | 113 |
| *Podarcis muralis* | 2-10 | 24<br>28<br>30-31<br>32-35 | 73-74<br>35-36<br>27-30<br>25-27 | 554, 1596, 1605 |
| *Podarcis peloponnesiaca* | 3-4 | 28 | 40 | 191 |

| Spezies | Gelegegröße | Temperatur [°C] | Dauer [Tage] | Quelle |
|---|---|---|---|---|
| Podarcis pityusensis | 1-6 | 27<br>28 | 61-106<br>42 | 198, 373, 619, 1349, 1715 |
| Podarcis pityusensis maluquerorum | 4-6 | 25-30 | 50-80 | 852 |
| Podarcis sicula | 2-10 | 23-24<br>25-27<br>27-30 | 63-82<br>42-49<br>33-41 | 205, 660, 1114, 1230 |
| Podarcis sicula cetti | 3-7 | 22<br>25 | 68<br>41-45 | 851 |
| Podarcis taurica | 2-10 | | 56-63 | 769 |
| Podarcis tiliguerta | 6-12 | | 60-90 | 1419 |
| Podarcis wagleriana | 4-6 | | 60 | 145 |
| Psammodromus algirus | 2-11 | | | 143, 1151 |
| Psammodromus blanci | 2-4 | 25-27<br>29-31 | 54-59<br>39-42 | 130 |
| Psammodromus hispanicus | 2-6 | 25<br>29 | 56<br>38 | 726, 1151, 1344 |
| Takydromus sexlineatus ocellatus | 2-3 | 20-24<br>31 | 41-48<br>30 | 631, 967 |
| Takydromus smaragdinus | 1-2 | | 32-51 | 1310 |
| Teira andreanskyi | 1-3 | 21<br>25<br>27,5<br>30,5 | 146<br>70-74<br>56-59<br>48-54 | 1331 |
| Teira dugesii | | 25-29 | 62-91 | 734, 1475 |
| Teira perspicillata | 2-3 | 31,5 | 44 | 1246, 1605 |
| Timon lepidus | 5-24 | 28-30 | 66-88 | 127, 600, 601, 1327 |
| Timon pater | 2-14 | 25-30 | 70-90 | 128, 871, 957 |
| Tropidosaura montana natalensis | 5 | | | 1731 |

## Krustenechsen (Helodermatidae)

| Spezies | Gelegegröße | Temperatur [°C] | Dauer [Tage] | Quelle |
|---|---|---|---|---|
| Heloderma horridum | 5-15 | 27-29 | 121-184 | 304, 1561 |
| Heloderma suspectum | 3-9 | 28-29 | 124-142 | 399, 402, 405, 1504, 1650, 1680, 1696 |

## Skinke (Scincidae)

| Spezies | Gelegegröße | Temperatur [°C] | Dauer [Tage] | Quelle |
|---|---|---|---|---|
| Ablepharus k. kitaibelii | 2 | | | 1211 |
| Ablepharus k. fitzingeri | 4 | | 65 | 1167, 1315 |
| Ablepharus k. stepaneki | 2 | | | 1167, 1315 |
| Amphiglossus melanopleura | 6 | | 34 | 500 |

| Spezies | Gelegegröße | Temperatur [°C] | Dauer [Tage] | Quelle |
|---|---|---|---|---|
| *Anomalopus gowi* | 1-3 | | | 1762 |
| *Anomalopus leuckartii* | 3-4 | | | 1762 |
| *Anomalopus verreauxii* | 3-11 | | | 1762 |
| *Calyptotis lepidorostrum* | 2-4 | | | 1762 |
| *Calyptotis ruficauda* | 2-6 | | | 1762 |
| *Calyptotis scutirostrum* | 1-5 | | | 391, 1762 |
| *Carlia amax* | 2 | | | 1762 |
| *Carlia fusca* | 1-2 | | 34-35 | 991, 1762 |
| *Carlia munda* | 2 | | | 1762 |
| *Carlia tetradactyla* | 2 | | | 1762 |
| *Carlia tricantha* | 2 | | | 1762 |
| *Carlia rhomboidalis* | 2 | | | 1762 |
| *Coeranoscincus reticulatus* | 2-6 | | | 1762 |
| *Cophoscincopus durus* | 2 | 22-24 | 49-70 | 1054 |
| *Cryptoblepharus carnabyi* | 1-2 | | | 1762 |
| *Cryptoblepharus litoralis* | 1-2 | | | 1762 |
| *Cryptoblepharus plagiocephalus* | 2 | | | 1762 |
| *Cryptoblepharus poecilopleurus* | 2 | | | 991 |
| *Cryptoblepharus virgatus* | 1-2 | | | 1762 |
| *Ctenotus ariadnae* | 4 | | | 1762 |
| *Ctenotus arnhemicus* | 3-4 | | | 1762 |
| *Ctenotus atlas* | 1-2 | | | 1762 |
| *Ctenotus calurus* | 2-4 | | | 1762 |
| *Ctenotus colletti* | 2 | | | 1762 |
| *Ctenotus essingtoni* | 2-4 | | | 1762 |
| *Ctenotus fallens* | 4 | | | 1762 |
| *Ctenotus gemmula* | 2 | | | 1762 |
| *Ctenotus helenae* | 1-6 | | | 1762 |
| *Ctenotus impar* | 2 | | | 1762 |
| *Ctenotus labillardieri* | 2-5 | | | 1762 |
| *Ctenotus leae* | 3-4 | | | 1762 |
| *Ctenotus leonhardii* | 2-7 | | | 1762 |
| *Ctenotus mimetes* | 6 | | | 1762 |
| *Ctenotus pantherinus* | 3-9 | | | 1762 |
| *Ctenotus schomburgkii* | 2-4 | | | 1762 |
| *Ctenotus storri* | 2 | | | 1762 |

| Spezies | Gelegegröße | Temperatur [°C] | Dauer [Tage] | Quelle |
|---|---|---|---|---|
| *Ctenotus taeniolatus* | 1-7 | 30 | 40 | 1531 |
| *Cyclodina lichenigera* | 3 | 25 | 68 | 1762 |
| *Dasia grisia* | 2-5 | | | 41 |
| *Elgaria m. multicarinata* | 9-17 | | | 446 |
| *Elgaria m. nanus* | 1-18 | | | 446 |
| *Elgaria m. scincicauda* | 8-14 | | | 446 |
| *Elgaria m. webbi* | 5-41 | | | 446 |
| *Emoia atrocostata* | 1-3 | | | 41, 533 |
| *Emoia beccari* | 2 | | | 533 |
| *Emoia caerulocauda* | 2 | | | 991 |
| *Emoia callisticta* | 2 | | | 533 |
| *Emoia cyanogaster* | 2 | | | 533 |
| *Emoia cyanura* | 2 | 28-33 | 58-62 | 533, 1354 |
| *Emoia loveridgei* | 2 | | | 533 |
| *Emoia mivarti* | 2 | | | 533 |
| *Emoia nativitatis* | 2 | | | 533 |
| *Emoia nigra* | 2-4 | | | 533 |
| *Emoia pallidiceps* | 2 | | | 533 |
| *Emoia physicae* | 2 | | | 533 |
| *Emoia ruficauda* | 2 | | | 533 |
| *Emoia samoense* | 2 | | | 533 |
| *Emoia sorex* | 2 | | | 533 |
| *Emoia submetallica* | 2 | | | 533 |
| *Eremiascincus fasciolatus* | 2-5 | | | 751 |
| *Eremiascincus richardsoni* | 2-7 | | | 751 |
| *Eugongylus rufescens* | 2-4 | | | 1762 |
| *Eulepis duperreyi* | 3-8 | 22-26<br>30 | 34-38<br>29 | 1762, 1763 |
| *Eulepis platynota* | 3-9 | | | 1762 |
| *Eulepis trilineata* | 3-6 | | | 1762 |
| *Eumeces callicephalus* | 3 | | | 250 |
| *Eumeces chinensis* | 9-15 | 30 | 22-23 | 760 |
| *Eumeces fasciatus* | 3-15 | | | 446, 1630 |
| *Eumeces gilberti* | 3-8 | | | 1206 |
| *Eumeces laticeps* | 9-18 | | | 1629 |
| *Eumeces obsoletus* | 5-32 | | | 446 |
| *Eumeces schneideri* | 2-20 | 27-28 | 56-63 | 121, 141, 320, 689 |
| *Eumeces septentrionalis* | 5-18 | | | 446 |

| Spezies | Gelegegröße | Temperatur [°C] | Dauer [Tage] | Quelle |
|---|---|---|---|---|
| *Eumeces skiltonianus* | 2-6 | | | 446, 1206 |
| *Eumeces taeniolatus* | 3-6 | | | 329 |
| *Glaphyromorphus crassicaudus* | 1-4 | | | 1762 |
| *Glaphyromorphus darwiniensis* | 5 | | | 1762 |
| *Glaphyromorphus douglasi* | 5 | | | 1762 |
| *Glaphyromorphus fuscicaudis* | 2-4 | | | 1762 |
| *Glaphyromorphus isolepis* | 3-8 | | | 1762 |
| *Glaphyromorphus pardalis* | 3-6 | | | 1762 |
| *Glaphyromorphus pumilus* | 3 | | | 1762 |
| *Harrisoniascincus zia* | 5-6 | | | 1762 |
| *Lamprolepis smaragdina* | 1-2 | | | 41 |
| *Lampropholis amicula* | 2 | | | 1762 |
| *Lampropholis delicata* | 1-7 | 20<br>26 | 64-66<br>35-42 | 1762, 1763 |
| *Lampropholis guichenoti* | 1-5 | 15<br>20<br>26<br>30 | 150<br>66-73<br>35-45<br>26-29 | 1762, 1763 |
| *Lampropholis mustelina* | 3-6 | 27-29 | | 56, 391 |
| *Leiolopisma jigurru* | 4 | | | 1458 |
| *Leiolopisma telfairii* | 10-16 | 28 | 58 | 136 |
| *Leiolopisma zia* | 4 | | | 391 |
| *Lerista allanae* | 2-3 | | | 1762 |
| *Lerista bipes* | 2 | | | 1762 |
| *Lerista bougainvillii* | 2-4 | | | 1482 |
| *Lerista borealis* | 3 | | | 1762 |
| *Lerista christinae* | 2 | | | 1762 |
| *Lerista cinerea* | 2-3 | | | 1762 |
| *Lerista desertorum* | 3 | | | 1762 |
| *Lerista distinguenda* | 1-3 | | | 1762 |
| *Lerista elegans* | 2-4 | | | 1762 |
| *Lerista frosti* | 2-3 | | | 1762 |
| *Lerista griffini* | 1-3 | | | 1762 |
| *Lerista ips* | 2 | | | 1762 |
| *Lerista karlschmidti* | 1-3 | | | 1762 |
| *Lerista labialis* | 2 | | | 1762 |
| *Lerista lineata* | 2-3 | | | 1762 |

| Spezies | Gelegegröße | Temperatur [°C] | Dauer [Tage] | Quelle |
|---|---|---|---|---|
| *Lerista lineopunctulata* | 3 | | | 1762 |
| *Lerista muelleri* | 1-2 | | | 1762 |
| *Lerista picturata* | 2-4 | | | 1762 |
| *Lerista punctatovittata* | 2-4 | | | 1762 |
| *Lerista stylis* | 2-3 | | | 1762 |
| *Lerista uniduo* | 2-3 | | | 1762 |
| *Lerista walkeri* | 2-3 | | | 1762 |
| *Lipinia pulchella* | 1-2 | | | 41 |
| *Lygosoma sundevallii* | 2 | | | 167 |
| *Lygisaurus burnettii* | 2 | | | 1762 |
| *Mabuya homalocephala smithii* | 2-6 | | | 584 |
| *Mabuya madagascariensis* | | 32 | | 500 |
| *Mabuya multicarinata* | 1-3 | | | 41 |
| *Mabuya quinquetaeniata* | 10-11 | 29 | 36 | 898 |
| *Mabuya varia* | 6-12 | | 60 | 75 |
| *Menetia greyii* | 1-3 | 20<br>25<br>28 | 104<br>64<br>46-49 | 235, 1482, 1765 |
| *Morethia adelaidensis* | 2-6 | | | 1762 |
| *Morethia boulengeri* | 1-6 | | | 1482, 1762 |
| *Morethia butleri* | 2-5 | | | 1762 |
| *Morethia lineoocellata* | 2-5 | | | 1762 |
| *Morethia obscura* | 1-5 | 30 | 29 | 235, 1762 |
| *Morethia ruficauda* | 1-3 | | | 1762 |
| *Morethia storri* | 2-3 | | | 1762 |
| *Morethia taeniopleura* | 2-4 | | | 1762 |
| *Nannoscincus maccoyi* | 1-9 | 15<br>20<br>26 | 94-98<br>58-61<br>30-35 | 1762, 1763 |
| *Notoscincus wotjulum* | 2-4 | | | 1762 |
| *Ophiomorus punctatissimus* | 3 | | 43 | 728 |
| *Ophioscincus ophioscincus* | 2-3 | | | 1762 |
| *Ophioscincus truncatus* | 2-3 | | | 1762 |
| *Otosaurus cumingii* | 2-3 | | | 41 |
| *Panaspis wahlbergii* | 4-6 | | | 575 |
| *Proablepharus tenuis* | 1-2 | | | 1762 |
| *Riopa fernandi* | 8-12 | 28 | 58-60 | 481, 1049 |
| *Riopa koratense* | 3 | | 60-100 | 617 |

| Spezies | Gelegegröße | Temperatur [°C] | Dauer [Tage] | Quelle |
|---|---|---|---|---|
| *Scincella lateralis* | 1-6 | | | 446 |
| *Siaphos equalis* | 3 | | | 243 |
| *Sphenomorphus cherriei* | 1-3 | | | 446, 530 |
| *Sphenomorphus jagori* | 1-4 | | | 41 |
| *Sphenomorphus kinabalensis* | 1-2 | | | 1113 |
| *Techmarscincus jigurru* | 4 | | | 1762 |
| *Tribolonotus gracilis* | 1 | 26-29 | 29-36 | 1445 |

## Schienenechsen (Teiidae)

| Spezies | Gelegegröße | Temperatur [°C] | Dauer [Tage] | Quelle |
|---|---|---|---|---|
| *Alopoglossus atriventris* | 2 | | | 43, 1631 |
| *Alopoglossus buckleyi* | 2 | 20-25 | 84 | 1631, 827 |
| *Ameiva ameiva* | 1-9 | 28-29 | 129-137 | 446, 996, 1470, 1628 |
| *Ameiva chrysolaema* | | 28-29 | 75 | 1696 |
| *Ameiva exsul* | 1-3 | | | 1270 |
| *Ameiva festiva* | 2-4 | - | - | 446 |
| *Ameiva fusca* | 3-7 | | | 1485 |
| *Ameiva plei* | 1-7 | | | 266 |
| *Ameiva undulata* | 1-7 | | | 446 |
| *Ameiva wetmorei* | 1 | | | 1270 |
| *Anadia brevifrontalis* | 2 | | | 1520 |
| *Arthrosaura reticulata* | 2 | | | 1631 |
| *Cnemidophorus arubensis* | 1-2 | | | 446, 1369, 1370 |
| *Cnemidophorus deppii* | 1-4 | | | 446 |
| *Cnemidophorus exsanguis* | 1-6 | 22-26 | 62-100 | 1369, 1370, 1549 |
| *Cnemidophorus flagellicaudus* | 2-6 | | | 1510 |
| *Cnemidophorus gularis* | 1-5 | | | 50, 446 |
| *Cnemidophorus inornatus* | 1-6 | | | 446, 1369, 1370 |
| *Cnemidophorus lemniscatus* | 1-5 | | 60 | 446, 911 |
| *Cnemidophorus martyris* | 1-2 | | | 1654 |
| *Cnemidophorus murinus* | 1-2 | | | 343 |
| *Cnemidophorus ocellifer* | 1-5 | | | 446, 1627, 1628 |
| *Cnemidophorus paravisocius* | 1-4 | | | 1655 |
| *Cnemidophorus sacki* | 3-10 | | | 1655 |
| *Cnemidophorus sexlineatus* | 1-8 | 25-32 | 46-63 | 258, 446, 1742 |

| Spezies | Gelegegröße | Temperatur [°C] | Dauer [Tage] | Quelle |
|---|---|---|---|---|
| Cnemidophorus sonorae | 1-7 | 22-26 | 62-100 | 1317, 1549 |
| Cnemidophorus tesselatus | 1-6 | | | 1206, 1369, 1370 |
| Cnemidophorus tigris | 1-7 | | | 446, 505, 1369, 1370 |
| Dracaena guianensis | 7 | 21-32 | 185-186 | 1680 |
| Gymnopthalmus multiscutatus | 2 | | | 1626 |
| Gymnopthalmus speciosus | 1-4 | | | 1533 |
| Iphisa elegans | 2 | | | 1631 |
| Kentropyx calcaratus | 2-5 | | | 444 |
| Kentropyx pelviceps | 5-8 | | | 1631 |
| Kentropyx striatus | 3-10 | 27-29 | 90-124 | 160, 362, 699 |
| Leposoma parietale | 2 | | | 1631 |
| Leposoma rugiceps | 2 | | | 1533 |
| Micrablepharus maximiliani | 2 | | | 1628 |
| Neusticurus bicarinatus | 2 | 30 | 86 | 954, 1594 |
| Neusticurus cochranae | 2 | | | 1594 |
| Neusticurus ecpleopus | 2 | | | 1594, 1631 |
| Neusticurus rudis | 2 | 20-25 | 90-180 | 949, 1594 |
| Neusticurus strangulatus | | | | 1594 |
| Neusticurus tatei | 2 | | | 1594 |
| Pantodactylus schreibersii | 2 | | | 1628 |
| Pholidobolus montium | 2 | | 216 | 242, 1051 |
| Prionodactylus oshaughnessyi | 2 | | | 1631 |
| Proctoporus pachyurus | 2 | | | 827 |
| Proctoporus bolivianus | 2 | | | 1595 |
| Ptychoglossus bicolor | 2 | | | 623 |
| Ptychoglossus brevifrontalis | 2 | | | 43 |
| Ptychoglossus stenolepis | 2 | | | 623 |
| Teius oculatus | 6-8 | | | 264 |
| Teius suquiensis | 1-6 | | | 265 |
| Teius teyou | 8 | | | 563 |
| Tupinambis merianae | 7-52 | 26-31 | 64-76 | 883, 884, 1773 |
| Tupinambis rufescens | 15-26 | 26-31 | 76-91 | 883, 884, 1773 |
| Tupinambis teguixin | 4-8 | 29-31 | 152-171 | 606, 814, 815, 1631, 1773 |
| Vanzosaura rubricauda | 2 | | | 265 |

# Warane (Varanidae)

| Spezies | Gelegegröße | Temperatur [°C] | Dauer [Tage] | Quelle |
|---|---|---|---|---|
| *Varanus acanthurus* | 2-17 | 26-31 | 85-169 | 400, 416, 720, 754, 1540, 1541, 1542, 1693, 1695, 1762 |
| *Varanus albigularis* | 10-37 | 26,5-30 | 116-177 | 174, 1490, 1617 |
| *Varanus beccarii* | 3-5 | 27-29,5 | 172-205 | 406, 1659 |
| *Varanus bengalensis* | 8-12 | 30-34 | 170-173 | 348, 519, 797 |
| *Varanus brevicauda* | 2-3 | 18-25 | 70-84 | 1385, 1762 |
| *Varanus caudolineatus* | 3-5 | | | 1762 |
| *Varanus eremius* | 3-6 | | | 1762 |
| *Varanus exanthematicus* | 15-50 | 27-30 | 138-194 | 89, 90, 376, 1242, 1269 |
| *Varanus exanthematicus microstictus* | 13-39 | 28-33 | 117-172 | 149 |
| *Varanus flavescens* | 7 | 30 | 155 | 1618 |
| *Varanus flavirufus* | 7 | 30-32 | 220-265 | 254, 741, 1035 |
| *Varanus giganteus* | 8-11 | 30-32 | 228-233 | 187, 189 |
| *Varanus gilleni* | 2-7 | 27-30 | 92-131 | 173, 400, 522, 701, 1762 |
| *Varanus glebopalma* | 7 | | | 1762 |
| *Varanus gouldii gouldii* | 6-11 | 27-30 | 210-356 | 614 |
| *Varanus griseus* | 18-24 | 30 | 121 | 624, 1153 |
| *Varanus indicus* | 4-10 | 26-34 | 150-174 | 828, 830, 831, 991, 1683 |
| *Varanus komodoensis* | 24-26 | 27,5-29,0 | 237-279 | 202, 1658 |
| *Varanus mertensi* | 3-14 | 26-31 | 185-327 | 201, 398, 401, 403, 407, 741, 1762 |
| *Varanus mitchelli* | 10-12 | | | 1762 |
| *Varanus niloticus* | 16-63 | 26-31 | 129-175 | 87 |
| *Varanus olivacaeus* | 3-10 | | 219 | 254, 1325 |
| *Varanus pilbarensis* | 3-5 | 27-29,5 | 120-136 | 26 |
| *Varanus prasinus* | 2-7 | 26-30 | 185-222 | 115, 344, 1762 |
| *Varanus rudicollis* | 13 | 28-30 | 180-184 | 88, 703 |
| *Varanus rosenbergi* | 10-19 | 27 | 180+ | 392, 789, 1762 |
| *Varanus salvator* | 5-20 | 30-32 | 185-211 (-327) | 21, 335, 604, 841, 1636 |
| *Varanus scalaris* | 3-7 | 27-29,5 | 128-155 | 276, 404 |
| *Varanus spenceri* | 11-35 | 29,5 | 122-129 | 1155, 1156, 1157, 1762 |
| *Varanus storri* | 2-7 | 26-30 | 95-130 | 66, 400, 460, 1235, 1762 |
| *Varanus timorensis* | 3-12 | 28-31 | 118-162 | 26, 396, 1233, 1355 |
| *Varanus tristis orientalis* | 3-9 | 27-29,5 | 109-138 | 397, 1762 |
| *Varanus varius* | 4-14 | 30-32 | 153-235 | 172, 188, 702, 968, 1762 |

# Schlangen (Serpentes)

## Riesenschlangen (Boidae)

| Spezies | Gelegegröße | Temperatur [°C] | Dauer [Tage] | Quelle |
|---|---|---|---|---|
| Aspidites melanocephalus | 6-14 | 30-32 | 58-94 | 158, 272, 713, 922, 1016, 1307 |
| Aspidites ramsayi | 8-22 | 31 | 60-75 | 272, 844, 1307 |
| Calabaria reinhardti | 2-4 | | | 1307 |
| Chondropython viridis | 12-23 | 29-32 | 47-65 | 198, 839, 1103, 1179, 1249, 1257, 1258, 1423, 1523, 1608 |
| Liasis albertisi | 8-17 | 29-31 | 57-79 | 328, 1306, 1307, 1566 |
| Liasis boa | | 30-32 | 60-66 | 1307 |
| Liasis boeleni | 14-20 | 30-31 | 71 | 1064, 1307 |
| Liasis childreni | 4-14 | 29-32 | 40-60 (-81) | 60, 61, 198, 277, 381, 1192, 1460, 1619 |
| Liasis fuscus | 6-23 | 30-32 | 52-62 | 158, 1307 |
| Liasis mackloti | 9-17 | 29-31 | 60-89 | 198, 215, 796, 1102, 1306 |
| Liasis mackloti savuensis | 4 | 29-31 | 70 | 59 |
| Liasis oenpelliensis | 10 | 31 | 100 | 843, 1307 |
| Liasis olivaceus | 11 | 25-30 | 70-95 | 282, 1307 |
| Liasis papuanus | | 31-32 | 82-93 | 1582 |
| Loxocemus bicolor | 4 | 31-32 | 58-79 | 1094, 1607 |
| Morelia a. amethistina | 7-22 | 29-32 | 77-93 | 158, 552, 835, 1307 |
| Morelia a. kinghorni | | 29-31 | 105-108 | 1607 |
| Morelia s. spilota | 9-54 | 31-32 | 57-78 | 1307, 1476 |
| Morelia s. bredli | 13-47 | 30 | 67-82 | 482, 521 |
| Morelia s. imbricata | 14 | 28 | 63 | 233 |
| Morelia s. variegata | 13-37 | 29-32 | 37-78 (-88) | 103, 158, 197, 198, 762, 1063, 1181, 1259 |
| Morelia viridis | 23 | | 46 | 705 |
| Python anchietae | 5-7 | 30-32 | 57-69 | 1137, 1307 |
| Python curtus | 12-15 | 29-32 | 58-65 | 1307, 1766 |
| Python m. molurus | 13-25 | 30 | 58-85 | 1619 |
| Python m. bivittatus | 12-38 | 29-32 | 55-72 | 35, 487, 629, 1224, 1599, 1619, 1648 |
| Python regius | 2-15 | 29-32 | 55-71 (-105) | 116, 240, 330, 794, 903, 904, 1023, 1102, 1158, 1162, 1609, 1660 |
| Python reticulatus | 40-45 | 29-31 | 70-105 | 695, 1277 |
| Python s. sebae | 17-60 | 29-32 | 75-89 | 59, 177, 178, 1020, 1135, 1619 |
| Python s. natalensis | 17-74 | 29-32 | 79-83 | 695, 1277 |
| Python timorensis | 8 | 29-32 | 64-83 | 1063 |

# Nattern (Colubridae)

| Spezies | Gelegegröße | Temperatur [°C] | Dauer [Tage] | Quelle |
|---|---|---|---|---|
| Adelphicos quadrivirgatus | 3 | | | 1150 |
| Ahaetulla tristis | | 26-28 | 61-65 | 10 |
| Alsophis cantherigerus | 9-39 | 26-28 | 60-97 | 857 |
| Amphiesma stolata | 5-15 | 28 | 36 | 341, 1116, 1341 |
| Antillophis parvifrons | 3-9 | | | 465 |
| Antillophis parvifrons protenus | 3-10 | | | 1200 |
| Arizona e. elegans | 6-12 | | 86 | 446, 784 |
| Arizona e. blanchardi | 6-12 | | | 446 |
| Arizona e. candida | 3-23 | | | 446 |
| Arizona e. eburnata | 3-23 | | | 446 |
| Arizona e. occidentalis | 3-23 | | | 446 |
| Argyrogena fasciolata | 2-6 | | | 341 |
| Aspidura brachyorrhos | 2-6 | | | 341 |
| Aspidura deraniyagalae | 2-4 | | | 341 |
| Aspidura drummondhayi | 4 | | | 341 |
| Aspidura guentheri | 1-2 | | | 341 |
| Aspidura trachyprocta | 4-12 | | | 341 |
| Atretium schistosum | 10-30 | | | 341 |
| Boaedon fuliginosus | 5-10 | 24-30 | 57-75 (-87) | 153, 508, 627, 928, 1395 |
| Boiga blandingi | 6-10 | | 111 | 548 |
| Boiga cylonensis | 5-10 | | | 341 |
| Boiga cyanea | 4-5 | 27 30 | 64-65 83 | 214, 512 |
| Boiga dendrophila | 5-13 | 25-28 | 86-129 | 10, 550, 1395 |
| Boiga dendrophila melanota | 8-10 | 26,5-28,5 30 | 115 91-93 | 860, 1255 |
| Boiga forsteni | 5-10 | | | 341 |
| Boiga irregularis | 8 | 25-30 | 94 | 990 |
| Boiga trigonata | 7-10 | 27-29 | 35-43 | 213 |
| Carphophis amoenus | 1-8 | | | 446 |
| Cemophora coccinea | 2-9 | 24-26 | 78-83 | 181, 184, 663, 1553 |
| Cercaspis carinatus | 4 | | | 341 |
| Chionactis occipitalis | 2 | | | 978 |
| Chironius bicarinatus | 4-10 | | | 361 |
| Chironius c. carinatus | 3-12 | | | 361 |

| Spezies | Gelegegröße | Temperatur [°C] | Dauer [Tage] | Quelle |
|---|---|---|---|---|
| *Chironius exoletus* | 4-12 | | | 361 |
| *Chironius flavolineatus* | 3-8 | | | 361 |
| *Chironius fuscus* | 3-8 | | | 361 |
| *Chironius grandisquamis* | 15 | | | 361 |
| *Chironius monticola* | 4-13 | | | 361 |
| *Chironius multiventris* | 2-10 | | | 361 |
| *Chironius quadricarinatus* | 3-9 | | | 361 |
| *Chironius scurrulus* | 6-11 | | | 361 |
| *Chlorophis hoplogaster* | | 26-28 | 50-54 | 10 |
| *Chrysopela ornata* | 6-12 | 26-28 | 76-80 | 10, 341 |
| *Chrysopela ornata ornatissima* | 8-14 | 25-26 | 70-92 | 508 |
| *Clelia clelia* | 10-14 | 26-28 | 117-120 | 265, 976 |
| *Clelia rustica* | 7 | | | 264 |
| *Coluber caspius* | 5-18 | 28 | 48 | 472, 1605 |
| *Coluber constrictor flaviventris* | 5-31 | 26-28 | 43-67 | 446, 508, 669, 745, 1597, 1680 |
| *Coluber gemonensis* | 3-9 | | | 979 |
| *Coluber hippocrepis* | 6-29 | 27-30 | 54-66 | 263, 334, 489 |
| *Coluber mormon* | 2-13 | | | 446 |
| *Coluber najadum* | 3-16 | 27 | 45 | 325, 967 |
| *Coluber ravergieri* | 5-18 | 28-30 | 52-70 | 146, 1441, 1605 |
| *Coluber rubriceps* | 2-6 | | 42-56 | 425, 1221 |
| *Coluber schmidti* | 5-11 | | | 1360 |
| *Coluber viridiflavus* | 5-20 | | 42-60 | 645 |
| *Coniophanes fissidens* | 1-7 | | | 446 |
| *Conophis vittatus viduus* | 6 | 21-32 | 76 | 1680 |
| *Coronella girondica* | 3-9 | 28-30 | 44-51 | 385 |
| *Crotaphopeltis hotamboeia* | 6-12 | | 57-73 | 22, 1395 |
| *Crotaphopeltis tornieri* | 8-13 | | 90-95 | 22 |
| *Dasypeltis inornata* | 7-16 | 29-30 | 62-64 | 297, 989 |
| *Dasypeltis medici lamuensis* | 5-8 | 28 t; 20 n | 95-107 | 667 |
| *Dasypeltis scabra* | 6-25 | 24<br>27-30 | 133-155<br>52-90 | 10, 58, 176, 413, 668, 865, 1395, 1420 |
| *Dendrelaphis caudolineatus* | 3-6 | | | 341 |
| *Dendrelaphis punctulatus* | 14 | 23-27 | 107-111 | 1521 |
| *Dendrophidion brunneum* | 6 | | | 858 |
| *Dendrophidion dendrophis* | 12-15 | | | 5 |

| Spezies | Gelegegröße | Temperatur [°C] | Dauer [Tage] | Quelle |
|---|---|---|---|---|
| *Diadophis punctatus* | 1-10 | | 41-42 | 446, 549 |
| *Dinodon rufozonatum* | 3-12 | 29-35 | 49 | 1471 |
| *Dipsas catesbyi* | 1-4 | | | 446 |
| *Dipsas tenuissima* | 2-3 | 24-30 | 85 | 1437 |
| *Dipsadina multimaculata* | 4 | 28 | 53 | 577 |
| *Dispholidus typus* | 8-19 | 26-28 | 84-94 (-122) | 10, 168, 1748 |
| *Drymarchon c. corais* | 8-27 | 27-29 | 77-79 | 5, 298, 795 |
| *Drymarchon c. couperi* | 6-11 | 27-29 | 73-74 (-105) | 198, 547, 1511 |
| *Drymobius margaritiferus* | 4-5 | 20-28 | 64-68 | 1484 |
| *Drymoluber dichrous* | 15 | | | 5 |
| *Eirenis collaris* | 4-8 | | | 1416 |
| *Eirenis modestus* | 3-8 | | | 1417 |
| *Elaphe (Bogertophis) subocularis* | 3-14 | 25-29 | 64-105 | 251, 307, 332, 1081, 1433, 1575 |
| *Elaphe bairdi* | 4-15 | 25-29 | 52-83 | 311, 1433 |
| *Elaphe bimaculata* | 3-10 | 25-28 | 25-48 | 62, 71, 1430, 1433, 1480 |
| *Elaphe cantoris* | 10 | | | 1433 |
| *Elaphe carinata* | 6-15 | 25-28 | 41-61 | 333, 517, 1433, 1499, 1505, 1508 |
| *Elaphe climacophora* | 3-24 | 25-29 | 44-68 | 10, 1102, 1394, 1433 |
| *Elaphe conspicillata* | 2-8 | 25-28 | 43-56 | 1433 |
| *Elaphe davidi* | 5-8 | | ca. 30 | 1433 |
| *Elaphe dione* | 3-16 | 26-28 | 13-35 | 885, 1433 |
| *Elaphe erythrura* | 6-10 | | 90-120 | 1433 |
| *Elaphe flavirufa* | 4-9 | 27-29 | 63-94 | 415, 1433, 1558, 1669 |
| *Elaphe flavolineata* | 5-12 | 27-29 | 75-80 (-109) | 566, 1433 |
| *Elaphe frenata* | 9 | | | 1104 |
| *Elaphe guttata* | 3-32 | 25-29 | 55-86 | 10, 94, 140, 198, 418, 446, 474, 627, 691, 967, 1112, 1239, 1240, 1260, 1388, 1389, 1420, 1570, 1605, 1675 |
| *Elaphe helena* | 3-12 | 26-29 | 50-96 | 198, 199, 340, 834, 1082, 1318, 1433 |
| *Elaphe hohenackeri* | 2-7 | 26-28 | 42-70 | 688, 967, 1433 |
| *Elaphe janseni* | 5 | 27-29 | 123-125 | 1433 |
| *Elaphe longissima* | 5-18 | 25-29 | 42-65 (-93) | 508, 857, 886, 1328, 1388, 1389 |
| *Elaphe mandarina* | 2-8 | 25-28 | 42-56 | 305, 1433, 1434, 1481 |
| *Elaphe moellendorffi* | 6-12 | 27 | 80-83 | 649, 1433 |
| *Elaphe o. obsoleta* | 5-44 | 25-29 | 50-109 | 180, 446, 508, 784, 1083, 1112, 1146, 1427, 1433 |
| *Elaphe o. emoryi* | 6-16 | 26-29 | 52-85 | 1225, 1396 |
| *Elaphe o. lindheimeri* | 3-30 | 26-29 | 60-77 | 133, 389, 784 |

| Spezies | Gelegegröße | Temperatur [°C] | Dauer [Tage] | Quelle |
|---|---|---|---|---|
| Elaphe o. quadrivittata | 3-22 | 25-29 | 49-73 | 10, 40, 198, 508, 832, 857, 967, 1241, 1388, 1389 |
| Elaphe o. quadrivittata | 15 | 27 | 74 | 1019 |
| Elaphe o. rossalleni | 6-21 | 25-29 | 50-81 | 433, 1388, 1389, 1643, 1716 |
| Elaphe o. spiloides | 6-21 | 25-29 | 61-96 | 310, 1388, 1389, 1492 |
| Elaphe o. williamsi | 4 | 24-30 | 74 | 1492 |
| Elaphe persica | 4-8 | 28-29 | 45-55 | 1433 |
| Elaphe porphyracea | 3-7 | 26-28 | 49-60 | 1282, 1433 |
| Elaphe prasina | 5-11 | 27-29 | 56-62 | 1433 |
| Elaphe quadrivirgata | 6-16 | 28-29 | 31-55 | 1102, 1432, 1433 |
| Elaphe quatuorlineata | 6-17 | 26-29 | 40-68 | 888, 1433 |
| Elaphe quatuorlineata quatuorlineata | 4-15 | 27-29 | 21-56 | 594, 967, 1605 |
| Elaphe q. muenteri | 7-15 | 28-30 | 46-58 | 1605 |
| Elaphe q. sauromates | 6-16 | 27-29 | 44-64 | 513, 967 |
| Elaphe rosaliae | 4-9 | 28-29 | 80-90 | 1433 |
| Elaphe scalaris | 5-24 | 25-29 | 51-71 | 256, 1433 |
| Elaphe schrencki | 6-30 | 25-29 | 35-60 | 198, 811, 967, 969, 1145, 1433 |
| Elaphe situla | 2-12 | 24-28 | 50-85 | 161, 887, 967, 1433, 1469, 1605, 1678 |
| Elaphe subradiata | 6 | | | 1433 |
| Elaphe taeniura | 5-25 | 25-29 | 52-88 | 1433 |
| Elaphe taeniura friesei | 8-15 | 26,5-28,5 27-32 | 98-99 57-65 | 857, 967, 1431 |
| Elaphe triaspis | 3-9 | 25-29 | 75-100 | 1433, 1680 |
| Elaphe vulpina | 7-29 | 23-29 | 35-65 | 10, 788, 1433, 1739 |
| Eridiphas slevini slevini | 2 | | | 716 |
| Erythrolamprus aesculapii venustissimus | 6-9 | | | 265 |
| Farancia abacura abacura | 25-104 | 20-30 | 55-57 | 42, 446, 1395 |
| Farancia a. reinwardti | 11-50 | | | 446 |
| Farancia erytrogramma | 20-52 | | 70-85 | 421 |
| Geophis brachycephalus | 3-6 | 25-28 | 109 | 1353 |
| Gonyosoma oxycephala | 3-12 | 27-30 | 82-115 (-132) | 196, 198, 598, 639, 694, 1059, 1169, 1256 |
| Haplocercus ceylonensis | 2-5 | | | 341 |
| Helicops angulatus | 2-8 | | 16-17 | 1312 |
| Heterodon nasicus | 3-23 | 25-30 | 46-50 | 446, 744 |
| Heterodon platyrhinos | 8-49 | 27 | 50-64 | 336, 421, 433, 446 |
| Heterodon simus | 6-10 | 23-31 | 56 | 1308 |

| Spezies | Gelegegröße | Temperatur [°C] | Dauer [Tage] | Quelle |
|---|---|---|---|---|
| Hydrodynastes (Cyclagras) gigas | 7-15 | 26-28 | 69-79 | 434, 609, 853 |
| Hypsiglena torquata ochrorhyncha | 3-9 | | | 716, 1625 |
| Hypsiglena torquata texana | 4-6 | | | 676, 1725 |
| Imantodes cenchoa | 1-3 | | | 446 |
| Lampropeltis alterna | 9-15 | 27-29 | 60-75 | 857, 967, 1013 |
| Lampropeltis calligaster | 5-21 | 26-29 | 45-78 | 259, 354, 421, 446 |
| Lampropeltis doliata | 5-6 | 21-32 | 48-49 | 1133, 1680 |
| Lampropeltis getulus | 3-17 | 26-30 | 59-75 | 309, 446, 1112, 1392 |
| Lampropeltis g. californiae | 3-13 | 26-29 | 54-77 | 10, 312, 857 |
| Lampropeltis g. floridana | 9-13 | 28-30 | 43-57 (-93) | 10, 315, 1497, 1724 |
| Lampropeltis g. holbrooki | 9-13 | 26-29 | 46-62 | 198, 508, 537, 1605 |
| Lampropeltis mexicana | | 26-29 | 55-65 | 1112 |
| Lampropeltis mexicana alterna | 8 | 26-29 | 68-71 | 39 |
| Lampropeltis mexicana blairi | 4-12 | 26-29 | 70-91 | 525, 1565 |
| Lampropeltis pyromelana | 3-6 | 26-29 | 55-82 | 308, 784, 974, 1568, 1421 |
| Lampropeltis ruthveni | 8 | 26-29 | 62-80 | 936, 964 |
| Lampropeltis triangulum | 4-24 | 26-28 | 48-65 | 446, 508, 1112, 1571 |
| Lampropeltis t. triangulum | 7-11 | 24 | 37-59 | 508, 1711 |
| Lampropeltis t. andesiana | 7-11 | 26-28 | 71-85 | 610 |
| Lampropeltis t. arcifera | 6 | 26-30 | 53-54 | 662 |
| Lampropeltis t. campbelli | 7-12 | 26-28 | 65-75 | 31 |
| Lampropeltis t. elapsoides | 2-7 | 25-29 | 55-66 | 64, 661, 1029, 1260 |
| Lampropeltis t. gaigeae | 9-11 | 25-27 | 70-80 | 777 |
| Lampropeltis t. hondurensis | 6 | 26-32 | 56-58 | 1197 |
| Lampropeltis t. nelsoni | 3-5 | 23-30 | 56-63 | 778, 1579 |
| Lampropeltis t. polyzona | | 28 | 57-58 | 778 |
| Lampropeltis tr. sinaloae | 5-8 | 28 | 56-64 | 778, 1088 |
| Lampropeltis t. temporalis | 5 | 28 | 52-54 | 1028 |
| Lamprophis aurora | 4-7 | 26-28 | 51-70 | 77, 666, 1377 |
| Lamprophis fuliginosus | 4-10 | 26-28 | 69-77 | 574, 592, 1066 |
| Lamprophis inornatus | 5-12 | | | 73 |
| Leimadophis poecilogyrus | 5-7 | 26-30 | 43-93 | 1395, 1574 |
| Leioheterodon madagascariensis | 10 | 27 | 67-69 | 253 |
| Leptodeira annulata | 2-12 | 25-32 | 56-57 | 446, 1165 |

| Spezies | Gelegegröße | Temperatur [°C] | Dauer [Tage] | Quelle |
|---|---|---|---|---|
| Leptodeira maculata | 6-12 | | 57 | 375 |
| Leptodeira nigrofasciata | 6-9 | 24-28 | 62-65 | 511 |
| Leptodeira punctata | 6 | | | 375 |
| Leptodeira septentrionalis polysticta | 5 | | 79 | 375 |
| Lioheterodon madagascariensis | 10-12 | 28 | 70-76 | 846 |
| Liophis almadensis | 6-10 | | | 265 |
| Liophis anomala | 6-15 | | | 265 |
| Liophis flavifrenatus | 8-12 | | | 265 |
| Liophis jaegeri coralliventris | bis 14 | | | 265 |
| Liophis miliaris semiaureus | 10-15 | | | 265 |
| Liophis reginae macrosoma | 6-10 | | | 265 |
| Liophis sagittifer modestus | 6-8 | | | 265 |
| Liopholidophis lateralis | 7-9 | 28 | 58-63 | 846 |
| Liopholidophis pseudolateralis | 3-7 | 28<br>30-32 | 67-70<br>59-62 | 846 |
| Lycodon aulicus | 5-10 | | | 341 |
| Lycodon striatus sinhaleyus | 2-3 | | | 341 |
| Lycodonomorphus rufulus | 7-23 | 28-29 | 52-54 | 587 |
| Lycophidion c. capense | 4-9 | 28-29 | 51-114 | 583, 588 |
| Lystrophis dorbignyi | 7-15 | | | 265 |
| Lystrophis semicinctus | 10-15 | | | 264 |
| Madagascarophis colubrina | 5-6 | 26 | 59 | 253 |
| Malpolon monspessulanus | 8-12 | 25<br>29-30 | 63-65<br>57-60 | 1395, 1605 |
| Malpolon monspessulanus insignitus | 6 | 28,5-30,5 | 57-59 | 870 |
| Masticophis bilineatus | 6 | | | 1625 |
| Masticophis flagellum | 4-24 | 25-30 | 45-79 | 10, 421, 1395 |
| Masticophis lateralis | 5-11 | | | 504 |
| Masticophis l. euryxanthus | 6-10 | | | 612 |
| Masticophis mentovarius | 16-20 | | | 1032 |
| Mastigodryas bifossatus triseriatus | 8-12 | | | 265 |
| Natrix maura | 4-24 | 26-28 | 38-53 | 150, 378, 508, 752, 1115, 1245 |
| Natrix natrix | 4-30 | 32 t. 20 n. | 58-62 | 1086 |
| Natrix natrix helvetica | 4-30 | 17-30<br>24<br>27-28<br>34-35 | 62-63<br>49<br>42<br>31 | 508, 1550 |

| Spezies | Gelegegröße | Temperatur [°C] | Dauer [Tage] | Quelle |
|---|---|---|---|---|
| *Natrix natrix persa* | 18 | 26 | 42 | 508 |
| *Natrix natrix schweizeri* | 7 | 28 | 44 | 1443 |
| *Natrix tessellata* | 5-34 | 3-30 | 35-48 | 364, 368, 1154 |
| *Oligodon arnensis* | 5 | | | 341 |
| *Oligodon sublineatus* | 3 | | | 341 |
| *Opheodrys aestivus* | 1-14 | 23-29 | 36-43 (6-57) | 351, 446, 551, 1138, 1187 |
| *Opheodrys vernalis* | 4-15 | 26-28 | 4-23 (-53) | 10, 446, 538, 1210 |
| *Oxybelis fulgidus* | 8-10 | 25-27 | 83-105 | 510 |
| *Oxyrophus guibei* | 9-12 | | | 265 |
| *Oxyrophus rhombifer* | 10-15 | | | 265 |
| *Philodryas aestivus subcarinatus* | 8-14 | | | 265 |
| *Philodryas baroni* | 12 | 25 t. 22 n. | 83 | 509 |
| *Philodryas olfersii* | 4-10 | 25 t. 22 n. | 89 | 265, 509 |
| *Philodryas patagoniensis* | 13 | 28-30 | 54-59 | 564, 1101 |
| *Philodryas trilineatus* | 10-18 | | | 265 |
| *Philothamnus irregularis* | 6-16 | 24 | 65 | 508 |
| *Phyllorhynchus browni* | 2-5 | | | 507 |
| *Phyllorhynchus decurtatus* | 2-4 | | | 507 |
| *Pituophis m. melanoleucus* | 3-24 | 26-28 | 55-75 | 355, 446, 681, 1017, 1112, 1223 |
| *Pituophis m. catenifer* | 5 | 25-28 | 59-61 | 1603 |
| *Pituophis m. deserticola* | 7 | 29,5 | 55-58 | 302 |
| *Pituophis m. lodingi* | 5-11 | 26-30 | 60-68 | 25, 613, 1222, 1601 |
| *Pituophis m. melanoleucus* | 3-24 | 26-28 | 55-75 | 355, 446, 681, 1017, 1112, 1223 |
| *Pituophis m. mugitus* | 6-9 | 26-28 | 72-74 | 900, 1223 |
| *Pituophis m. ruthveni* | 4-5 | 25-31 | 60 | 1223, 1601 |
| *Pituophis m. sayi* | 5-22 | 26-28 | 46-51 | 10, 444, 1223 |
| *Pliocercus elapoides* | 5 | | 57-59 | 531 |
| *Psammophis crucifer* | 4-13 | 28 | 45 | 457, 576 |
| *Psammophis elegans* | 6 | 26-33 | 66-67 | 1486 |
| *Psammophis leightoni trinasalis* | 1-8 | | | 457 |
| *Psammophis notosticus* | 3-8 | | | 457 |
| *Psammophis phillipsi* | 6-19 | | | 248 |
| *Psammophis sibilans* | 3-6 | 29 | 50 | 182 |
| *Psammophis subtaeniatus* | 11-12 | | 64-77 | 1395, 1496 |
| *Psammophylax rhombeatus* | 3-49 | 27-29 | 44-60 | 73, 607, 1395, 1614, 1616 |
| *Pseudablabes agassizii* | 6-10 | | | 265 |

| Spezies | Gelegegröße | Temperatur [°C] | Dauer [Tage] | Quelle |
| --- | --- | --- | --- | --- |
| Pseustes sulphureus | 7-14 | 28 | 84-86 | 518 |
| Ptyas mucosus | 5-12 | 28-30 | 60 | 1254 |
| Ramphiophis oxyrhynchus rostratus | 6-17 | 28-29 | 73 | 1657 |
| Rhabdophis tigrinus | 18-27 | 27-30 | 29-47 | 1519 |
| Rhadinaea flavilata | 2-4 | | | 421 |
| Rhinocheilus leconteii | 3-6 | 25-30 | 53-68 | 9, 784, 891, 1625 |
| Rhynchophis boulengeri | 6 | | | 1104 |
| Salvadora grahamiae | 10 | | 125-131 | 1395 |
| Sibynophis subpunctatus | 2-5 | | | 341 |
| Sonora semiannulata linearis | 4 | 27-30 | 56 | 1491 |
| Spalerosophis cliffordi | 3-16 | 24-30 | 59-84 | 363 |
| Spilotes pullatus | 15-25 | 25-30 | 54-56 | 1395 |
| Tantilla coronata | 1-3 | | | 421 |
| Tantilla gracilis | 1-4 | - | 83-84 | 421, 446 |
| Telescopus falax | 7 | 28 | 47-48 | 967, 1605 |
| Telescopus semiannulatus | 13 | 30 | 70-71 | 51 |
| Thelotornis capensis | 4-10 | 28 | 56-57 | 582, 1466 |
| Thelotornis kirklandi | | 26-28 | 43-47 | 10 |
| Thrasops jacksonii | 7-9 | 30 | 83-86 | 1180, 1261 |
| Tretanorhinus variabilis | 8 | 35 | | 1395 |
| Trimorphodon biscutatus | 7-21 | 28-29 | 85-106 | 824, 1680 |
| Trimorphodon lambda | | | 72 | 784 |
| Trimorphodon vandenburghi | 14 | | 98 | 292 |
| Waglerophis merremi | 5-25 | | 110 | 108, 265, 1395 |
| Xenocalamus bicolor lineatus | 3-4 | 30-32 | 55-57 | 179 |
| Xenochrophis asperrimus | 10-30 | | | 341 |
| Xenochrophis flavipunctata | 25 | 23-33 | 43 | 306 |
| Xenochrophis piscator | 4-50 | 25-30 | 44-62 | 857, 1395 |
| Xenodon neuwiedii | 6-10 | | | 265 |

## Grubenottern (Crotalidae)

| Spezies | Gelegegröße | Temperatur [°C] | Dauer [Tage] | Quelle |
| --- | --- | --- | --- | --- |
| Agkistrodon acutus | 13 | 26 | 15-17 | 455 |
| Calloselasma rhodostoma | 12-46 | 26-29 | 36-42 | 810, 937, 1483, 1680, 1735 |
| Lachesis muta muta | 10-19 | 26-28 30-31 | 76-90 61-64 | 169, 1265, 1522 |

| Spezies | Gelegegröße | Temperatur [°C] | Dauer [Tage] | Quelle |
|---|---|---|---|---|
| Trimeresurus flavomaculatus halieus | 11-19 | | 63-65 | 804 |
| Trimeresurus flavoviridis | 7 . | 22-31 | 41-43 | 1085 |

## Giftnattern (Elapidae)

| Spezies | Gelegegröße | Temperatur [°C] | Dauer [Tage] | Quelle |
|---|---|---|---|---|
| Aspidelaps lubricus | 3-7 | 25-30 | 56-67 | 142, 749 |
| Aspidelaps scutatus | 4-10 | | | 1467 |
| Aspidomorphus lineaticollis | 2-4 | | | 1464 |
| Aspidomorphus muelleri | 3-5 | | | 1464 |
| Aspidomorphus schlegelii | 2-3 | | | 1464 |
| Bungarus caeruleus | 6-15 | 27-29,5 | 53-60 | 857, 1689 |
| Bungarus candidus | 4-10 | | | 339, 1231 |
| Bungarus fasciatus | 5-14 | 27-29 | 44-64 | 13, 1231, 1326, 1342, 1687, 1688, 1689 |
| Bungarus flaviceps | 3 | | | 859 |
| Bungarus multicinctus | 4-11 | 28-29 | 49-69 | 937, 1043, 1231 |
| Cacophis harriettae | 2-10 | 20-30 | 72-74 | 476 |
| Cacophis krefftii | 2-3 | | | 1673 |
| Cacophis squamulosus | 4 | | | 1529 |
| Demansia atra | 3-10 | 30-32 | 67-70 | 100, 1462 |
| Demansia olivacea | 3-8 | | | 1462 |
| Demansia psammophis | 3-8 | | | 1357, 1462 |
| Demansia torquata | 3-8 | | | 1462 |
| Dendroaspis angusticeps | 5-17 | 28-30 | 66-107 | 590, 842, 935 |
| Dendroaspis polylepis | 9-17 | 27-29 | 68-77 | 207, 579, 593 |
| Micropechis ikaheka | 2-7 | | | 1464 |
| Micruroides euryxanthus | 2 | | | 475 |
| Micrurus corallinus | 2-12 | 22-26 | 78-93 | 265, 972 |
| Micrurus frontalis mesopotamicus | 3-8 | | | 265 |
| Micrurus fulvius | 2-13 | 25-32 | 46-49 | 446, 1209, 1581, 1680 |
| Naja haje | 14-23 | 27-30 | 58-77 | 101 |
| Naja kaouthia | 19-41 | 29-30 | 48-56 | 628, 833 |
| Naja melanoleuca | 11-20 | 28-30 | 75-104 | 578, 585, 910, 1567, 1577, 1706 |
| Naja mossambica | 17-25 | 28-30 | 65-78 | 586 |
| Naja naja | 10-45 | 26-28 | 54-80 | 10, 252, 318 |
| Naja naja sputatrix | 17 | 28-29 | 62 | 937 |

| Spezies | Gelegegröße | Temperatur [°C] | Dauer [Tage] | Quelle |
|---|---|---|---|---|
| *Naja nigricollis* | | 26-28 | 60-70 | 10 |
| *Naja nigricollis woodi* | 7-12 | 28-30 | 108-127 | 586 |
| *Naja nivea* | 10-12 | 29-30 | 59 | 1567 |
| *Naja oxiana* | 10-13 | 28-32 | 47-60 | 864, 1573 |
| *Naja pallida* | 14-15 | 30 | 83-87 | 939 |
| *Ophiophagus hannah* | 23-28 | 23-27 | 63-76 | 27, 224 |
| *Oxyuranus microlepidotus* | 11 | 27 | 64-76 | 1033 |
| *Oxyuranus scutellatus* | 9-21 | 29-31 | 64-79 | 52 |
| *Pseudechis australis* | 11-16 | 28-32 | 65-71 | 450, 483 |
| *Pseudechis colletti* | 7-16 | 27-31 | 55-70 (82-91) | 271, 273, 790 |
| *Pseudonaja affinis* | 3-27 | 23-30 | 53-61 | 235, 1463 |
| *Pseudonaja guttata* | 3-9 | | | 1463 |
| *Pseudonaja inframaculata* | 8-12 | | | 1463 |
| *Pseudonaja ingrami* | 12-18 | | | 1463 |
| *Pseudonaja modesta* | 2-10 | | | 1463 |
| *Pseudonaja nuchalis* | 7-38 | 28-30 | 52-93 | 55, 234, 236, 1463 |
| *Pseudonaja textilis* | 6-28 | 28-31 | 40-52 | 55, 1463 |
| *Salomonelaps par* | 3-12 | | | 1464 |
| *Toxicocalamus loriae* | 1-8 | | | 1464 |
| *Vermicella annulata* | 2-13 | 29 | 62-64 | 270, 1461 |
| *Vermicella annulata snelli* | 4 | 30 | 59 | 484 |

## Seeschlangen (Hydrophiidae)

| Spezies | Gelegegröße | Temperatur [°C] | Dauer [Tage] | Quelle |
|---|---|---|---|---|
| *Laticauda schistorhynchus* | 4-20 | | | 1684 |

## Blindschlangen (Typhlopidae)

| Spezies | Gelegegröße | Temperatur [°C] | Dauer [Tage] | Quelle |
|---|---|---|---|---|
| *Ramphotyphlops australis* | 2-11 | 28,5-29,5 | 53-58 | 977, 1465 |
| *Ramphotyphlops affinis* | 3 | | | 1465 |
| *Ramphotyphlops bituberculatus* | 2-9 | | | 1465 |
| *Ramphotyphlops braminus* | 2-8 | | 39 | 421 |
| *Ramphotyphlops grypus* | 3 | | | 1465 |
| *Ramphotyphlops guentheri* | 2-4 | | | 1465 |
| *Ramphotyphlops ligatus* | 4-13 | | | 1465 |
| *Ramphotyphlops nigrescens* | 5-20 | | | 1465 |

| Spezies | Gelegegröße | Temperatur [°C] | Dauer [Tage] | Quelle |
|---|---|---|---|---|
| *Ramphotyphlops pinguis* | 5 | | | 1465 |
| *Ramphotyphlops polygrammica* | 7 | | | 1465 |
| *Ramphotyphlops proximus* | 3-34 | | | 1465 |
| *Ramphotyphlops weidii* | 1-8 | | | 1465 |
| *Typhlops bibronii* | 14 | | | 1732 |
| *Typhlops vermicularis* | 3-14 | | | 748 |

## Vipern (Viperidae)

| Spezies | Gelegegröße | Temperatur [°C] | Dauer [Tage] | Quelle |
|---|---|---|---|---|
| *Causus rhombeatus* | 13 | | 68-70 | 1080 |
| *Cerastes cerastes* | 9-16 | 25-30 | 46-48 | 486, 1562 |
| *Daboia lebetina* | 13-21 | 29-30 | 40-42 | 1212 |
| *Daboia lebetina mauritanica* | 21 | 27-31 | 39-57 | 840 |
| *Echis carinatus x coloratus* | 14 | 26-32 | 39-43 | 1395 |
| *Pseudocerastes persicus fieldi* | 15 | 28-30 | 17 | 908 |

# Brückenechsen (Sphenodontida)

| Spezies | Gelegegröße | Temperatur [°C] | Dauer [Tage] | Quelle |
|---|---|---|---|---|
| *Sphenodon punctatus* | 6-18 | 18<br>22 | 295-366<br>160-188 | 1771, 1772, 1773 |

# 19. Quellenverzeichnis zu den Anhängen I.-III.

(1) ABRAHAM, G. (1978): *Aquarien Magazin* 12 (10): 484-486; (2) ABRAHAM, G. (1985): *Sauria Suppl.* 7 (2): 27-28; (3) ABRAHAM, G. (1986): *Sauria Suppl.* 8 (1): 33-34; (4) ABTS, M.L. (1988): *Herpetologica* 44 (4): 404-415; (5) ABUYS, A. (1982): *Litt. Serp.* 2 (6): 274-281; (6) ADAMS, C.H. (1995): *Croc. Spez. Group Newsl.* 14 (2): 17-18; (7) ALCALA, A.C. et al. (1987): *Silliman J.* 34 (1-4): 18-28; (8) ALLEN, R. (1988): *ASRA Journal* 3 (3): 27-30; (9) ALLEN, R. (1993): *ASRA Journal* 1993: 12-17; (10) ALMANDARZ, E. (1969): *Int. Zoo Yb* 9: 23-24; (11) ALVAREZ DEL TORO, M. (1969): *Int. Zoo. Yb.* 9: 35-36; (12) ALVAREZ DEL TORO, M. (1975): *World Conserv. Yb.*: 88-91; (13) AMBU, S. et al. (1986): *Snake* 18: 27-32; (14) ANANJEWA, N.B. (1981): *Handbuch der Reptilien und Amphibien Europas* 1 (1): 178-216; (15) ANDERSON, A. & C. OLDHAM (1988): *10th Int. Herpetol. Symp. on Captive Propagation and Husbandry. Zoological Consortium*: 75-85; (16) ANDERSON, J.D. (1961): *Herpetologica* 18 (1): 162-164; (17) ANDERSON, N.B. (1995): *African Herp News* 23: 46; (18) ANDREWS, H. (1986): *Hamadryad* 11 (1-2): 2; (19) ANDREWS, H. (1986): *Hamadryad* 11 (3): 10-14; (20) ANDREWS, H. (1989): *Hamadryad* 14 (1): 13-14; (21) ANDREWS, H.V. & M. GAULKE (1990): *Hamadryad* 15 (1): 1-5; (22) ANGENSTEIN, P. (1996): *Elaphe (N.F.)* 4 (3): 6-16; (23) ANNABLE, T.J. (1992): *Herpetofauna, Sydney,* 22 (1): 7-11; (24) ANONYMUS (1978): *Herpetol. Rev.* 9 (2): 57; (25) ANONYMUS (1979): *Herpetol. Rev.* 10 (1): 15; (26) ANONYMUS (1981): *Int. Zoo News* 28 (1): 27-28; (27) ANONYMUS (1984): *Hamadryad* 9 (3): 2; (28) ANONYMUS, (1987): *Aquarien Magazin* 21 (5): 202; (29) ANONYMUS, (1987): *Das Aquarium* 220: 526; (30) APAREN, W. VAN (1969): *Int. Zoo Yb* 9: 51-52; (31) APPLEGATE, R.W. (1988): *The Vivarium* 1 (2): 49-53; (32) ARAI, Y. (1996): *Dactylus* 3 (1): 7-8; (33) ARAÚZ A., M. et al. (1994): *Herpetol. Rev.* 25 (1): 24; (34) ARESCO, M.J. (1996): *Herpetol. Rev.* 27 (2): 77; (35) ARMAND, J. (1987): *Herpetofauna, Weinstadt,* 9 (47): 6-10; (36) ARNETT, J.R. (1979): *Int. Zoo. Yb.* 19: 78-79; (37) ARTNER, H. (1995): *Herpetozoa* 8 (1-2): 17-24; (38) ARTNER, H. (1995): *Jahrbuch Terrarianer* 3: 18-23; (39) ASSETTO, R. (1978): *Herpetol. Rev.* 9 (2): 56-57; (40) ASSINK, J.A. (1984): *Litt. Serp.* 4 (1): 28; (41) AUFFENBERG, W. & T. AUFFENBERG (1989): *Bull. Florida State Mus. Biol. Sci.* 34 (5): 201-247; (42) AUTH, D.L. (1992): *Herpetol. Rev.* 23 (2): 61; (43) AVILA-PIRES (1995): *Zool. Verh. Leiden* 299: 1-706; (44) BAEDERMANN, L. (1989): *Sauria* 11 (4): 13-17; (45) BAK, R. (1995): *De Schildpad* 21 (6): 6; (46) BAKEL, W. VAN (1994): *De Schildpad* 20 (1): 15-17; (47) BAKKER, A. (1988): *Lacerta* 46 (7): 99-101; (48) BALLASINA, D. & R. BALLASINA (1984): *Aquarien Terrarien* 1984 (8): 281-283; (49) BALLINGER, R.E. (1974): *Herpetologica* 30 (4): 321-327; (50) BALLINGER, R.E. & G.D. SCHRANK (1972): *Herpetologica* 28 (2): 217-222; (51) BALVERS, M. (1982): *Litt. Serp.* 2 (4): 195; (52) BANKS, C. (1984): *Int. Zoo. Yb.* 23: 159-162; (53) BANKS, C. (1990): *Croc. Spez. Group Newsl.* 9 (4): 25; (54) BANKS, C.B. (1983): *ASRA Journal* 2 (1): 2-21; (55) BANKS, C.B. (1983): *Herpetol. Rev.* 14 (3): 77-79; (56) BANKS, C.B. (1992): *Herpetofauna, Sydney,* 22 (2): 33-35; (57) BARBOUR, T. & C.T. RAMSDEN (1919): *Mem. Mus. Comp. Zool.* 47 (2): 69-213; (58) BARDULLA, F. (1984): *Litt. Serp.* 4 (3/4): 121; (59) BARKER, D. & T. BARKER (1994): *The Vivarium* 6 (1): 18-21; (60) BARNETT, B. (1980): *Herpetofauna, Sydney,* 11 (2): 15-18; (61) BARNETT, B. (1982): *Lacerta* 40 (8): 164-166; (62) BARTAK, P. (1992): *Terarista* 3 (1): 2-5; (63) BARTELT, U. (1995): *Sauria* 17 (4): 11-16; (64) BARTEN, S.L. (1981): *Herpetol. Rev.* 12 (2): 62; (65) BARTHOLOMEW, B. (1992): *The Vivarium* 4 (4): 27-29; (66) BARTLETT, R.D. (1982): *Herpetofauna, Sydney,* 13 (2): 6-7; (67) BARTLETT, R.D. (1985): *Bull. Brit. Herpetol. Soc.* 11: 19-21; (68) BARTLETT, R.D. (1986): *J. Herpetol. Assoc. Afr.* 32: 17-18; (69) BARTLETT, R.D. (1989): *The Vivarium* 2 (2): 25-27; (70) BARTS, M. (1992): *Sauria* 14 (2): 23-26; (71) BARTZ, H. & V. SCHEIDT (1989): *The Vivarium* 2 (2): 8-10; (72) BARZYK, J.E. (1994): *Chelonian Conserv. Biol.* 2, 1: 138-141; (73) BATES, M.F. (1985): *J. Herpetol. Assoc. Afr.* 31: 21-22; (74) BATES, M.F. (1991): *J. Herpetol. Assoc. Afr.* 39: 6-7; (75) BATES, M.F. (1993): *J. Herpetol. Assoc. Afr.* 42: 36-37; (76) BATES, M.F. (1995): *African Herp News* 22: 43; (77) BATES, M.F. & R.M. DOUGLAS (1993): *J. Herpetol. Assoc. Afr.* 42: 38-39; (78) BATES, M.F. & R.M. DOUGLAS (1995): *African Herp News* 22: 45; (79) BAUER, H. & A. BAUER (1988): *Aquarien Terrarien* 1988 (10): 353; (80) BAUR, B (1983): *Das Aquarium* (167): 265-267; (81) BAUR, B. (1973): *Salamandra* 9 (3/4): 145-159; (82) BAUR, B. (1979): *Das Aquarium* 125: 528-532; (83) BAUR, B. (1979): *Salamandra* 15 (1): 1-12; (84) BAUR, B. (1988): *Das Aquarium* 227: 303-306; (85) BAUR, B. (1996): schriftl. Mitteilung; (86) BAUR, M. (1992): *DATZ* 45 (1): 34-38; (87) BAYLESS, M.K. (1992a): *Varanews* 2 (4): 5-6; (88) BAYLESS, M.K. (1992b): *Varanews* 3 (2): 3; (89) BAYLESS, M.K. (1994): *Salamandra* 30 (2): 109-118; (90) BAYLESS, M.K. & T. REYNOLDS (1992): *SW Herp. Soc.* 22 (1): 12-14; (91) BECH, R. (1979): *Aquarien Terrarien* 1979 (11): 385-392; (92) BECH, R. (1986): *Aquarien Terrarien* 1986 (1): 20-22; (93) BECHMANN, U. (1988): *Aquarien Terrarien* 1988 (10): 353; (94) BECHTEL, H.B. & E. BECHTEL (1962): *Copeia* 1962 (2): 436-437; (95) BECK, C. (1978): *Int. Zoo. Yb.* 18: 89-91; (96) BECKER, H. (1992): *Salamandra* 28 (1): 9-13; (97) BECKER, H. (1994): *Elaphe (N.F.)* 2 (2): 17; (98) BECKER, H. (1995): *Salamandra* 31 (1): 41-48; (99) BECKER, H. (1996): *Salamandra* 32 (2): 65.72; (100) BEDFORD, G. (1992):

*Herpetofauna, Sydney,* 22 (1): 24-25; **(101)** BEHLER, J.L. & P. BRAZAITIS (1974): *Int. Zoo Yb.* 14: 83-84; **(102)** BEHLER, J.L. et al. (1982): *Zool. Garten N.F.* 52 (2): 73-77; **(103)** BELS, V.L. & P.A. VAN DEN SANDE (1986): *Int. Zoo Yb.* 24/25: 231-238; **(104)** BENABIB, M. (1994): *Herpetol. Monogr.* 8: 160-180; **(105)** BENEFIELD, G.E. (1981): *Int. Zoo Yb.* 21: 83-87; **(106)** BENEFIELD, J. (1977): *Int Zoo Yb.* 19: 55-58; **(107)** BERGHE, G. VAN DEN (1995): *Lacerta* 54 (1): 32-35; **(108)** BERGNA, S. & B. ALBAREZ DE AVANZA (1992): *Revue fr. Aquariol.* 19 (3): 93-96; **(109)** BERNDT, H. (1985): *Die Schildkröte (A.F.)* 7 (2): 14; **(110)** BERNDT, H. (1988): *Herpetofauna, Weinstadt,* 10 (53): 23-29; **(111)** BERNHARDT, K. (1996): *De Schildpad* 22 (2): 24-35; **(112)** BEUTLER, A. (1981): *Handbuch der Reptilien und Amphibien Europas* 1 (1): 161-177; **(113)** BEUTLER, A. & U. HECKES (1986): *Handbuch der Reptilien und Amphibien Europas* 2 (2): 142-154; **(114)** BIARD, H. & P. MUDDE (1993): *Lacerta* 51 (4): 105; **(115)** BIEBL, H. (1993): *Monitor* 2 (2): 33; **(116)** BIJL, P. VAN DER (1990): *Lacerta* 50 (2): 88-95; **(117)** BISCHOFF, W. (1970): *Aquarien-Terrarien* 17 (2): 48-49; **(118)** BISCHOFF, W. (1971): *Aquarien-Terrarien* 18: 308-311; **(119)** BISCHOFF, W. (1974): *Aquarien Terrarien* 21: 426; **(120)** BISCHOFF, W. (1974): *Salamandra* 10 (3/4): 93-103; **(121)** BISCHOFF, W. (1977): *Aquarien Terrarien* 24: 130-133; **(122)** BISCHOFF, W. (1978): *Salamandra* 14 (4): 178-202; **(123)** BISCHOFF, W. (1981): *Handbuch der Reptilien und Amphibien Europas* 1 (1): 418-429; **(124)** BISCHOFF, W. (1981): *Zeitschr. Kölner Zoo* 24: 135-143; **(125)** BISCHOFF, W. (1984): *Handbuch der Reptilien und Amphibien Europas* 2 (1): 23-68; **(126)** BISCHOFF, W. (1985): *Herpetofauna, Weinstadt,* 7 (35): 27-34; **(127)** BISCHOFF, W. (1985): *Sauria Suppl.* 7 (3): 19-24; **(128)** BISCHOFF, W. (1985): *Sauria Suppl.* 7 (4): 29-30; **(129)** BISCHOFF, W. (1987): *Sauria Suppl.* 9 (1): 65-70; **(130)** BISCHOFF, W. & H.A.J. IN DEN BOSCH (1991): *Salamandra* 27 (3): 163-180; **(131)** BITTER, H. DE & M. DE BITTER (1985): *Lacerta* 44 (5): 74-76; **(132)** BJORNDAL, K.A. & A. CARR (1989): *Herpetologica* 45 (2): 181-189; **(133)** BLAKE, H. (1993): *The Vivarium* 4 (6): 15-18; **(134)** BLODY, D.A. (1983): *Herpetol. Rev.* 14 (3): 74; **(135)** BLOHM, T. (1982): *Proc. Symp. Croc. Conserv. Util. 5th Work. Meet. Croc. Spez. Group IUCN:* 264-282; **(136)** BLOXAM, Q.M.C. (1976): *Ann. Report Jersey Wildl. Preserv. Trust.* 13: 53-56; **(137)** BLOXAM, Q & S. TONGE (1980): *Dodo* 17: 88-96; **(138)** BLUMBERG, A. (1973): *DATZ* 26: 136-138; **(139)** BOCK, B.C. (1987): *Herpetol. Rev.* 18 (2): 35; **(140)** BOEREMA, H. (1985): *Litt. Serp.* 5 (1): 32-33; **(141)** BOGAERTS, S. (1996): *Lacerta* 54 (5): 147-152; **(142)** BÖHM, H.-U. & R. OELLERS (1987): *Herpetofauna, Weinstadt,* 9 (51):15-18; **(143)** BÖHME, W. (1981): *Handbuch der Reptilien und Amphibien Europas* 1 (1): 479-491; **(144)** BÖHME, W. (1984): *Handbuch der Reptilien und Amphibien Europas* 2 (1): 255-275; **(145)** BÖHME, W. (1986): *Handbuch der Reptilien und Amphibien Europas* 2 (2): 377-387; **(146)** BÖHME, W. (1993): *Handbuch der Reptilien und Amphibien Europas* 3 (1): 145-153; **(147)** BÖHME, W. & W. BISCHOFF (1984): *Handbuch der Reptilien und Amphibien Europas* 2 (1): 332-344; **(148)** BOISSON, D. & CHAPON, N. (1978): *DATZ* 31: 28-30; **(149)** BOM, I. (1989): *Lacerta* 48 (1): 2-5; **(150)** BONI, P. (1985): *Lacerta* 44 (1): 16-20; **(151)** BONS, J. & N. BONS (1967): *Bull. Soc. Phys. Nat. Maroc., Rabat,* 40: 323-335; **(152)** BONS, N. (1965): *Bull. Soc. Phys. Nat. Maroc., Rabat,* 44: 75-90; **(153)** BOOMKER, J.D.F. (1970): *J. Herpetol. Assoc. Afr.* 6: 17-18; **(154)** BOONMAN, J. (1988): *Lacerta* 46 (5): 67-71; **(155)** BOONMAN, J. (1995): *Lacerta* 53 (5): 132-138; **(156)** BOONSTRA, J. (1992): *De Schildpad* 18 (3/4): 43-51; **(157)** BOONSTRA, J. (1995): *De Schildpad* 21 (6): 7; **(158)** BOOS, H.E.A. (1979): *Int. Zoo Yb.* 19: 87-89; **(159)** BOOS, H.E.A. (1991): *Croc. Spez. Group Newsl.* 10 (3): 12-13; **(160)** BOOS, J.O. & V.C. QUESNELL (1971): *Herpetologica* 27: 477-481; **(161)** BOOST, E. (1981): *DATZ* 34: 27-30; **(162)** BOOTH, K.A. & J. BUSKIRK (1988): *Herpetol. Rev.* 19 (3): 55-56; **(163)** BORG, J.P. & H.T. BORG (1981): *Lacerta* 39 (6-7): 68-70; **(164)** BOURQUIN, O. (1995): *African Herp News* 23: 42; **(165)** BOVERS & FRITS (1993): *De Schildpad* 19 (5): 51-53; **(166)** BOYCOTT, R.C. (1990): *J. Herpetol. Assoc. Afr.* 37: 50; **(167)** BOYCOTT, R.C. & D.R. MORGAN (1988): *J. Herpetol. Assoc. Afr.* 35: 15-18; **(168)** BOYCOTT, R.C. & D.R. MORGAN (1990) *J. Herpetol. Assoc. Afr.* 38: 51-52; **(169)** BOYER, D.M. (1989): *Int. Zoo Yb.* 28: 190-194; **(170)** BOYLAN, T. (1984): *Int. Zoo Yb.* 23: 144-1148; **(171)** BOYLAN, T. (1989): *Int. Zoo Yb.* 28: 126-130; **(172)** BOYLAN, T. (1995): *Herpetofauna, Sydney,* 25 (1): 10-14; **(173)** BOYLE, D.M. & W.E. LAMOREAUX (1983): *Proc. Rept. Symp. capt. Proc. Husbandry* 7: 59-63; **(174)** BRANCH, W.R. (1988): *J. Herpetol. Assoc. Afr.* 35: 39; **(175)** BRANCH, W.R. (1995): *African Herp News* 23: 36-37; **(176)** BRANCH, M.S. & W.R. BRANCH (1988): *J. Herpetol. Assoc. Afr.* 35: 38; **(177)** BRANCH, B. & R.W. PATTERSON (1974): *J. Herpetol. Assoc. Afr.* 12: 26-29; **(178)** BRANCH, B. & R.W. PATTERSON (1975): *J. Herpetol.* 9 (2):243-248; **(179)** BRANCH, W.R. & R.W. PATTERSON (1976): *Herpetol. Rev.* 7 (3): 116-117; **(180)** BRAND, L. (1982): *Litt. Serp.* 2 (3): 102-109; **(181)** BRANDNER, R.L. (1981): *Herpetol. Rev.* 12 (3): 79; **(182)** BRANDSTÄTTER, F. (1995): *Sauria* 17 (3): 3-7; **(183)** BRANDSTÖTTER, P. (1995): *J. Herp. Terrar. Ver. Österreich* 1995 (4): 22-24; **(184)** BRASWELL, A.L. & W.M. PALMER (1984): *Herpetol. Rev.* 15 (2): 49; **(185)** BRAUN, D. (1993) *Iguana RS* 6 (12): 13-18; **(186)** BRAUN, W., & C. BRAUN (1990): *Herpetofauna, Weinstadt,* 12 (67): 27-30; **(187)** BREDL, J. & H.-G. HORN (1987): *Salamandra* 23 (2/3): 90-96; **(188)** BREDL, J. (1983): *Herpetofauna, Sydney,* 15 (1): 20-21; **(189)** BREDL, J. (1987): *Thylacinus* 12 (1): 2-3; **(190)** BREUSTEDT, A. (1990): *Sauria* 12 (3): 3-7; **(191)** BRINGSOE, H. (1986): *Handbuch der Reptilien und Amphibien Europas* 2 (?): 209-230; **(192)** BROADLEY, D.G. (1974): *Herpetologica* 30 (4): 379-380; **(193)** BROADLEY, D.G. (1981): *Occ. Pap. Natl. Mus. Rhodesia, B, Nat. Sci.* 6: 633-686; **(194)** BROCKHUSEN, F. V. (1976): *Salamandra* 12 (2): 103-105; **(195)** BRODSKÝ, O. (1969): *Int. Zoo Yb.* 9: 37-39; **(196)**

Broer, W. (1981): *Salamandra* 17 (1/2): 86-87; **(197)** Broer, W. (1983): *Salamandra* 19 (1/2): 84-93; **(198)** Broer, W. & H.-G. Horn (1985): *Salamandra* 21 (4): 304-310; **(199)** Broer, W. & M. Engelhardt (1981): *Salamandra* 17 (1/2): 63-70; **(200)** Broschell, S. schriftl. Mitt. 1996; **(201)** Brotzler, A. (1965): *Freund. Kölner Zoo* 8 (3): 89; **(202)** Brouwer, K. (1993): *Lacerta* 51 (5): 152-154; **(203)** Browne-Cooper, R. (1984): *Herpetofauna, Sydney,* 15 (2): 49; **(204)** Bruekers, J. (1994) *De Schildpad* 20 (3): 27-42; **(205)** Bruekers, J.M.B.M. (1987): *Lacerta* 45 (8): 122-124; **(206)** Bruin, R. de (1994): *Lacerta* 52 (5): 58-66; **(207)** Brunner, A. (1995): *J. Herp. Terrar. Ver. Österreich* 1995 (4): 25-28; **(208)** Bruse, F. & G. Trautmann (1996): *Sauria Suppl.* 18 (3): 369-372; **(209)** Budde, H. (1980): *Salamandra* 16 (3): 177-180; **(210)** Budde, H. (1982): *Aquarien Magazin* 16 (4): 242-246; **(211)** Budde, H. (1983): *Aquarien Magazin* 17 (10): 514-520; **(212)** Buhle, M. (1983): *Sauria* 5 (1): 5-10; **(213)** Bulian, I. & J. (1983): *Herpetofauna, Weinstadt,* 5 (27): 13-15; **(214)** Bulian, J. (1994): *Sauria* 16 (4): 3-9; **(215)** Bulian, J. & W. Broer (1984): *Salamandra* 20 (4): 205-211; **(216)** Bull, J.J. (1980): *Quart. Rev. Biol.* 55: 3-21; **(217)** Bull, J.J. (1987a): *J. Exp. Zool.* 241: 143-148; **(218)** Bull, J.J. (1987b): *Canadian J. Zool.* 65: 1421-1424; **(219)** Bull, J.J., W.H.N. Gutzke & D. Crews (1988): *Gen. Comp. Endocrinol.* 70: 425-428; **(220)** Bull, J.J., J.M. Legler & C.J. McCoy (1982): *Evolution* 36: 326-332; **(221)** Bull, J.J. & R.C. Vogt (1979): *Science* 206: 1186-1188; **(222)** Bull, J.J. & R.C. Vogt (1981): *J. Exp. Zool.* 218: 435-440; **(223)** Burchfield, P.M. (1975): *Int. Zoo Yb.* 15: 90-92; **(224)** Burchfield, P.M. (1977): *Int. Zoo Yb.* 17: 136-140; **(225)** Burchfield, P.M. et al. (1980): *Int. Zoo Yb.* 20: 1-6; **(227)** Burke, R.L., M.A. Ewert, J.B. McLemore & D.R. Jackson (1996): *Chelonian Conserv. Biol.* 2 (1): 86-88; **(228)** Burkett, R.D. (1961): *Herpetologica* 18 (1): 211; **(229)** Burkholder, G.L. & W.W. Tanner (1974) *Brigham Young Univ. Sci. Bull.* 19 (5): 1-44; **(230)** Burrage, B.R. (1964): *Herpetologica* 20 (2): 133; **(231)** Burrage, B.R. (1965): *Copeia* 1965 (4): 512; **(232)** Bush, B. (1983): *Herpetofauna, Sydney,* 15 (1): 11-12; **(233)** Bush, B. (1988): *Herpetofauna, Sydney,* 18 (1): 30-31; **(234)** Bush, B. (1989): *Herpetofauna, Sydney,* 19 (2): 28-32; **(235)** Bush, B. (1992): *Herpetofauna, Sydney,* 22 (1): 26-30; **(236)** Bush, B. (1994): *Herpetofauna, Sydney,* 24 (2): 2-5; **(237)** Buskirk, J. (1982): *Turtle Power* 11: 1-2; **(238)** Buskirk, J.R. (1988): *The Vivarium* 1 (1): 22-25; **(239)** Buskirk, J.R. (1993): *The Vivarium* 5 (3): 28-33; **(240)** Busse, P. (1992): *Litt. Serp.* 12 (2): 46-47; **(241)** Bustard, H.R. (1963): *Copeia* 1963 (2): 433-434; **(242)** Bustard, H.R. (1964): *Brit J. Herp.* 3 (6): 163-164; **(243)** Bustard, H.R. (1964): *Copeia* 1964 (4): 715-716; **(244)** Bustard, H.R. (1967): *Herpetologica* 23: 276-284; **(245)** Bustard, H.R. (1969): *Brit. J. Herpetol.* 4: 121-123; **(246)** Bustard, H.R. (1971): *Brit. J. Herpetol.* 4 (8): 198-200; **(247)** Bustard, H.R. & S. Maharana (1985): *ASRA Journal* 2 (4): 23-45; **(248)** Butler, J.A. (1993): *J. Herpetol.* 27 (2): 144-148; **(249)** Calgua, A. (1996): *IGUANA Rundschreiben* 9 (16): 25-28; **(250)** Campbell, H. & R.S. Simmons (1961): *Herpetologica* 17 (1): 212-213; **(251)** Campbell, J.A. (1972): *Herpetol. Rev.* 4 (4): 129-130; **(252)** Campbell, J.A. & H.R. Quinn (1975): *J. Herpetol.* 9 (2): 229-233; **(253)** Campbell, J.A. & J.B. Murphy (1977): *J. Herpetol.* 11 (2): 228-230; **(254)** Card, W. (1993): *AAZPA Comm.* April (1993): 16; **(255)** Card, W.C. (1994): *Herpetol. Rev.* 25 (2): 65; **(256)** Carmen B., M. (1994): *Herpetol. Journ.* 4 (3): 109-111; **(257)** Carpenter, C.C. & J.K. Yoshida (1967): *Herpetologica* 23 (1): 57-58; **(258)** Carpenter, C.C. (1960): *Herpetologica* 16: 175-182; **(259)** Carpenter, C.C. . (1985): *Herpetol. Rev.* 16 (3): 81; **(260)** Carr, A.F. et al. (1966): *Carrib. Sea. Amer. Mus. Novitates* 2248: 1-29; **(261)** Casares, M. et al. (1995): *Int. Zoo Yb.* 34: 135-143; **(262)** Castilla, A.M. & J.G. Swallow (1996): *J. Herpetol.* 30 (2): 247-253; **(263)** Cattaneo, A. (1985): *Atti Soc. ital. Sci. Nat. Mus. Civ. Stor. Nat. Milano* 126: 3-4; **(264)** Cei, J.M. (1986): *Reptiles del centro, centro-oeste y sur de la Argentina*: 527 S; **(265)** Cei, J.M. (1993): *Reptiles del noroeste, nordeste y este de la Argentina*: 949 S; **(266)** Censky, E.J. (1995): *J. Herpetol.* 29 (4): 553-560.**(267)** Chabreck, R.H. (1973): *Herpetologica* 29: 48-51**(268)** Chabreck, R.H. (1975): *Herpetologica* 31: 385-389; **(269)** Chaffee, P.S. (1969): *Int. Zoo Yb.* 9: 34; **(270)** Champion, B. (1994): *Herpetofauna, Sydney,* 24 (2): 45.**(271)** Charles, N. (1983): *Herpetofauna, Sydney,* 15 (1): 7-10; **(272)** Charles, N. & R. Field (1985): *Herpetol. Rev.* 16 (2): 45-48; **(273)** Charles, N. et al. (1982): *Herpetol. Rev.* 14 (1): 16-18; **(274)** Charnier, M. (1966): *Soc. Biol. Quest Afrika* 160: 620-622.; **(275)** Childress, J.R. (1970): *Herpetologica* 26 (1): 149-155; **(276)** Chippindale, P. (1991): *Herp. Review* 22 (2): 52-53; **(277)** Chiras, S. (1982): *Herpetol. Rev.* 13 (1): 14-15; **(278)** Chou, L.M. (1979): *Copeia* 1979 (3): 552-554; **(279)** Chowdhury, S. et al. (1983): *Brit J. Herp.* 6 (9): 337-342; **(280)** Christ, P. (1979): *DATZ* 32: 280-281; **(281)** Christens, E. & J.R. Bider (1987): *Herpetologica* 43 (1): 55-65; **(282)** Christian, T. (1978): *Herpetofauna, Sydney,* 9 (2): 26; **(283)** Christiansen, J.L. & A.E. Dunham (1972): *Herpetologica* 28 (2): 130-137; **(284)** Christie, B. (1992): *Rept. Amphib. Mag.* 1992 (7/8): 18-23; **(285)** Christie, B. (1993): *Captive Breeding* 1 (3): 20-25; **(286)** Chu, C.K. (1957): *Acta Zool. Sinica* 9: 129-143; **(287)** Chua, T.H. & J.I. Furtado (1988): *J. Herpetol.* 22 (2): 208-218; **(288)** Church, G. (1962): *Copeia* 1962 (2): 262-269; **(289)** Cintra, R. (1988): *J. Herpetol.* 22: 219-222; **(290)** Claessen, H. (1982): *Lacerta* 41 (3): 42-49; **(291)** Clark, D.L. (1991): *J. Herpetol. Assoc. Afr.* 39: 21; **(292)** Clarke, T. (1961): *Bull. Philad. Herp. Soc.* 1961 (1-2): 20; **(293)** Cloudsley-Thompson, J.L. (1995): *Brit. Herp. Soc. Bull.* 51: 31; **(294)** Coakley, J. & M. Klemens (1983): *Herpetol. Rev.* 14 (2): 43-44; **(295)** Coborn, J. (1975): *Int. Zoo Yb.* 15: 92-94; **(296)** Coborn, J. (1983): *ASRA Journal* 2 (2): 26-29; **(297)** Cockeran, A. & G.V. Haagner (1992): *J. Herpetol.*

**187**

*Assoc. Afr.* 41: 44; **(298)** COHEN, H. (1983): *Herpetol. Rev.* 14 (4): 120; **(299)** COLETTE, R. (1983): *Aquarama* 23 (107): 53-56; **(300)** CONGDON, J.D. et al. (1987): *Herpetologica* 43 (1): 39-54; **(301)** CONNAUGHTON, S.W. & F.L. PAINE (1989): *Int. Zoo Yb.* 28: 62-65; **(302)** CONNERS, J.S. (1986): *Herpetol. Rev.* 17 (1): 12-13; **(303)** CONNERS, J.S. (1989): *Herpetol. Rev.* 20 (3): 73; **(304)** CONNERS, J.S. (1993): *Int. Zoo Yb.* 32: 184-188; **(305)** COOTE, J. (1993): *Brit. Herp. Soc. Bull.* 42: 24-28; **(306)** COX, M.J. (1990): *Herpetol. Rev.* 21 (1): 20; **(307)** CRANSTON, T. (1993): *The Vivarium* 4 (5): 18-21; **(308)** CRANSTON, T. (1993): *The Vivarium* 5 (4): 15-17, 35; **(309)** CRANSTON, T. (1994): *The Vivarium* 5 (6): 30-33, 46-47, 54; **(310)** CRANSTON, T. & E. CRANSTON (1996): *The Vivarium* 7 (6): 8-9; **(311)** CRANSTON, T. & E. CRANSTON (1996): *The Vivarium* 8 (1): 60-62; **(312)** CRANSTON, T. & E. LOZA (1995): *The Vivarium* 6 (5): 50-54; **(313)** CREWS, D., T. WIBBELS & W.H.N. GUTZKE (1989): *Gen. Comp. Endocrinol.* 76: 159-166; **(314)** CZERNAY, S. (1993): *DATZ* 46 (10): 648-649; **(315)** D´HONDT, K. & P. CHERLET (1984): *Lacerta* 42 (8): 146-14; **(316)** DA SILVA, E. (1994): *J. Herpetol.* 29 (3): 484-485; **(317)** DALY, G. (1992): *Herpetofauna, Sydney,* 22 (2): 40-42; **(318)** DAMM, M. (1996): *Sauria Suppl.* 18 (3): 361-364; **(319)** DANKO, S. (1992): *Terarista* 3 (4): 2-6; **(320)** DAREWSKIJ, I.S. (1981): *Handbuch der Reptilien und Amphibien Europas* 1 (1): 355-365; **(321)** DAREWSKIJ, I.S. (1984): *Handbuch der Reptilien und Amphibien Europas* 2 (1): 225-238; **(322)** DAREWSKIJ, I.S. (1984): *Handbuch der Reptilien und Amphibien Europas* 2 (1): 345-361; **(323)** DAREWSKIJ, I.S. (1984): *Handbuch der Reptilien und Amphibien Europas* 2 (1): 82-99. **(324)** DAREWSKIJ, I.S. & A. BEUTLER (1981): *Handbuch der Reptilien und Amphibien Europas* 1 (1): 461-477; **(325)** DAREWSKIJ, I.S. & N.N. SCERBAK (1993): *Handbuch der Reptilien und Amphibien Europas* 3 (1): 131-144; **(326)** DARLINGTON, A.R. & R.B. DAVIS (1990): *Herpetol. Rev.* 21 (1): 16-18; **(327)** DATHE, F. (1984): *Aquarien Terrarien* 1984 (10): 359; **(328)** DATHE, F. (1985): *Aquarien Terrarien* 1985 (2): 71; **(329)** DATHE, F. (1985): *Aquarien Terrarien* 1985 (9): 323; **(330)** DATHE, F. (1986): *Aquarien Terrarien* 1986 (10): 359; **(331)** DATHE, F. (1986): *Aquarien Terrarien* 1986 (12): 423; **(332)** DATHE, F. (1988): *Aquarien Terrarien* 1988 (2): 42; **(333)** DATHE, F. (1988): *Aquarien Terrarien* 1988 (8): 287; **(334)** DATHE, F. & K. DEDEKIND (1988): *Aquarien Terrarien* 1988 (10): 349-351; **(335)** DAVID, R. (1970): *Int. Zoo Yb.* 10: 116-117; **(336)** DAVIS, R. & W. MAYNARD (1980): *Herpetol. Rev.* 11 (4): 91; **(337)** DAVIS, S. (1979): *Int. Zoo Yb.* 19: 50-53; **(338)** DE BRUIN, R.W.F. (1994): *Herpetol. Rev.* 25 (2): 58-59; **(339)** DE ROOIJ, N. (1917): *The Reptiles of the Indo-Australian Archipelago. II. Ophidia:* 334 S; **(340)** DE SILVA, A. (1977): *Hamadryad* 2 (2): 8-9; **(341)** DE SILVA, A. (1990): *Colour guide to the snakes of Sri Lanka:* 130 S.; **(342)** DE SOUZA, R.R. & R.C. VOGT (1994): *J. Herpetol.* 28 (4): 453-464; **(343)** DEARING, M.D. & J.J. SCHALL (1994): *Copeia* 1994 (3): 760-766; **(344)** DEDLMAR, A. (1994): *Salamandra* 30 (4): 234-240; **(345)** DELEAN, S. & C. HARVEY (1984): *Trans. Roy. South Australia* 108 (3-4): 221-222; **(346)** DEMEL, M. & A. FERBY (1984): *Die Schildkröte (A.F.):* 6 (2): 29-31; **(347)** DEMETER, B.J. (1976): *Int. Zoo Yb.* 16: 130-133; **(348)** DERENIYAGALA, P.E.P. (1958): *Spolia Zeylan* 28: 151-166; **(349)** DEUS, F. (1994): *Herpetofauna, Weinstadt,* 16 (92): 22-26; **(350)** DEWITT, C. (1996): *Dactylus* 3 (1): 36-39; **(351)** DIAL, B. (1961): *Bull. Philad. Herp. Soc.* 1961 (11-12): 18; **(352)** DIAZ, J.L. et al. (1990): *IUCN The World Conservation Union Gland:* 380 S.; **(353)** DIETEL, A. (1986): *Aquarien Terrarien* 1986 (3): 98-100; **(354)** DIETRICH, S.E. (1960): *Herpetologica* 16: 47; **(355)** DILLER, L.V. & R.L. WALLACE (1996): *Herpetologica* 52 (3): 343-360; **(356)** DIMOND, M.T. (1979): *American Zool.* 19: 981; **(357)** DIMOND, M.T. (1983): *Proc. 6ᵗʰ Reptile Symp. on Captive Propagation and Husbandry. Zoological Consortium:* 88-101; **(358)** DIMOND, M.T. & P. MOHANTY-HEJMADI (1983): *American Zool.* 23: 1017; **(359)** DINKEL, J. (1974): *DATZ* 27: 353-356; **(360)** DIXON, J.R. & P. SOINI (1977): *Milwaukee Publ. Mus. Contrib. Biol. Geol.* 12: 1-91; **(361)** DIXON, J.R. et al. (1993): *Revision of the neotropical snake genus Chironius Fitzinger (Serpentes, Colubridae):* 279 S; **(362)** DIXON, J.R. et al. (1975): *J. Herpetol.* 9 (4): 363-364; **(363)** DMI´EL, R. (1967): *Copeia* 1967 (2): 332-346; **(364)** DMI´EL, R. et al. (1993): *Herpetol. Journ.* 3 (2): 60-64; **(365)** DOBIE, J.L. (1971): *Copeia* 1971: 645-658; **(366)** DOUGLAS, R.M. (1992): *J. Herpetol. Assoc. Afr.* 41: 42; **(367)** DOUGLAS, R.M. (1993): *J. Herpetol. Assoc. Afr.* 42: 36; **(368)** DOWLING, R. (1989): *The Vivarium* 2 (5): 12; **(369)** DRAUD, M.J. (1992): *Rept. Amphib. Mag.* 1992 (7/8): 36-43; **(370)** DROGE, D.L. et al. (1982): *Copeia* 1982 (2): 356-262; **(371)** DRUMMOND, H. & E.R. GORDON (1979): *Tierpsychologie* 50: 136-152; **(372)** DUARTE R., C.F. (1992): *J. Herpetol.* 26 (1): 17-23; **(373)** DUBBELD, E.J. et al. (1974): *Lacerta* 33 (1): 3-12; **(374)** DUBBELDAM, C. (1982): *Lacerta* 40 (10-11): 264-266; **(375)** DUELLMAN, W.E. (1958): *Bull. Am. Mus. Nat. Hist.* 114 (1): 1-152; **(376)** DUINEN, J.J. VAN (1983): *Lacerta* 42 (1): 12-14; **(377)** DÜLLO, C. (1994): *Elaphe (N.F.)* 2 (1): 30-33; **(378)** DUMONT, M. (1979): *Bull. Soc. Herp. France* 12: 7-10; **(379)** DUNN, R.W. (1976): *Int. Zoo Yb.* 16: 73-74; **(380)** DUNN, R.W. (1977): *Int. Zoo Yb.* 17: 130-131; **(381)** DUNN, R.W. (1979): *Int. Zoo Yb.* 19: 89-90; **(382)** DUNN, R.W. (1980): *Proc. Melbourne Herpetol. Symp.:* 104-106; **(383)** DUNN, R.W. (1981): *Int. Zoo Yb.* 21: 79-81; **(384)** DUNN, R.W. (1981): *Int. Zoo Yb.* 21: 82-83; **(385)** DUSEJ, G. (1993): *Handbuch der Reptilien und Amphibien Europas* 3 (1): 247-264; **(386)** DUTTON, P.H., C.P. WHITMORE & N. MROSOVSKY (1985): *Biol. Conserv.* 31: 249-264; **(387)** EASTMAN, C.L. & R.M. EASTMAN (1994): *ASRA Journal* 1994: 13-16; **(388)** EBAK, B.T. (1995): *Chelonian Conserv. Biol.* 1 (3): 227-231; **(389)** EERDEN, H. V.D. (1987): *Lacerta* 46 (1):15-16; **(390)** EGAN, L. (1994): *African Herp News* 21: 19; **(391)** EHMANN, H. (1988): *Herpetofauna, Sydney,* 18 (1): 26-29; **(392)** EHMANN, H. et al. (1991): *Herpetofauna, Sydney,* 21 (1): 17-24; **(393)** EHRENGART, W. (1976): *Salamandra* 12 (1): 27-31; **(394)** EHRIG, R.W. (1993): *Iguana Times* 2 (3): 22-23; **(395)** EICHENBERGER, P. (1981): *Lacerta* 39 (6-7): 72-76; **(396)** EIDENMÜLLER, B. (1986): *Salamandra* 22 (2/3): 157-161; **(397)** EIDENMÜLLER, B. (1989): *Salamandra* 25 (3/4): 265-271; **(398)** EIDENMÜLLER, B. (1990): *Salamandra* 26 (2/3): 132-139; **(399)** EIDENMÜLLER, B. (1993): *Salamandra* 29 (3/4): 258-260; **(400)** EIDENMÜLLER, B. (1994): *Herpetofauna, Weinstadt,* 16 (88): 6-12; **(401)** EIDENMÜLLER, B. (1995): *The Vivarium* 7 (2): 18-20; **(402)** EIDENMÜLLER, B. (1996): *Elaphe (N.F.)* 4 (2): 2-4; **(403)** EIDENMÜLLER, B. & R. STEIN (1991): *Salamandra* 27 (4): 282-**283**; **(404)** EIDENMÜLLER, B. & R. WICKER (1991): *Salamandra* 27 (3): 187-193; **(405)** EIDENMÜLLER, B. & R. WICKER (1992): *Salamandra* 28 (2): 106-111; **(406)** EIDENMÜLLER, B. & R. WICKER (1992): *Salamandra* 28 (3/4): 171-178; **(407)** EIDENMÜLLER, B. & R. WICKER (1995): *Herpetofauna, Sydney,* 25 (2): 4-7; **(408)** EIJSDEN, E.H.T. VAN (1982): *Lacerta* 40 (10-11): 221-222; **(409)** EIKHORST, R. & W. EIKHORST (1982): *Salamandra* 18 (1/2): 56-64; **(410)** EISENBERG, T. & G. KÖHLER (1996): *Sauria* 18 (1): 11-14; **(411)** EISENBERG, T. schriftl. Mitt. 1996; **(412)** ELBING, K. (1993): *Salamandra* 29 (3/4): 173-183; **(413)** EMMRICH, D. (1986): *Aquarien Terrarien* 1986 (10): 350-353; **(414)** ENGERT, R. (1986): *Herpetofauna, Weinstadt,* 8 (42): 17-22; **(415)** ENTZEROTH, A.(1991): *Herpetofauna, Weinstadt,* 13 (75): 14-20; **(416)** ERDFELDER, K.H. (1984): *Sauria* 6 (1): 9-11; **(417)** ERIKSEN, A.E. (1987): *Bull. Brit. Herpetol. Soc.* 21 & 22: 54-56; **(418)** ERLER, M. (1991): *DATZ* 44 (8): 500-505; **(419)** ERNST, C.H. (1970): *Herpetologica* 26 (2): 228-232; **(420)** ERNST, C.H. (1971): *Brit. J. Herpetol.* 4 (9): 224-228; **(421)** ERNST, C.H. & R.W. BARBOUR (1989a): *Snakes of eastern North America:* 282 S.; **(422)** ERNST, C.H. & R.W. BARBOUR (1989b): *Turtles of the World:* 313 S.; **(423)** ERNST, T. schriftl. Mitt. 1996; **(424)** ESTERBAUER, H. (1986): *Aquarien Magazin* 20 (11): 467-470; **(425)** ESTERBAUER, H. (1986): *Das Aquarium* 20 (209): 601-603; **(426)** ESTERBAUER, H. (1990): *DATZ* 43 (1): 26-30; **(427)** ESTERBAUER, H. (1993): *DATZ* 46 (10): 644-647; **(428)** ETCHBERGER, C.R. & L.M. EHRHART (1987): *Herpetologica* 43 (1):66-73; **(429)** EVANS, G. (1994): *ASRA Journal* 1994: 17-22; **(430)** EVANS, L.T. (1951): *Amer. Mus. Nov.* 1493: 1-26; **(431)** EVANS, P. (1983): *Bull. Brit. Herpetol. Soc.* 8: 37; **(432)** EWERT, M.A. & C.E. NELSON (1991): *Copeia* 1991 (1): 50-69; **(433)** FAASSEN, T.J.M. (1983): *Litt. Serp.* 3 (6): 216-217; **(434)** FAORO, G. & L. TRUTNAU (1988): *Herpetofauna, Weinstadt,* 10 (56): 13-16; **(435)** FARREL, R.F. & T.E. GRAHAM (1991): *J. Herpetol.* 25 (1): 1-9; **(436)** FAST F. M. (1995): *Dactylus* 1: 9-12; **(437)** FELDMAN, M. (1982): *Herpetol. Rev.* 13 (1): 10-11; **(438)** FERGUSON, G.W. (1990): *Herpetologica* 46 (2): 227-238; **(439)** FERGUSON, G.W. & H.L. SNELL (1986): *Herpetologica* 42 (2): 185-191; **(440)** FERGUSON, M.W. (1985): *Biology of the Reptilia* 14 A: 329-491; **(441)** FERGUSON, M.W.J. & T. JOANEN (1982): *Nature, London,* 296 (5860): 850-853; **(442)** FERGUSON, M.W.J. & T. JOANEN (1983): *J. Zool., London,* 200: 143-177; **(443)** FIFE, R. (1989): *The Vivarium* 2 (4): 11; **(444)** FITCH, H.S. (1970): *Misc. Publ. Univ. Kansas Mus. Nat. Hist.* 52: 1-247; **(445)** FITCH, H.S. (1973): *Occ. Pap. Mus. Nat. Hist. Univ. Kansas* 18: 1-41; **(446)** FITCH, H.S. (1985): *Misc. Publ. Univ. Kansas Mus. Nat. Hist.* 76: 1-76; **(447)** FITCH, H.S. & R.W. HENDERSON (1978): *Univ. Kansas Sci. Bull.* 51: 483-500; **(448)** FITZGERALD, L.A. (1993): *J. Herpetol.* 27 (1): 70-78; **(449)** FITZGERALD, M. (1983): *Herpetofauna, Sydney,* 14 (1-2): 79-80; **(450)** FITZGERALD, M. & C. POLLITT (1981): *Aust. J. Herp.* 1 (2): 57-60; **(451)** FLAMME, A. (1996): *Sauria* 18 (1): 41-46; **(452)** FLÄSCHENDRÄGER, A. (1988): *Herpetofauna, Weinstadt,* 10 (55): 26-29; **(453)** FLÄSCHENDRÄGER, A. (1992): *Herpetofauna, Weinstadt,* 14 (77): 27-32; **(454)** FLÄSCHENDRÄGER, A. schriftl. Mitt. 1996; **(455)** FLECK, J. (1987): *Salamandra* 23 (4): 193-203; **(456)** FLEMMING, A.F. (1993): *J. Herpetol.* 27 (1): 103-107; **(457)** FLEMMING, A.F. (1994): *J. Herpetol. Assoc. Afr.* 43: 19-27; **(458)** FLIEß, R. (1985): *Aquarien Terrarien* 1985 (8): 277-282; **(459)** FLORES-VILLELA, O.A. & G.R. ZUG (1995): *Chelonian Conserv. Biol.* 1 (3): 181-186; **(460)** FLUGI, U.(1990): *Herpetofauna, Weinstadt,* 12 (67): 31-34; **(461)** FOGEL, D. (1993): *The Vivarium* 4 (5): 15-17; **(462)** FÖLLING, M. (1996): *Elaphe (N.F.)* 4 (1): 9-13; **(463)** FORMAN, F. (1970): *DATZ* 23: 280-282; **(464)** FRANKENBERG, E. & Y.L. WERNER (1992): *Herpetol. Journ.* 2 (1): 7-18; **(465)** FRANZ, R. & D.F. GICCA (1982): *J. Herpetol.* 16 (4): 419-421; **(466)** FRENZEL, P. (1988): *Sauria* 9 (1): 9-12; **(467)** FRITZ, U. (1989): *Salamandra* 25 (1): 1-13; **(468)** FRITZ, U. (1990): *Salamandra* 26 (1): 1-18; **(469)** FRITZ, U. (1993): *Salamandra* 29 (3/4): 161-166; **(470)** FRITZSCHE, D. & W. HEMPEL (1990): *Aquarien Terrarien* 1990 (1): 24-27. **(471)** FRITZSCHE, D. & W. HEMPEL (1990): *Aquarien Terrarien* 1990 (2): 58-60; **(472)** FUHN, I.E. & S. VANCEA (1961): *Fauna Republicii Populare Romine* vol. 14: 349 S.; **(473)** FUHN, J.E. & R. MERTENS (1959): *Senckenbergiana biol.* 40: 25-42; **(474)** FUNK, R.S. (1961): *Herpetologica* 18 (1): 66; **(475)** FUNK, R.S. (1964): *Copeia* 1964 (1): 219; **(476)** FURBANK, M. & S. NELSON (1994): *Herpetofauna, Sydney,* 24 (2): 31-32; **(477)** FURRER, J. (1974): *DATZ* 27:104-105; **(478)** FURRER, J. (1976): *DATZ* 29: 428-429; **(479)** FURRER, J. (1980): *DATZ* 33: 174-175; **(480)** FURRER, J. (1981): *DATZ* 34: 438-439; **(481)** FURTWÄNGLER, S. schriftl. Mitt. 1996; **(482)** FYFE, G. (1990): *Herpetofauna, Sydney,* 20 (2): 11-14; **(483)** FYFE, G. (1991): *Herpetofauna, Sydney,* 21 (2): 36-37; **(484)** FYFE, G. (1992): *Herpetofauna, Sydney,* 22 (2): 43; **(485)** GAD, J. (1987): *Salamandra* 23 (1): 1-9; **(486)** GANZ, A. (1981): *Aquaria* 33 (11): 137; **(487)** GATEN, P. V.D. (1982): *Litt. Serp.* 2 (1): 26-33; **(488)** GEFFEN, E. & H. MENDELSSOHN (1991): *Herpetol. Journ.* 1 (12): 574-577; **(489)** GEISSLER, P. (1994): *Elaphe (N.F.)* 2 (3): 20-24; **(490)** GEORGES, A. (1984): *Herpetofauna, Sydney,* 15 (2): 27-31; **(491)** GERICKE, F. (1981): *Sauria* 3 (4):

11-14; **(492)** GERMANO, D.J. & D.F. WILLIAMS (1992): *Herpetol. Rev.* 23 (4): 117-118; **(493)** GIARETTI, AA. & K.G. FACURE (1995): *Herpetol. Rev.* 25 (2): 99; **(494)** GIBBONS, J.R.H. (1981): *J. Herpetol.* 15 (3): 255-273; **(495)** GIBBONS, J.W. (1983): *Herpetologica* 39 (3): 254-271; **(496)** GIBBONS, J.W. et al. (1979): *Brit J. Herp.* 6 (1): 13-14; **(497)** GIEBNER, I. (1976): *Aquarien Terrarien* 1976 (11): 389; **(498)** GIRARD, F. (1994): *Revue fr. Aquariol.* 21 (3/4): 119-120; **(499)** GIRARD, F. (1996): *Dactylus* 3 (1): 4-6; **(500)** GLAW, F. & M. VENCES (1996): *Salamandra* 32 (3): 211-216; **(501)** GOCHHI, S. (1986): *Hamadryad* 11 (1-2): 3; **(502)** GOLDBERG, S.R. (1972): *Herpetologica* 28 (2): 267-273; **(503)** GOLDBERG, S.R. (1974): *Copeia* 1974 (1): 176-182; **(504)** GOLDBERG, S.R. (1975): *J. Herpetol.* 9 (4): 361-363; **(505)** GOLDBERG, S.R. (1976): *Copeia* 1976 (2): 260-266; **(506)** GOLDBERG, S.R. (1977): *J. Herpetol.* 11 (1): 31-35; **(507)** GOLDBERG, S.R. (1996): *J. Herpetol.* 30 (2): 280-282; **(508)** GOLDER, F. (1972): *Salamandra* 8 (1): 1-20; **(509)** GOLDER, F. (1973): *Salamandra* 9 (1): 22-26; **(510)** GOLDER, F. (1983): *Salamandra* 19 (1/2): 55-60; **(511)** GOLDER, F. (1984): *Salamandra* 20 (1): 3-10; **(512)** GOLDER, F. (1987): *Salamandra* 23 (2/3): 78-83; **(513)** GOLLE, C. (1980): *Aquarien Terrarien* 1980 (9): 315-318; **(514)** GOODE, J. & J. RUSSELL (1968): *Aust. J. Zool.* 16: 749-761; **(515)** GOODE, M. (1983): *Herpetol. Rev.* 14 (4): 122; **(516)** GOODE, M. (1988): *Herpetol. Rev.* 19 (1): 11-13; **(517)** GOODE, M. (1988): *Herpetol. Rev.* 19 (4): 8 ; **(518)** GOODE, M. (1989): *Herpetol. Rev.* 20 (3): 73; **(519)** GORMAN, D. (1993): *Varanews* 3(4): 2; **(520)** GORSEMAN, P.D. (1995) *Lacerta* 53 (4): 123-127; **(521)** GOW, G.F. (1981): *Aust. J. Herp.* 1: 29-34; **(522)** GOW, G. (1982): *N.T. Nat.* 5: 2-4; **(523)** GRAF, A. (1995): *Sauria* 17 (3): 23-28; **(524)** GRAHAM, T.E. (1971): *J. Herpetol.* 5 (1-2): 59-60; **(525)** GREATWOOD, J.H. (1978): *Brit J. Herp.* 5 (10): 745-746; **(526)** GRECKHAMER, A. (1993): *Jahrbuch für den Terrarianer* 1: 24-31; **(527)** GRECKHAMER, A. (1993): *Jahrbuch für den Terrarianer* 1: 5-7; **(528)** GRECKHAMER, A. (1995): *Herpetofauna, Weinstadt,* 17 (95): 6-16; **(529)** GREEN, J. (1981): *Int. Zoo Yb.* 21: 76-77; **(530)** GREENE, H.W. (1969): *Herpetologica* 25 (1): 55-56; **(531)** GREENE, H.W. (1969): *J. Herpetol.* 3 (1-2): 27-31; **(532)** GREER, A.E. (1967): *Herpetologica* 23 (2): 94-99; **(533)** GREER, A.E. (1968): *Copeia* 1968 (2): 417-418; **(534)** GREER, A.E. (1975): *J. Herpetol.* 9 (3): 319-322; **(535)** GRENARD, S. (1991): *Handbook of alligators and crocodiles:* 210 S.; **(536)** GRIFFIOEN, B. (1986): *De Schildpad* 12 (5/6): 19; **(537)** GRIMPE, R.D. & G.E. BENEFIELD (1981): *Herpetol. Rev.* 12 (3): 80; **(538)** GROBMAN, A.B. (1989): *Herpetol. Rev.* 20 (4): 84; **(539)** GROSSMANN, P. (1986): *Sauria* 8 (2): 3-6; **(540)** GROSSMANN, P. (1988): *Sauria* 10 (2): 7-11; **(541)** GROSSMANN, P. (1989): *Sauria* 11 (3): 11-15; **(542)** GROSSMANN, P. (1992): *Sauria* 14 (1): 35-38; **(543)** GROSSMANN, W. & W. MUDRAK (1987): *Sauria* 9 (3): 25-30; **(544)** GROSSMANN, W. et al. (1996): *Sauria Suppl.* 18 (3): 357-360; **(545)** GROSSMANN, P. & M. REIMANN (1991): *Sauria* 13 (2): 3-6; **(546)** GROSSMANN, W. & V. STEIN (1988): *Sauria* 10 (3): 27-30; **(547)** GROVES, F. (1960): *Copeia* 1960 (1): 51-53; **(548)** GROVES, F. (1973): *Int. Zoo Yb.* 13: 106-108; **(549)** GROVES, F. (1978): *Bull. Maryland Herp. Soc.* 14 (1): 48-49; **(550)** GROVES, J.D. (1974): *Int. Zoo Yb.* 14: 82; **(551)** GROVES, J.D. (1978): *Bull. Maryland Herp. Soc.* 14 (4): 131-132; **(552)** GROW, D. et al. (1988): *Int. Zoo Yb.* 27: 241-244; **(553)** GRUBER, U. (1986): *Handbuch der Reptilien und Amphibien Europas* 2 (2): 25-49; **(554)** GRUSCHWITZ, M. & W. BÖHME (1986): *Handbuch der Reptilien und Amphibien Europas* 2 (2): 155-208; **(555)** GRYCHTA, U. (1988): *Aquarien Terrarien* 1988 (10): 353; **(556)** GRYCHTA, U. (1988): *Aquarien Terrarien* 1988 (8): 279-280; **(557)** GRYCHTA, U. (1988): *Sauria* 10 (4): 27-29; **(558)** GRYCHTA, U. (1989): *Aquarien Terrarien* 1989 (4): 134-135; **(559)** GRYCHTA, U. (1996): *Sauria* 18 (3): 13-15; **(560)** GRYCHTA, U. (1996): *Sauria Suppl.* 18 (3): 353-356; **(561)** GRYCHTA, U. & R. GRYCHTA (1994): *Sauria* 16 (4): 11-14; **(562)** GRYCHTA, U. & R. GRYCHTA (1995): *Sauria* 17 (1): 11-14; **(563)** GUDYNAS, E. (1979): *Herpetol. Rev.* 10 (4): 113; **(564)** GUDYNAS, E. J.C. GAMBAROTTA (1981): *Herp. Review* 12 (2): 54; **(565)** GUILETTE, L.J. G. LARA GONGORA (1986): *Copeia* 1986 (1): 232-233; **(566)** GUMPRECHT, A. (1996): *Sauria Suppl.* 18 (3): 373-376; **(567)** GUTZKE, W.H.N. (1987): *Herpetologica* 43 (4): 393-404; **(568)** GUTZKE, W.H.N. & J.J. BULL (1986): *Gen. Comp. Endocrinol.* 64: 368-372; **(569)** GUTZKE, W.H.N. & G.C. PACKARD (1987): *J. Herpetol.* 21 (2): 161-163; **(570)** GUTZKE, W.H.N. & G.C. PACKARD (1987): *Physiol. Zool.* 60: 9-17; **(571)** GUTZKE, W.H.N. & G.C. PACKARD (1987b): *J. Herpetol.* 21: 161-163; **(572)** GUTZKE, W.H.N. & G.L. PAUKSTIS (1983): *J. Exp. Zool.* 226: 467-469; **(573)** GUTZKE, W.H.N. & G.L. PAUKSTIS (1984): *Copeia* 1984: 546-547; **(574)** HAAGNER, G.V. (1987): *J. Herpetol. Assoc. Afr.* 33: 9-12; **(575)** HAAGNER, G.V. (1988): *J. Herpetol. Assoc. Afr.* 34: 48; **(576)** HAAGNER, G.V. (1988): *J. Herpetol. Assoc. Afr.* 35: 37; **(577)** HAAGNER, G.V. (1990): *J. Herpetol. Assoc. Afr.* 37: 46-47; **(578)** HAAGNER, G.V. (1990): *J. Herpetol. Assoc. Afr.* 38: 57-59; **(579)** HAAGNER, G.V. (1991): *J. Herpetol. Assoc. Afr.* 39: 25; **(580)** HAAGNER, G.V. (1993): *Brit. Herp. Soc. Bull.* 42: 30-41; **(581)** HAAGNER, G.V. (1994): *African Herp News* 21: 18; **(582)** HAAGNER, G.V. (1995): *African Herp News* 22: 49-50; **(583)** HAAGNER, G.V. & R.C. BOYCOTT (1993): *J. Herpetol. Assoc. Afr.* 42: 39; **(584)** HAAGNER, G.V. & W.R. BRANCH, R.J. HALL (1993): *J. Herpetol. Assoc. Afr.* 42: 36; **(585)** HAAGNER, G.V. & G. CARPENTER (1988): *J. Herpetol. Assoc. Afr.* 34: 35; **(586)** HAAGNER, G.V. & G. CARPENTER (1992): *J. Herpetol. Assoc. Afr.* 41: 22-24; **(587)** HAAGNER, G.V. & A. COCKERAN (1992): *J. Herpetol. Assoc. Afr.* 41: 43; **(588)** HAAGNER, G.V. & R.J. HALL (1992): *J. Herpetol. Assoc. Afr.* 41: 44; **(589)** HAAGNER, G.V. & C.J. MC CARTNEY (1992): *J. Herpetol. Assoc. Afr.* 41: 40-41; **(590)** HAAGNER, G.V. & D.R. MORGAN (1989): *Int. Zoo Yb.* 28: 195-199; **(591)** HAAGNER, G.V. & D.R. MORGAN (1991): *J. Herpetol. Assoc. Afr.* 39: 22; **(592)** HAAGNER, G.V. & D.R. MORGAN

(1991): *J. Herpetol. Assoc. Afr.* 39: 24; **(593)** HAAGNER, G.V. & D.R. MORGAN (1993): *Int. Zoo Yb.* 32: 191-196; **(594)** HAAN, C.C. DE (1982): *Litt. Serp.* 2 (4): 193; **(595)** HAAST, W.E. (1969): *Int. Zoo Yb.* 9: 49; **(596)** HACK, R.T.C. (1978): *Lacerta* 36 (6): 95-100; **(597)** HACKETHAL, U. (1993*): Intern. J. AG Schildkr. & Panzerechs.* 3: 19-21; **(598)** HADAS, L. (1992): *Terarista* 3 (2-3): 2-5; **(599)** HAGEDORN, H. (1974): *DATZ* 27 (6): 208-210; **(600)** HAHNE, A. & R. FENSKE (1994): *Sauria* 16 (3): 17-23; **(601)** HAHNE, A., R. FENSKE (1993): *Herpetofauna, Weinstadt,* 15 (82): 9-14; **(602)** HAIRSTON, C.S. (1992): *Croc. Spez. Group Newsl.* 11 (4): 13; **(603)** HAIRSTON, C. & P.M. BURCHFIELD (1989): *Int. Zoo Yb.* 28: 70-77; **(604)** HAIRSTON, C.S. & P.M. BURCHFIELD (1992): *Int. Zoo Yb.* 31: 124-130; **(605)** HALFPENNY, S.C. (1992): *Brit. Herp. Soc. Bull.* 39: 34-36; **(606)** HALL, B.A. (1978): *Int. Zoo Yb.* 18: 91-95; **(607)** HALL, R.J. et al. (1994): *African Herp News* 21: 20-21; **(608)** HALLMANN, G. (1984): *Herpetofauna, Weinstadt,* 6 (33): 11; **(609)** HALLOY, M. (1992): *The Vivarium* 4 (3): 28-29; **(610)** HAMMACK, S.H. (1989): *Int. Zoo Yb.* 28: 172-177; **(611)** HÄMMERLI, B. (1988): *Aquarien Terrarien* 1988 (1): 28; **(612)** HAMMERSON, G.A. (1976): *J. Herpetol.* 12 (2): 253-255; **(613)** HAMMOCK, M.W. (1984): *Bull. Chicago Herp. Soc.* 19 (4): 125-130; **(614)** HANINGER-BERLIN, B. (1993): *Monitor* 2 (2): 25-30; **(615)** HÄNSEL, M. (1982): *Die Schildkröte (A.F.)* Sonderheft 2: 4-44; **(616)** HARA, K. & F. KIKUCHI (1978): *Int. Zoo Yb.* 18: 84-87; **(617)** HARBIG, P. (1988): *Sauria* 10 (3): 3-6; **(618)** HARDING, J.H. (1977): *Herpetol. Rev.* 8 (2): 34; **(619)** HARLING, R. (1993): *Brit. Herp. Soc. Bull.* 44: 38-40; **(620)** HARLING, R. (1994): *Brit. Herp. Soc. Bull.* 50: 30-33; **(621)** HARLING, R. (1996): *Brit. Herp. Soc. Bull.* 57: 29-32; **(622)** HARMSEN, R. (1987): *Lacerta* 45 (12): 187-189; **(623)** HARRIS, D.M. (1993): *Herpetol. Monogr.* 8: 226-275; **(624)** HARRY, D.L. & H.W. GREENE (1995): *Herpetol. Rev.* 26 (2): 101; **(625)** HARRY, J.L. & C.L. LIMPUS (1989): *Australian Wildl. Res.* 16: 317-320; **(626)** HART, H. (1969): *Aquarien Magazin* 1969 (10): 404-405; **(627)** HARTMAN, P. & B. STEINER (1984): *Litt. Serp.* 4 (2): 79-80; **(628)** HARTMANN, P & B. STEINER (1985): *Litt. Serp.* 5 (5): 203-204; **(629)** HASEBOS, H. (1983): *Litt. Serp.* 3 (2/3): 88-89; **(630)** HATCHER, R. (1995): *Rept. Amphib. Mag.* 1995 (7-8): 13-21; **(631)** HAUSCHILD, A. (1986): *Herpetofauna* 8 (44): 11-15; **(632)** HAUSCHILD, A. & D. KUBKE (1994): *Lacerta* 52 (2): 44-47; **(633)** HAUSCHILD, A. et al. (1993): *DATZ* 46 (11): 564-568. 704-707; **(634)** HAUSMANN, P. (1964): *DATZ* 17: 369-371; **(635)** HAUSMANN, P. (1979): *DATZ* 32: 136-138; **(636)** HÄUSSLER, F. (1988): *Sauria* 10 (1): 13-16; **(637)** HAYES, A. (1994): *Rept. Amphib. Mag.* 1994 (3/4): 25-30; **(638)** HEIDEMANN, N.J.L. (1990): *J. Herpetol. Assoc. Afr.* 37: 50; **(639)** HEIJNEN, G.H. (1988): *Lacerta* 47 (1): 24-29; **(640)** HEIMANN, E. (1987): *Aquarien Terrarien* 1987 (1): 29-31; **(641)** HEIMANN, E. (1989): *Sauria Suppl.* 11 (1-4): 139-144; **(642)** HEIMANN, E. (1990): *Sauria Suppl.* 12 (1-4): 175-178; **(643)** HEIMANN, E. (1990): *Sauria Suppl.* 12 (1-4): 187-192; **(644)** HEIMANN, E. (1992): *Sauria* 14 (2): 19-22; **(645)** HEIMES, P. (1993): *Handbuch der Reptilien und Amphibien Europas* 3 (1): 177-198; **(646)** HELFENBERGER, N. (1981): *Herpetofauna, Weinstadt,* 3: 9-11; **(647)** HEMMER, W. (1984): *DATZ* 37: 350-354; **(648)** HEMPEL, W. (1991): *Sauria Suppl.* 13 (1-4): 213-216; **(649)** HENDERSON, C.C. (1975): *Copeia* 1975 (3): 583-584; **(650)** HENKEL, F.W. (1981): *DATZ* 34 (2): 68-70; **(651)** HENKEL, F.W. (1986): *Herpetofauna, Weinstadt,* 8 (42): 6-8; **(652)** HENKEL, F.W. (1986): *Sauria Suppl.* 8 (3): 51-52; **(653)** HENKEL, F.W. (1987): *DATZ* 40: 227-229; **(654)** HENKEL, F.-W. (1987): *Herpetofauna, Weinstadt,* 9 (50): 25-26; **(655)** HENKEL, F.-W. (1988): *Sauria Suppl.* 10 (4): 125-128; **(656)** HENKEL, F.W. (1991): *Salamandra* 27 (1): 58-69; **(657)** HENKEL, F.W. (1991): *Sauria Suppl.* 14 (1-4): 229-232; **(658)** HENKEL, F.W. & W. SCHMIDT (1991): Geckos: 224 S.; **(659)** HENKEL. F.W. & R. ZOBEL (1987): *Herpetofauna, Weinstadt,* 9 (51): 12-14; **(660)** HENLE, K. & C.J.J. KLAVER (1986): *Handbuch der Reptilien und Amphibien Europas* 2 (2): 254-342; **(661)** HERMAN, D.W. (1979): *Herpetol. Rev.* 10 (4): 115; **(662)** HERMAN, D.W. (1979): *Int. Zoo Yb.* 19: 96-97; **(663)** HERMAN, D.W. (1983): *Herpetol. Rev.* 14 (4): 119; **(664)** HERMAN, D.W. (1983): *Herpetol. Rev.* 14 (4): 122; **(665)** HERMAN, D.W. (1986): *Herpetol. Rev.* 17 (1): 24; **(666)** HERMANN, R. (1989): *Sauria* 11 (3): 25-30; **(667)** HERMANN, R. (1994): *Sauria* 16 (3): 3-9; **(668)** HERMANN, R. (1994): *Sauria Suppl.* 16 (3): 289-296; **(669)** HERRINGTON, R.E. (1974): *Herpetol. Rev.* 5 (2): 38-39; **(670)** HERRON, J.C. et al. (1990): *J. Herpetol.* 3: 314-316; **(671)** HESELHAUS, R. (1983): *DATZ* 36: 71-73; **(672)** HESELHAUS, R. (1983): *Das Aquarium* 189: 146-149; **(673)** HESELHAUS, R. (1986): *Taggeckos;* **(674)** HESELHAUS, R. (1988): *DATZ* 41 (3): 131-133; **(675)** HESSELING, H. (1988): *Lacerta* 46 (7): 106-109; **(676)** HIBBARD, C.W. (1937): *Copeia* 1937 (1): 74; **(677)** HIELEN, B. (1993): *Salamandra* 28 (3-4): 179-194; **(678)** HIGHFIELD, A.C. (1992): *ASRA Monogr.* 2 (2): 9-15; **(679)** HILLER, A. (1993): *Elaphe (N.F.)* 1 (1): 12; **(680)** HINE, M.L. (1982): *Bull. Brit. Herpetol. Soc.* 5: 35-38; **(681)** HINE, R.A. (1980): *Brit. Herp. Soc. Bull.* 2: 33-36; **(682)** HIRSCHFELD, K. (1972): *DATZ* 25: 246-249; **(683)** HOESCH (1981): *Sauria* 3: 26-27; **(684)** HOFSTRA, J. (1994): *De Schildpad* 20 (1): 12; **(685)** HOFSTRA, J. (1995): *Lacerta* 53 (6): 187-191; **(686)** HOFSTRA, J. (1996): *De Schildpad* 22 (1): 16; **(687)** HOFSTRA, J. (1996): *Lacerta* 54 (2): 70-75; **(688)** HÖGGREN, M. (1991): *Salamandra* 27 (1): 46-52; **(689)** HOLFERT, T. (1995): *Elaphe (N.F.)* 3 (4): 8-12; **(690)** HOLFERT, T. (1996): *Elaphe (N.F.)* 4 (3): 19-24; **(691)** HOLMAN, J.A. (1960): *Copeia* 1960 (3): 239; **(692)** HOLMBACK, E. (1981): *Int. Zoo Yb.* 21: 77-79; **(693)** HOLMBACK, E. (1987): *Int. Zoo Yb.* (1987) 26: 94-98; **(694)** HONEGGER, R.E. (1969): *Int. Zoo Yb.* 9: 24-28; **(695)** HONEGGER, R. E. (1970): *Salamandra* 6 (3/4): 73-79; **(696)** HONEGGER, R. (1986): *Salamandra* 22 (1): 1-10; **(697)** HONEGGER, R.E. & C.R. SCHMIDT (1964): *DATZ* 17: 339-342; **(698)** HOOG, M. OP´T (1994): *De Schildpad* 20 (2): 11; **(699)**

HOOGMOED, M.S. (1973): *Biogeographica* 4: 247 S.; **(700)** HOOGMOED, M.S. (1980): *Lacerta* 38 (6): 50-53; **(701)** HORN, H.-G. (1978): *Salamandra* 14 (1): 29-32; **(702)** HORN, H.-G. (1991): *Mertensiella* 2: 168-175; **(703)** HORN, H.-G. & G. PETTERS (1982): *Salamandra* 18 (1/2): 29-40; **(704)** HORNE, B.D. (1993): *Herpetol. Rev.* 24 (1): 25; **(705)** HORTENBACH, H. & G. HORTENBACH (1995): *Elaphe (N.F.)* 3 (2): 10-14; **(706)** HOSKISSON, P. (1995): *Brit. Herp. Soc. Bull.* 54: 28-31; **(707)** HOSSAIN, L. & SARKER, S.U. (1995): *Chelonian Conserv. Biol.* 1 (3): 226-227; **(708)** HOTTMAR, V.(1991): *Herpetofauna, Weinstadt,* 13 (73): 29-33; **(709)** HOU, L. (1985): *Acta Herpetol. Sinica* 4: 130; **(710)** HOUTMAN, H. & A. DE LA FOSSE (1989): *Lacerta* 47 (2): 40-46; **(711)** HOWARD, C.J. (1980): *Int. Zoo Yb.* 20: 193-196; **(712)** HUDSON, P. (1977): *Herpetofauna, Sydney,* 9 (1): 23-24; **(713)** HUGHES, G. (1990): *Herpetofauna, Sydney,* 20 (2): 5-6; **(714)** HULBERT, F. (1995): *Sauria Suppl.* 17 (3): 341-344; **(715)** HUN, E. (1972): *Salamandra* 8 (2): 100-101; **(716)** HUNT, L.E. & J.R. OTTLEY (1982): *Herpetol. Rev.* 13 (1): 8-9; **(717)** HUNT, R.H. (1969): *Int. Zoo Yb.* 9: 36-37; **(718)** HUNT, R.H. (1973): *Int. Zoo Yb.* 13: 41-43; **(719)** HUNT, R.H. (1975): *Copeia* 1975 (4): 763-764; **(720)** HUSBAND, G.A. (1980): *Herpetofauna, Sydney,* 11: 29-30; **(721)** HUTTON, J.M. (1987): *J. Zool.* 211: 143-155; **(722)** HÜVE, J. (1984): *Die Schildkröte (A.F.)* 6 (1): 34-42; **(723)** IN DEN BOSCH, H.A.J. (1983): *Lacerta* 41 (10-11): 182-194; **(724)** IN DEN BOSCH, H.A.J. (1985): *Lacerta* 44 (1): 6-14; **(725)** IN DEN BOSCH, H.A.J. (1985): *Lacerta* 44 (2): 22-37; **(726)** IN DEN BOSCH, H.A.J. (1986): *Salamandra* 22 (2/3): 113-125; **(727)** IN DEN BOSCH, H.A.J. (1987): *Lacerta* 45 (4): 50-60; **(728)** IN DEN BOSCH, H.A.J. (1988): *Aquarien Terrarien* 1988 (10): 352; **(729)** IN DEN BOSCH, H.A.J. (1989): *Lacerta* 47 (4): 108-111; **(730)** IN DEN BOSCH, H.A.J. (1990): *Die Eidechse* 6 (15): 6-8; **(731)** IN DEN BOSCH, H.A.J. (1990): *Herpetol. Rev.* 21 (1): 20; **(732)** IN DEN BOSCH, H.A.J. (1990): *Lacerta* 48 (2): 48-54; **(733)** IN DEN BOSCH, H.A.J. (1990): *Lacerta* 48 (3): 66-71; **(734)** IN DEN BOSCH, H.A.J. (1991): *Lacerta* 49: 146-154; **(735)** IN DEN BOSCH, H.A.J. (1994): *Lacerta* 52 (4): 94-100; **(736)** IN DEN BOSCH, H.A.J. (1996): *Die Eidechse* 7 (18): 13-15; **(737)** IN DEN BOSCH, H.A.J. & E.N. ARNOLD (1996): *Lacerta* 54 (5): 153-160; **(738)** IN DEN BOSCH, H.A.J. & W. BISCHOFF (1995): *Die Eidechse* 6 (15): 1-5; **(739)** IN DEN BOSCH, H.A.J. & W. BISCHOFF (1996): *Die Eidechse* 7 (17): 37-45; **(740)** INSKEEP, R. (1984): *Bull. Brit. Herpetol. Soc.* 9: 28; **(741)** IRWIN, B. (1986): *Thylacinus* 11 (2): 4-5; **(742)** IVERSON, J.B. (1979): *J. Herpetol.* 13 (1): 105-111; **(743)** IVERSON, J.B. (1991): *J. Herpetol.* 25 (1): 64-72; **(744)** IVERSON, J.B. (1995): *Herpetol. Rev.* 26 (4): 206; **(745)** IVERSON, J.B. et al. (1995): *Herpetol. Rev.* 26 (3): 148; **(746)** JACKSON, D.L. (1991): *Herpetol. Rev.* 22: 56; **(747)** JACKSON, J.F. & TELFORD S.R., JR. (1974): *Copeia* 1974 (3): 689-694; **(748)** JADGAROW, T.J. (1971): *Zool. Zh. Moskwa* 50: 598-599; **(749)** JAENSCH, M. (1988): *J. Herpetol. Assoc. Afr.* 34: 45-46; **(750)** JAENSCH, M. (1991): *J. Herpetol. Assoc. Afr.* 39: 21; **(751)** JAMES, C.D. & J.B. LOSOS (1991): *Wildl. Res.* 18: 641-651; **(752)** JANSEN, R. (1983): *Litt. Serp.* 3 (6): 217-218 WILLISCH, J. (1984): *Herpetofauna, Weinstadt,* 6 (32): 19; **(753)** JANZEN, F.J., G.C. PACKARD, M.J. PACKARD, T.J. BOARDMAN & J.R. ZUM BRUNNEN. (1990): *J. Exp. Zool.* 255 (2): 155-162; **(754)** JAUCH, D (1984): *Aquarien Magazin* 18 (5): 236-237; **(755)** JAUCH, H. (1993): *African Herp News* 19: 22-23; **(756)** JELDEN, D.T. (1981): *Amphibia-Reptilia* 3-4: 353-358; **(757)** JENSSEN, T.A. & S.C. NUNEZ (1994): *Copeia* 1994 (3): 767-780; **(758)** JENVEY, J. (1982): *Bull. Brit. Herpetol. Soc.* 5: 35-38; **(759)** JES, H. (1983): *Zeitschrift des Kölner Zoo* 26: 9-11; **(760)** JI, X. et al. (1996): *Amphibia-Reptilia* 17 (3): 209-216; **(761)** JOANEN, T. & L. MCNEASE (1979): *Int. Zoo Yb.* 19: 61-66; **(762)** JOHANSEN, K.M. (1993): *Lacerta* 51 (6): 166-172; **(763)** JOHNSON, C. (1960): *Copeia* 1960 (4): 297-300; **(764)** JOHNSTON, G.R. (1979): *Herpetofauna, Sydney,* 11 (1): 5-8; **(765)** JUDD, F.W. & F.L. ROSE (1989): *Copeia* 1989 (3): 588-596; **(766)** JUDD, F.W. & J.C. MCQUEEN (1980): *J. Herpetol.* 14 (4): 377-380; **(767)** JUDD, F.W. & R.K. ROSS (1978): *J. Herpetol.* 12 (2): 203-207; **(768)** JUNGNICKEL, J.(1990): *Herpetofauna, Weinstadt,* 12 (68): 11-14; **(769)** KABISCH, K. (1986): *Handbuch der Reptilien und Amphibien Europas* 2 (2): 343-362; **(770)** KABISCH, K. (1990): *Sauria* 12 (2): 15-16; **(771)** KABISCH, K. & M. ROGNER (1988): *Aquarien Terrarien* 1988 (12): 416-417; **(772)** KADEN, U. (1981): *Aquarien Terrarien* 1981 (8): 283-285; **(773)** KALBERLAH, F. (1996): *Elaphe (N.F.)* 4 (1): 14-16; **(774)** KAMPRATH, U. (1989): *Aquarien Terrarien* 1989 (12): 415-417; **(775)** KAMPRATH, U. (1990): *Sauria* 12 (1): 11-1; **(776)** KANTZ, H. (1983): *Sauria* 5 (4): 5-6; **(777)** KARDON, A. & E.R. HOLMBACK (1996): *The Vivarium* 7 (5): 14-16; **(778)** KARDON, A. (1979): *Int. Zoo Yb.* 19: 94-96:; **(779)** KARDON, A. (1981): *Int. Zoo Yb.* 21: 71-72; **(780)** KAU, H.P. (1983): *Die Schildkröte* (Sonderheft 3): 1-38; **(781)** KAU, H.P. (1983): *Herpetofauna, Weinstadt,* 5 (24): 27-30; **(782)** KAUFMANN, H.J. (1980): *Aquarien Terrarien* 1980 (11): 387-389; **(783)** KAVERKIN, Y.I. & N.L. ORLOV (1996): *Russian J. Herpetol.* 3 (1): 99; **(784)** KEASEY, M.S. (1969): *Int. Zoo Yb* 9: 16-17; **(785)** KELDERMAN, D (1987): *De Schildpad* XIII (2): 27; **(786)** KELDERMAN, D. (1990): *De Schildpad* XVI (1): 23-25; **(787)** KELLOUGH, R. (1989): *The Vivarium* 1 (4): 16-18; **(788)** KEOGH, J.S. (1992): *The Vivarium* 4 (2): 23-24; **(789)** KING, D. & B. GREEN (1979): *Copeia* 1979 (1): 64-70; **(790)** KINKAID, J.F. (1996): *Herpetol. Rev.* 27 (1): 26; **(791)** KIRKPATRICK, D. (1992): *Rept. Amphib. Mag.* 1992 (3/4):18-24; **(792)** KIRKPATRICK, D. (1993): *Rept. Amphib. Mag.* 1993 (5/6): 2-9; **(793)** KIRSCHE, W. (1988): *Aquarien Terrarien* 1988 (1): 28-29; **(794)** KIRSCHNER, A. & A. OCHSENBEIN (1988): *Salamandra* 24 (4): 193-202; **(795)** KISSER, R. & P. (1977): *DATZ* 30: 140-141; **(796)** KIVIT, R. (1993): *Lacerta* 51 (5): 138-144; **(797)** KLAG, K. & H. KANTZ (1988): *Herpetofauna, Weinstadt,* 10 (52): 21-24; **(798)** KLAGES, H. G. (1982): *Salamandra* 18 (1/2): 65-70; **(799)** KLAVER, C.J.J. (1981): *Handbuch der Reptilien* *und Amphibien Europas* 1 (1): 218-238; **(800)** KLEINER, M. (1983): *Herpetofauna, Weinstadt,* 5 (23): 12-16; **(801)** KLEINER, M. (1988): *Herpetofauna, Weinstadt,* 10 (52): 6-10; **(802)** KLEJCH, W. (1974): *DATZ* 27 (5): 175-177; **(803)** KLUSMEYER, B. (1993): *Elaphe (N.F.)* 1 (4): 8-9; **(804)** KLUSMEYER, B. & B. FAUSTEN (1994): *Salamandra* 30 (3): 174-184; **(805)** KNIRR, M. (1982): *Herpetofauna, Weinstadt,* 4 (16): 28-31; **(806)** KNIRR, M. schriftl. Mitt. 1996; **(807)** KOBER, I. (1990): *Das Aquarium* 10: 353-357; **(808)** KOBER, I. (1990): *DATZ* 43 (1): 24-25; **(809)** KOBER, I. (1990): *DATZ* 43 (10): 605-607; **(810)** KOCH, F. (1991): *Sauria* 13 (3): 17-21; **(811)** KOCKERT, J. (1967): *Das Aquarium* 1 (5): 25-26; **(812)** KODYM, P. (1992): *Terarista* 3 (1): 10-18; **(813)** KÖHLER, G. (1988): *Sauria Suppl.* 10 (3): 115-118; **(814)** KÖHLER, G. (1989): *Salamandra* 25 (1): 25-38; **(815)** KÖHLER, G. (1989): *Sauria Suppl.* 11 (1): 133-136; **(816)** KÖHLER, G. (1990): *Sauria* 12 (4): 27-29; **(817)** KÖHLER, G. (1991): *Sauria Suppl.* 13 (1-4): 193-196; **(818)** KÖHLER, G. (1993): *Basilisken:* 107 S.; **(819)** KÖHLER, G. (1993): *Der Grüne Leguan.* 115 S.; **(820)** KÖHLER, G. (1993): *Schwarze Leguane:* 126 S.; **(821)** KÖHLER, G. (1994): *Herpetofauna, Weinstadt,* 16 (93): 21-27; **(822)** KÖHLER, G. (1995): *Salamandra* 31 (2): 93-106; **(823)** KÖHLER, G. (1995): *Sauria Suppl.* 17 (3): 329-332; **(824)** KÖHLER, G. (1996): *Elaphe (N.F.)* 4 (3): 3-5; **(825)** KÖHLER, G. (1996): *Salamandra:* 32 ():; **(826)** KÖHLER, G., D. RITTMANN & F. IHRINGER (1994) *Iguana RS* 7 (13): 43-47; **(827)** KÖHLER unveröff. Beob.; **(828)** KOK, R. (1993): *Monitor* 2 (2): 31; **(829)** KOK, R. (1995): *De Schildpad* 21 (4): 5; **(830)** KOK, R. (1995a): *Monitor* 4 (1): 39-40; **(831)** KOK, R. (1995b): *Salamandra* 31 (3): 129-136.; **(832)** KOORE, J. v. D. (1985): *Litt. Serp.* 5 (1): 33-34; **(833)** KOPCZYNSKI, J. (1993): *Int. Zoo Yb.* 32: 197-204; **(834)** KORNACKER, P. (1988): *Herpetofauna, Weinstadt,* 10 (57): 27-33; **(835)** KORZHOV, A.V. et al. (1995): *Russian J. Herpetol.* 2 (1): 69-70; **(836)** KRAMER, E. (1938): *Senckenbergiana* 20: 66-80; **(837)** KRANICH, D. (1996): *The Vivarium* 7 (6): 6-7, 14-17; **(838)** KRASULA, K. (1988): *Herpetofauna, Weinstadt,* 10 (53): 30-34; **(839)** KRATZER, H. (1962): *DATZ* 15: 117-119; **(840)** KRATZER, H. (1968): *DATZ* 21: 380-382; **(841)** KRATZER, H. (1973): *Salamandra* 9 (1): 27-33; **(842)** KRATZER, H. (1973): *Salamandra* 9 (1): 36-38; **(843)** KRAUSS, P. (1992): *DATZ* 45 (10): 646-649; **(844)** KRAUSS, P. (1993): *DATZ* 46 (5): 307-309; **(845)** KREUTZ, R. (1988): *Herpetofauna, Weinstadt,* 10 (54): 6-11; **(846)** KREUTZ, R. schriftl. Mitt. 1997; **(847)** KRINTLER, K. (1977): *DATZ* 30: 424-426; **(848)** KRINTLER, K. (1985): *Sauria Suppl.* 7 (4): 31-32; **(849)** KROKER, B. (1995): *IGUANA Rundschreiben* 8 (15): 30-33; **(850)** KROKER, B. (1996): *IGUANA Rundschreiben* 9 (16): 16-22; **(851)** KRONIGER, M. (1990): *Die Eidechse* 1: 13-15; **(852)** KRONIGER, M. (1994): *Die Eidechse* 5 (12): 1-3; **(853)** KRÜGER, J. (1986): *Aquarien Magazin* 20 (12): 512-514; **(854)** KRÜPPERS-HECKHAUSEN, C. (1993): *DATZ* 46 (9): 572-.57; **(855)** KRÜPPERS-HECKHAUSEN, C. & T. ACKERMANN (1995) *Salamandra* 31 (2): 65-78; **(856)** KRZYSTYNIAK, S. (1984): *Herptile* 9: 36-41; **(857)** KUCH, U. schriftl. Mitt. 1996; **(858)** KUCH, U. & L. FREIRE (1993): *Herpetol. Rev.* 24 (3): 106; **(859)** KUCH, U. W. SCHNEYER (1996): *Sauria* 18 (2): 3-16; **(860)** KUCH, U. & R. SCHNITZLER (1988): *Sauria* 10 (4): 25-26; **(861)** KUCHLING, G. (1988): *Herpetozoa* 1 (1-2): 3-11; **(862)** KUCHLING, G. (1993): *Salamandra* 28 (3-4): 231-250; **(863)** KUCHLING, G. & J.P. DEJOSE (1989): *Int. Zoo Yb.* 28: 103-109; **(864)** KUDRJAVTSEV, S.V. & S.V. MAMET (1989): *Int. Zoo Yb.* 28: 199-204; **(865)** KULMUS, H. (1984): *Salamandra* 20 (1): 11-20; **(866)** LANDERS, J.L. (1980): *Herpetologica* 36 (4): 353-361; **(867)** LANG, J.W. (1985): *American Zool.* 25: 18A; **(868)** LANG, J.W. (1987): in WEBB, G.J.W., S.C. MANOLIS & P.J. WHITEHEAD (Hrsg.): *Wildlife management: Crocodiles and Alligators:* 301-317; **(869)** LANG, J.W., H. ANDREWS & R. WITHAKER (1989): *American Zool.* 29: 935-952; **(870)** LANGE, U. (1989): *Aquarien Terrarien* 1989 (9): 316-317; **(871)** LANGERWERF, B. (1977): *Lacerta* 35 (5): 63-65, 75-76; **(872)** LANGERWERF, B. (1977): *Lacerta* 35 (6): 84-86; **(873)** LANGERWERF, B. (1979): *Elaphe (A.F.)* 1979 (2): 15-17; **(874)** LANGERWERF, B. (1979): *Lacerta* 37 (7): 106-111; **(875)** LANGERWERF, B. (1980): *Brit. Herp. Soc. Bull.* 1: 23-26; **(876)** LANGERWERF, B. (1980): *Brit. Herp. Soc. Bull.* 2: 26-27; **(877)** LANGERWERF, B. (1981): *Brit. Herp. Soc. Bull.* 3: 32-35; **(878)** LANGERWERF, B. (1981): *Bull. Brit. Herpetol. Soc.* 4: 21-25; **(879)** LANGERWERF, B. (1983): *Brit. Herp. Soc. Bull.* 6: 20-22; **(880)** LANGERWERF, B. (1983): *Salamandra* 19 (1/2): 11-20; **(881)** LANGERWERF, B. (1984): *Bull. Brit. Herpetol. Soc.* 9: 25-27; **(882)** LANGERWERF, B. (1984): *Lacerta* 43 (1): 4-6; **(883)** LANGERWERF, B. (1993): *Brit. Herp. Soc. Bull.* 42: 18-22; **(884)** LANGERWERF, B. (1995): *The Vivarium* 7 (3): 24-29; **(885)** LANGEVELD, C.M. (1994): *Lacerta* 52 (2): 39-43; **(886)** LANGEVELD, C.M. (1995): *Lacerta* 53 (6): 162-171; **(887)** LANGEVELD, C.M. (1996): *Lacerta* 54 (6): 192-198; **(888)** LANGEVELD, C.M. et al. (1994): *Lacerta* 52 (2): 50-57; **(889)** LANGFORD, M. (1985): *Bull. Brit. Herpetol. Soc.* 13: 28; **(890)** LANGMANN, J. (1987): *Aquarien Terrarien* 1987 (7): 242-244; **(891)** LARDIE, R.L. (1965): *Copeia* 1965 (3): 366; **(892)** LARDIE, R.L. (1975): *J. Herpetol.* 9 (2): 260-264; **(893)** LARSSON, H. & J. WIHMAN (1989): *Int. Zoo Yb.* 28: 110-113; **(894)** LAUBE, A. (1993): *Sauria Suppl.* 15 (1-4): 273-276; **(895)** LAUBE, A. (1994): *Sauria Suppl.* 16 (3): 297-302; **(896)** LAUBE, A. schriftl. Mitt. 1995; **(897)** LAUDAHN mündl. Mitt.; **(898)** LAURENS, B.L. (1976): *DATZ* 29: 28-31; **(899)** LEDIG, J. (1988): *Elaphe (A.F.)* 10 (2): 24; **(900)** LEE, D.S. (1967): *Herpetologica* 23 (2): 241-242; **(901)** LEEUWEN, F.R. VAN & P.C. VELTHUYZEN (1982): *Lacerta* 40 (10-11): 230-236; **(902)** LEGLER, J.M. & J. CANN (1980): *Los Angeles Co. Mus. Nat. Sci. Contrib. Sci.* 324: 1-18; **(903)** LEHMANN, C. & K. (1985): *Litt. Serp.* 5 (2): 64-68; **(904)** LEHMANN, C. & K.-P. (1983): *Aquarien Terrarien* 1983 (3): 100-103; **(905)** LEHMANN, D. (1966): *Salamandra* 2 (1/2): 1-5; **(906)** LEHMANN, H. (1984): *Salamandra* 20: 192-196; **(907)** LEHMANN, H. (1988): *Salamandra* 24 (1):

1-6; **(908)** LEHMANN, M. (1982): *Herpetofauna, Weinstadt,* 4 (21): 20-22; **(909)** LEHR, E. (1987): *Aquarien Magazin* 21 (6): 222-225; **(910)** LELOUP, P. (1962): *Herpetologica* 18: 71; **(911)** LEON, J.R. & L.J. COVA (1973) *Carib. J. Sci.* 13: 63-73; (912) LEPTIEN, R. (1988): *Salamandra* 24 (2/3): 81-86; **(913)** LEPTIEN, R. (1992): *Sauria* 16 (1): 21-25; **(914)** LEPTIEN, R. (1995): *Lacerta* 53 (2): 61-63; **(915)** LEPTIEN, R. & W. BÖHME (1994): *Herpetozoa* 7 (1-2): 3-9; **(916)** LEPTIEN et al. (1994): *Dactylus* 3 (1): 18-23; **(917)** LEPTIEN et al. (1994): *Salamandra* 30 (4): 241-245; **(918)** LEPTIEN, R. & H.-J. ZILGER (1991): *Sauria* 13 (4): 23-25; **(919)** LESCURE J., F. RIMBLOT, J. FRETEY, S. RENOUS & C. PIEAU (1985): *Bull. Soc. Zool. France* 110: 355-359; **(920)** LESHEM, A. & DMI'EL, R. (1986): *Herpetol. Journ.* 1: 115-117; **(921)** LEWIS, B. (1990): *Brit. Herp. Soc. Bull.* 32: 15-18; **(922)** LEYDEN, D.F. et al. (1990): *Herpetofauna, Sydney,* 20 (2): 23-27; **(923)** LIEBERMAN, A. (1980): *J. Herpetol.* 14 (1): 103-105; **(924)** LIESACK, H. (1984): *Elaphe (A.F.)* 84 (1): 2-4; **(925)** LIESACK, H. (1989): *Aquarien Terrarien* 1989 (1): 27-29; **(926)** LIESACK, H. (1993): *Elaphe (N.F.)* 1 (1): 4-6; **(927)** LIESACK, H. (1995): *Int. Symp. Vivaristik* 1995: 50-53; **(928)** LIETSCH, P. (1988): *Aquarien Terrarien* 1988 (9): 314-315; **(929)** LILLEOR, J. et al. (1995): *Croc. Spez. Group Newsl.* 14 (2): 19; **(930)** LIMPUS, C.J., P. REED & J.D. MILLER (1983): *Proc. Inaugural Great Barrier Reef Conference*: 397-402 ; **(931)** LIMPUS, C.J., P. REED & J.D. MILLER (1985): in GRIGG, G., R. SHINE & H. EHMANN (Hrsg.): *Biology of Australasian Frogs and Reptiles*: 343-315; **(932)** LINDNER, J. (1993): *Elaphe (N.F.)* 1 (2): 4-8; **(933)** LINGEN, W. (1996): *Herpetofauna, Weinstadt,* 18 (103): 13-16; **(934)** LIPPE, R. (1993): *Das Aquarium* 9 (291): 37-38; **(935)** LLOYD, C.N.V. (1974): *J. Herpetol. Assoc. Afr.* 12: 9-11; **(936)** LOHRBERG, B. (1991): *Sauria* 13 (4): 27-30; **(937)** LOK, E. v. TH. Schriftl. Mitt. 1997; **(938)** LORENZ, W. (1983): *Die Schildkröte (A.F.):* 5 (1-2): 4-17; **(939)** LOUW, A.D. (1994): *African Herp News* 21: 12-13; **(940)** LOUWMAN, J.W.W. (1982): *Int. Zoo Yb.* 22: 153-156; **(941)** LOVICH, J.E. et al. (1983): *Herpetofauna, Sydney,* 14 (1-2): 95; **(942)** LÜTHI, H.-J. (1974): *Aqua Terra* 60: 264-268; **(943)** LÜTHI, H.J. (1983): *Herpetofauna, Weinstadt,* 5: 22-27; **(944)** LÜTHI, H. (1988): *Aquarien Terrarien* 1988 (1): 28; **(945)** LUTTENBERGER, F. (1981): *Zeitschr. Kölner Zoo* 24 (4): 115-125; **(946)** LUTZ, P.L. & A. DUNBAR-COOPER (1984): *Copeia* 1984: 153-161; **(947)** LUX, E. (1985): *Aquarien Terrarien* 1985 (10): 351-355; **(948)** MÄGDEFRAU, K. (1991): *Herpetofauna, Weinstadt,* 13 (74): 29-34, **(949)** MÄGDEFRAU, H, K, MÄGDEFRAU (1994): *Herpetofauna, Weinstadt,* 16 (90): 15-22; **(950)** MÄGDEFRAU, H. & K MÄGDEFRAU (1994): *Salamandra* 30 (1): 1-11; **(951)** MAGILL, R.N. (1982): *Int. Zoo Yb.* 22: 156-158; **(952)** MAGILL, R.N. (1984): *Int. Zoo Yb.* 23: 139; **(953)** MAGNUSSON, W.E. (1979): *J. Herpetol.* 13: 439-443; **(954)** MAGNUSSON, W.E. (1996): *Herpetol. Rev.* 27 (1): 21; **(955)** MAGNUSSON, W.E. & A. P. LIMA (1987): *Herpetol. Rev.* 18 (1): 15; **(956)** MANNING, A. (1991): *Herpetofauna, Sydney,* 21 (2): 15-19; **(957)** MANTEL, P. (1984): *Lacerta* 42 (10-11): 217-220; **(958)** MANTEL, P. (1985): *Lacerta* 44 (9): 154-158; **(959)** MANTHEY, U. (1985): *Sauria Suppl.* 7 (1): 11-12; **(960)** MANTHEY, U. (1985): *Sauria Suppl.* 7 (1): 3-6; **(961)** MANTHEY, U. & DENZER, W. (1991): *Sauria* 13 (3): 3-10; **(962)** MANTHEY, U. & W. DENZER (1993): *Sauria* 15 (2): 23-38; **(963)** MANWARING, N. & J.L. MANWARING (1992): *The Vivarium* 4 (2): 18-22; **(964)** MARA, W.P. (1995): *Rept. Amphib. Mag.* 1995 (9/10): 46-51; **(965)** MARAIS, J. & G.A. SMITH (1990): *J. Herpetol. Assoc. Afr.* 38: 49-50; **(966)** MARCO, A. et al. (1994): *Herpetol. Journal.* 4 (2): 49-55; **(967)** MARHOUL, P. (1992): *Terarista* 3 (2-3): 8-15; **(968)** MARKWELL, K. (1983): *Herpetofauna, Sydney,* 15 (1): 16-17; **(969)** MARLE, R. VAN & K. LANGEVELD (1991): *Lacerta* 49 (3): 71-77; **(970)** MARONDE, M. (1986): *Sauria Suppl.* 8 (4): 63-64; **(971)** MARONDE, M.(1990): *DATZ* 43 (4): 221-222; **(972)** MARQUES, O.A.V. (1996): *Amphibia-Reptilia* 17 (3): 277-285; **(973)** MARQUET, P.A. (1990): *J. Herpetol.* 24 (4): 431-434; **(974)** MARTIN, B.E. (1976): *Bull. Maryland Herp. Soc.* 12 (1): 23-24; **(975)** MARTIN, R.P. (1989): *Herpetol. Rev.* 20 (2): 36; **(976)** MARTINEZ, S. & L. CERDAS (1986): *Herpetol. Rev.* 17 (1): 12; **(977)** MARYAN, B. (1988): *Herpetofauna, Sydney,* 18 (2): 1-2; **(978)** MATTISON, C. (1989) *Brit. Herp. Soc. Bull.* 28: 25-30; **(979)** MATZ, G. & D. WEBER (1983): *Guide des Amphibiens et Reptiles d´Europe*: 292 S.; **(980)** MAU, K.-G. (1978): *Salamandra* 14 (2): 90-97; **(981)** MAURUSCHAT, I., et al. (1990): *Salamandra* 26 (2/3): 116-131; **(982)** MAYER W. & K. RICHTER (1990): *Herpetofauna, Weinstadt,* 12 (66): 21-30; **(983)** MAYER, R. (1992): *DATZ* 45 (9): 568; **(984)** MAYER, R. (1992): *Sauria* 14 (3): 37-38; **(985)** MAYHEW, W.W. (1963): *Copeia* 1963 (1): 114-152; **(986)** MAYHEW, W.W. (1971): *Herpetologica* 27 (1): 57-77; **(987)** McALLISTER, C.T. (1984): *Herpetol. Rev.* 15 (2): 48; **(988)** McCARTNEY, C. (1990): *J. Herpetol. Assoc. Afr.* 38: 44-48; **(989)** McCARTNEY C.J. & BRANCH W.R. (1988): *J. Herpetol. Assoc. Afr.* 35: 38; **(990)** McCOID, M.J. (1994): *Herpetol. Rev.* 25 (2): 69-70; **(991)** McCOID, M.J. (1994): *Herpetol. Rev.* 25 (3): 98-100; **(992)** McCORD, W.P. (1990): *Herpetol. Rev.* 21 (3): 51-52; **(993)** McCOY, C.J. (1975): *Herpetologica* 31 (1): 65-66; **(994)** McCOY, C.J., R.C. VOGT & E.J. CENSKY (1983): *J. Herpetol.* 17: 404-406; **(995)** McCOY, M. (1978): *Herpetofauna, Sydney,* 10 (1): 2-4; **(996)** McCRYSTAL, H.K. & J.L. BEHLERS (1982): *Int. Zoo Yb.* 22: 159-163; **(997)** McGEHEE, M.A. (1990): *Herpetologica* 46 (3): 251-258; **(998)** McKEOWN, S. (1989): *Int. Zoo Yb.* 28: 116-122; **(999)** McKEOWN, S. & R.G. WEBB (1982): *J. Herpetol.* 16: 107-111; **(1000)** McKEOWN, S. et al. (1982): *Zoo Biology* 1: 223-235; **(1001)** McMAHON, M.L. (1991): *J. Herpetol. Assoc. Afr.* 39: 27; **(1002)** McNICOL, K & A. GEORGES (1980): *Herpetofauna, Sydney,* 12 (1): 10-12; **(1003)** McPHERSON, R.J. & K.R. MARION (1981): *J. Herpetol.* 15 (4): 389-396; **(1004)** MEDEM, F. (1960): *Caldasia* 8: 341-351; **(1005)** MEDEM, F. (1962): *Rev. Acad. Colomb. Cien. Ex. Fis. Nat.* 11: 279-303; **(1006)** MEDEM, F. (1963): *Rev. Acad. Colomb. Cienc.*

*Ex. Nat.* 12 (45): 5-19; **(1007)** MEDEM, F. (1966): *Caldasia* 9: 467-489; **(1008)** MEDEM, F. (1973): *Salamandra* 9 (3/4): 91-98; **(1009)** MEDEM, F. (1976): Natur & Mus. 106 (8): 237-244; **(1010)** MEDEM, F. (1981): *Los Crocodylia de Sur America.* Vol I: 354 S.; **(1011)** MEDEM, F. (1983): *Los Crocodylia de Sur America.* Vol II: 270 S.; **(1012)** MEEDE, U. (1984): *unveröff. Diss.:* 189 S.; **(1013)** MEIDINGER, R. (1995): *J. Herp. Terrar. Ver. Österreich* 1995 (4): 18-21; **(1014)** MEIER, H. (1984*): Herpetofauna, Weinstadt, 6* (33): 20-27; **(1015)** MENZOZA Q., F. & W. SCHMIDT B. (1995): *Herpetol. Rev.* 26 (3): 145; **(1016)** MERAHTZAKIS, G. (1995): *Elaphe (N.F.)* 3 (3): 7-8; **(1017)** MERLI, J. (1992): *The Vivarium* 4 (1): 16-19; **(1018)** MESSINGER, M.A. & G.M. PATTON (1995): *Herpetol. Rev.* 26 (4): 193-195; **(1019)** MEYER, M. & SCHMID, H. (1978): *DATZ* 31: 389-390; **(1020)** MEYER-HOLZAPFEL, M. (1969): *Int. Zoo Yb* 9: 20-23; **(1021)** MEYLAN, A. et al. (1990): *Herpetol. Rev.* 21 (1): 19-20; **(1022)** MIDDELKOOP, R. van (1996): *De Schildpad* 22 (1): 13-16; **(1023)** MIEROP, L.H.S. van & E.L. BESSETTE (1981): *Herpeto. Rev.* 12 (1): 20-22; **(1024)** MILLER, J.D. & C.J. LIMPUS (1981): *Proc. Melbourne Herpetol. Symp.* 66-73; **(1025)** MILLER, K. et al. (1989): *Herpetol. Rev.* 20 (2): 56; **(1026)** MILLER, K. et al. (1989): *Herpetol.* Rev. 20 (3): 69; **(1027)** MILLER, M. (1979): *Bull. Chicago Herpetol. Soc.* 14: 78-91; **(1028)** MILLER, R. (1978): *Bull. Maryland Herp. Soc.* 14 (1): 36-38; **(1029)** MILLS, T. (1995): *The Vivarium* 7 (2): 24-29; **(1030)** MILSTEAD, W.W. & D.W. TINKLE (1967): *Copeia* 1967: 180-187; **(1031)** MINK, D.G. et al. (1995): *Herpetol. Rev.* 26 (3): 146; **(1032)** MINTON, S.A. (1991): *Herpetol. Rev.* 22 (3): 100-101; **(1033)** MIRTSCHIN, P. (1990): *Herpetofauna, Sydney,* 20 (2): 7-10; **(1034)** MISHRA, S.B. (1986): *Hamadryad* 11 (1-2): 15-16; **(1035)** MITCHELL, L.A. (1990): *Bull. Chicago Herp. Soc.* 25 (1): 8-9; **(1036)** MOBBS, A.J. (1978): *Cotsworld Herp. Symp.* 1978: 2-5; **(1037)** MOBBS, A.J. (1993): *Rept. Amphib. Mag.* 1993 (1-2): 22-27; **(1038)** MOBBS, A.J. (1993): *Rept. Amphib. Mag.* 1993 (1-2): 22-27; **(1039)** MOHANTY-HEJMADI, P., M. BEHRA & M.T. DIMOND (1985): *Symp. on Endangered Marine Animals and Marine Parks:* Paper 25: 1-5; **(1040)** MOLL, D. (1994): *Chelonian Conserv. Biol.* 2, 1: 107-116; **(1041)** MOLLE, F. (1961): *DATZ* 14: 62-63; **(1042)** MONGE-NÁJERA, B. MORERA & M. CHÁVEZ (1988): *Herpetological Journal,* 1: 308; **(1043)** MORIGUCHI, H. et al. (1982): *Snake* 14: 57-60; **(1044)** MORRIS, K.A. et al. (1983): *Herpetologica* 39 (3): 272-285; **(1045)** MOURAO, G. & Z. CAMPOS (1993). *Croc. Spez. Group Newsl.* 12 (3): 13-14; **(1046)** MOWBRAY, L.S. (1966): *Int. Zoo Yb* 6: 216; **(1047)** MROSOVSKY, N., P.H. DUTTON & C.P. WHITMORE (1984): *Canadian J. Zool.* 62: 2227-2239; **(1048)** MUDDE, P. (1987): *Lacerta* 45 (5): 70-80; **(1049)** MUDDE, P. (1989): *Lacerta* 47 (2): 33; **(1050)** MUDDE, P. (1990): *Lacerta* 48 (2): 33; **(1051)** MUDRACK, W. (1968): *Aquarien Magazin* 1968 (9): 383; **(1052)** MUDRACK, W. (1977): *Aquarien Magazin* 11 (12): 520-522, **(1053)** MUDRACK, W. (1984): *Aquarien Magazin* 18 (6): 280-281; **(1054)** MUDRACK, W. (1985): *Sauria* 7 (1): 29-30; **(1055)** MUDRACK, W. (1985): *Sauria Suppl.* 7 (2): 9-10; **(1056)** MUDRACK, W. (1986): *Sauria Suppl.* 8 (1): 37-40; **(1057)** MÜLLER, H. (1983): *Herpetofauna, Weinstadt, 5* (26): 17-19; **(1058)** MÜLLER, H. D. (1995) *Datz* 48 (12): 779-781; **(1059)** MÜLLER, H.W. (1991): *Sauria Suppl.* 13 (1-4): 197-200; **(1060)** MÜLLER, I. & D. MÜLLER (1994): *Elaphe (N.F.)* 2 (2): 24-27; **(1061)** MÜLLER, J. (1994): *Elaphe (N.F.)* 2 (2): 28-32; **(1062)** MURPHY, J.B. & L.A. MITCHELL (1984): *Int. Zoo Yb.* 23: 135-137; **(1063)** MURPHY, J.B. et al. (1978): *J. Herpetol.* 12 (3): 385-390; **(1064)** MURPHY, J.B. et al. (1981): *Trans. Kans. Acad. Sci.* 84 (1): 39-49; **(1065)** MUTH, A. (1977): *Copeia* 1977 (1): 189-190; **(1066)** NÄGELE, V. (1985*): Herpetofauna, Weinstadt, 7* (34): 31-34; **(1067)** NAJBERT, R. (1992): *Terarista* 3 (4): 15-18; **(1068)** NECAS, P. (1992): *Terarista* 3 (1): 19-20; **(1069)** NECAS, P. & M. BARTS (1994): *Sauria* 16 (1): 3-9; **(1070)** NEHRING, H. (1970): *Aquarien Magazin* 1970 (1): 38-41; **(1071)** NEILL, W.T. (1971): *Alligators, Crocodiles and their kin;* **(1072)** NERING-BÖGEL, T. & P. MUDDE (1984): *Lacerta* 42 (10-11): 201-206; **(1073)** NETTEN, H. (1984): *Lacerta* 42 (8): 164-167; **(1074)** NETTEN, H. (1985): *Lacerta* 44 (9): 146-153; **(1075)** NETTEN, H. & F. ZUURMOND (1985): *Lacerta* 44 (3): 42-43; **(1076)** NETTEN, H. & F. ZUURMOND (1985): *Lacerta* 44 (5): 84-89; **(1077)** NETTMANN, H.K. & S. RYKENA (1979): *Salamandra* 15 (1): 53-57; **(1078)** NETTMANN, H.-K. & S. RYKENA (1984): *Handbuch der Reptilien und Amphibien Europas* 2 (1): 100-128; **(1079)** NETTMANN, H.-K. & S. RYKENA (1984): *Handbuch der Reptilien und Amphibien Europas* 2 (1): 129-180; **(1080)** NICOLAY, H. (1990): *Sauria* 12 (2): 3-6; **(1081)** NIEDERHAUSER, R. (1984*): Herpetofauna, Weinstadt, 6* (31): 31-34; **(1082)** NIEHAUS, G. & K.-D. SCHULZ (1987): *Sauria* 9 (4): 3-7; **(1083)** NIJHOF, E. (1984): *Litt. Serp.* 4 (1): 27; **(1084)** NIJS, J. (1994): *Lacerta* 52 (5): 114-119; **(1085)** NISHIMURA, M. & T. KAMURA (1993): *Herpetol. Rev.* 24 (1): 14-15; **(1086)** NOACK, F. & N. DIETRICH (1994): *Elaphe (N.F.)* 2 (4): 22-25; **(1087)** NOEGEL, R.P. & G.A. MOSS (1989): *Int. Zoo Yb.* 28: 78-83; **(1088)** NOLAN, M. (1981): *Bull. Brit. Herpetol. Soc.* 4: 40-44; **(1089)** NÖLLERT, A. (1987): *Schildkröten* 190 S.; **(1090)** NORRIE, S. (1981): *Bull. Brit. Herpetol. Soc.* 4: 27-29; **(1091)** NUNAN, J. (1988): *The Vivarium* 1 (3): 48-53; **(1092)** OBST, F.J. (1981): *Handbuch der Reptilien und Amphibien Europas* 1 (1): 259-274; **(1093)** OCHSENBEIN, A, M. ZAUG (1992): *Herpetofauna, Weinstadt,* 14 (79): 6-12; **(1094)** ODINCHENKO, V.I. & V.A. LATYCHEV (1996): *Russian J. Herpetol.* 3 (1): 95-96; **(1095)** ODUM, R.A. (1993): *Croc. Spez. Group Newsl.* 12 (4): 17-18; **(1096)** OERTLEB, E.P. (1965): *Herpetologica* 20: 277-279; **(1097)** OGDEN, J.C. (1978): *J. Herpetol.* 12 (2): 183-196; **(1098)** OLEXA, A. (1969): *Int. Zoo Yb.* 9: 28-29; **(1099)** OPHORST, G. (1987): *De Schildpad* 13 (6): 17-22; **(1100)** OPHORST, G. (1987): *Lacerta* 45 (12): 174-180; **(1101)** OREJAS MIRANDA, B. & D. GARCIA (1967): *Neotropica* 13 (40): 41-46; **(1102)** ORLOW, N.L. (1982): *Herpetofauna, Weinstadt, 4* (19): 25-30;

**(1103)** ORLOV, N.L. (1995): *Russian J. Herpetol.* 2 (1): 65-67; **(1104)** ORLOV, N.L. (1995): *Russian J. Herpetol.* 2 (2): 179-183.; **(1105)** ORLOWA, W.F. (1981): *Handbuch der Reptilien und Amphibien Europas* 1 (1): 136-148; **(1106)** ORLOWA, W.F. (1981): *Handbuch der Reptilien und Amphibien Europas* 1 (1): 149-160; **(1107)** ORLOWA, W.F. & W. BISCHOFF (1984): *Handbuch der Reptilien und Amphibien Europas* 2 (1): 239-254; **(1108)** ORTLEPP-SCHUMACHER, E. & R. SCHUMACHER (1988): *Sauria* 10 (4): 17-19; **(1109)** ORTNER, A. (1989): *Herpetofauna, Weinstadt,* 11 (59): 11-16; **(1110)** ORTNER, A. (1989): *Herpetofauna, Weinstadt,* 11 (63): 20-21; **(1111)** ORTNER, A. (1993): *DATZ* 46 (9): 576-577; **(1112)** OSBORNE, S. (1985): *Litt. Serp.* 5 (2): 42-57; **(1113)** OTA, H. et al. (1989): *Herpetol. Rev.* 20 (2): 38-39; **(1114)** OTT, M. (1986): *Das Aquarium* 201: 145-149; **(1115)** OTT, M. (1992): *Das Aquarium* 1 (271): 35-37; **(1116)** OXTOBY, G.P. (1989): *Lacerta* 47 (5): 152-156; **(1117)** PAASCH, J. (1994): *DATZ* 47 (8): 493-495; **(1118)** PABST, H. (1989): *Lacerta* 47 (6): 180-182; **(1119)** PACHECO A., L.F. (1990): *Proc. 10th Meeting Croc. Spez. Group.* Vol. 2: 109-122; **(1120)** PACKARD, G.C. & M.J. PACKARD (1987): *Copeia* 1987: 395-406; **(1121)** PACKARD, G.C. et al. (1990): *Herpetol. Rev.* 21 (4): 92; **(1122)** PACKARD, G.C., M.J. PACKARD & T.J. BOARDMAN (1982): *Zool. J. Linnean Soc.* 75: 23-34; **(1123)** PACKARD, G.C., M.J. PACKARD & T.J. BOARDMAN (1984): *Copeia* 1984: 547-550; **(1124)** PACKARD, G.C., M.J. PACKARD, T.J. BOARDMAN, K.A. MORRIS & R.D. SHUMAN (1983): *Physiol. Zool.* 56: 217-230; **(1125)** PACKARD, G.C., M.J. PACKARD & G.F. BIRCHARD (1989): *Herpetologica* 45: 385-392; , **(1126)** PACKARD, G.C., M.J. PACKARD & W.H.N. GUTZKE (1985): *Physiol. Zool.* 58: 564-575; **(1127)** PACKARD, G.C., T.L. TAIGEN, M.J. PACKARD (1981): *J. Zool., London,* 193: 81-90; **(1128)** PACKARD, G.C., T.L. TAIGEN, M.J. PACKARD & T.J. BOARDMAN (1980): *Canadian J. Zool.* 58: 1404-1411; **(1129)** PACKARD, M.J., G.C. PACKARD & T.J. BOARDMAN (1980): *Canadian J. Zool.* 58: 2051-2058; **(1130)** PACKARD, M.J., G.C. PACKARD & T.J. BOARDMAN (1982): *Herpetologica* 38: 136-155; **(1131)** PACKARD, M.J., G.C. PACKARD, J.D. MILLER, M.E. JONES & W.H.N. GUTZKE (1985): *J. Exp. Zool.* 235: 349-357; **(1132)** PALACIOS, F. et al. (1974): *Doñana Acta Vert, Sevilla,* 1: 5-31; **(1133)** PALMER, W.M. (1961): *Herpetologica* 17 (1): 65; **(1134)** PANDHA, S.K. & J.P. THAPLIYAL (1967): *Copeia* 1967 (1): 121-125; **(1135)** PATTERSON, R.W. (1974): *Int. Zoo Yb.* 14: DUNN, R.W. (1979): *Int. Zoo Yb.* 19: 91-92; **(1136)** PATTERSON, R.W., R.C. BOYCOTT & D.R. MORGAN (1987): *J. Herpetol. Assoc. Afr.* 36: 75; **(1137)** PATTERSON, R.W. & H. ERSAMUS (1977): *Int. Zoo Yb.* 7: 99-101; **(1138)** PAULDURO, E. & U. KRABBE-PAULDURO (1992): *Sauria Suppl.* 14 (1-4): 233-240; **(1139)** PAULER, I. (1980): *DATZ:* 33: 103-107; **(1140)** PAULER, I. (1981): *Herpetofauna, Weinstadt,* 3 (13): 6-8; **(1141)** PAULER, I.(1990): *Herpetofauna, Weinstadt,* 12 (66): 8-10; **(1142)** PAWLEY, R. (1972): *Int. Zoo Yb.* 12: 141-144; **(1143)** PECK, B. (1987): *ASRA Journal* 3 (2): 11; **(1144)** PEEK, R. (1987): *Lacerta* 45 (5): 66-69; **(1145)** PEELS, G. (1982): *Litt. Serp.* 2 (1): 19-25; **(1146)** PELT, J.v. (1983): *Litt. Serp.* 3 (1): 41-42; **(1147)** PEREZ MELLADO, V. (1986): *Handbuch der Reptilien und Amphibien Europas* 2 (2): 15-24; **(1148)** PEREZ-HIGAREDA, G. (1981): *Bull. Maryland Herp. Soc.* 17 (2): 71-73; **(1149)** PEREZ-HIGAREDA, G. (1981): *Bull. Maryland Herp. Soc.* 17 (2): 80-82; **(1150)** PEREZ-HIGAREDA, G. & H.M. SMITH (1989): *Herpetol. Rev.* 20 (1): 5-6; **(1151)** PEREZ-QUINTERO, J.C. (1996): *Amphibia-Reptilia* 17 (3): 197-208; **(1152)** PERRON, S. (1974): *Salamandra* 10 (2): 61-65; **(1153)** PERRY, G. et al. (1993): *Int. Zoo Yb.* 32: 188-190; **(1154)** PERRY, G. & R. DMI´EL (1988): *Herpetol. Rev.* 19 (3): 56-57; **(1155)** PETERS, U. (1969): *Aquarien Magazin* 3 (10): 412-413; **(1156)** PETERS, U. (1970): *Animal Kingdom* 73 (2): 30-31; **(1157)** PETERS, U. (1971): *Bull. Zoo Management* 3 (2): 17-18; **(1158)** PETERS, U. (1976): *Aquarien Magazin* 10 (12): 525; , **(1159)** PETERS, U. (1977): *DATZ* 30: 248-250; **(1160)** PETERS, U. (1981): *Aquarien Terrarien* 1981 (1): 24-25; **(1161)** PETERS, U.W. & E.P. FINNIE (1979): *Int. Zoo Yb.* 19: 53-55; **(1162)** PETERSON, K. (1993): *The Vivarium* 5 (1): 18-19, 26-27; **(1163)** PETRS, U. (1969): *Int. Zoo Yb.* 9: 29; **(1164)** PETZOLD, H.G. (1962): *Int. Zoo Yb.* 6: 97-98; **(1165)** PETZOLD, H.G. (1969): *Int. Zoo Yb* 9: 54-56; **(1166)** PETZOLD, H.G. (1978): *Aquarien Terrarien* 25: 359; **(1167)** PETZOLD, H.G. (1978): *Aquarien Terrarien* 25: 359; **(1168)** PFLUGMACHER, S. (1986): *Herpetofauna, Weinstadt,* 8 (45): 31-34; **(1169)** PICKERSGILL, S. & MEEK, R. (1988): *Bull. Brit. Herpetol. Soc.* 23: 23-24; **(1170)** PIEAU, C (1973): *C. R. Hebd. Séanc. Acad. Sci., Paris (Ser. D)* 277: 2789-2792; **(1171)** PIEAU, C (1975a): in REINBOTH, R.(Hrsg.): *Intersexuality in the Animal Kingdom:* 332-339; **(1172)** PIEAU, C (1975b): *Bull. Soc. Zool. France Suppl.* 1: 12-22; **(1173)** PIEAU, C. & M. DORIZZI (1981): *J. Morphol.* 170: 373-382; **(1174)** PIEAU, C. (1971): *C. R. Hebd. Séanc. Acad. Sci., Paris (Ser. D)* 274: 3071-3074; **(1175)** PIEAU, C. (1972): *C. R. Hebd. Séanc. Acad. Sci., Paris (Ser. D)* 274: 719-722; **(1176)** PIERCE, L. (1994): *The Vivarium* 5 (6): 38-41; **(1177)** PIETSCH, A. (1996): *Elaphe (N.F.)* 4 (4): 23-24; **(1178)** PIETSCHMANN, J. (1995): *Sauria* 17 (2): 25-30; **(1179)** PILLICH, G. (1982): *Aquarien Magazin* 1982 (11): 656-658; **(1180)** PILLICH, G. (1984): *Herpetofauna, Weinstadt,* 6 (30): 14-16; **(1181)** PLATT, N. (1989): *ASRA Journal* 3 (4): 32-46; **(1182)** PLATT, S.G. (1993): *The Vivarium* 5 (2): 26-27, 35; **(1183)** PLATT, S.G. (1994): *The Vivarium* 6 (2): 22-23, 42-44; **(1184)** PLATTEEUW, J. (1989): *Lacerta* 48 (1): 22-24; **(1185)** PLIJNAAR, A.W. (1978): *Lacerta* 36 (5): 80; **(1186)** PLUMMER, M.V. (1977): *Copeia* 1977 (3): 440-447; **(1187)** PLUMMER, M.V. (1990): *Herpetologica* 46 (2): 190-195; **(1188)** PLUMMER, M.V. C.E. SHADRIY & R.C. COX (1994): *Chelonian Conserv. Biol.* 2, 1: 141-144; **(1189)** PODLOUCKY, R. (1984): *Herpetofauna, Weinstadt,* 6 (30): 6-13; **(1190)** POLDER, R. (1978): *DATZ* 31: 280-281; **(1191)** POLISAR, J. (1996): *Chelonian Conserv. Biol.* 2 (1): 13-25; **(1192)** POLLECK, R. (1988): *Sauria Suppl.* 10 (3): 113-114; **(1193)**

Pongratz, H. (1982): *DATZ* 35: 111-113; **(1194)** Pongratz, H. (1989): *DATZ* 42 (2): 97-98; **(1195)** Pooley, A.C. (1962): *Lammergeyer* 2 (1): 1-55; **(1196)** Pooley, A.C. (1969): *Lammergeyer* 3 (10): 22-44; **(1197)** Porras, L.W. (1996): *The Vivarium* 7 (5): 28-37; **(1198)** Porter, R. (1992): *Herpetofauna, Sydney*, 22 (1): 3-6; **(1199)** Powders, V.N. (1978): *Copeia* 1978: 154-156; **(1200)** Powell, R. et al. (1991): *J. Herpetol.* 25 (1): 121-122; **(1201)** Praedicow, G. (1985): *Herpetofauna, Weinstadt*, 7 (37): 6-14; **(1202)** Praedicow, G. (1993): *Sauria Suppl.* 15 (1-4): 269-272; **(1203)** Praschag, R. (1977): *Das Aquarium* (98): 350-352; **(1204)** Praschag, R. (1995): *Int. Symp. Vivaristik* 1995: 64-67; **(1205)** Prichard, P.C.H. & P. Trebbau (1984): *Turtles of Venezuela* : 403 S.; **(1206)** Punzo, F. (1982): *J. Herpetol.* 16 (4): 414-417; **(1207)** Putten, S. (1992): *Lacerta* 50 (3): 118-120.; **(1208)** Putten, S.V. (1992): *De Schildpad* XVIII (3/4): 23-37; **(1209)** Quinn, H.R. (1979): *Copeia* 1979 (3): 453-463; **(1210)** Radaj, R.H. (1981): *Herpetol. Rev.* 12 (3): 80; **(1211)** Radovanovic, M. (1957): *Zool. Anz., Leipzig*, 159: 130-137; **(1212)** Radspieler, C. M. Schweiger (1989): *Herpetofauna, Weinstadt*, 11 (63): 11-19; **(1213)** Ramirez P., M.P. (1994): ): *J. Herpetol.* 28 (4): 521-524; **(1214)** Ramirez P., M.P. (1995): *J. Herpetol.* 29 (2): 256-260.; **(1215)** Rand, A.S. (1968): *Herpetologica* 24: 178-180; **(1216)** Ratterman, R.J. & R.A. Ackerman (1989): *Physiol. Zool.* 62: 1059-1079; **(1217)** Rau, R. (1984): *DATZ* 37: 32-34; **(1218)** Raut, S.K. & K.C. Ghose (1984): *Herpetol. Rev.* 15 (4): 108; **(1219)** Ream, C.H. (1964): *Herpetologica* 20 (4): 239-242; **(1220)** Reason, D. & B. Reason (1993): *ASRA Journal* 1993: 49-59; **(1221)** Rehak, I. & F.J. Obst (1993): *Handbuch der Reptilien und Amphibien Europas* 3 (1): 156-166.; **(1222)** Reichling, S.B. (1982): *Herpetol. Rev.* 13 (2): 41; **(1223)** Reichling, S.B. (1988): *Herpetol. Rev.* 19 (3): 77-78; **(1224)** Reid, D. (1979): *ASRA Journal* 1 (1): 28-36; **(1225)** Reid, D. (1979): *ASRA Journal* 1 (1): 50-55; **(1226)** Reiff, G. (1987): *Aquarien Terrarien* 1987 (3): 98-99; **(1227)** Reisinger, M. (1992): *Sauria* 14 (1): 21-23; **(1228)** Reisinger, M. (1994) *IGUANA RS* 7 (13): 29-34; **(1229)** Reisinger, M. (1995): *Elaphe (N.F.)* 3 (3): 16-20; **(1230)** Reiß, G. (1961): *DATZ*: 14: 212-214; **(1231)** Reitinger, F.F. (1978): *Common Snakes of South East Asia and Hong Kong*: 114 S.; **(1232)** Remy, A.(1990): *Herpetofauna, Weinstadt*, 12 (65): 6-9; **(1233)** Rese, R. (1983): *Sauria* 5 (4): 13-15; **(1234)** Rese, R. (1986): *Sauria Suppl.* 8 (3): 49-50; **(1235)** Rese, R. (1986): *Sauria Suppl.* 8 (3): 55-56; **(1236)** Rese, R. (1986): *Sauria Suppl.* 8 (4): 61-62; **(1237)** Rese, R. (1987): *Sauria Suppl.* 9 (1): 71-72; **(1238)** Rese, R. (1987): *Sauria Suppl.* 9 (3): 87-88; **(1239)** Rheinhard, W. (1981): *Litt. Serp.* 1 (5): 200-201; **(1240)** Rheinhard, W. (1983): *Litt. Serp.* 3 (6): 214-215; **(1241)** Rheinhard, W. (1983): *Litt. Serp.* 3 (6): 215-216; **(1242)** Rheinshagen, S. (1993): *Monitor* 2 (2): 7-9; **(1243)** Rhodin, A.G.J. & G.H. Mittelhauser (1994): *Chelonian Conserv. Biol.* 2, 1: 148-150; **(1244)** Rhodin, A.G.J. & R.A. Mittermeier (1976): *Bull. Mus. Comp. Zool. Harvard* 147: 465-488; **(1245)** Riches, R.J. (1967): *Brit J. Herp.* 4 (1): 14-16; **(1246)** Richter, K. (1986): *Handbuch der Reptilien und Amphibien Europas* 2 (2): 399-407; **(1247)** Richter, K. (1996): *Die Eidechse* 7 (17): 34-36; **(1248)** Richter, U. (1981): *Salamandra* 17 (3/4): 194-197; **(1249)** Richter, U. (1982): *Aquarien Magazin* 1982 (10): 677-679; **(1250)** Richter, U. (1989): *DATZ* 42 (2): 99-100; **(1251)** Rickert, M. (1994): *Sauria* 16 (2): 27-30; **(1252)** Rickert, M. (1995): *Sauria* 17 (4): 19-28; **(1253)** Riedel, F. (1994): *Elaphe (N.F.)* 2 (1): 27-30; **(1254)** Riel, C.A.P. van (1976): *Lacerta* 34 (8): 104-107; **(1255)** Riel, C.A.P. van (1977): *Lacerta* 35 (5): 182-183; **(1256)** Riel, C.A.P. van . (1978): *Lacerta* 37 (2): 19-22; **(1257)** Riel, C.A.P. van (1981): *Lacerta* 39 (6-7): 62-64; **(1258)** Riel, C.A.P. van (1982): *Herpetofauna, Weinstadt*, 4 (18): 31-33; **(1259)** Riel, C.A.P. van (1982): *Litt. Serp.* 2, (5): 254; **(1260)** Riel, C.A.P. van (1982): *Litt. Serp.* 2, (5): 254-255; **(1261)** Riel, V. (1976): *Lacerta* 34 (5): 62-64; **(1262)** Rigler, R. (1993): *Terarista* 4 (1): 3-8; **(1263)** Rimblot, F., J. Fretey, N. Mrosovsky, J. Lescure & C. Pieau (1985): *Amphibia-Reptilia* 6: 83-92; **(1264)** Rimblot-Baly, F., J. Lescure, J. Fretey & C. Pieau (1987): *Ann. Sci. Natur Zool. Paris* 8: 277-290; **(1265)** Ripa, D. (1993): *The Vivarium* 5 (5): 36-37; **(1266)** Risley, D. (1989): *Int. Zoo Yb.* 28: 113-115; **(1267)** Rödel, M.O. (1989): *DATZ* 42 (4): 214-218; **(1268)** Rödel, M.O. (1989): *DATZ* 42 (7): 409-412; **(1269)** Röder, A. & H.-G. Horn (1994): *Salamandra* 30 (2): 97-108; **(1270)** Rodriguez-Ramirez, J. & A.R. Lewis (1991): *Herpetologica* 47 (4): 395-403; **(1271)** Rogner, M. (1979): *Aquarien Magazin* 13 (9): 456-461; **(1272)** Rogner, M. (1984): *DATZ* 37: 390-394; **(1273)** Rogner, M. (1991): *Das Aquarium* 259: 47-50; **(1274)** Rogner, M. (1992): *DATZ* 45 (12): 773-774; **(1275)** Rogner, M. (1992): *Echsen 1*: 281 S.; **(1276)** Rogner, M. (1995): *Das Aquarium* 307: 37-41; **(1277)** Rohde, B. (1987): *Aquarien Terrarien* 1987 (2): 62-64; **(1278)** Rohde, H. (1991): *Sauria* 13 (3): 29; **(1279)** Röll, B. (1994): *Sauria Suppl.* 16 (3): 307-310; **(1280)** Röll, B. (1996): *Sauria Suppl.* 18 (3): 381-384; **(1281)** Romer, J.D. (1978): *Mem. Hong Kong Nat. Hist. Soc.* 12: 1-10; **(1282)** Romer, J.D. (1979): *Int. Zoo Yb.* 19: 92-94; **(1283)** Roosenburg, W.M. & K.C. Kelley (1996): *J. Herpetol.* 30 (2): 198-204.); **(1284)** Rösler, H. (1977): *Aquarien Terrarien* 1977 (3): 80-81; **(1285)** Rösler, H. (1980): *Elaphe (A.F.)* 3: 33-35; **(1286)** Rösler, H. (1981): *Aquaria* 12: 200-204; **(1287)** Rösler, H. (1981): *Elaphe (A.F.)* 1981 (4): 49-54; **(1288)** Rösler, H. (1982): *Aquarien Magazin* 1982 (10): 587-588; **(1289)** Rösler, H. (1982): *Sauria* 4 (2): 23-24; **(1290)** Rösler, H. (1983): *Elaphe (A.F.)* 4: 49-51; **(1291)** Rösler, H. (1983): *Lacerta* 42 (1): 8-11; **(1292)** Rösler, H. (1983): *Lacerta* 42 (2): 22-24; **(1293)** Rösler, H. (1985): *Das Aquarium* 190: 206-208; **(1294)** Rösler, H. (1985): *Das Aquarium* 195: 537-540; **(1295)** Rösler, H. (1986): *Aquaria* 33 (11): 169-175; **(1296)** Rösler, H. (1988): *DATZ* 41 (8): 282-283; **(1297)** Rösler, H. (1989): *Das Aquarium* 289:

303-306; **(1298)** Rösler, H. (1990): *Sauria Suppl.* 12 (1-4): 179-182; **(1299)** Rösler, H (1991): *Herpetofauna, Weinstadt*, 13 (73): 20-28; **(1300)** Rösler, H. (1993): *J. Herpetol. Assoc. Afr.* 42: 13-19; **(1301)** Rösler, H. (1993): *Sauria* 15 (3): 11-16; **(1302)** Rösler, H. (1994): *Das Aquarium* 300: 35-39; **(1303)** Rösler, H. (1995): *Geckos der Welt*: 256 S.; **(1304)** Rösler, H. (1996): *Dactylus* 3 (1): 24-28; **(1305)** Rösler, H. (1996): *Herpetofauna, Weinstadt*, 18 (102): 14-18; **(1306)** Ross, R. & R. Larman (1977): *Int. Zoo Yb.* 17: 133-136; **(1307)** Ross, R.A. & G. Marzec (1990): *The Reproductive Husbandry of Pythons and Boas*: 270 S.; **(1308)** Rossi, J. & R. Rossi (1992): *The Vivarium* 3 (6): 16-18, 27.; **(1309)** Röß ler, R. (1991): *Die Eidechse* 2: 3-5; **(1310)** Röß ler, R. (1992): *Die Eidechse* 5: 3-5; **(1311)** Röß ler, R. (1993): *Elaphe (N.F.)* 1 (2): 8-9; **(1312)** Rossman, D.A. (1973): *HISS News-Journ.* 1 (6): 189-191; **(1313)** Rotmans, H.J. (1994): *De Schildpad* 20 (5): 28; **(1314)** Rotmans, H.J. (1994): *Lacerta* 53 (1): 11-17; **(1315)** Rotter, J. (1962): *Zool. Garten, Leipzig (N.F.)*: 26: 312-318; **(1316)** Rottmann, J. (1969): *DATZ* 22: 282-284; **(1317)** Routman, E.J. & A.C. Hulse (1984): *J. Herpetol.* 18 (4): 381-386; **(1318)** Rozinek, K. (1989): *Aquarien Terrarien* 1989 (4): 137; **(1319)** Rück, A. (1965): *DATZ* 18: 117-119; **(1320)** Rudloff, H.-W. (1982): *Elaphe (A.F.)* 1982 (4): 55-58; **(1321)** Rudloff, H.-W. (1986): *Aquarien Terrarien* 1986 (5): 166-169; **(1322)** Rudloff, H.-W. (1986): *Aquarien Terrarien* 1986 (6): 206-207; **(1323)** Rudloff, H.W. (1986): *Herpetofauna, Weinstadt*, 8 (40): 14-20; **(1324)** Rudner, I. (1991): *J. Herpetol. Assoc. Afr.* 39: 13; **(1325)** Ruiter, M. de (1993): *DATZ* 46 (10): 19; **(1326)** Rundquist, E.M. (1986): *Herpetol. Rev.* 17 (1): 20; **(1327)** Rutschke, J. (1989): *Herpetofauna, Weinstadt*, 11 (60): 25-31; **(1328)** Rutschke, J. (1994): *Herpetofauna, Weinstadt*, 16 (89): 14-24; **(1329)** Ryan, J.J. (1981): *Bull. Maryland Herp. Soc.* 17 (3): 102-106; **(1330)** Rybak, M. (1996): *The Vivarium* 7 (6): 26; **(1331)** Rykena, S. & Bischoff (1992): *Poc. 6. Ord. Gen. Meet. S.E.H. 1991*: 399-402; **(1332)** Sabath, M.D. (1981): *J. Herpetol.* 15 (1): 71-75; **(1333)** Sachsse, W. (1973): *Salamandra* 9 (2): 81; **(1334)** Sachsse, W. (1974): *Salamandra* 10 (1): 1-14; **(1335)** Sachsse, W. (1975): *Salamandra* 11 (1): 7-19; **(1336)** Sachsse, W. (1977): *Salamandra* 13: 157-165; **(1337)** Sachsse, W. (1977): *Salamandra* 13: 25-35; **(1338)** Sachsse, W. (1980) *Salamandra* 16 (4): 252-260; **(1339)** Sachsse, W. (1980): *Salamandra* 16 (4): 185-194; **(1340)** Sachsse, W. (1984): *Acta Zool. Pathol. Antverpiensa* 78: 297-308; **(1341)** Saha, B.K. (1982): *Hamadryad* 7 (3): 15; **(1342)** Saint-Girons, H. (1972): *Mém. Mus. Nation. Hist. Nat. (N.S.) A, Paris*, 74: 1-170; **(1343)** Salvador, A. (1981): *Handbuch der Reptilien und Amphibien Europas* 1 (1): 376-388; **(1344)** Salvador, A. (1981): *Handbuch der Reptilien und Amphibien Europas* 1 (1): 492-502; **(1345)** alvador, A. (1984): *Handbuch der Reptilien und Amphibien Europas* 2 (1): 69-81; **(1346)** Salvador, A. (1984): *Handbuch der Reptilien und Amphibien Europas* 2 (1): 276-289; **(1347)** Salvador, A. (1986): *Handbuch der Reptilien und Amphibien Europas* 2 (2): 71-82; **(1348)** Salvador, A. (1986): *Handbuch der Reptilien und Amphibien Europas* 2 (2): 83-110; **(1349)** Salvador, A. (1986): *Handbuch der Reptilien und Amphibien Europas* 2 (2): 231-253; **(1350)** Sameit, J. (1986): *Sauria Suppl.* 8 (2): 43-44; **(1351)** Sameit, J. (1988): *DATZ* 41 (6): 162-164; **(1352)** Sameit, J. (1991): *DATZ* 44 (12): 785-786; **(1353)** Sasa, M. (1993): *Rev. Biol. Trop.* 41 (2): 295-297; **(1354)** Sautereau, L. (1985): *Bull. Soc. Herp. France* 133: 43-48; **(1355)** Sautereau, L. & P. de Bitter (1980): *Bull. Soc. Herp. France* 15: 4-9; **(1356)** Sautereau, L. & B. Langerwerf (1980): *Bull. Soc. Herp. France* 17: 10-16; **(1357)** Scanlon, J.D. (1982): *Herpetofauna, Sydney*, 13 (2): 25; **(1358)** Scerbak, N.N. (1966): *Zemnowodnyje i presmykaykajuscijesja Kryma*: 239 S.; **(1359)** Scerbak, N.N. (1981): *Handbuch der Reptilien und Amphibien Europas* 1 (1): 447-460; **(1360)** Scerbak, N.N. & W. Böhme (1993): *Handbuch der Reptilien und Amphibien Europas* 3 (1): 167-175; **(1361)** Schaefer, I. (1981): *Die Schildkröte (A.F.):* 3 (4): 16-27; **(1362)** Schaefer, I. (1986): *Salamandra* 22 (4): 229-241; **(1363)** Schaefer, I. (1988): *Aquarien Terrarien* 1988 (1): 29; **(1364)** Schaefer, I. (1994): *Salamandra* 30 (1): 22-32; **(1365)** Schäfer, C. (1991): *Sauria Suppl.* 13 (1-4): 223-224; (1366) Schäfer, C. (1991): *Sauria Suppl.* 14 (1-4): 243-246; **(1367)** Schäfer, C. (1993): *Sauria Suppl.* 15 (1-4): 279-282; **(1368)** Schäfer, C. (1994): *Sauria* 16 (4): 19-24; **(1369)** Schall, J.J. (1978): *Copeia* 1978: 108-116; **(1370)** Schall, J.J. (1983): *J. Herpetol.* 17 (4): 406-408; **(1371)** Schardt, M. (1993): *Elaphe (N.F.)* 1 (4): 4-8; **(1372)** Schardt, M. (1996): *Elaphe (N.F.)* 4 (4): 14-20; **(1373)** Schardt, M. (1996): *Herpetofauna, Weinstadt*, 18 (101): 5-10; **(1374)** Schardt, M. schriftl. Mitt. 1995; **(1375)** Scheuerer, H. (1985): *Sauria* 7 (3): 29-30; **(1376)** Schiberna, M. (1995): *Elaphe (N.F.)* 3 (3): 9-15; **(1377)** Schiffers-Lange, J. (1995): *Elaphe (N.F.)* 3 (4): 18-21; **(1378)** Schindler, E. (1981): *Aquarien Terrarien* 1981 (1): 26-29; **(1379)** Schipperijn, A.J.M. (1987): *Lacerta* 45 (4): 62-64 **(1380)** Schipperijn, A.J.M. (1992): *Lacerta* 50 (6): 205-206; **(1381)** Schirra, K.J. (1993): *Sauria Suppl.* 15 (1-4): 261-264; **(1382)** Schleich, H.H. (1984): *Herpetofauna, Weinstadt*, 6 (32): 28-30; **(1383)** Schlüter, U. (1997). *Das Aquarium* 331: 50-52; **(1384)** Schmalz, M. & AR. Stein (1994): *Salamandra* 30 (1): 12-21; **(1385)** Schmida, G.E. (1974): *Aquarien Terrarien* 27: 390-394; **(1386)** Schmidt, A. A. (1970): *Salamandra* 6 (1/2): 3-10; **(1387)** Schmidt, A.A. & W. Sachse (1976): *Salamandra* 12 (1): 5-16; **(1388)** Schmidt, D. (1981): *Aquarien Terrarien* 1981 (11): 388-392; **(1389)** Schmidt, D. (1981): *Aquarien Terrarien* 1981 (12): 426-428; **(1390)** Schmidt, D. (1983): *Aquarien Terrarien* 1983 (10): 330; **(1391)** Schmidt, D. (1983): *Aquarien Terrarien* 1983 (10): 331; **(1392)** Schmidt, D. (1983): *Aquarien Terrarien* 1983 (5): 171-175; **(1393)** Schmidt, D. (1983): *Aquarien Terrarien* 1983 (8): 287; **(1394)** Schmidt, D. (1989): *Aquarien Terrarien* 1989 (2): 59-

63; **(1395)** SCHMIDT, D. (1990): *Schlangen* 200 S.; **(1396)** SCHMIDT, D. (1995): *Int. Symp. Vivaristik* 1995: 68-72; **(1397)** SCHMIDT, H.D. (1981): *DATZ* 34: 436-437; **(1398)** SCHMIDT, J. (1994): *Elaphe (N.F.)* 2 (2): 21-23; **(1399)** SCHMIDT, J. (1995): *J. Herp. Terrar. Ver. Österreich* 1995 (4): 6-11; **(1400)** SCHMIDT, K. (1995): *Int. Symp. Vivaristik* 1995: 73-75; **(1401)** SCHMIDT, M. (1992): *DATZ* 45 (1): 25-27; **(1402)** SCHMIDT, W. (1985): *Sauria Suppl.* 7 (4): 25-26; **(1403)** SCHMIDT, W. (1986): *Sauria Suppl.* 8 (2): 41-42; **(1404)** SCHMIDT, W. (1987): *Herpetofauna, Weinstadt,* 9 (47): 21-24; **(1405)** SCHMIDT, W. (1988): *Sauria Suppl.* 10 (1): 101-104; **(1406)** SCHMIDT, W. et al. (1996): *Chamäleons*: 160 S.; **(1407)** SCHMIDT, W. (1992): *Sauria* 14 (3): 21-23; **(1408)** SCHMIDT, W. (1993): *Salamandra* 28 (3-4): 195-201; **(1409)** SCHMIDT, W. et al. (1989): *Salamandra* 25 (1): 14-20; **(1410)** SCHMIDT, W. schriftl. Mitt. 1996; **(1411)** SCHMIDT, W. & V. MÜLLER (1994): *Elaphe (N.F.)* 2 (4): 26-30; **(1412)** SCHMIDT, W. V. MÜLLER (1996): *DATZ* 49 (2): 103-105; **(1413)** SCHMIDT, W. & H. SIMON (1988): *DATZ* 41 (5): 90; **(1414)** SCHMIDT, W. & H. SIMON (1988): *Sauria Suppl.* 10 (4): 121-124; **(1415)** SCHMIDT, W. & K. TAMM (1988): *Herpetofauna, Weinstadt,* 10 (52): 11; **(1416)** SCHMIDTLER, J.F. & I. BARAN (1993): *Handbuch der Reptilien und Amphibien Europas* 3 (1): 267-278; **(1417)** SCHMIDTLER, J.F. & I. BARAN (1993): *Handbuch der Reptilien und Amphibien Europas* 3 (1): 279-292; **(1418)** SCHNEIDER, B. (1984): *Handbuch der Reptilien und Amphibien Europas* 2 (1): 211-224; **(1419)** SCHNEIDER, B. (1986): *Handbuch der Reptilien und Amphibien Europas* 2 (2): 363-376; **(1420)** SCHNITZLER, R. (1990): *Sauria Suppl.* 12 (1-4): 161-168; **(1421)** SCHNITZLER, R. (1992): *Sauria Suppl.* 14 (1-4): 251-254; **(1422)** SCHOLZ, G. (1990): *Sauria* 12 (4): 7-9; **(1423)** SCHOUTEN, J. (1984): *Litt. Serp.* 4 (1): 25-26; **(1424)** SCHREIBER, E. (1912): *Herpetologia europaea* 960 S.; **(1425)** SCHRÖDER, E. (1987): *Salamandra* 23 (4): 236-240; **(1426)** SCHRÖTER, G. (1986): *Aquarien Terrarien* 1986 (12): 411-415; **(1427)** SCHUETTE, B. (1978): *Herpetol. Rev.* 9 (2): 92; **(1428)** SCHULTE, R. (1974): *DATZ* 27 (9): 319-322; **(1429)** SCHULZ, E. (1972): *Aquarien Terrarien* 19 (4-6): 112-115, 155-158, 196-199; **(1430)** SCHULZ, K.-D. (1986): *Sauria* 8 (2): 23-26; **(1431)** SCHULZ, K.-D. (1987): *Sauria* 9 (1): 21-30; **(1432)** SCHULZ, K.-D. (1987): *Sauria* 9 (2): 3-6; **(1433)** SCHULZ, K.-D. (1996): *A Monograph of the colubrid Snakes of the Genus Elaphe* FITZINGER: 439 S.; **(1434)** SCHULZ, K.-D. & J. MÜNZENMAIER (1990): *Sauria* 12 (2): 25-29; **(1435)** SCHUMACHER, R. (1991) *Iguana Rundschreiben* (2): 14-15; **(1436)** SCHUMACHER, R. (1991) *Iguana Rundschreiben* (2): 34-35; **(1437)** SCHUMACHER, R.A.H. (1996): *Sauria* 18 (1): 3-10; **(1438)** SCHUSTER, B. (1980): *Salamandra* 16 (4): 195-202; **(1439)** SCHWAB, D.J. (1992): *Herpetol. Rev.* 23 (2): 60; **(1440)** SCHWARZKOPF, L. & R.J. BROOKS (1985): *Canadian J. Zool.* 63: 2543-2547; **(1441)** SCHWEIGER, M.(1991): *Herpetofauna, Weinstadt,* 13 (71): 22-26; **(1442)** SCHWEIZER, H. (1965): *Salamandra* 1 (3): 67-73; **(1443)** SCHWEIZER, H. (1968): *DATZ* 21: 219-221; **(1444)** SCOUSE, T. (1993): *ASRA Journal* 1993: 18-24; **(1445)** SEIPP, R. schriftl. Mitt. 1996; **(1446)** SEUFER, H (1991): *Herpetofauna, Weinstadt,* 13 (71): 6-10; **(1447)** SEUFER, H. (1979): *DATZ* 32 (2): 61-63; **(1448)** SEUFER, H. (1979): *Herpetofauna, Weinstadt,* 1 (1): 10-15; **(1449)** SEUFER, H. (1988): *Herpetofauna, Weinstadt,* 10 (55): 6-12; **(1450)** SEUFER, H. (1988): *Sauria* 10 (2): 21-25; **(1451)** SEVCIK, J. (1990): *DATZ* 43 (3): 156-158; **(1452)** SHAFFER, J.C. & C.H. ERNST (1979): *Bull. Maryland Herp. Soc.* 15 (2): 46-55; **(1453)** SHARMA, I.K. (1975): *Lacerta* 35 (1): 14-16; **(1454)** SHAW, C.E. (1954): *Herpetologica* 10 (2): 73-78; **(1455)** SHAW, C.E. (1960): *Brit J. Herp.* 2 (10): 182-185; **(1456)** SHAW, C.E. (1961): *Int. Zoo Yb.* 3: 102-104; **(1457)** SHAW, C.E. (1969): *Int. Zoo Yb.* 9: 45-48; **(1458)** SHEA, G.M. (1987): *Herpetol. Rev.* 18 (2): 29-32; **(1459)** SHEA, G. et al. (1991): *Herpetofauna, Sydney,* 21 (2): 7-10; **(1460)** SHEARGOLD, T. (1979): *Herpetofauna, Sydney,* 10 (2): 2-4; **(1461)** SHINE, R. (1980): *J. Herpetol.* 14 (1): 71-77; **(1462)** SHINE, R. (1980): *J. Herpetol.* 14 (4): 381-389; **(1463)** SHINE, R. (1989): *Herpetologica* 45 (2): 195-207; **(1464)** SHINE, R. & J.S. KEOGH (1996): *J. Herpetol.* 30 (2): 238-247; **(1465)** SHINE, R. & J.K. WEBB (1990): *J. Herpetol.* 24 (4): 357-363; **(1466)** SHINE, R. et al. (1996): *Copeia* 1996 (2): 290-299; **(1467)** SHINE, R.S. et al. (1996): *J. Herpetol.* 30 (3): 361-366; **(1468)** SHIPLEY, B.K. (1993): *Iguana Times* 2 (3): 24-25; **(1469)** SIGG, H. (1984*): Herpetofauna, Weinstadt,* 6 (29): 11-20; **(1470)** SIMMONS, J.E. (1975): *Herpetologica* 31 (3): 279-282; **(1471)** SIMMONS, J.E. (1977): *Herpetol. Rev.* 8 (2): 32; **(1472)** SIMS, K.J. & I. SINGH (1978): *Int. Zoo Yb.* 18: 83-84; **(1473)** SINGH, L.A.K. (1993): *Croc. Spez. Group Newsl.* 12 (4): 4; **(1474)** SINGH, L.A.K. & H.R. BUSTARD (1977): *Indian For.* 103 (10): 671-678; **(1475)** SLEIJPEN, F. (1996): *Lacerta* 54 (6): 178-186; **(1476)** SLIP, D.J. & R. SHINE (1988): *J. Zool. Lond.* 216: 367-378; **(1477)** SMITH, D.D. (1983): *Herpetol. Rev.* 14 (2): 46; **(1478)** SMITH, G.R. (1995): *Herpetologica* 51 (3): 342-349; **(1479)** SMITH, J. (1979): *Herpetofauna, Sydney,* 10 (2): 12-14; **(1480)** SMITH, L. (1993): *ASRA Journal* 1993: 32-35; **(1481)** SMITH, T. (1989) *Brit. Herp. Soc. Bull.* 29: 42-48; **(1482)** SMYTH, M. & M.J. SMITH (1974): *J. Herpetol.* 8 (4): 329-335; **(1483)** SNELDERWAARD, P. (1982): *Lacerta* 41 (1): 8-11; **(1484)** SOLORZANO, A. & L. CERDAS (1987): *Herpetol. Rev.* 18 (4): 75-76; **(1485)** SOMMA, C.A. & G.R. BROOKS (1976): *Copeia* 1976 (2): 249-256; **(1486)** SPAWLS, S. (1980): *Brit. Herp. Soc. Bull.* 2: 37; **(1487)** SPENCE, T. et al. (1979): *Int. Zoo Yb.* 19: 58-60; **(1489)** SPOTILA, J.R., L.C. ZIMMERMANN, C.A. BINCKLEY, J.S. GRUMBLES, D.C. ROSTAL, A. LIST, JR, E.C. BEYER, K.M. PHILLIPS & S.J. KEMP (1994): *Herp. Monogr.* 8: 103-116; **(1490)** STAEDELI, J.H. (1962): *Zoonooz* 35 (7): 10-15; **(1491)** STAEDELI, J.H. (1964): *Copeia* 1964 (3): 581-582; **(1492)** STANKOWSKI, B. (1986): *Herpetofauna, Weinstadt,* 8 (42): 29-34; **(1493)** STATON, M.A. & J.R. DIXON (1977): *Fish & Wildl. Serv. Wildl. Res. Report* 5: 1-21; **(1494)** STEARNS, B.C. (1988): *Int. Zoo Yb.* 27: 98-103; **(1495)** STEARNS, B.C. (1989): *Int.*

*Zoo Yb.* 28: 87-98; **(1496)** Steehouder, A.M. (1984): *Lacerta* 42 (10-11): 194-200; **(1497)** Steehouder, T. (1985): *Litt. Serp.* 5 (3): 110-113; **(1498)** Steehouder, T. (1994): *Lacerta* 52 (5): 106-110; **(1499)** Steehouder, T. (1994): *Lacerta* 52 (5): 122-128; **(1500)** Steel, R. (1989): *Crocodiles*: 198 S.; **(1501)** Steijn, N.P. van (1989): *DATZ* 42 (11): 668-671; **(1502)** Steijn, N.P. van (1990): *Lacerta* 48 (3): 72-74; **(1503)** Stein, V. (1988): *Sauria Suppl.* 10 (3): 119-120; **(1504)** Steinfartz, S. (1993): *Sauria* 15 (1): 3-8; **(1505)** Steinrücke, W. (1991): *Sauria* 13 (2): 7-9; **(1506)** Steiof, C. et al. (1991): *Sauria Suppl.* 13 (1-4): 217-222; **(1507)** Stemmler, O. (1971): *Rev. Suisse Zool.* 78: 783-791; **(1508)** Stemmler, O. (1972): *DATZ* 25: 283-286; **(1509)** Stemmler-Gyger, O. (1963): *DATZ* 16: 180-183; **(1510)** Stevens, T.P. (1980): *J. Herpetol.* 14 (4): 418-420; **(1511)** Stirnberg, E. & W. Broer (1984): *Salamandra* 20 (4): 197-204; **(1512)** Stössl, T. (1993): *Sauria Suppl.* 15 (1-4): 257-260; **(1513)** Straube, E. (1980): *Die Schildkröte*, Sonderheft 1: 6-10; **(1514)** Straube, E. (1983): *Die Schildkröte (A.F.):* 5 (3): 14-17; **(1515)** Stribrny, R. (1978): *DATZ* 31: 422-424; **(1516)** Strugren, B. (1984): *Handbuch der Reptilien und Amphibien Europas* 2 (1): 318-331; **(1517)** Subba Rao, M.V. & Rajabai, B.S. (1972): *Brit. J. Herpetol.* 4 (10): 245-251; **(1518)** Subba Rao, M.V. (1983): *Herpetol. Rev.* 14 (2): 39; **(1519)** Sura, P. (1981): *Brit. Herp. Soc. Bull.* 3: 20-24; **(1520)** Swain, T.A. et al. (1980): *J. Herpetol.* 14 (4): 321-326; **(1521)** Swan, G. (1975): *Herpetofauna, Sydney,* 7 (2): 18-20; **(1522)** Switak, K.H. (1969): *Int. Zoo Yb* 9: 56-57; **(1523)** Switak, K.H. (1975): *Aquarien Magazin* 9 (9): 366-372; **(1524)** Switak, K.H. (1979): *Das Aquarium* (126): 586-588; **(1525)** Sylber, C.K. (1985): *Herpetol. Rev.* 16 (1): 18-21; **(1526)** Tamm K., V. Müller, W. Schmidt (1988): *Herpetofauna, Weinstadt,* 10 (57): 11-14 ; **(1527)** Tanner, W.W. & J.M. Hopkin (1972) *Brigham Young Univ. Sci. Bull.* 15 (4): 1-39; **(1528)** Tardent, P. (1972): *Salamandra* 8 (3/4): 165-175; **(1529)** Tasoulis, T. (1984): *Herpetofauna, Sydney,* 15 (2): 49; **(1530)** Taylor, E.H. 1956): *Univ. Kansas Sci. Bull.* 38 (1): 1-322; **(1531)** Taylor, J.A. (1985): *Herpetologica* 41 (4): 408-418; **(1532)** Teichner, O. (1978): *Int. Zoo Yb.* 18: 88-89; **(1533)** Telford, S.R. Jr. (1971): *Copeia* 1971 (4): 670-675; **(1534)** Thatcher, T. (1987): *ASRA Journal* 3 (2): 25-31; **(1535)** Thatcher, T. (1992): *ASRA Monogr.* 2 (2): 3-8; **(1536)** Thieme, U. (1979): *Aquarien Terrarien* 1979 (1): 26-29; **(1537)** Thieme, U. (1983): *Aquarien Terrarien* 1983 (10): 353-356; **(1538)** Thieme, U. (1985): *DATZ* 38: 326-328; **(1539)** Thieme, E. & U. Thieme (1996): *Herpetofauna, Weinstadt,* 101: 27-31; **(1540)** Thissen, R. (1991): *Varanews* 1 (7): 5-6; **(1541)** Thissen, R. (1992): *The Vivarium* 3 (5): 32-34; **(1542)** Thissen, R. (1993): *Elaphe (N.F.)* 1 (3): 4-9; **(1543)** Thomsen, J. (1983): *Herpetofauna, Weinstadt,* 5 (25): 16-20; **(1544)** Thorogood, J. & I.W. Whimster (1979): *Int. Zoo Yb.* 19: 74-79; **(1545)** Throp, J.L. (1969): *Int. Zoo Yb.* 9: 30-31; **(1546)** Thuok, N. (1995): *Croc. Spez. Group Newsl.* 14 (3): 8-9; **(1547)** Tiedemann, F. & K. Henle (1986): *Handbuch der Reptilien und Amphibien Europas* 2 (2): 111-141.; **(1548)** Tomey, W.A. (1984): *Das Aquarium* 181: 369-371; **(1549)** Townsend, C.R. (1979): *Int. Zoo Yb.* 19: 80-86; **(1550)** Townson, S. (1990): *Brit. Herp. Soc. Bull.* 34: 13-15; **(1551)** Tracy, C.R. (1980): *Copeia,* 1980: 478-482; **(1552)** Tracy, C.R. & H.L. Snell (1985): *American Zool.* 25: 999-1008; **(1553)** Trauth, S.E. (1982): *Herpetol. Rev.* 13 (4): 126; **(1554)** Trautmann, G. (1992): *Sauria Suppl.* 14 (1-4): 255-256; **(1555)** Trautmann, G. (1993): *Sauria Suppl.* 15 (1-4): 276-277; **(1556)** Trautwein, S.N. (1982): *Herpetol. Rev.* 14 (1): 15-16; **(1557)** Treijen, T. van (1991): *Lacerta* 49 (4): 118-119; **(1558)** Tremper, R.L. (1981): *Int. Zoo Yb.* 21: 95-96; **(1559)** Tröger, M. (1995): *Sauria* 17 (1): 15-20; **(1560)** Tröger, M. (1996): *Elaphe (N.F.)* 4 (4): 2-12; **(1561)** Trutnau, L. (1976): *DATZ* 29: 424-428; **(1562)** Trutnau, L. (1981): *Herpetofauna, Weinstadt,* 3 (13): 11-16; **(1563)** Trutnau, L. (1982): *DATZ* 35: 232-235; **(1564)** Trutnau, L. (1983): *Herpetofauna, Weinstadt,* 5 (22): 14-22; **(1565)** Trutnau, L. (1984): *Aquarien Magazin* 18 (10): 496-499; **(1566)** Trutnau, L. (1984*): Herpetofauna, Weinstadt,* 6 (28): 17-21; **(1567)** Trutnau, L. (1984*): Herpetofauna, Weinstadt,* 6 (31): 15-26; **(1568)** Trutnau, L. (1984*): Herpetofauna, Weinstadt,* 6 (33): 12-19; **(1569)** Trutnau, L. (1985): *Herpetofauna, Weinstadt* 7 (37): 25-34; **(1570)** Trutnau, L. (1985): *Herpetofauna, Weinstadt,* 7 (38): 6-10; **(1571)** Trutnau, L. (1987): *Aquarien Magazin* 21 (3): 114-121; **(1572)** Trutnau, L. (1994): *Krokodile:* 270 S.; **(1573)** Trutnau, L. (1996): *Herpetofauna, Weinstadt,* 18 (100): 6-10; **(1574)** Trutnau, L.(1985): *Das Aquarium* 195: 481-483; **(1575)** Tryon, B. (1976): *Herpetol. Rev.* 7 (4): 156-157; **(1576)** Tryon, B.W. (1978): *Herpetol. Rev.* 9 (2): 58-61; **(1577)** Tryon, B.W. (1979): *J. Herpetol.* 13 (4): 499-504; **(1578)** Tryon, B.W. (1980): *SSAR Contrib. Herpetol.* 1: 167-185 **1579** Tryon, B.W. & T.G. Hulsey (1976): *Herpetol. Rev.* 7 (4): 160-162; **(1580)** Tryon, B.W. & T.G. Hulsey (1977): *Int. Zoo Yb.* 17: 130; **(1581)** Tryon, B.W. & H.K. McCrystal (1982): *Herpetol. Rev.* 13 (2): 47-48; **(1582)** Tryon, B.W. & J. Whitehead (1988): *Zoo Biol.* 7: 371-379; **(1583)** Tucker, A.D. & N.B. Frazer (1991): *Herpetologica* 47 (1): 115-124; **(1584)** Tuma, M.W. (1993): *Herpetol. Rev.* 24 (1): 31; **(1585)** Turner, F.B. et al. (1986): *Herpetologica* 42 (1): 93-104; **(1586)** Tytle, T. (1992): *The Vivarium* 3 (6): 32-36; **(1587)** Tytle, T. & T. Papenfuss (1995): *The Vivarium* 6 (6): 50-52; **(1588)** Tytle, T. & P. Stephens (1993): *The Vivarium* 5 (2): 18-19; **(1589)** Uetz, P. (1983): *Herpetofauna, Weinstadt,* 5 (22): 26-27; **(1590)** Ulber, T. & C. Schäfer (1990): *Sauria Suppl.* 11 (1-4): 145-148; **(1591)** Ulber, T. & E. Ulber (1987): *Sauria Suppl.* 9 (1-4): 81-86; **(1592)** Ulber, T. & E. Ulber (1991): *Sauria Suppl.* 13 (1-4): 201-204; **(1593)** Ullrich, K. (1979): *Herpetofauna, Weinstadt,* 1 (2): 15-17; **(1594)** Uzzell, T.M. (1966): *Bull. Am. Mus. Nat. Hist.* 132 (5): 279-327; **(1595)** Uzzell, T.M. (1970): *Postilla Peabody Mus. Yale Univ.* 142: 1-39; **(1596)**

VAN DAMME, R. et al. (1992): *Herpetologica* 48 (2): 220-228; **(1597)** VAN DE VELDE, R.L. et al. (1962): *Copeia* 1962 (1): 212-213; **(1598)** VAN HECKE, A. (1973): *Lacerta* 32 (2): 29-32; **(1599)** VAN MIEROP, L.H.S. & S.M. BARNARD (1976): *J. Herpetol.* 10 (4): 333-340; **(1600)** VAN SLUYS, M. (1993): *J. Herpetol.* 27 (1): 28-32; **(1601)** VANDEVENTER, T.L. & R.A. YOUNG. (1989): *The Vivarium* 1 (4): 32-36; **(1602)** VEIDT, G. (1977): *DATZ* 30: 388-391; **(1603)** VEJERSLEV, L.O. (1985): *Litt. Serp.* 5 (2): 77; **(1604)** VELDKAMP, H. (1990): *Lacerta* 49 (1): 2-5; **(1605)** VELENSKÝ, P. schriftl. Mitt. 1996; **(1606)** VERGNER, I. (1990): *Herpetofauna, Weinstadt,* 12 (65): 25-34; **(1607)** VERGNER, I. (1994): *DATZ* 47 (9): 564-568; **(1608)** VERGNER, I. (1994): *DATZ* 47 (11): 726-728; **(1609)** VERGNER, I. (1994): *DATZ* 47 (12): 777-778; **(1610)** VERGNER, I. & P. POLÁK (1996): *Herpetofauna, Weinstadt,* 18 (103): 5-12; **(1611)** VIJAYA, J. (1981): *Hamadryad* 6: 10; **(1612)** VIJAYA, J. (1982): *Hamadryad* 7 (3): 14-15; **(1613)** VIJAYA, J. (1982): *Hamadryad* 7 (3): 16; **(1614)** VILLIERS, A.H. DE (1995): *African Herp News* 24: 26-27; **(1615)** VINKE, S. & T. VINKE (1996). *Das Aquarium* 328: 44-47; **(1616)** VISSER, J. (1971): *J. Herpetol. Assoc. Afr.* 7: 17-18; **(1617)** VISSER, G. (1981): *Int. Zoo Yb.* 21: 87-91 **(1618)** VISSER, G.J. (1985): *Salamandra* 21 (2/3): 161-168; **(1619)** VISSER, G. (1985): *Litt. Serp.* 5 (1): 4-27; **(1620)** VISSER, G. (1988): *Lacerta* 46 (4): 54-61; **(1621)** VISSER, G. schriftl. Mitt. ; **(1622)** VISSER, G.J. & H.A. ZWARTEPOORTE (1989): *Int. Zoo Yb.* 28: 98-102; **(1623)** VIT, Z. (1976): *Aquarien Terrarien* 1976 (1): 12-15; **(1624)** VIT, Z. (1981): *Aquarien Terrarien* 1981 (2): 68-69; **(1625)** VITT, J.L. (1975): *Herpetologica* 31 (1): 83-84; **(1626)** VITT, L.J. (1982): *J. Herpetol.* 16 (3): 325-329; **(1627)** VITT, L.J. (1983): *Copeia* 1983 (2): 359-366; **(1628)** VITT, L.J. (1991): *J. Herpetol.* 25 (1): 79-90; **(1629)** VITT, L.J. & W.E. COOPER (1985): *Herpetologica* 41 (4): 419-432; **(1630)** VITT, L.J. & W.E. COOPER (1986): *J. Herpetol.* 20 (1): 65-76; **(1631)** VITT, L.J. & S. DE LA TORRE (1996) *Guia para la investigacion de las lagartijas de Cuyabeno*: 165 S.; **(1632)** VITT, L.J. & R.D. OHMART (1974): *Herpetologica* 30 (4): 410-417; **(1633)** VITT, L.J. & R.D. OHMART (1975): *Herpetologica* 31 (1): 56-65; **(1634)** VLECK, D. (1991): in DEEMING, D.C. & M.W.J. FERGUSON (Hrsg.): *Egg incubation: its effects on embryonic development in birds and reptiles*: 245-259; **(1635)** VOGEL, D. (1992) *IGUANA Rundschreiben* (2): 15-17; **(1636)** VOGEL, D. (1994): *Monitor* 3 (1): 41; **(1637)** VOGEL, D. schriftl. Mitt. 1996; **(1638)** VOGEL, W. (1980): *Die Schildkröte (A.F.)* Sonderheft 1: 32; **(1639)** VOGT, R.C. & J.J. BULL (1982): *Copeia* 1982: 699-700; **(1640)** VOGT, R.C., J.J. BULL, C.J. MCCOY & T.W. HOUSEAL (1982): *Copeia* 1982: 480-482; **(1641)** VOGT, R.C. & O. FLORES-VILLELA (1992): *Herpetologica* 48 (3): 265-270.); **(1642)** VOGT, R.C. et al. (1994): *Chelonian Conserv. Biol.* 1 (2): 145-148; **(1643)** VOKINS, M. (1981): *Litt. Serp.* 1 (4): 157; **(1644)** VOS, H.G.T. (1986): *De Schildpad* 12 (5/6): 42-53; **(1645)** VOSJOLI, P. DE (1996): *The Vivarium* 7 (4): 18-21; **(1646)** VROOM, T. (1978): *Lacerta* 37 (1): 5-16; **(1647)** WAGNER, E. (1974): *Int. Zoo Yb.* 14: 84-86; **(1648)** WAGNER, E. (1976): *Int. Zoo Yb.* 16: 83-85; **(1649)** WAGNER, E. (1980): *SSAR Contrib. Herpetol.* 1: 115-117; **(1650)** WAGNER, E. et al. (1976): *Int. Zoo Yb.* 16: 74-78; **(1651)** WAHLQUIST, H. & G.W. FOLKERTS (1973): *Herpetologica* 29: 236-237; **(1652)** WAI, L. (1994): *Dactylus* 1994: 93-97 **(1653)** WAITKUWAIT, W.E. (1982): *Proc. Symp. Croc. Conserv. Util. 6th Work. Meet. Croc. Spez. Group IUCN*: 1-12; **(1654)** WALKER, J.M. (1980): *J. Herpetol.* 14 (4): 431-432; **(1655)** WALKER, J.M. (1981): *J. Herpetol.* 15 (3): 321-328; **(1656)** WALLIKEWITZ, E, A. WALLIKEWITZ (1992): *Herpetofauna, Weinstadt,* 14 (81): 6-10; **(1657)** WALSH, T. & S. DAVIS (1978): *Bull. Maryland Herp. Soc.* 14 (2): 75-78; **(1658)** WALSH, T. et al. (1993): *The Vivarium* 4 (6): 23-26; **(1659)** WANNER, M. (1991): *AAZPA Comm.* Aug 1991: 17; **(1660)** WAREHAM, D. (1990): *ASRA Journal* 4 (1): 7-14; **(1661)** WEBB, G.J.W. (1980): *Proc. Melbourne Herpetol. Symp.*: 107; **(1662)** WEBB et al. (1977): *Copeia* 1977 (2): 238-250; **(1663)** WEBB et al. (1983): *Austr. Wildl. Res.* 10: 571-605; **(1664)** WEBB, G.J.W., D. CHOQUENOT & P.J. WHITEHEAD (1986): *J. Zool.*, B1: 521-550; **(1665)** WEBB, G.J.W., S.C. MANOLIS, K.E. DEMPSEY & P.J. WHITEHEAD (1987): in WEBB, G.J.W, S.C. MANOLIS & P.J. WHITEHEAD (Hrsg.): *Wildlife Management: Crocodiles and Alligators*: 417-422; **(1666)** WEGNER, U. (1990): *Sauria* 12 (2): 7-9; **(1667)** WEIGEL, J. (1989): *Int. Zoo Yb.* 28: 122-126; **(1668)** WEIGEL, J. (1990): *Herpetofauna, Sydney,* 20 (2): 1-4; **(1669)** WEIR, J. (1993): *Brit. Herp. Soc. Bull.* 43: 10-14; **(1670)** WEISSINGER, H. (1984): *Aquaria:* 31 (9): 139-142; **(1671)** WEISSINGER, H. (1987): *ÖGH-Nachrichten* 12/13: 72-74; **(1672)** WELLS, R. (1972): *Herpetofauna, Sydney,* 5 (2): 24; **(1673)** WELLS, R. (1980): *Herpetofauna, Sydney,* 11 (2): 18-19; **(1674)** WELLS, R. & G. HUSBAND (1979): *Herpetofauna, Sydney,* 11 (1): 22-25; **(1675)** WELZEL, A. (1981): *Aquarien Magazin* 15 (4): 255-258; **(1676)** WELZEL, A. (1981): *Herpetofauna, Weinstadt,* 3 (13): 22-24; **(1677)** WELZEL, A. (1984): *Aquarien Magazin* 13 (11): 546-548; **(1678)** WERB, K. (1980): *Brit. Herp. Soc. Bull.* 2: 29-30; **(1679)** WERLER, J.E. (1949): *Herpetologica* 5: 67-70; **(1680)** WERLER, J.E. (1970): *Int. Zoo Yb.* 10: 105-116; **(1681)** WERMAN, S.D. (1982): *J. Herpetol.* 16 (4): 417-418; **(1682)** WERNING, H. (1993): *Sauria Suppl.* 15 (1-4): 265-268; **(1683)** WESIAK, K (1993): *Herpetofauna, Weinstadt,* 15 (87): 21-25; **(1684)** WEST, J. (1990): *Herpetofauna, Sydney,* 20 (2): 28-31; **(1685)** WEYGOLDT, P. (1984): *Herpetofauna, Weinstadt, 6* (32): 22-26; **(1686)** WHELAN, J.P. & J. COAKLEY (1982): *Herpetol. Rev.* 13 (3): 97; **(1687)** WHITAKER, R. (1968): *J. Bombay Nat. Hist. Soc.* 66 (1): 184-185; **(1688)** WHITAKER, R. (1968): *J. Bombay Nat. Hist. Soc.* 66 (2): 387-388; **(1689)** WHITAKER, R. (1978): *Common Indian Snakes*: 154 S.; **(1690)** WHITAKER, R. (1981): *Hamadryad* 6 (2): 14; **(1691)** WHITAKER, R. & Z. WHITAKER (1989): *J. Bombay Nat. Hist. Soc.* 74: 358-360; **(1692)** WHITE, D. & D. MOLL (1991): *J. Herpetol.* 25 (4): 493-494; **(1693)** WICK, W. (1996): *Monitor* 4 (2): 5-18; **(1694)**

WICKER, R. (1984): *Salamandra* 20 (4): 185-191; **(1695)** WICKER, R. (1993): *Monitor* 2 (1): 13-14; **(1696)** WICKER schriftl. Mitt. 1997; **(1697)** WIDHOLZER, F.L. et al. (1986): *Int. Zoo Yb.* 24/25: 226-230; **(1698)** WIEDEMANN, M. (1909): *Bl. Aquar. Terrarienk.* 20: 733-736; **(1699)** WIEMER, R. (1994): *Sauria Suppl.* 16 (3): 315-318; **(1700)** WIEWANDT, T.A. (1993): *Iguana Times* 2 (4): 2-19; **(1701)** WILD, C. (1994): *Brit. Herp. Soc. Bull.* 49: 29-35; **(1702)** WILKE, H. (1984): *Int. Zoo Yb.* 23: 137-139; **(1703)** WILLEM, J. (1990): *Lacerta* 48 (5): 135-141; **(1704)** WILMS, T. (1995): *Dornschwanzagamen*: 130 S.; **(1705)** WILMS, T. & B. LÖHR (1994): *Elaphe (N.F.)* 2 (3): 25-29; **(1706)** WILSON, D. (1959): *Brit. J. Herp.* 2 (9): 159-162; **(1707)** WILSON, P.R. (1989): *Herpetol. Rev.* 20 (3): 69-70; **(1708)** WILSON, R.T. (1986): *Herpetol. Rev.* 17 (3): 61; **(1709)** WIMMER, D. mündl. Mitt.; **(1710)** WINGARZ. J. (1938): *Bl. Aquar. Terrarienk.* 49: 4-7; **(1711)** WINSTEL, A. (1991): *The Vivarium* 2 (6): 16-17, 28; **(1712)** WIROT, N. (1979): *The Turtles of Tailand*: 222 S.; **(1713)** WIRTENSOHN, R. schriftl. Mitt. 1996 ; **(1714)** WISNIEWSKI, P.J. (1992): *ASRA Monogr.* 2 (2): 49-53; **(1715)** WITTIG, W. (1976): *Aquarien Terrarien* 1976 (11): 388; **(1716)** WOERKOM, A. VAN (1984): *Litt. Serp.* 4 (1): 28-29; **(1717)** WÖHRLE, J. (1996): *Elaphe (N.F.)* 4 (4): 21-22; **(1718)** WONDERGEM, H. (1994): *De Schildpad* 20 (6): 38-44; **(1719)** WOOD, F.E. & J.R. WOOD (1982): *Copeia* 1982: 482-485; **(1720)** WOOD, J.R. & F.E. WOOD (1988): *Herpetological Journal*, 1: 247-249; **(1721)** WOUTERS, R. (1987): *Lacerta* 46 (3): 40-43; **(1722)** WRANGEL, R. (1994): *Herpetofauna, Weinstadt*, 16 (88): 17-23; **(1723)** WRANGEL, R. (1995): *Herpetofauna, Weinstadt*, 17 (99): 6-14; **(1724)** WRIGHT, A. (1986): *ASRA Journal* 3 (1): 39-45; **(1725)** WRIGHT, A.H. & A.A. WRIGHT (1957): *Handbook of Snakes*, 1105 S.; **(1726)** WRIGHT, C. (1981): *Int. Zoo Yb.* 21: 73-75; **(1727)** YADAV, R.N. (1969): *Int. Zoo Yb.* 9: 33; **(1728)** YADAV, R.N. (1979): *Int. Zoo Yb.* 19: 45; **(1729)** YAMAKOSHI, M., W.E. MAGNUSSON & J.M. HERO (1987): *American Zool.* 27: 67A; **(1730)** YANOSKY, A.A. (1990): *Revue fr. Aquariol.* 17 (1): 19-31; **(1731)** YEADON, R.B. (1991): *J. Herpetol. Assoc. Afr.* 39: 22; **(1732)** YEADON, R.B. (1991): *J. Herpetol. Assoc. Afr.* 39: 23; **(1733)** YNTEMA, C.L. (1976): *J. Morphol.* 150: 453-462; **(1734)** YNTEMA, C.L. (1981): *J. Morphol.* 167: 297-304; **(1735)** YORK, D.S. & G.M.BURGHARDT (1988): *Herpetological Journal*, 1: 210-214; **(1736)** YOUNGPRAPAKORN, U. et al. (1971): *IUCN Publ. (NS) Suppl.* 32: 98-101; **(1737)** ZABORSKI, P. M. DORIZZI & C. PIEAU (1988): *Differentiation* 38: 17-20; **(1738)** ZAHNER, H. (1992): *Sauria* 14 (4): 15-19; **(1739)** ZEHR, D.R. (1969): *J. Herpetol.* 3 (3-4): 180-181; **(1740)** ZILGER, H. & W. ZILGER (1989): *Sauria Suppl.* 11 (1): 129-132; **(1741)** ZIMMER-MANN, E. (1980): *Aquarien Magazin* 14 (2): 86-94; **(1742)** ZIMMERMANN, H. (1983): *Das Züchten von Terrarientieren*: 238 S.; **(1743)** ZIMMERMANN, H. (1974): *Aquarien Magazin* 8 (11): 451-454; **(1744)** ZIMMERMANN, H. (1982): *Aquarien Magazin* 16 (3): 178-180; **(1745)** ZIMMERMANN, H. (1984): *Aquarien Magazin* 18 (8): 390-396; **(1746)** ZIMMERMANN, H. & E. ZIMMERMANN (1983): *Aquarien Magazin* 17 (7): 386-390; **(1747)** ZIMMERMANN, R. (1983): *Die Schildkröte (A.F.):* 5 (3): 33-35; **(1748)** ZINGG, A. (1968): *Salamandra* 4 (2/3): 37-43; **(1749)** ZUKER, N. & L.J. GUILLETTE (1985): *Herpetol. Rev.* 16 (1): 28; **(1750)** ZWARTEPOORTE, H.A. (1984): *Lacerta* 42 (12): 226-229; **(1751)** ZWARTEPOORTE, H.A. (1985): *Lacerta* 44 (5): 82-85; **(1752)** ZWARTEPOORTE, H.A. (1995): *Elaphe (N.F.)* 3 (3): 21-24; **(1753)** ZWARTEPOORTE, H.A. (1996): *De Schildpad* 22 (6): 26-31; **(1754)** ZWINENBERG, A. J. (1973): *Aquaria* 7: 93-96; **(1755)** ZWINENBERG, A.J. (1974): *Bull. Maryland Herp. Soc.* 10 (2): 42-49; **(1756)** ZWINENBERG, A.J. (1974): *Bull. Maryland Herp. Soc.* 10 (4): 99-101; **(1757)** ZWINENBERG, A.J. (1975): *Bull. Maryland Herp. Soc.* 11 (1): 13-20; **(1758)** ZWINENBERG, A.J. (1976): *Bull. Maryland Herp. Soc.* 12 (3): 75-95; **(1759)** ZWINENBERG, A.J. (1977): *Aquaria* 24 (6): 93-97; **(1760)** ZWINENBERG, A.J. (1977): *Bull. Maryland Herp. Soc.* 13 (3): 170-192.

## Addenda

**(1761)** RÖSLER, H. (1997): *Jahrbuch für den Terrarianer* 4: 21-38; **(1762)** GREER, A.E. (1989): *The Biology & Evolution of Australian Lizards*: 264 S.; **(1763)** SHINE, R. (1983): *Oecologica* 57: 397-405; **(1764)** NECAS, P. (1995): *Chamäleons*: 249 S; **(1765)** BUSH, B. (1983): *West. Aust. Nat.* 15 (6): 130-131; **(1766)** HERRMANN, J.-M. (1997): *Elaphe (N.F.)* 5 (1): 16-19; **(1767)** HARRIS, L.E. (1996): *Iguana Times* 5 (2): 27-32; **(1768)** GRANT, T. & J. LEMM (1996): *Iguana Times* 5 (3): 51-56; **(1769)** HOFSTRA, J. (1994): *Lacerta* 53 (1): 18-22; **(1770)** DEEMING, D.C. (1989) *Herpetol. Journal* 1: 381-385; **(1771)** DAUGHERTY, C. & A. CREE (1990): *New Zealand Geographic* 1990 (6): 66-86; **(1772)** DAWBIN, W.H. (1962): *Endeavour* 21: 16-24; **(1773)** THOMPSON, M.B. (1990): *J. Zool., London* 222 (2): 303-318; **(1774)** Köhler, G. & B. Langerwerf (2000): *Tejus*: 78 S.

# 20. Glossar

**Albumin**: einfacher, wasserlöslicher Eiweißkörper (Protein), hauptsächlich in Eiern, im Blutserum, in der Milch und im Urin vorkommend

**Allantois**: Fruchthülle, die den Harnsack des Embryos bildet

**Allantoissack**: Harnsack

**Amnion**: Fruchthülle, die den Embryo umgibt

**anaerob**: ohne das Vorhandensein von Luftsauerstoff

**Androgene**: Sexualhormone

**animaler Pol**: oberer Pol, an dem sich der Embryo entwickelt

**Ästivation**: Ruhephase

**antiviral**: gegen Viren wirksam

**Biotin**: für Wachstumsvorgänge wichtiges Vitamin

**Blastomere**: Furchungszelle

**Blastula**: Blasenkeim

**Carapax**: Rückenpanzer der Schildkröte

**Chalazen**: Hagelschnüre

**Chorion**: Zottenhaut, schützende und nährende Embryonalhülle

**cleidoisch**: von einer Schale umgeben

**Dehydratation**: Wassermangel, Austrocknung

**Diapause**: Unterbrechung einer Entwicklung, z.B. der Embryonalentwicklung

**Dipteren**: Zweiflügler (z.B. Fliegen)

**Embryogenese**: Prozeß der Bildung des Embryos

**Fetalmembran**: Fruchthülle

**Fetus**: Leibesfrucht

**Gastrulation**: Keimblattbildung

**hydraulisch**: mit Flüssigkeitsdruck arbeitend

**Hyperhydratation**: Wasserüberschuß

**Hypothalamus**: Teil des Zwischenhirns (Sitz mehrerer Regulationszentren)

**Hypoxie**: Sauerstoffmangel

**Inkubation**: Zeitigung, Ausbrüten der Eier

**irreversibel**: nicht umkehrbar, nicht rückgängig

**Kilopascal** (kPa):: Druckeinheit

**letal**: tödlich

**Lysozym**: Enzym mit bakteriolytischer Wirkung

**Morphologie**: Lehre vom Bau und von der Gestalt der Organismen bzw. deren Organe

**Mykose**: durch Pilz hervorgerufene Krankheit

**Oogenese**: Eibildung

**opportunistisch**: der jeweiligen Lage angepaßt, zum eigenen Vorteil

**ovipar**: eierlegend

**ovoviviparie**: eilebendgebährend, Zurückhalten der Eier im Eileiter bis die Jungtiere schlupfreif sind

**Ovozyte**: Eizelle

**Ovulation**: Eisprung

**pathogen**: Krankheiten erregend oder verursachend

**postembryonal**: nach Abschluß der Embryonalentwicklung, nach dem Schlupf bzw. der Geburt

**Protease-Inhibitoren**: Stoffe, die eiweißauflösende Enzyme (Proteasen) hemmen

**resorbieren**: aufnehmen

**rudimentär**: nicht voll ausgebildet, rückgebildet, verkümmert

**Spezies**: Art

**Tensiometer**: Gerät zum Messen des Wasserpotentials

**thermoregulatorisch**: temperaturregelnd

**Urachus**: Allantoisstiel

**Ureter**: Harnleiter

**ventral**: am Bauch

**Zygote**: befruchtete Eizelle

# 21. Register

# Verlagsprogramm

**Halsbandleguane**
R. Schumacher, 138 Seiten, 169 Farbfotos,
€ 22,80

**Stachelleguane**
Köhler / Heimes, 176 Seiten, 241 Farbfotos,
€ 19,80

**Schwarzleguane**
G. Köhler, 144 Seiten, 204 Farbfotos,
€ 22,80

## Weitere Titel im Programm:

- **Dornschwanzagamen** von T. Wilms
  144 S., 138 Farbf.; € 24,60

- **Krötenechsen** von Baur / Montanucci
  160 S., 57 Farbf., € 16,50

- **Der Grüne Leguan** Biologie, Pflege,
  Zucht und Erkrankungen von G. Köhler,
  160 S., 90 Farbf., € 29,70

- **Der Grüne Leguan im Terrarium**
  von G. Köhler, 78 S., 86 Farbf., € 17,80

- **Videofilm "Der Grüne Leguan"** Pflege
  und Zucht, VHS, Farbe, 80 Min., € 20,40

- **Der Grüne Baumpython** von Weier / Vitt
  112 S., 51 Farbf., € 22,50

- **Warane** von B. Eidenmüller
  160 S., 63 Farbf., € 24,60

- **Tejus** von Köhler / Langerwerf
  78 S., 61 Farbf., € 18,50

- **Basilisken** von G. Köhler
  96 S., 64 Farbf., € 20,40

- **Reptilien und Amphibien Mittelamerikas**
  (in 3 Bänden) von G. Köhler
  **Band 1: Krokodile, Schildkröten, Echsen;**
  160 S., 178 Farbf., € 29,70

- **Reptilien und Amphibien Mittelamerikas**
  (in 3 Bänden) von G. Köhler
  **Band 2: Schlangen**
  174 S., 230 Farbf., € 34,80

**HERPETON**
Verlag Elke Köhler

Rohrstr. 22 • D-63075 Offenbach
Tel. 069-80777200 • Fax. 069-80777571

# Deutsche Gesellschaft für Herpetologie und Terrarienkunde e.V. (DGHT)

Die Deutsche Gesellschaft für Herpetologie und Terrarienkunde ist mit über 8.000 Mitgliedern aus mehr als 30 Nationen die weltweit größte Organisation ihrer Art. Sie verbindet die Fachgebiete der Herpetologie und der Terrarienkunde unter einem Dach.

Die DGHT gliedert sich in zahlreiche **Stadt-, Regional- und Landesgruppen**, die sich regelmäßig zu Vorträgen und zum gegenseitigen Erfahrungs- und Informationsaustausch treffen.

Neben den regionalen Gruppen hat die DGHT eine Reihe von **fachspezifischen Arbeitsgruppen (AGs)**, die sich speziell mit einzelnen Tiergruppen, wie Fröschen, Schwanzlurchen, Schildkröten, Eidechsen, Waranen, Schlangen und Krokodilen sowie übergreifenden Themen wie Feldherpetologie und Amphibien- und Reptilienkrankheiten befassen.

Die DGHT bietet ein vielfältiges Angebot an Publikationen: Die Fachzeitschrift **„SALAMANDRA"** – mit einem ausgezeichneten internationalen Ruf – veröffentlicht ausschließlich Originalbeiträge aus dem Gebiet der Amphibien- und Reptilienkunde. Die Zeitschrift **„elaphe"** bietet neben aktuellen Informationen und Mitteilungen vorwiegend Fachbeiträge mit praktischen Tips zu Haltung und Nachzucht im Terrarium. 4mal im Jahr können Mitglieder im **„AnzeigenJournal"** in kostenlosen Annoncen Tiere suchen, abgeben oder tauschen sowie Literatur oder terraristisches Zubehör zum Verkauf anbieten. Mit etwa 50 Seiten ist das „AnzeigenJournal" die umfassendste und begehrteste Tauschbörse auf dem Gebiet der Terrarienkunde überhaupt. Alle genannten Zeitschriften und weitere Dienstleistungen sind im Jahresbeitrag inbegriffen.

Kostenlose Informationen: **DGHT-Geschäftsstelle, Postfach 14 21, 53351 Rheinbach, Tel. 02225-70 33 33, Fax: 02225-70 33 38, Web: www.dght.de**